KB268632

철학 핸드북

(지성인, 교사, 신학생, 목회자를 위한 가이드)

저자 Joseph Kim

서 문

"가까이 하기엔 너무 먼 당신"이라는 가요가 있다. 철학을 두고 한 말 같다. 가까이 하기엔 너무 먼, 그러나 지성인, 교사, 신학생, 목회자라면 가까이해야 만하는 당신, 그것이 철학이 아닐까 한다. "나는 누구인가?", 데카르트의 말처럼 "진정한 자기"에 대한 의심이 철학이다. 데카르트는 생각으로 자신의 존재를 확인할 수 있다고 했다. 그러나 "생각"만으론 자기를 입증하기엔 무리가 따른다. 철학은 현상을 통해 본질을 입증했고, 실제, 하늘과 땅과 그 안에 있는 것들이, 어떻게 창조되고, 진화하고, 발전하든 간에, 신에 의해 아주, 아주 정교하게 만들어졌고, 운영되고 있다는 사실을 알아냈다. 그러나 지금은 그것들이 사유세계에서 거의 보이지 않게 치워졌다.

인간에게는 보편적 경계가 있다. 동물이나 곤충과 인간을 나누는 경계다. 전통철학과 종교는 인간이 그 경계(세계)로부터 곤충이나 짐승의 세계에 떨어져서 양심과 정신을 소모하는 삶을 참 자아를 잃어버린 삶이라고 한다. 인간이 잃어버린 것, 그리고 잃어가는 것, 그것은 양심 외에도 수두룩하다. 인간의 순수 형상이 그 예다. 인류의 역사를 보면 인간은 자연의 법칙을 어길 때 "재앙-벼락"을 맞았다. 에덴에서부터 쭉 증명된 사실이다. 선악과는 자연의 흐름이고, 법칙을 상징한다. 종교적 본성도 선험적으로 주어진 자연의 흐름 속의 흐름이다. 인간의 탐욕이 어디서 수입해온 후험적인 것이 아니다. 인간은 탐욕, 미움, 분노 이 세 가지가 축이 된 전쟁으로 망했다. 미래-인류의 흥망성쇠도 이 3가지에 달려있다. 이것들을 통제할 수 있는 것은 덕목뿐이다.

아름다움은 인간이 인간으로, 짐승이 짐승으로, 여자가 여자로, 남자가 남자로, 부모는 부모로, 자녀는 자녀로, 독초는 독초로, 약초는 약초로, 살도록 정해진 자연의 섭리(법)와 흐름에 있다. 그 흐름을 대적하지 않는 것이 자연에 대한 예의이고, 철학적인 덕목이다. 만물을 사랑하는 것도, 양심을 사랑하는 것도 덕목이다. 이웃을 사랑하고, 약한 자를 돌보고, 가난한 자에게 자비를 베푸는 것도 덕목이다. 자기성찰도, 용서도, 참음도, 감사도, 정직도, 인간과 짐승을 구별 지을 수 있는 형이상학적 자연의 흐름이요, 법이요, 덕목이다. 만물이 인간을 위해 존재 한다면 인간은 만물을 위해 무엇을 해야 하는 것일까? 그것을 찾던 눈이 철학이고, 찾았던 그것을 다시 잃었던 것이 철학이다. 그 슬픈 여정이 책에 설명되어 있다.

CONTENTS

CONTENTS

1. 철학이란 무엇인가?

"만물은 무엇인가? 우주란 무엇인가? 자연이란 무엇인가? 인간이란 무엇인가?" 이런 것들을 본질에 대한 탐구라 하고, 본질에 대한 탐구를 철학이라 한다. 그리고 이런 본질에 대한 탐구는 철학이면서 형이상학이고, 형이상학이면서 존재론이다. 존재론과 형이상학 사이를 연결하는 고리가 현상학이 있다.

본질적인 문제 다음에는 "그것은 참인가?" "나는 어떻게 그것들이 참이라는 것을 알 수 있는가?"라는 질문들이 형성된다.

여기서 인식론이나 회의주의 등이 발생한다.

어떤 것이 개념화되면, "그것은 어떻게 존재해야 하는가?"라는 질문을 비롯하여 "선이란 무엇인가? 의란 무엇인가?"라는 의문들이 생겨날 수 있다. 이렇게 탐구되는 철학을 윤리학, 그것을 펼쳐내는 학문을 논리학이라 한다.

여기서 주지주의, 지덕합일주의, 회의주의, 금욕주의, 쾌락주의, 실재론, 유명론, 이성주의, 경험주의, 공리주의, 초월주의, 실존주의, 사회주의, 심미주의, 공산주의, 그리고 여기서 더 분화된 심신 이원론, 분석철학 등과 같은 철학이 발생할 수 있다.

여기서 더 구체적으로 분화된 것이 미학, (아름다움은 무엇인가?), 정치철학 (정치란 무엇인가?), 언어철학, (언어는 무엇인가?), 과학철학, (과학이란 무엇인가?), 심리철학 (마음이란 무엇이며, 신체와 마음의 관계는 어떻게 설명될 수 있는가?) 등등이다. 이런 학문적 분화는 지금도 진행형이다. 철학이 모여 철학이 되고, 철학이 나눠져 철학이 되니, 철학은 철학을 낳고, 철학은 철학을 죽이고, 그리고 철학은 철학을 다시 살리니 이것이 철학이다.

1) 철학의 어원

어원학적으로 철학은 그리스어의 접두사 'philo'와 접미사 'sophia'를 합친 Philosophy이다. 접두사 'philo'는 '~를 사랑하는' 이란 뜻이 있고, 접미사 'sophia'는 '지혜'라는 뜻이 있다. 이 어원을 합치면 '지혜를 사랑하는'이란 뜻이 된다. 지혜를 사랑하는 학문이라는 의미다. 그래서 철학을 '애지학'이라고도 한다.

지혜(sophia)는 '통찰하다.'라는 뜻이 있다. 통찰이란 '뚫어보다.'라는 의미다. '무에서 유를 보다' '들리지 않는 데서 듣다.' '보이지 않는 데서 보다.' '감춰진 것을 알아내다.'라는 의미가 함축되어 있다.

복음서에서 그 예문들을 볼 수 있다. "들을 귀가 있는 자는 듣고, 볼 수 있는 눈이 있는 자는 보고"라는 문장이 그것이다. 직접적인 표현으로 "지혜 있는 자는 들을지어다."라는 문장이다.

그렇다면 반대로 "귀로 들을 수 없는 소리"란 무엇일까?

아마도 그 소리는 현상세계 너머(beyond)의 형이상학적 소리일 수 있다. 아직은 때가 되지 않아서, 아니면 귀가 완전히 열리지 않아서 듣지 못하는 소리일 수 있다. 그 소리를 지혜가 들을 것이라고 했다. 그렇다면 이 지혜의 거처는 어디일까? 칸트가 동의할지 모르지만 그곳은 이성이다.

철학 핸드북 (지성인, 교사, 신학생, 목회자를 위한 가이드)

요약하면 지혜란 미처 드러나지 않은 시간, 혹은 현상의 휘장 뒤에 있는 참(진실, 진리)을 보거나, 듣거나, 꿰뚫어 본다는 의미다. 물론 자아도 포함한다. 그러니까 지혜는 가시적인 존재 너머에 있는 비가시적인 근원이나 원인들까지 통찰할 수 있는 능력이요, 힘이라는 것이다. 잠언은 그것을 명철이라고 했다.

그렇다면 존재 너머에는 무엇이 있을까? 존재를 존재하게 한 존재의 원인, 보편, 형이상학적 흐름, 질서, 법칙, 이유, 방법이나 존재의 근원 같은 것이 있을 것이다. 이것들 일부는 지혜로운 이성이 만날 수 있다는 의미다.

2) 철학의 기원

일반적으로 철학사에서는 고대 철학을 플라톤 이전의 철학과 플라톤 이후의 철학으로 나누기도 하고, 자연철학기와 인간 철학기로 나누기도 한다. 그리고 다시 플라톤 이전의 철학을 소크라테스 이전의 철학과 소크라테스 후의 철학으로 나눈다. 소크라테스 이전은 고대 그리스 철학의 조상이라고 불러 졌던 탈레스부터 시작한다. 그가 바로 고대 그리스 자연철학의 문을 연 선구자다. 그리고 아리스토텔레스부터 시작된 플라톤 이후의 철학은 그리스 - 로마, 스토아 철학을 거쳐 중세와 르네상스, 근대, 현대, 20세기 철학으로 이어진다.

인류 역사를 나누는 방법은 많다. 지질학적 방법, 천문학적 방법, 역사학적 방법, 등등. 일반적으로 역사학자들은 인류의 역사를 크게 3가지로 나눈다. 선사시대, 원사시대, 역사시대다.

　역사시대란 인간이 자신들의 '존재 흔적'을 기록으로 남기기 시작한 때를 말한다. 원사시대란 그 중간, 그리고 선사시대란 인간이 기록으로 자신의 흔적을 남길 수 없던 시대다.

　어떤 의미에서 철학의 기원을 선사시대부터 더듬는 것은 무모한 시도일 수 있다. 그렇다고 그 시대에는 전혀 철학이 없었다는 것은 아니다. 데카르트의 말처럼 인간은 처음부터 생각하는 존재였다. 그리고 지금도 생각하면서 살아간다. 물이 있는 곳에 생명체가 있었던 것처럼 생각이 있는 곳에 철학이 있었다. 그러나 생각하면서 살아가기 때문에 모든 인간을 다 철학적으로 봐야 한다는 것은 아니다. 비록 그 넓이나 깊이가 다르기는 하겠지만 짐승이나 곤충도 나름대로 생각을 하면서 살아가기 때문이다.

　일반적으로 생각이란 두 가지 방법으로 표현된다. 말과 행동이다. 그러나 인간의 생각이나 행동이 오직 자신의 육체, 혹은 '자기'라는 테두리 안에 있는 집단만을 위한다거나, 의식주에 국한되어 있을 때, 철학적이지 못한다는 것이 철학의 입장이다. 아마도 '먹기 위해서 존재하는 것처럼 보이는 짐승의 삶'과 별로 다르지 않기 때문일 것이다. 그렇다고 모든 짐승의 삶이 나쁘다는 것은 아니다. 짐승의 삶의 법칙을 철학적인 인간의 삶의 법칙에 적용해서는 안 된다는 의미일 뿐이다.

　만일 인간이 그렇게 산다면, 그것은 짐승과 다르게 창조된 인간 본래의 창조목적, 혹은, 존재 목적에서 벗어난 삶이 되는 것이고, 그리고 그것이 짐승에게는 허락된 삶일지는 모르지만, 인간에게는 허락되지 아니한 삶이 된다. 그래서 생존을 위한 생각이 있고, 행동이 있고, 모성이 있고, 부성이 있고, 자신들이나 자기 무리를 위해 사냥할 줄도 알고, 어느 정도는 모아둘 줄도, 쌓아둘 줄도 아는 짐승이나 곤충의 생을 철학적이라고 하지 않은지도 모른다.

일반적으로 적어도 '자신, 혹은 자기 무리라는 태두리'의 생존을 위한 생각의 영역을 벗어나거나, 혹은 그 영역 위에서, 혹은 그것을 초월하여, 자신, 그리고 자기 무리 밖의 '타자'에 대한 생각(consideration)과 관심을 갖는 상태의 삶을 보편적 삶이라고 한다. 그래서 사람이 자기 자신을 위해서만 먹고 마실 때, 혹은 자기 자신이나, 자기 가족만을 생각할 때, 아니면 타자에 대한 의식이 결여되었거나, 아예 없는 상태일 때, 더는 우주 만물에 대한 배려가 없는 상태일 때, 짐승과 같다고 하는지도 모른다.

짐승처럼 먹이 사슬의 대열에 끼어 오직 땅 위에서의 자신의 이익만을 위해 사는 것은 필연적으로 남을 해하는 결과로 귀추되는 것 또한 인간이 숙고해야 할 이치이다.

분노를 유발하고, 미움을 일으키고, 원망을 일으키고, 시기하고, 질투하고, 저주하면서 사는 사람들, 그리고 불화를 선동하고, 두려움과 공포를 조장하는 사람들이 그 예다. 지금까지 인류의 흥망성쇠를 좌우했던 '실체'가 바로 '위의 것'들이다. 그것들이 전쟁을 낳았고, 전쟁이 멸망을 낳았다. 그리고 아마도 이런 연유 때문에 모든 인간을 다 인간이라고 하지 못하는지도 모른다.

대부분의 학자들은 철학의 기원을 고대 그리스 시대로 보고 있다. 그러나 실제 철학이란 문자가 존재하기 훨씬 이전부터 존재했다고 봐야 한다. 성경을 보면 태초에 신이 자기 형상으로 인간을 만들어 에덴동산을 다스리게 했다는 기록이 있다. 만물이란 하늘과 땅, 그리고 바다와 그 안의 모든 것을 말한다. 그 안에 들어있는 무수한 법칙과 질서, 흐름도 포함한다. 철학에서는 그것들을 '타'로 표현한다.

'다스리다'란 지혜와 사랑을 전제로 한다. 지혜가 없이는 그 무엇도 다스릴 수 없다. 지혜를 사용하여 다스릴 대상을 알아가고, 어떻게 다스릴 것인지를 결정한다. 그러나 보편적으로 '다스리다'란 '자신이나, 자신의 가족이 아닌, 남, 즉 타에 대한 인식, 혹은 관심에서 출발한다. 여기에는 타에 대한 보호도 포함한다.

그렇다면 '다스리다'의 본질은 무엇일까?

신이 자신이 창조한 만물을 자신을 대신하여 다스릴 존재로 인간을 창조했다는 것이 인간 창조에 대한 종교적인 견해다. 여기에는 분명한 창조목적과 존재 목적이 들어있다. 인간이 먹이사슬 밖의 존재라는 것이 그 증거다. 그것은 신을 위해서든, 타를 위해서든 좋은 일이고, 선한 일이다. 선한 일이란 의로운 일이다.

그렇다면 '의로운'의 본질은 무엇일까?

그것은 사랑이다.

에덴동산은 평화를 상징하는 세계다. 평화란 근심, 걱정, 미움, 탐욕, 분쟁 등이 없다는 뜻이다. 그래서 평화의 본질도 사랑으로 귀결된다. 이런 본질을 손상시키지 않기 위해 타자, 혹은 타에 대한 관심을 갖고, 기쁨, 혹은 행복을 위하여, 움직이는 모든 것들을 다스림이라 할 수 있다. 그런 측면에서 보면 태초의 인간의 존재 목적은 창조신의 대리인으로서 타에 대한 사랑의 구현이 된다.

종교를 초월하여 태초에 인간이 뱀에게 유혹을 받은 일을 철학적 사건으로 해석할 수 있다. "이 과일을 먹으면 눈이 밝아지고 신과 같아질 수 있다는 뱀의 유혹"이 '탐욕'을 일으켰다. 이것이 인간에게서 일어난 최초의 욕망이었다.

탐욕에 대한 정의는 '필요 이상을 탐하는 것'이다. 뱀을 인간의 호기심을 자극하는 육적인 충동으로 비유할 수도 있다. 뱀의 유혹은 옛날이나, 지금이나, 누구에게나, 어디에나 있다. 긍정적인 차원에서 어쩌면 바로 그것이 오늘의 인류를 진화시키고, 발전시켰는지도 모른다.

호기심처럼, 뱀은 인간의 지식을 더 넓힐 수 있는 방법을 알려 줬다. 그러나 선악과는 처음부터 먹으라고 준 과일이 아니었다. 자연 속에 섞여져 있는 독과였으나 자연의 흐름을 이루고 있는 자연의 일부였다. 따라서 선악과를 먹으라는 뱀의 말은 자연의 흐름, 즉 자연의 법칙을 거역하라는 것과 같았다. 자연의 법칙을 신의 명으로 대입한다면 뱀의 말은 신의 명을 거역하라는 것이 된다.

"눈이 밝아진다."는 말에는 여러 가지 의미가 있다. 이성이 밝아진다. 혹은 동물적 본성이 깨어난다. 등등. 현대적 의미로 '계몽되다.'로도 해석이 가능하다.

"밝아진다는 것"은 꼭 좋은 것만은 아니다. 세상에는 진화되어야 할 것이 있지만 진화되어서는 안 되는 것도 있어서다. 뱀은 인간의 눈이 밝아지면 인간이 하나님의 경지까지 이를 수 있다고 말했다. 그것은 거짓이었고 사유세계를 이탈하는 것이기도 했다. 뱀의 유혹에는 무엇 때문에, 왜, 존재의 위계, 혹은 창조질서를 벗어나야 하는지에 대한 로직이 없었다.

인간이 인간으로 창조된 것은 결코 불행이 아니다. 피조물로서 인간의 위계는 가장 높았다. 인간의 가장 이상적인 자리는 인간이 창조목적에 머물러 있는 에덴의 그 자리였다. 그 자리는 결코 부족한 자리가 아니었다. 만물은 각자의 존재 목적에 머물러 있을 때가 가장 아름답다. 그 자리가 최고 선한 자리고, 최고 좋은 자리다.

철학적 가정으로 비유해 보자. 인간이 짐승처럼 산 대가로, 아니면 사탄을 경배한 대가로 천하 영광을 다 얻었다고 했을 때, 아니면 신적 능력을 얻어 산을 옮기고, 죽은 자를 살린다고 했을 때, 그리하여 만인의 관심과 찬사를 받았을 때, 그다음, 그다음은 어떻게 되느냐는 것이다. "어리석은 자여 오늘 밤 네 영혼을 취하면 네 가진 것이 뉘 것이 되겠느냐?"

한 번쯤 심각하게 던져봐야 할 질문이다. 바로 이것이 철학이다.

신학에서는 남편을 5명이나 경험했던 수가성의 여인이 목말라 했던 것을 생의 갈증으로 비유한다.

생의 갈증이란 이승을 사는 모든 인간이 겪는 갈증이다. 그것은 인간을 살게 하는 동력이기도 하지만 인간을 죽게 하는 독

철학 핸드북 (지성인, 교사, 신학생, 목회자를 위한 가이드)

이기도 하다. 천하 영광을 얻어도, 산을 옮길 수 있는 능력을 소유해도, 수가성 여인의 갈증은 해갈되지 않을 것이다. 육적인 쾌락이나 명예 그리고 향락에 대한 갈증은 밑 빠진 독과 같기 때문이다.

고대의 잠언을 참고해보면 우주 만물과 만물 사이, 종과 종 사이, 법칙과 법칙 사이사이, 그리고 짐승과 인간 사이, 신과 인간 사이, 거기에는 함부로 넘지 말아야 할 경계가 있음을 알 수 있다.

넘어서는 안 된다는 말이 영원히 넘지 말아야 한다는 뜻은 아니다. 꼭 넘어야 한다면(목적설정), 현자들의 가르침대로 허락된 때, 분명한 목적으로, 정한 절차를 밟으라는 것이다. 그래서 잠언은 "지혜를 얻는 것은 은을 얻는 것 보다 낮고, 명철은 정금 보다 귀하다"고 한다.

자연의 흐름 어딘가에 '금지구역'이 있다면, 그곳의 출입을 금한 이유가 있다. 아마도 그것은 너와 나를 위해, 혹은 중요한 자연의 흐름을 위해서일 수가 있다. 자연의 흐름을 거슬리는 것은 자연의 법을 위반하는 것이다. 인간이 인간처럼 살지 못하는 것도 자연의 흐름을 거슬리는 것이다. 자연의 흐름에는 그 흐름을 어기는 자들이 받을 각종 형벌이 있다.

"이 과일을 먹는 날엔 정녕 죽으리라."

뱀의 말을 듣기 전까지 이 과일은 아무런 유혹의 힘을 발휘하지 못했다. 그냥 동산 가운에 있는 과일나무 중에 열린 과일 중 하나였을 뿐이었다. 그러나 인류의 조상이 죽음의 심각성을 몰라서 그랬는지, 아니면 뱀의 유혹이 너무 강해서 그랬는지, 아니면 신의 경고를 가볍게 여겨 그랬는지, 너무 쉽게 선악과를 따 먹어버렸다. 배가 고프거나 필요해서가 아니었다.

철학사를 보면 탐욕이나 집착에 사로잡혀 무모하고 경솔하게 선악과에 손을 댔다가 악성 바이러스에 감염되어 인류의 정신세계에 불행을 불러들였던 철학자들에 대한 기록이 있다.

인간이 신의 명을 어겼다는 것은 철학적 비유로 자연의 법칙을 어겼다는 의미다. 상징적으로 중요한 흐름에서 이탈했다는 뜻이다. 호기심이란 아무리 하찮은 것도 보암직도 하고 먹음직도 할 만큼 아름답게 보이게 하는 마력을 지녔다. 아무리 치명적인 독을 품은 과일일지라도 생명나무의 과일처럼 맛있게 보이게 한다. 선악과가 바로 그런 과일이다.

곁에 있는 모두, 그리고 후손들과 온 우주에 화를 불러들인 불행의 씨를 상징하는 모든 것이 선악과다. 신의 법을 어기고는, 자연의 흐름을 대적하면서는, 인간은, 결코 행복할 수 있는 그 어떤 것도, 그리고 만족할 수 있는 그 어떤 것도 얻을 수 없다는 것이 선악과 사건이 준 철학적 교훈이다.

한편, 선악과를 먹기 전엔 종교도 없고 철학도 없었다. 제사나 탐구가 필요하지 않아서였다. 그러나 선악과를 먹은 후 인간에게 나타난 현상을 보라. 그것은 두려움이었다. 인간이 철학적 존재요, 종교적 존재였다는 증거는 '두려움'이다. 두려움이 종교를 낳고, 종교는 철학을 낳는다.

그러나 두려움은 허상이다. 허상이란 존재하지 않는 실체다. 허상엔 이데아가 없다. 본질이 없다는 말이다. 본질이 없다는 것은 영혼이 없다는 의미다. 본질이 없는 것을 실체로 보이게 한다면 그것은 거짓이다. 바로 이것이 악이다.

존재하지 않으면서 존재하는 것으로 착각하게 만드는 것이 허상이고, 허상의 본질이다. 이것이 바로 뱀의 말이다. 이것이 에덴동산에 있었던 철학적 교훈이다.

⑴ 수메르 신화에 나타난 고대 철학

기원전 3000년경 수메르 지역에 살던 사람들의 삶을 배경으로 쓰여진 것으로 알려진 수메르 점토판에는 영생의 방법을 알기 위해 대 홍수에서 살아남아 불멸의 생을 살고 있다는 지우수드라(우트라피쉬팀)를 찾아 나선 길가메시가 등장한다.

주인공 길가메시는 그의 친구 반인반수인 엔키두의 죽음 앞에서 충격을 받고 죽음에 대한 두려움에 휩싸여 영생의 방법을 알기 위해 길고 험한 모험을 시작한다. 길가메시는 고대 우루크 왕국을 통치하면서 자기가 다스리는 백성들 가운데 신혼부부의 초야권까지 빼앗아 쾌락을 즐기며 짐승처럼 살던 왕이었다. 그런데 그런 그가 반인반수인 그의 친구의 죽음을 통해 비로소 자신에게도 비참한 죽음이 시한폭탄처럼 장착되어 있다는 사실을 깨닫게 된다.

신을 어머니로 둔 그였고, 그 몸엔 신성(divine nature)이 흐르고 있었지만, 인간의 육체를 입고 있는 한 결코 피할 수 없는 것이 죽음이라는 것을 알게 된 것이다.

사람들이 낙원이라고 부르는 전설 같은 "딜문"은 '사자가 다른 짐승을 죽이지 않고 늑대가 어린 양과 뛰 놀며 장난을 치고

철학 핸드북 (지성인, 교사, 신학생, 목회자를 위한 가이드)

사나운 개들이 토끼나 사슴과 어린 짐승들과 어울려 다니는 곳'이며, '질병과 고통이 없고, 시간이 없고, 나이든 사람이 없는 곳'으로 묘사된다. 이사야서에 기록되어 있는 "그날의 그 장소"와 비슷하다.

길가메시는 신인 어머니의 조언에 따라 밤엔 길고 긴 들판과 깊은 산길을 가로질러 맹수와 사자 무리를 만나 싸워 이기고, 수 없는 위험과 어려움을 이겨내고 마침내 딜문으로 갈 수 있는 마슈산 아래에 도달한다.

길가메시의 이런 여정은 인간의 생에 비유할 수 있다. 그는 거기서 아직 누구도 들어가 본 적 없던 동굴을 발견한다. 키갈, 쿠르, 아랄리, 간지르로 블리는 동굴이었고 저승으로 통하는 통로였다.

그 동굴은 '아크라부아멜루(Aqrabuamelu)'라고 불리는 반은 인간이고 반은 전갈인 반인반괴들이 지키고 있었다. 이곳이 이승과 저승의 경계였던 것이다. 주목할 것은 불별의 생을 산다는 지우스트라의 집이 시간이 닫지 않은 저승에 있었다는 점이다. 불멸의 도시는 이승에는 존재하지 않다는 의미다. 괴물 전갈들을 만난 길가메시는 영생의 방법을 알기 위해 지우스트라를 만나고자 긴 여행을 하고 있다고 말한다. 전갈-대장은 인간의 육체를 입은 그 누구도 이제껏 영생을 산 적이 없고, 지우스트라(우트나피쉬팀)를 만나러 가는 길은 굉장히 험할 뿐 아니라 들어갈 수는 있어도 나올 수가 없는 곳이라고 경고한다. 그런 경고에도 불구하고 길가메쉬는 기꺼이 가겠다고 대답한다. 아마도 죽음을 넘어 영생에 이르고자 한 본성적 갈망 때문이었을 것이다.

저승으로 통하는 동굴은 햇빛이 전혀 들지 않고 매우 어두우며 심장을 조여 오는 공포와 얼음과 싸늘한 물 그리고 도처에서 불이 타오르고 있었다. 길가메시는 암흑 속에서 12리그나 되는 거리를 걸어 나가야 했는데, 새벽 1시에 발이 걸려 넘어지고 추위에 발이 얼고, 새벽 2시에 몸이 자연적으로 기력이 다해 비틀거려 졌고, 새벽 3시에는 몸이 말을 듣지 않고 정신이 몽롱해졌으며, 새벽 4시가 되어서야 앞에서 바람이 불어와 몸을 따뜻하게 했다.

이는 깨달음의 한 과정을 상징하기도 한다. 동굴을 나오자 빛이 쏟아지며 온갖 보석이 자라는 신들의 낙원에 다다르게 된다. 청금석 잎사귀, 주홍빛 줄기, 홍마노와 뿔로 장식된 진달래, 루비가 흐르는 강, 벽옥, 경옥, 황옥으로 물결치는 수정 바다가 눈앞에 펼쳐졌다. 계시록에 묘사된 천국에 대한 장면이다.

그곳에는 시두리(Siduri)라고 하는 여인이 운영하는 주막(Inn)이 있었다. 길가메시는 여신에게 자신은 우루크의 왕이며 영생을 얻기 위해 모험을 하고 있다고 설명한다. 시두리는 앞에 있는 죽음의 바다를 가리키며 저 바다를 건너야 지우스트라가 살고 있는 '딜문'에 갈 수 있는데 아직까지 저 바다를 건넌 이는 오직 태양신 우투 말고는 없으며, 뱃사공인 우르샤나비에게 마법의 돌을 줘야 하는데 그 돌을 구할 수가 없고, 또 구한다고 해도 그 돌이 웬만큼 완벽하지 않으면 뱃사공이 만족하지 않을 거라고 말해준다.

이미 저승에 들어왔는데 그 저승에도 죽음의 강이 있다는 것은 무엇을 의미할까? 길가메시는 마법의 돌을 구할 수가 없었

철학 핸드북 (지성인, 교사, 신학생, 목회자를 위한 가이드)

다. 그래서 일단 길가메시는 뱃사공을 만나기 위해 뱃사공이 산다는 삼나무 숲으로 들어가 닥치는 대로 그 숲을 파괴한다. 그러자 뱃사공 우르샤나비가 깜짝 놀라 달려 나와 바다를 건너려면 저 나무들과 넝쿨이 필요한데 그걸 왜 다 망가트리고 있냐고 질타한다. 이는 정해진 운명을 벗어나 새로운 운명창조를 상징하는 장면이기도 한다.

길가메시의 사연을 들은 뱃사공은 삼나무 300개를 베어와 끝부분을 역청으로 감싸라고 말한다. 역청으로 감싼 300개의 노를 싣고 '마질루'라는 배를 타고 둘은 죽음의 바다를 건넌다. 그러나 300개의 노가 모두 녹아 더 이상은 배를 저을 수 없게 되자 길가메시는 자신이 걸치고 있는 사자 가죽옷을 벗어 돛을 만든다.

인생의 여정이 바로 죽음이 흐르는 강을 노를 저어 가는 것과 같다는 것을 상징한다. 죽음이란 모든 것을 녹인다는 의미다. 문학적으로는 시간을 상징할 수도 있다. 시간은 살아있는 모든 것을 녹여버리는 속성을 가지고 있어서다. 바다 건너편에서는 대홍수에서 살아남은 현자 지우스트라가 사자 가죽으로 돛을 달고 '딜문'으로 오고 있는 길가메시를 지켜보고 있었다. 길가메시를 만난 지우스트라는 이렇게까지 고생하며 자신을 찾아와야 할 필요가 전혀 없었다고 말한다. 길가메시는 지난날 자신이 겪은 온갖 일들을 말하며 죽음을 피할 수 있는 방법을 알려 달라고 애원한다. 현자는

"이렇게 고난과 비통함 속에 괴로워하며 사는 것은 남은 삶을 포기하는 것과 마찬가지다. 하인이건, 군주건, 바보건, 천재

건, 아눈나키(신)들은 아주 공평하게 인간의 삶과 죽음의 운명을 예지해 놓았으니 최선을 다해 평화롭게 사는 것이 현명한 삶"이라고 말한다.

길가메시는 그 말을 듣지 않고 계속해서 영생하는 법을 알려 달라고 부탁한다. 지우스트라는 영생하는 방법을 알려줘 봤자 득이 될 것이 하나도 없고 오히려 크게 실망할 것이라고 말한다. 그러나 길가메시는 물러서지 않는다. 자기는 그 방법을 꼭 알아야한다고 말한다. 그러자 지우스트라는 한 가지 조건을 건다. 만일 자기가 하려고 한 말이 끝날 때까지 7일을 졸지 않고, 정신을 차려 자신의 말을 듣는다면 영생의 비결을 알려주겠다고 말한다. 그러나 길가메시는 이야기를 듣던 중 4일 만에 잠에 빠진다.

이것이 인간의 육체를 가진 인간의 한계다. 비록 그가 신의 어머니를 둔 인간이었다 할지라도 그리고 남보다 강한 신성과 정신과 고귀한 혼을 가졌다 할지라도 육체를 입은 인간은 이처럼 한계가 있다는 것을 암시하고 있다. 길가메시는 하는 수 없이 원래 살던 곳으로 돌아가기로 한다. 그러나 지우스트라 부부는 그에게 선물을 주어야 한다며 젊음을 주는 달콤한 물의 식물이 어디에 자라고 있는지 알려준다. 그러나 그 식물은 단지 젊음을 주는 식물일 뿐 죽음을 막지는 못한다고 알려준다. 그 식물은 어느 강바닥에서 자라는 식물이었다. 길가메시는 발목에 돌을 매달고 그 강에 잠수해 들어가 그 풀을 얻는다.

그렇게 강을 따라 다시 여행을 하다가 어느 연못에서 목욕을 하며 쉬고 있었는데 어디선가 뱀이 나타나 젊음을 유지시켜 준다는 그 풀을 먹고 도망가 버린다. 그는 이 험난한 여정에서 얻은 것이 하나도 없게 된 것에 대해 허탈해한다.

그러나 그는 죽음을 넘지 못할 풀이라면, 그리고 오직 젊음만 유지시켜주는 풀이라면, 크게 필요한 것도 아니고, 그에 대한 깨달음만으로도 큰 소득을 얻을 것이라고 스스로 위로하면서 자신의 도시 우루크로 돌아온다.

이승에서의 죽음은 누구도 피할 수 없고, 즐거움을 얻는 데에는 철학적 노력이 필요하고, 자신의 존재 목적에서 벗어나지 않는 삶이 선한 삶이고, 그리고 그런 선한 생활만이 즐거움을 준다는 인생에 대한 깨달음을 나타내는 장면이다. 신과 인간, 신화와 이성이 어우러져 있는 이 이야기는 인류 최초의 서사시로 평가되는 문학작품이다. 그러나 이 작품의 바탕에는 철학이 깔려있다.

친구의 죽음 앞에서 두려움과 떨림으로 영생이라는 탐구 목표를 향해 주인공이 '딜문'이라는 낙원을 향해 가는 여정, 모두가 종교고 철학이다. 저승으로 통하는 동굴을 지키는 전갈, 그리고 저승의 동굴을 통과할 때 겪어야 하는 4단계의 고난의 여정, 그리고 저승 문을 통과하자 나타난 낙원, 길손이 없는 낙원의 주막, 그 낙원주막을 지키는 시두리 여신, 낙원과 지우스트라가 살고 있는 딜문 사이에 놓인 죽음의 강, 모두가 당시 사람들이 추구하고 탐구하는 철학적 탐구 대상이다.

특히 그가 그 길고 험한 여정을 통해 얻은 젊음을 주는 풀을 뱀이 빼앗아(먹어) 가버렸으니 인간이라면 누구나 한 번쯤 느껴봤을 법한 허탈감이다. 그러나 영생을 주지 못할 것이라면 그것

철학 핸드북 (지성인, 교사, 신학생, 목회자를 위한 가이드)

이 무슨 유익이 있으랴. 이것은 적어도 신화와 철학이 옛 세대부터 인간과 함께해 왔다는 확실한 증거다.

수메르뿐만 아니라 이집트도 마찬가지이다. 이집트의 역사를 살펴보면 적어도 이집트 고 왕조시대 시대, 피라미드를 처음 만든 BC 2600년(조세르 – 이모텝)에도 그 시대 사람들이 얼마나 종교적이고 철학적이었는지 보여주는 이야기와 유물들과 부장품 그리고 여러 가지 전설과 기록들이 있다.

파라오를 태양신의 아들이라고 하는 것은 신화다. 그러나 파라오가 죽은 후 언젠가 다시 오리라는 믿음으로 피라미드를 지은 것은 종교다. 그래서 이집트의 피라미드는 이집트인들의 내세적 종교관을 보여주고 있다. 고대 메소포타미아인들이 영생을 꿈꿨던 것처럼, 고대 이집트인들 역시 영생을 꿈꿨음이 피라미드가 증명하고 있다. 바로 그것이 철학이고 종교다.

"무리하게 영생을 추구하는 것보다는 현재를 좀 더 평화롭고 즐겁게 사는 게 났다."는 조언, 모두가 존재론적 철학이면서, 목적론적 철학이다.

선악과를 따 먹지 않아도, 눈이 밝아지지 않아도, 즐겁고 평화롭게 살 수 있도록 섭리해 놨다면 선악과를 탐할 필요가 없지 않았겠는가!

영생에 대한 탐구가 철학이고, 기쁘게, 평화롭게 살아야 한다는 것이 철학이다. 철학은 언제나, 어디서나 인간과 함께 있었다는 의미다. 고대 그리스 사회에서도 그것은 뚜렷했다.

현대의 많은 철학자들은 탈레스가 서양 최초의 철학자라고 생각한다. 하지만 오늘날 철학사를 저술할 때 탈레스부터 저술

철학 핸드북 (지성인, 교사, 신학생, 목회자를 위한 가이드)

하는 책은 드물다. 이는 고대 철학이 탄생한 바탕을 먼저 다룰 필요가 있다고 인정하기 때문일 수가 있다. 그래서 현대의 많은 철학사가들은 그리스 철학이 일리아스와 오디세이아의 저자로 알려진 호메로스에서 시작해야 한다고 주장한다.

문헌상으로 그리스는 BC 2600 년경부터 문명이 있었다. 크레타섬에서 시작된 미노스 문명이다. 미노스 문명 역시 철학과 신화가 섞여져 있다. 그로부터 훨씬 후대의 저술가인 호메로스가 철학과 관계되는 이유는 간단하다.

호메로스는 BC1200-BC1100 년경에 있었을 것으로 추론되는 전설 같은 트로이 전쟁의 저자다. 플라톤 학파, 아리스토텔레스학파, 소피스트들 중 호메로스에 대해 언급하지 않는 이는 없다. 호메로스는 신과 인간, 즉 신화와 이성을 다룬 저술가다. 철학자들이 호메로스에게 동의하는가, 아닌가 하는 것은 문제가 되지 않는다.

다음으로 거론되는 것은 그리스 올림프스 12신들의 족보를 정리한 헤시오도스인데, 그는 카오스(흑암, 혼돈의 신)와 가이아(대지의 신)로부터 시작되는 그리스 신화를 통해 당대인의 세계 인식 방법을 후대에 전했다고 평가한다. 더불어 철학사에서는 종종 그가 오르페우스 교단(죽음과 부활)과 디오니소스 교단(정화)에 영향을 미쳤다고 언급되기도 한다. 그러나 누가 무엇을 어쨌다가 아니라 바로 이런 저작물들이 철학 이전의 시대정신에 대한 이해를 준다는 것이다.

대부분의 철학자들은 고대 그리스 철학을 신화(mythos)의 시대에서의 철학의 시대로의 전환이라고 말한다. 철학에서는 철학 이전 시대를 신화의 시대라 말하고 이성(logos)의 시대를 인간의 시대라 말하기 때문이다. 그러나 왜 사람과 신, 즉 이성과 신화가 섞여져 있는 철학은 철학이라 할 수 없을까?

여기에 대한 답은 없다. 이성과 신화라는 단어는 모두 '말'이라는 어원을 지니고 있는데, 세계에 대해 설명하는 말이라는 점에서 두 단어는 공통점을 갖는다고 한다. 그리스에서 신화란 이성적 세계관이 자리 잡기 이 전의 고대인들의 세계, 자연, 법칙을 설명하던 방식이었다. 그래서 철학사가들은 자연 앞에서 무력했던 인간이 자연에 대해 거둔 첫 승리가 바로 철학이라고 말하기도 한다.

아리스토텔레스는 신화를 공부하는 자가 바로 철학 하는 자라고 표현했으며, 아도르노는 계몽사상의 근거를 신화에서 찾아야 한다고 말했다. 그러나 신화가 '구전되어 오는 말'을 뜻한다면 이성은 '따져서 묻는 말'을 뜻하며, 두 세계관은 결국, 결정적인 충돌을 야기할 수밖에 없게 된다는 것이 학자들의 견해다.

한 가지 주목해야 할 점은 고대 그리스의 철학자들 가운에 그리스 신화에 등장하는 신을 우주의 근원을 이루는 신으로 간주하지 않았다는 점이다. 심지어 크세노파네스와 엘레아의 파르메니데스는 신은 제우스처럼 더럽고 지저분할 수도 없고, 올림푸스 12신의 족보에 등장하는 신들처럼 비도덕적이고, 비윤리적이거나 티탄 신들처럼 흉측한 괴물일 수도 없다고 하면서 신은 변함없이 거룩하고, 변함없이 유일무이해야 한다는 신의 본질론까지 꺼내 들었다. 신화 속에 등장하는 신은 그야말로 인간

이 필요에 따라 혹은 인간의 흥미를 위해 만들어낸 그냥 이야기
에 불과하다는 의미다.

2. 고대 그리스 철학

'철학 및 철학자'라는 말을 최초로 만든 사람은 피타고라스라고 전해진다. 이때는 철학자라는 말 안에 모든 지자(현자)를 포함했다. 시인도 철학자라는 범주에 들었다. 철학이란 철학뿐만 아니라, 자연철학(물리학)이나 수학까지를 포함된 학문적 영위의 총칭이었다.

학자들마다 약간씩 다를 수 있지만 철학사에서 그리스의 철학은 크게 4기로 나눈다. 첫 번째는 자연을 탐구 대상으로 했던 자연철학기, 두 번째는 인간을 탐구 대상으로 했던 인간 철학기, 세 번째는 알렉산터 대왕이 나온 후 헬레니즘 철학기, 네 번째로 그리스가 로마의 영향권 아래에 놓인 때로부터 있었던 그리스-로마 철학기이다.

그리스 철학사 연구가인 디오게네스 라에르티오스는 "그리스 철학의 기원은, 아낙시만드로스로부터 시작되는 이오니아학파(밀레투스학파)와 피타고라스로부터 시작되는 이탈리아 학파(피타고라스 교단)"로 나누어 생각해야 한다고 했다.

그는 소크라테스나 플라톤은 전자의 계보로, 파르메니데스, 제논(엘레아학파), 그리고 에피쿠로스(에피쿠로스학파)는 후자의 계보(이탈리아 학파)"에 속한다고 주장하면서 철학에는 자연철학, 윤리학, 논리학의 세 개의 부문이 있었다고 하였다. 그리고 자연철학이 발달해 수학이, 그다음에 소크라테스가 윤리학을 더하고 제논이 논리학을 확립했다고 말한다.

윤리학에는 아카데메이아학파, 키레네학파(무심무욕), 엘리스학파, 메가라학파, 키니코스학파, 에레트리아학파, 궤변학파(소피스트), 소요학파(페리파트스학파), 스토아학파, 에피쿠로스학파라고 하는 10의 학파가 있었다고도 주장하고 있다. 일반적으로 탈레스로부터 아리스토텔레스까지를 이 구분에 포함한다. 이것이 철학사가인 디오게네스 라에르티오스의 견해다.

1) 고대 그리스의 자연철학

거의 모든 나라가 그렇듯이 고대 그리스도 신과 인간이 어우러진 문화를 가지고 있었다. 신화가 역사였고 역사가 신화였다. 신화는 미신이다. 거의 모든 사람들의 정신세계가 미신에 점유되어 있었다는 의미다. 그러다 보니 모든 것이 미신적이었다. 곰이 사람이 되고, 천연두가 돌면 삼신할머니가 노했다고 생각했던 것처럼, 당시 그리스인들도 천둥 번개가 치고 풍랑이 일어나면 포세이돈의 삼지창을 생각했다. 구름이 뱀의 형상을 하면 용이 승천한다고 생각하고, 별똥이 떨어지면 거대한 인물이 죽는다고 생각했다.

그러나 철학은 미신이 아니라 이성이다. 철학의 발생을 '미토스(Mythos)에서 로고스(Logos)로의 전환'이라고 하는 이유다. 더 이상 미신이 아니라 이성에 기대어 삼라만상을 설명하려는 시도이기 때문이다. '왜 파도가 치는 걸까?'라는 질문을 받았을 때, "용왕님이 화가 났기 때문이다."가 아니라, 기상이변 같은 나름의 합리적이며 보편적인 '근거(원인)'를 제시하여 설명하려고 했다는 것이다. 즉 폭풍이 결과라면 그 폭풍이 일어난 원인이 있을 텐데 그 원인을 신화가 아닌 이성적(합리적)이고 합리적인 기상이변(과학)에서 찾으려 했다는 것이다.

이 시점에서 자연적인 것과 인간이 만든 것 사이에 구분이 생겨났으며, 이리하여 고대 그리스인들은 자연의 질서(physis)와 인간의 규범(nomos)을 분리해서 생각하기 시작했다.

이것은 신화(mythos)에 갇혀있던 정신, 즉 이성(Logos)의 해방이었다. 정신 속에서 신화적인 것, 미신적인 것을 치워버렸다는 것이니 우상을 치우고, 정신을 정화(purified) 했다는 의미다. 그 대표적인 인물이 탈레스다.

(1) 탈레스 (BC 640-BC 546)

철학사에서는 탈레스를 철학의 아버지라고 말한다. 탈레스는 아나톨리아의 에게 해 연안의 이오니아의 도시 밀레토스 출신이다. 그래서 그를 밀레투스학파의 창시자라고도 한다. 그는 기하학, 천문학에 통달하여 기원전 585년의 일식을 예언했던 철학자이고 1년을 365일로 나누고 한 달을 30일로 정했던 철학자로 알려져 있다.

밀레투스학파는 기원전 6세기경 그리스 최초의 철학학파이자 만물의 근원에 대한 사유를 처음 시작한 학파로 알려져 있다. 탈레스의 철학은 아낙시만드로스와 아낙시메네스로 이어졌다. 이들의 활동 시기는 소크라테스, 플라톤보다 백 년 이상 앞선다.

탈레스는 "만물은 무엇인가?"라는 철학적 물음에 대해 세계 최초로 이성적인 답을 내놓은 인물이다. "만물의 근원(Arche)은 물이다"라는 주장이 바로 그것이다.

탈레스는 만물의 근원을 물이라고 주장하면서 그 이유를 다음과 같이 설명했다.

첫째, 물은 모든 생물의 씨와 영양분 속에 들어있다.

둘째, 어떠한 생명체도 물이 없이는 살 수 없다.

셋째, 물은 그 양이 엄청나게 많다.

넷째, 물은 그 양이 변하지 않으며 액체, 기체, 고체로 그 형태를 바꾸어가며 지구상의 모든 기후를 지배한다. 그러나 그는 그가 만물의 근원이라고 주장한 그 물을 창조한 이가 누구인지에 대한 근원에까지는 접근하지 못했다.

그 답의 옳고, 그름을 떠나 그가 내놓은 답이 세계 최초 신화를 벗어난 이성적 생각과 상상, 그리고 추론 등, 순수 이성으로 만들어졌다는 점에서 학자들이 높은 점수를 준다. 미신적, 신화적 우상으로부터의 탈출이어서 일 것이다.

미신타파! 미신에 의해 쉽게 선동되고, 미신에 충동질 되어 돌을 던지고, 소 껍질을 벗기고, 집터를 옮기고, 창을 던지는 정신세계에서 미신을 몰아냈다는 것은 대단한 용기가 있어야 했다.

비록 그것이 과학적인 논리가 빈약하였다 해도 철학사가들은 의인화된 신인 포세이돈을 들먹이는 것과는 달리 어떤 하나의 항구적이면서도 보편적인 흐름과 법칙, 그리고 근본을 세계의 원리로 제시한 점에서 높이 평가한다. 우리가 관찰하는 찰라적인 자연현상을 더 이상 신의 탓으로 돌리지 않게 된 것이다.

이런 이유 때문에 아리스토텔레스는 탈레스에게 '철학의 아버지'라는 칭호를 수여했다.

(2) 아낙시만드로스(BC 610년- BC 546)

아낙시만드로스는 탈레스의 제자다. 그는 이오니아의 밀레투스에서 태어났으며, 탈레스 문하에서 수학했다. 그러나 그는 그의 스승과는 다르게 "아페이론(무한자)"이 만물의 근원(아르케)이자 만물의 원소라고 주장했다.

아낙시만드로스는 실체는 정해져 있지 않으며, 사라지지도 않고, 무한히 운동하는 물질이며, 그것이 아페이론이라고 했다. 그러나 그가 주장한 아페이론이 하나의 관념적인 존재인지 아니면 현상적인 존재인지는 알 수 없다. 분명한 것은 종교적으로 그것이 신개념이라는 것이다.

아낙시만드로스는 이 무한정한 아페이론(자연의 흐름)에서 하늘과 무수한 세계들이 생성되고, 소멸되어 다시 아페이론으로 돌아간다고 생각했다. 이런 생성과 소멸의 과정은 시간의 질서에 따라 무한히 되풀이된다고 봤다. 아페이론은 사멸하거나 파괴되지 않지만, 변화의 과정 중에서 뜨거운 것, 차가운 것, 메마른 것, 축축한 것 등의 대립자들로 나누어진다고 생각했다.

(3) 아낙시메네스(BC 585- BC 528)

아낙시만드로스의 제자 아낙시메네스는 아낙시만드로스의

주장을 그대로 받아들이지 않았다. 그는 만물의 근원을 공기라고 주장했다. 그는 그것이 고를 때는 눈에 보이지 않지만 공기는 희박함과 촘촘함에 따라 달라지기 때문에 차가운 것, 뜨거운 것, 그리고 움직이는 것에서는 보이고, 언제나 운동을 하는데, 공기가 희박해지면 뜨거워져서 불이 되고, 촘촘해지면 차가워져서 바람이 되고, 구름이 되며, 더욱 더 촘촘해지면 물이 되고, 그다음에는 흙이 되고, 그다음에는 돌이 된다고 봤다. 그리고 그 밖의 것들은 이것들로부터 생겨난다고 했다. 또한, 땅은 평평하며 공기에 의해 떠 있다고 생각했다.

땅에서 습기가 올라감으로 인해 희박해져서 불이 되고, 이 올라가는 불에서 별들이 형성되었다고도 생각했다. 그리고 별들이 움직이고 방향을 바꾸는 까닭은 응축된 공기가 반발하여 바깥으로 내몰리기 때문이라고 생각했다.

아낙시메네스는 "땅은 적셔지고 말라붙음에 따라서 갈라지며, 이렇게 갈라지면서 함몰하는 흙더미들로 인해 흔들려 지진이 생긴다."고 했다. 그래서 (그에 따르면) 지진은 가뭄이나 호우일 때 일어난다는 것이다. 그러나 그 역시 그가 만물의 근원이라고 주장한 공기가 어떻게 창조되었는지, 그 창조자에 대해선 언급한바가 없다.

(4) 피타고라스(BC 569-BC 495)

피타고라스는 철학사에 가장 위대한 업적을 남긴 철학자 중 한명이다. 그는 "7"은 신성한 숫자라고 주장했던 절학자이기도

하다. 그러나 왜 하필 7이라는 숫자가 신성한 숫자라고 했는지는 모른다. 아마도 7이 신의 숫자라는 의미였을 수 있다. 7일이라는 숫자를 신성시하여 이날을 오염시키지 않기 위해 일을 하지 않고 안식하는 유대인의 전통이 여기서 왔을 수도 있다.

이방의 선지자, 혹은 이방의 예언자로 칭함 받을 수 있는 그는 인류 역사상 처음으로 만물이 수적질서(the order of number)로 이루어졌다는 사실을 발견 했다. 만물의 근원을 물질이 아니라 형이상학적 숫자에서 찾은 것이다.

물론 그것은 "만물은 어떻게 존재하게 되었는가?"라는 존재론에 대한 답은 아니다. 그러나 그가 발견한 숫적 질서는 만물이 어떻게 존재하게 되었는지에 대한 해답 못지않게 중요하다. 그래서 그를 최초로 보이지 않는 것(숫자)을 보편화한 철학자라고 칭한다. 그의 예언, 혹은 주장처럼, 물리학, 경제학, 화학, 통계학, AI, 컴퓨터, 등 현대의 모든 학문이 그가 발견한 숫적 질서 아래 있다.

피타고라스는 음향학자이기도 했다. 피타고라스에 이르러서 음악이 단순한 전통이나 경험의 차원을 넘어 과학적인 탐구의 대상이 되었다. 피타고라스는 물질의 본질은 수에 의해 결정되고, 음악 역시 '수'로부터 분리될 수 있다고 생각했다. 피타고라스에게 있어서 수는 물질적인 세계는 물론, '영적인 세계의 수수께끼'를 푸는 열쇠였다.

피타고라스는 현악기를 직접 만들고 팅기면서 소리를 분석했다. 그 결과 두 개의 줄을 팅겼을 때 그 길이의 비가 2:1이면 8도, 3:2이면, 5도, 4:3이면 4도의 음정 차이가 난다는 사실을 발견했다. 그리고 현의 길이가 간단한 정수의 비를 가질수록 어울리는 소리가 나고, 복잡할수록 어울리지 않는 소리가 난다는 사실도 발견했다. 이렇게 하여 그는 음향과 뇌의 관계, 즉 음향에 대한 뇌의 반응을 발견하였고, 음향, 즉 외부에서 들리는 소리가 인간의 이성, 혹은 영혼에 어떤 영향을 미치는지를 알아냈다.

사람이 어떤 음악을 들을 때 안식을 얻고, 어떤 음악을 들을 때 정신, 혹은 영혼이 괴로워하는지를 알아낸 것이었다. 음악 가운데는 치유음악도 있고, '발병-음악'도 있다는 사실을 발견한 것이다. 오늘날 청소년들이 즐겨듣는 음악이 그들의 정신과 영혼을 고문하여 죽이는 암 덩이 같은'질병-음악' 일수도 있다는 가능성을 발견한 것이다.

그가 발견한 화음과 불협화음의 원리 역시 음악뿐 아니라 모든 학문에 적용할 수 있는 이론이다. 소리와 소리의 만남에서 평화가 깨지면 불협화음, 즉 소음이 되고, 그것은 듣는 모든 영혼에게 고문이 된다. 소리와 소리가 조화를 이루는 것은 화음이다. 화음은 평화다. 사람의 정신과 영혼에 평화를 준다. 이런 소리가 모여 음향이 되고 멜로디가 된다.

불협화음은 음과 음이 존재의 목적에서 벗어날 때 생기는 현상이다. 그것을 플라톤은 악이라고 했다. 남의 영혼에도 자신의 영혼에도 해를 입히기 때문 이어서였을 것이다.

실제로 서양 음악 이론에서 음정을 얘기할 때 1도, 4도, 5도, 8도는 완전음정이라고 하는데, 이유는 음정들이 가장 완벽하게 어울리는 협화음으로 인식되기 때문에서다. 피타고라스의 이런

철학 핸드북 (지성인, 교사, 신학생, 목회자를 위한 가이드)

음정 이론은 서양 음악 이론의 출발점이 되었고 따라서 음악과 수학은 밀접한 관계를 맺게 되었다. 피타고라스는 음악에 내제된 수의 법칙을 우주에도 적용했다.

그는 현악기에 나타나는 줄 길이의 비가 태양계를 구성하고 있는 별들 사이의 거리의 비와 비슷하다고 믿었다. 그래서 음악에서의 비례 법칙을 조화의 근본 원리로 우주에 적용한 '천구의 음악' 이론을 발표했다.

피타고라스는 우주에 음악이 가득 차 있다고 믿었다. 인간의 귀에는 들리지 않지만 하늘에서 거대한 우주의 하모니가 펼쳐지고 있다고 생각했다. 피타고라스에게 있어서 우주는 여러 개의 줄을 가진 거대한 현악기였다. 별들이 공전할 때 이 거대한 우주의 악기는 별들이 위치한 거리의 비율에 따라 각기 소리를 내는데, 이것이 바로 그가 말한 '천구의 음악'이다.

별들이 움직이는 속도는 중심으로부터의 거리에 따라 달라진다. 중심에서 가까운 별은 느리게 움직이기 때문에 낮은 소리를 내고, 중심에서 먼 거리에 있는 별은 빠르게 움직이기 때문에 높은 소리를 낸다. 중심에서 화성과 지구의 거리 비례는 약 2대 3이 되는데, 따라서 두 별은 서로 5도 관계에 있는 음을 연주한다고 했다. 그는 그 자체로 완전한 조화를 이루고 있는 우주 전체에서는 옥타브 소리가 난다고 믿었다. 그리고 실제 그는 우주의 소리를 들었다고 한다.

음악이 천체의 질서와 운동을 반영하고 있다는 피타고라스의 생각은 그 후 프톨레마이어스와 보에티우스 같은 천문학자와 철학자에게로 이어졌다. 이것은 망원경이 발명되기 전까지 천문학자들의 우주론에 큰 영향을 미쳤으며, 음악 이론의 발전에도 중요한 역할을 했다.

그는 종교의 교주로도 알려진 인물이다. 너무 종교적이었기 때문이었을 것이다. 그는 세계 최초로 남녀 평등주의를 가르쳤고, 실제 그렇게 행동했다. 당시 사회는 평등주의라는 개념 자체가 허용되지 않는 사회였다. 군주가 있고, 참주가 있고, 귀족이 있고, 평민이 있고, 노예가 있고, 상인이 있고, 그리고 그들로 구성된 사회제도인데 어떻게 만민의 평등이 있을 수 있었겠는가?

그는 그리스 남부 사모스에서 태어나 당시 선진국 이집트, 바빌로니아 등지에서 수학을 공부하였다. 다음에 그는 크레타섬으로 가서 종교인 에피메니데스와 함께 제우스가 태어나 자란 곳인 '이다 의 동굴'을 탐험했을 뿐만 아니라, 이집트에서는 내밀한 성소에까지 들어가기도 했다고 한다. 이를 통해 신들에 관한 은밀한 비전들을 배웠다고 한다. 그렇다고 그가 제우스를 숭배했다는 것은 아니다. 제우스나 그리스의 신들과는 다르게 그는 철저한 경건주의자 였고 종교의 교주라 칭할 만큼 금욕주의자였다.

이후 그가 40살이 되었을 때 다시 사모스 섬으로 돌아왔으나 그의 조국이 참주 폴리크라테스에 의해 지배를 받고 있는 것을 발견하고는, 그의 압제를 참고 견디는 것은 자유인으로서는 잘하는 일이 아니라고 생각하고 이탈리아 남부 크로톤으로 떠났다고 한다. 그는 그리스의 식민지였던 크로톤에 정착하여 학교를 세워 학생들을 가르쳤다. 피타고라스 학교의 학생들은 엄격한 규율에 의해 통제되었다.

처음 5년 동안 그들은 말을 하지 못하게 되어 있었다. 그리고 모직물로 만든 옷을 입는 것, 콩이나 고기를 먹는 것, 불을 뒤섞기 위해 쇠막대를 이용하는 것, 하얀 수탉을 만지는 것, 항아리에 재를 남기는 것 등이 금지됐다.

그들은 간소한 생활, 엄격한 교리, 극기, 절제, 순결, 순종의 미덕 증진을 목적으로 단체 행동을 하며 살았고 따라서 학교라기보다는 일종의 종교적 단체의 특성을 띠기도 했다. 그는 여성들이 혼전 순결을 지키는 것은 우주의 흐름을 따르는 것이라고 하면서 여자는 순결을 잃는 순간, 자연의 흐름에서 오는 우주의 좋은 에너지(기=축복)가 끊기게 된다고 가르쳤다.

피타고라스의 밤 강의에는 무려 600명 이상의 사람들이 그를 만나보러 모여들었고 어떤 사람들은 그를 볼 수 있는 자격이라도 허락받으면, 무언가 큰 영예라도 만난 듯이 친지에게 편지를 썼을 정도였다고 한다.

사람들은 그의 집을 '데메테르의 신전(Demeter)'이라 부르고 그가 다니던 좁은 길을 '뮤즈의 성소'라 부르기도 했다. 피타고라스는 자신의 가르침을 통해 이탈리아 땅에 수많은 인물들을 키워냈다.

피타고라스는 윤회설을 믿었는데, 사람의 영혼이 동물에게도 들어갈 수 있다고 보았기에 동물을 희생시키는 것을 막기 위해 채식을 시켰다고 한다. 다만 그는 콩을 삼가라고 명했는데, 콩은 영혼의 윤회에 방해 될 뿐더러 소화를 불편하게 만들기 때문이라는 것이었다. 또한, 그는 자기 자신을 위해 기도하는 것을 금하고, 술에 취하거나 포식하는 것을 거부했으며, 성행위는 건강에 좋지 않으니 절제해야 한다고 가르쳤다.

피타고라스는 "친구의 것은 공동의 것이고, 우정이란 동등함이다"라고 말하며, 그와 함께하려는 사람들의 재산들을 공동의 것으로 만들어 관리한 첫 번째 사람이 되었다.

그의 제자들은 자신들의 재산을 공동으로 소유했다.

제자들은 5년간 침묵을 지키고 스승의 강의를 듣기만 할 뿐, 승인받기까지는 결코 피타고라스를 보는 일이 없었다. 피타고라스는 계산술과는 다른 '수(Number)' 그 자체의 성질을 연구하는 수론(The Theory of Number)의 창시자이기도 하다. 홀수, 짝수, 소수, 서로소인 수, 완전수, 과잉수, 부족수, 친화수, 피타고라스수 등은 모두 피타고라스가 생각해 낸 개념이다.

그들은 심지어 우주가 수, 또는 수들의 관계(비율)에 의해 모두 설명될 수 있다고 믿었다. 그래서 그들은 '만물은 수'라고 주장하였다. 이러한 피타고라스의 신념은 플라톤에게 계승되어 그에 의해 철학적으로 다듬어졌으며, 코페르니쿠스, 갈릴레이, 케플러, 뉴턴으로 이어지는 서양 사상사에 결정적인 영향을 주었다.

여자들이 남자들보다 지적으로 열등하다고 여겨지던 시절, 피타고라스는 여자들을 과학과 수학의 여러 분야에 참여할 기회를 제공하면서 대등한 자격으로 수용했다. 피타고라스는 여권론자로 알려져 있는데, 여자들이 학생 또는 교사가 되도록 격려했다.

오늘날 '피타고라스 정리'로 불리는 이 사실은 그리스뿐만 아니라 이집트, 인도, 메소포타미아 등 전 세계에서 발견되었다. 피타고라스 정리는 건물, 도로, 다리 등에서 직각으로 이루어진 구조물을 짓기 위한 실용적인 목적으로 오래전부터 연구되어왔다.

이렇다 보니, 이 학교(학파)는 자연히 일종의 비밀결사 조직을 형성하게 되었고 정치에도 큰 영향을 끼쳤다. 귀족주의적인 이 학파는 때마침 일어난 민주화의 풍조에 반대하는 입장을 취했다가 그들로부터 압박을 받고 마침내 피타고라스는 학살당하고 말았다.

그러나 그는 죽음을 두려워하지도 피하지도 않았다. 그 이유는 아마도 그가 영생이라는 것을 알았기 때문이었을 것이라고 전해진다.

인생의 말엽에 그는 가장 뛰어난 학생 중 한 명인 테아노 (Theano)라는 학생과 결혼했다. 뛰어난 우주론자이자 의사였던 테아노는 피타고라스의 사후에 피타고라스 학파를 이끌었다.

또한, 그녀와 그녀의 딸은 정치적 박해에 직면 했지만 그들은 그리스와 이집트 전역에 피타고라스의 사상을 전파하였다고 전해진다. 그렇다면 피타고라스가 발견한 수의 질서나 법칙을 비롯하여, 보배로운 음률의 법칙 같은 것은 누가 창조 했을까? 천구의 음악은 누가, 어떻게, 언제, 작곡을 했을까?

그 모든 것의 창조자가 누구인지에 대한 대답은 내놓지 못했다.

(5) 헤라클레이토스 (BC 535- BC 475)

헤라클레이토스는 "판타 레이(panta rhei)" 즉 "같은 강물에 두 번 들어갈 수 없다."는 말로 잘 알려진 철학자다. 판타레이는 만물이 유전(being changed)한다는 뜻이다.

너도, 나도, 자연도, 우주도, 모두 계속 변한다는 것이다. 그것은 물의 흐름 같은 자연의 흐름이라는 것이었다. 그는 또 불이 만물의 원소이고, 모든 것은 불의 교환 물로서, '희박과 농축'에 의해 이루어진다고 주장했다.

여기서 만물의 원소를 불이라고 한 그의 사상적 근거가 당시 불을 신성시 하던 조로아스트라교 교리에 근거했는지는 알 수가 없다.

모든 것에는 대립이 따르고, 전체는 강처럼 흐르며, 모든 것은 한정되어 있으니 세계는 하나라. 영원한 시간에 걸쳐져 있는 세계는 일정한 주기에 따라 불에서 태어나 또 다시 불로 돌아가리라.

동일한 것, 다른 것, 살아있는 것과 죽은 것, 깨어 있는 것과 잠든 것, 젊은 것과 늙은 것, 등 모든 것이 변하니 이것이 변화하면 저것이, 저것이 변화면 이것이 변한다. 따라서 대립하는 것은 한곳에 모이고, 불화하는 것들은 떨어져서 아름다운 조화를 이루어낸다고 주장했다. 그러나 불화하는 것으로부터 어떻게 아름다운 조화가 이루어지는 것인지, 전쟁이 어떻게 아름다운 평화를 이루어내는 것인지에 대해서는 설명이 없다.

"그대는 모든 길을 다 밟아 보아도 영혼의 한계를 찾을 수 없으리니 그것은 그렇게도 깊고 오묘한 '이성(logos)'에 있기 때문이니라."

그는 최초로 로고스를 언급한 철학자다.

"로고스에 귀를 기울여라. 그래야 영혼을 찾을 수 있고, 만물이 하나라는데 동의할 수 있으리니 이것이 지혜라. 사유하는 것은 모든 인간에게 공통이며, 우리는 이를 사용하여 자연의 변화를 관찰하고, 거기서 대립 되는 사물들의 조화를 발견하나니 그 조화에서 발견되는 보편적인 하나의 법칙, 그것이 바로 로고스라. 이 보편적 하나를 알아야 미래의 일을 예측할 수 있고, 모든 것을 조종할 수 있으니 지성을 가지고 말하려는 사람들은 모든 것을 대함에 있어서 보편적 하나(로고스)에 확고한 기반을 두어야 하느니라. 그러나 이는 보이지 않는 조화이기 때문에 소수의 깨어 있는 자들에게는 하나인 '보편의 세계'가 있는 반면, 다수의 잠들어 있는 자들에게는 자기만의 세계만 보이리라."

그가 제시한 '로고스'는 약간씩 변형된 형태로 약 100년 후 아리스토텔레스, 스토아, 그리고 약 500년 후 사도 요한에게 전수되어 예수 그리스도를 상징하는 말씀(WORD)이 된다. 그러나 그 역시 판타레이(흐름)가 누구에 의해, 언제, 어떻게, 어디서 창조되었는지에 대한 것은 펼쳐놓지 못 하였다.

(6) 크세노파네스 (BC 570-BC 478)

크세노파네스와 엘레아학파의 파르메니데스는 헤라클레이토

스의 유전 사상을 그대로 받아들이지 않았다.

그들은 모든 것은 변한다고 하는데 그것은 "우리가 감각적으로 느끼는 것들만 그렇다."고 했다. 감각적으로 느끼지 않는 관념 속에 있는 보편은 변하지 않는다고 했다.

그는 "있는 것은 있는 것이고, 없는 것은 없는 것이다. 있는 것이 변한다고 해서 없는 것이 되는 것은 아니다. 오늘이 변하여 내일이 되지만 오늘이 변한다고 해서(내일로 흘러간다고 해서) 오늘이 없는 것은 아니다. 변하는 오늘이 있을 뿐이고, 오늘의 속성이 변하는 것일 뿐"이라고 주장했다.

그렇다면 사유하거나 탐구하기 위해 가정하는 '있다(being)'란 대체 무엇인가? 파르메니데스에 따르면, 있는 것은 있고, 없는 것은 없기 때문에, '없는 것에서 있어진다(생성)'거나 '있는 것이 없어진다(=소멸)'고 말하는 것은 논리적 모순이라고 했다. 따라서 생성, 소멸하는 운동과 변화는 논리적으로 봤을 때 받아들일 수 없다는 것이었다. 즉, '있다'는 말의 의미를 논리의 극한까지 밀고 나갔을 때, 변화나 운동을 부정해야만 하게 된다는 것이다. 그래서 그것은 있는 것이 아니라고 한 것이다. 적어도 있는 것이란 전에도 있었고, 지금도 있고, 앞으로도 계속 영원히 있는 것이라야 있는 것이라고 정의했다. 중세에 이런 논리는 신 존재 증명에서 사용된다.

크세노파네스는 처음 신의 본질을 탐구한 철학자다. 크세노파네스와 파르메니데스는 종교적 신을 철학적으로 불생불멸, 불변 부동, 절대 유일의 신, 혹은 '유'여야 한다는 주장을 펼쳤다.

이를 종교적으로 풀면 유일신 사상이 된다. 따라서 진리는 영원불변하고 인간은 이 진리에 도달할 수 없다고 주장했다.

(7) 파르메니데스(BC 510-BC 450)

신이란 무엇인가? 신의 본질은 무엇인가? 신의 형상은 무엇인가? 신은 어떻게 존재해야 하는가?

크세노파네스와 파르메니데스는 세계 최초로 그리스 신들을 비판한 철학자다. 그는 신의 본질을 철학적으로 해부하면서 그리스 사람들의 정신세계에서 살고 있는 그리스 신들을 비판했다.

그리스 신화에 등장한 신들은 모두 잡놈이거나, 질투와 복수, 그리고 괴물 또는 근친상간을 저지른 악마들이었는데 이런 것들이 어떻게 신이 될 수 있겠느냐는 것이었다.

이들은 신이라는 이름을 한 악귀들이라는 것이었다. 따라서 파르메니데스는 그리스 신들에 대한 기록을 남긴 호메로스와 헤시오도스를 대표 격으로 비난했는데, 신이라는 것들이 그따위 짓거리를 하고 다니는 게 말이 되냐는 것이었다.

크세노파네스는 지역과 부족이 달라지면, 신의 개념도 달라지는 것을 근거로 인간형 신은 말도 안 되는 소리라고 했다. 태양이 한 나라의 태양이 될 수 없는 것처럼 신은 어느 한 민족이나 어느 한 시대의 신이 될 수 없으며, 시대를 초월한 모든 만물의 신이어야 한다고 주장했다. 만약 그러지 않을 경우, 소나 말이 그림을 그릴 수 있다면, 그들은 소나 말의 모습을 한 신을 그

려낼 것이 분명하기 때문이라고 그 이유를 설명했다.

그는 신은 인간과는 다른 어떤 존재며, 움직이지도 않고, 변하지도 않고, 어디에서 있다가 이동해서 다시 어딘가로 나타나지도 않고, 어디에나 있는 존재여야 한다고 주장했다. "안 계신 곳 없이 계신 하나님" 그러면서 신은 물리력이 아니라 정신을 사용하는, 단 하나의 존재여야 한다고 했다.

그래서 그는 그동안 그리스 사람들의 정신세계에서 서식하던 모든 그리스 신들의 정체를 고스란히 폭로해 버렸다. 인간 세상에 더 이상 가짜 신들이 발붙일 수 없게 한 것이었다.

(8) 아낙사고라스(BC 500-BC 428)

아낙사고라스는 만물의 원질은 흙, 물, 불, 바람, 이 4종으로도 부족하다 하여 질적으로 상이하고 무수한 '종자(Seed)'가 있고 그것이 만물의 원질이라 주장하였다. 그는 고대 그리스의 철학자이고, 다원론자인데 만물의 원질이 이미 '씨앗' 속에 들어가 있으며, 물질에 질서를 부여하는 '지성(Nous)'의 운동을 통해 그것이 발현된다고 주장했다.

그는 우주론과 일식의 참된 원인을 발견한 것으로도 유명하다. 그는 아테네의 정치가 페리클레스와 친했다. 480년경에 아테네가 그리스 문화의 중심지가 되자 아테네로 이주해 이오니아의 참신한 철학적 실천과 과학적 탐구 정신을 전파했다.

아테네에서 지낸 지 30년이 되던 해에 그는 태양은 펠로폰네소스 반도보다 조금 더 큰 백열의 돌덩이라고 주장하다가 불경죄로 기소되었다. 페리클레스가 가까스로 구해주었지만 그는 결국 아테네를 떠나야 했다. 그는 람프사코스에서 은둔 생활을 하다가 생을 마쳤다고 전해진다. 그러나 그 만물의 원질이 되는 씨앗이 어떻게 누구에 의해 창조되었는지는 말을 해 놓지 못했다.

(9) 엠페도클레스(BC 490- BC 413)

엠페도클레스는 자칭 신이었다. 그는 고대 그리스의 철학자요, 의사요, 시인이요, 극작가요, 정치가요. 수사술의 최초 고안자로 알려져 있다. 또한, 스스로 자신이 신이라는 것을 증명하기 위해, 이탈리아 시칠리아 섬의 활화산 에트나 산 분화구로 뛰어들었다는 전설이 있다.

그는 최초의 다원론자다. 어떤 한 개의 원질만 가지고서는 삼라만상을 설명하기에 불충분하다고 하여 우주의 원질(element)을 지수화풍, 즉 '흙', '물', '불', '바람' 이라는 4원소라고 주장했다. 후에 이런 지수화풍 사상은 플라톤, 아리스토텔레스, 영지주의로 이어진다.

엠페도클레스는 모든 물질은 불, 공기, 물, 흙이라는 4가지 본질적 원소들의 합성물이며, 사물은 이 기본 원소의 비율에 따라 서로 형태를 바꿀 뿐 어떤 사물도 새로 탄생하거나 소멸하지 않는다고 생각했다.

헤라클레이토스처럼 그도 음양의 조화(마찰=대립)를 "사랑"과 "싸움"이라는 말로 비유하여 싸우면 이 원소들은 서로 떨어져 나가고, 사랑이 작용하면 함께 섞인다고 주장했다. 이렇게 현실 세계는 음과 양, 두 힘이 서로 평형을 이루고 있는 상태라는 것이 그의 견해였다.

그에 따르면 처음에는 사랑(양)이 지배했으므로 4 원소는 모두 함께 혼합되어 있었으나 우주가 형성되는 동안 싸움(음)이 개입하여 공기, 불, 흙, 물이 서로 떨어져 나왔다고 했다.

그 뒤 4 원소는 특정한 장소에서 부분적으로 결합하여 다시 배열되었다고 했다. 만물은 음양의 조화에 의해 생성되었고, 지금도 생성되고 있다는 것이다.

엠페도클레스는 광천수와 활화산은 지구 안에 물과 불이 함께 있음을 보여준다고 했다. 사실 지구의 가장 아래(내핵)는 섭씨 3천도가 넘는 유황불 호수다. 그리고 지각에는 우리에게 생명수를 공급해 주는 거대 지하호수가 있다. 그가 말한 광천수와 활화산은 바로 지각 아래 있는 거대 호수를 지칭했는지 우리는 알 수가 없다.

엠페도클레스는 영혼의 윤회를 믿었는데 죄를 지은 자는 죽을 수밖에 없는 수많은 육체를 전전하며 3만 절기를 떠돌아다니다가 결국 4 원소 중의 한 원소에서 다른 원소로 왔다 갔다 할 수밖에 없다고 했다.

이 형벌에서 벗어나기 위해서는 영혼의 정화가 필요하며, 특히 동물의 살코기를 먹어서는 안 되는데, 이는 동물의 영혼이 한때 인간의 육체 안에 거주했는지도 모르기 때문이라고 했다.

그렇다면 그가 만물의 원질이라고 말한 지수화풍 그리고 그 음과 양의 조화는 누구에 의해, 어떻게 창조되었을까?

(10) 데모크리토스 (BC.460년경- BC 380년경)

데모크리토스는 최초의 유물론자고, 고대 원자론자다. 그는 모든 질적 차이를 양적 차이로 환원하고, 만물은 질적으로는 동일하나 오직 형태상으로만 차이가 있는 불가분할의 원자로부터 성립한 것이라고 주장했다. 그는 "원자가 합쳐지기도 하고 떨어지기도 하는데 여기서 자연의 모든 변화가 일어난다."고 주장했다.

그의 원자론은 초기 유물론의 완성인 동시에, 후기 에피쿠로스, 계몽주의 향락주의 쾌락주의 및 근세 물리학, 유물론 사상에 영향을 주었다. 그는 사물들만 원자로 이루어져 있는 것이 아니라 영혼이나 정신도 원자로 이루어졌다고 주장하였다.

그렇다면 그가 말한 만물의 원질이 되는 "원자"는 어떻게 창조되었을까? 그 원자의 운동법칙은 누구, 어떻게, 그리고 언제 창조하여 우주에 깔아놨을까?

2) 고대 자연철학과 인간 철학의 중간기

고대 그리스는 BC 1200-BC 800까지를 암흑시대라고 한다. 바다 민족이라고 불리던 정체불명의 민족의 침략으로 인하여 고대 그리스의 모든 기록이 불타고 약탈당해 버렸기 때문이다. 사학자들은 그 시대를 말해줄 그 어떤 기록도 없다고 해서 그 시대를 암흑시대라고 칭한다.

그리스에는 BC 1200 or 1100년 이전에 있었다는 전설처럼 전해오던 트로이 전쟁에 대한 전설이 있었다. 트로이 목마로 더 알려진 이 전쟁은 한 여인을 놓고 그리스 폴리스 연합국가들하고 트로이를 중심으로 한 싸움이었다. 이 전쟁에서 그리스가 이겼다. 그 후 전쟁이 없다가 다시 아테네를 중심으로 그리스 폴리스와 페르시아와의 싸움이 있었다.

BC 492년부터 479년까지 13년 동안의 전쟁이었다. 이때 전쟁 리더는 아테네였다.

한편, 기원전 5세기, 페르시아와의 전쟁 이후, 그리스는 델로스 동맹을 맺어서 페르시아가의 침공을 대비해 동맹들로부터 돈을 모아 아테네가 그 돈을 관리하게 했다. 아테네는 자연히 부해질 수밖에 없었다. 그리하여 아테네는 정치, 문화의 중심지가 되어갔고, 경제적으로 윤택해졌다.

그리스에는 또 아테네와 스파르타를 주축으로 BC 431-BC 404까지 벌어졌던 펠로폰네소스 내전이 있었다. 전쟁에는 항상 생과 사가 발생한다. 특히 내전은 혈육이 혈육을 죽이는 일이 발생한다. 이런 상항을 겪으며 지성인들은 생의 무상 같은 것을 느끼게 된다. 아테네의 지성인들의 자유정신이 인생에 대한 관심으로 바뀌게 된 배경이다.

당시 먹고 살기에 힘이든 모든 사람들은 아테네로 모여들었다. 그들 가운데는 다른 곳에 있던 지식인들도 대거 포함되어 있었다. 소피스트들도 그들 중 한 그룹이었다.

당시 아테네 인구는 약 30만 명 정도였는데 그 가운데 약 3만5천 명 정도가 자유 시민이었다. 자유 시민은 한 번 이상 의회(국회의원)직을 수행해야 했다. 이때 자유 시민으로서 발언을 해야 하는 것은 당연한 일이다. 또한, 아테네에는 재판이 많았는데 어떤 사건에 연류 되면 대부분 자기 변론을 자기가 하는 것이 시류였다. 아테네 시민들은 그런 능력을 교양이라고 생각했다.

대부분의 아테네 귀족의 아들들은 정치인이 되고 싶어 했다. 그러려면 대중 앞에 서서 폴리스의 이익이나 연합을 위해, 혹은 특정 의제를 위해 연설을 하고 대중을 자신들의 연설로 설복시키는 능력은 갖는 것은 정치를 꿈꾼 그리스 젊은이들에게는 하나의 품위였다.

오늘날의 학벌처럼 그리스 젊은이들이 갖추어야 할 정치적 교양이라고 생각했다. 군인도 마찬가지였다. 자신의 병사들에게 전쟁의 당위성을 설명하고 그들의 정신을 무장시키는 것은 Leader가 갖추어야 할 무엇보다 중요한 능력이었다. 이런 아테네 젊은이들에게 지식을 판 사람들이 소피스트들이다.

인간은 왜 존재하는가? 나는 누구인가? 자유는 무엇인가? 행복은 무엇인가? 인간은 어떻게 살아야 하는가? 왜 우리는 동족을 죽여야만 하는가? 더불어 정치란 무엇인가? 어떻게 해야 전쟁을 피할 수 있는가?

바로 그런 것들이 그 시대 사람들의 궁금함이었다. 인간에 대한 철학이 다루어질 수밖에 없는 상황이었던 것이다. 이런 사회적 배경 속에서 그리스 철학은 자연스럽게 제2기인 인간 연구의 시기로 들어가게 된다. 인간이 있는 곳엔 항상 윤리가 뒤따른다.

인간은 어떻게 살아야 하는가?

바로 그것이 윤리다. 다른 말로 덕목이라고도 할 수 있다. 덕목 없는 인간이 없고, 인간 없는 덕목이 없다는 것이 당시 그리스 현자들의 견해였다.

(1) 소피스트(Sophist)

소피스트들은 BC 380년경까지 그리스 사회에서 그리스 젊은이들의 교육을 이끈 이방의 사상가들을 총칭한다. 프로타고라스, 고르기아스, 안티폰, 프로디코스, 트라시마코스 등이 대표적인 인물이다. 소피스트들은 인간의 본질적인 문제를 건너뛴 철학자들이다.

보편적으로 철학은 본질로부터 시작하여 현상으로 내려오르든지, 현상에서 시작하여 본질로 올라가든지 해 왔다. 그러나 소피스트들은 그런 인간의 근본적인 문제를 완전히 건너뛰어 바로 생존문제로 들어갔다.

"어떻게 하면 남을 지배할 것인가? 어떻게 하면 모든 경쟁에서 이길 것인가?"

소피스트는 "지식을 가진 현자"를 뜻했으나 후세에 "궤변론자"라는 평가를 받았다. 궤변이란 진실이 빠진 말쟁이라는 뜻이다. 말 속에 참이 없다는 말이다. 인간에게는 보편적으로 바람직한 삶의 방식은 존재하지 않고 윤리적 가치는 시대와 장소에 따라 상대적으로 달라져야 한다는 것이 그들의 주장이었다. 그들은 양심의 법을 간과했다. 그들은 그리스의 젊은이들에게 양심이나, 교양이나, 덕이 빠진 변론기술을 가르쳤다.

예를 들어 싸움에서 이기는 방법은 무지의 정치인들처럼 무조건적으로 미친척하고 우기라는 것이었다. 했어도 안 한 척, 없어도 있는 척, 주고도 안 준 척, 받고도 안 받은 척, 몰라도 아는 척해야 하고, 그것이 교양이라고 가르쳤다. 그러면 우매한 군중은 속을 수밖에 없다는 것이었다.

이들은 진리를 가르친 것이 아니라 거짓으로 진리를 속이는 방법을 가르쳤다. 상대의 진실이 왜곡되게 하고, 자신의 거짓을 숨기고, 감추는 기술을 가르쳤다. 그들에 의하면, "인간이 어떻게 살아야 하는가?"라는 물음에 대한 대답은 실제 사람들이 어떻게 살고 있으며, 어떻게 사는 것이 부와 명성을 얻고 행복을 누리는지 확인하면 된다고 하였다.

그러나 본질적인 문제를 떠나 행복에도 여러 종류가 있다. 일초짜리 행복, 일분짜리 행복, 한 시간짜리 행복, 일주일짜리 행복, 육체적 행복, 정신적 행복, 영혼의 행복 등등. 그들은 행복의 실상에 대해서는 무지했다. 그들은 행복을 개념화 해내지 못했다. 행복이 어떻게 잉태되고 출생하는지 전혀 알지 못했다. 일시적인 쾌락과 행복을 혼동했던 것 같다.

그들은 인간에게는 보편적으로 바람직한 삶의 방식은 존재하지 않는다고 하였는데 이들이 이런 사상적 가치를 가진 데에는 그만한 이유가 있었다. 그것은 당시 사회의 구조 때문이었다. 고대 아테네는 귀족, 농민, 장인, 상인, 노예, 이방인'으로 구성되어 있었다.

이 중에서 귀족과 농민만이 자유민이자 정치에 참여할 수 있는 시민이었고, 장인과 상인은 자유민이지만 시민이 되지 못했

철학 핸드북 (지성인, 교사, 신학생, 목회자를 위한 가이드)

으며, 노예와 이방인은 자유민에도 끼지 못했다. 소피스트들은 대체로 '이방인' 출신이었는데, 이방인들은 아테네에서 주로 상업에 종사했다. 이들은 물건을 사고팔기 위해 끊임없이 자신의 물건을 꾸미고 포장하는 기술에 능했다. 또한 상업은 '이동성'을 특징으로 하기 때문에 여러 지역을 돌아다니면서 각 지역의 문화와 풍습이 서로 다르다는 것을 발견하게 된다. 이러한 발견은 그들을 상대주의적 윤리관으로 유도하는 배경으로 작용한다.

이방인 출신들이었던 소피스트들은 자신들의 고향과 아테네의 관습이나 법이 서로 다르다는 것을 발견하게 된다. 이에 따라 이들은 '보편적인 것'에 의문을 품게 되었다고 한다. 다음이 그들의 주장에 대한 예다. 바람이 불 때 어떤 사람은 추위를 타지만, 다른 사람은 추위를 타지 않을 수 있다. 추위를 타는 사람에게 바람은 차지만, 그렇지 않은 사람에게는 차지 않다. 즉, 바람이 차가운 성질을 가지고 있는지, 아닌지는 그 바람을 맞는 각자의 판단에 따라 결정된다. 바람직한 삶의 방식에 관한 판단도 이와 마찬가지라는 것이다. 그럴듯한 말이다.

그러나 찬바람이 사람의 느낌에 따라 변하는 것은 아니다. 내가 차게 느끼든, 덥게 느끼지 못하든, 찬바람은 찬바람이고, 더운 바람은 더운 바람이다.

바람 자체가 느낌에 따라 변하는 것이 아니다. 진리는 내가 알든, 모르든, 진리다. 군인이 전쟁터에 나가 사람을 죽이는 것은 살인이다. 다만 법으로 처벌을 받지 않는 살인일 뿐이다.

지축이 없는 지구의 자전은 어떻게 될까? 축이 없는 진리는 진리인가? 기준이 없는 좋은 것이 좋은 것이 될 수 있는가? 양

53

심이 없는 윤리가 윤리인가?

그들에 의해 주창된 그리스 시대의 계몽 운동의 허구성이 바로 그런 허상에 근거했다는 것은 참으로 아이러니한 일이다, 그들은 "거짓도 참으로 둔갑시킬 있다"고 공언하기를 망설이지 않았다.

그들의 사상에는 많은 부정적인 면이 있었음에도 불구하고, 생산적인 맹아도 포함된다는 논리로 그들의 사상을 옹호한 이들도 있었다. 다른 견해가 있을 수 있지만, 현자들의 나라 그리고 신탁으로 보호받던 신탁의 나라 그 그리스가 망한 이유가 그리스의 정신을 타락시킨 소피스트와 동성애라고 하는 것이 무리는 아니어 보인다.

A. 프로타고라스 (Protagoras BC 485? -BC 410?)

프로타고라스는 "인간은 만물의 척도다."라로 알려진 괴변론자다. 인간이 만물의 척도라는 말은 어떻게 보면 주체적이고 대단히 좋아 보이는 말이다. 그러나 인간이 만물의 척도라는 선언은 인간이 신의 보좌에 앉았다는 의미다. 그 어떤 형이상학적 인과도, 그리고 법칙도 겁낼 것이 없다는 것이다. 쉽게 생의 축을 자신의 이익으로 삼았다는 의미다.

앞에서도 언급 했지만 프로타고라스를 비롯하여 많은 소피스트들은 윤리를 상대적인 것 혹은 주관적인 것으로 생각하였다. 어떤 소피스트는 윤리에 대한 객관적 지식의 가능성을 의심하면서 그때그때 상황에 따라 잘 대처하는 처세술을 익히는 것이 바람직한 삶을 사는 방법이라고 주장하였다.

이들은 수사술을 잘 사용한다면 잘못을 저지르고도 법의 심판을 받지 않을 수 있고, 빚진 게 있더라도 갚지 않을 수 있다고 하였다.

어떤 소피스트는 더 나아가 인간과 동물의 차이까지 부정하였다. 인간도 동물처럼 약육강식의 법칙에 따라 살아야 한다고 주장했다.

인간이 만든 법이나 정의는 강자가 약자를 지배하기 위해 만든 인위적인 도구일 뿐이며, 모든 인간이 지켜야 하는 것은 아니라고 했다. 지킨 척 해도 된다는 의미다. 소피스트 대부분은 윤리의 절대성과 보편성, 객관성 등에 대해 부정적인 견해를 피력했다.

그리스 현자들은 윤리가 상대적이라면, 살인, 도둑질, 강도와 같은 비윤리적 행위도 정당화될 수 있다는 결론이 도출된다고 비판했다. 그리고 인간이 사익을 생의 축 혹은 행복의 조건으로 여긴다면 그것으로 인하여 사회는 결국 무너지게 될 것이라고 우려했다.

어떤 사회에서 악한 행위를 윤리적이라고 여긴다면 다른 사회에서도 그것을 인정해야하기 때문이라고 비판했다.

또한, 각자가 가진 나름의 윤리가 모두 타당한 것이므로, 옳고 그름을 객관적으로 판단할 수 없게 된다고 하면서 그렇게 될 경우 인간은 윤리적 삶에 대해 회의적으로 생각하게 되어 인간다운 삶을 살려고 노력할 필요가 없게 된다고 지적했다. 결국 짐승과 같이 된다는 것이 현자들의 견해였다.

따라서 소피스트들의 이런 철학은 그리스 젊은이들의 정신에 혼돈과 혼란 상태에 빠지게 했다. 장차 그리스를 이끌 그리스 젊은이들의 정신이나 가치관은 그리스의 운명과도 직결되는 중차대한 사안이었다.

사태의 심각성을 느낀 사람들은 그리스의 현자들이었다. 그리하여 그들은 소피스트들이 망쳐놓은 그리스 젊은이들과 지성인, 그리고 귀족들에게 인생이 무엇인지, 인간은 어떻게 살아야 하는지를 일깨워주지 않으면 안 되게 되었다.

그래서 이 시기 철학자들은 인간이란 무엇인가? 인간이란 어떻게 존재하게 되었는가? 인간을 존재하게 한 존재는 무엇인가? 인간의 존재 목적은 무엇인가? 인간이란 어떻게 살아야 하는가? 라는 본질적 문제부터 윤리적 문제까지를 탐구의 대상으로 삼게 되었다.

3) 인간 철학

정신이 병 들면 육제가 병 들고 정신이 죽으면 육체가 죽는다. 개인이 병 들면 전체가 병 들고 개인이 죽으면 전체가 죽는다.

병든 그리스 젊은이들의 정신을 치유하기 위해 등장한 철학자가 소크라테스, 플라톤, 아리스토텔레스, 제논 등등이다. 그리스 철학을 인간 철학으로 방향을 바꾼 소크라테스는 인간 철학의 아버지요 그리스철학의 양심이라는 칭함을 받을 만큼 그리스 정신세계에 많은 영향을 끼쳤다. 그는 인생의 축은 사익이 아니라 영혼이라고 주장했다.

⑴ 소크라테스(BC 470 ‒BC 399)

고대 그리스의 스승 소크라테스는 소피스트의 윤리적 상대주의, 주관주의가 현실적이고, 실용적인 삶을 추구하는 젊은이들에게 당장은 매력적으로 보일지 모르나 결과적으로는 정신이나 영혼에 치명적인 해악을 줄 것이라고 가르쳤다.

소크라테스는 인간에게는 시간과 공간에 관계없이 변하지 않는 정신적, 이상적 가치가 존재한다고 믿었다. 그는 진리에 대한 탐구를 통하여 모든 인간은 자기에게 타당한 그리고 보편적인 윤리적 삶의 방식을 찾을 수 있다고 했다.

윤리는 상대적인 것이 아니라 보편적이라고 본 것이다. 예를 들어 사람이 자기 부모나, 아내, 아이를 사랑해야 하는 것은 보편적인 것이지 상대적인 것이 아닌 것과 같다. 그런 인륜은 결코 상대적인 것이 될 수 없고 사람은 세속적인 쾌락이나 부, 명성을 추구하기보다 정신적 삶에 관심을 두고 자신의 영혼을 돌봐야 한다고 주장했다.

또한 그는 장인이 장인으로서의 훌륭함(아레테)을 수행하려면 자기의 기능(기술)에 대해서 잘 알아야 하듯이, 인간으로서의 훌륭함, 즉 덕을 수행하려면 "덕"이 무엇인지, 그리고 그 덕을 어떻게 수행하는지 알아야 한다고 주장했다. 그래서 그의 철학을 주지주의, 혹은 지덕합일설 이라고도 한다.

소크라테스는 인간 행위의 진정한 주체는 자신의 자아(영혼)인데도 아테네 시민들이 자기의 소유물, 즉 명예와 재산과 육체적 쾌락 등에 자신의 영혼을 종속시키고 있다고 보았으며, 여기에서 아테네의 정치적, 도덕적 부패가 일어난다고 했다.

소크라테스의 스스로 자신을 '아테네의 등에'로 불렀다. 소나 말 등의 피를 빨아먹는 '등에'가 끊임없이 소를 괴롭혀서 움직이게 만드는 것처럼, 소크라테스 역시 거짓과 쾌락에 살찌고 게을러빠진 아테네인들에게 끊임없이 질문하고 생각하도록 귀찮게 하여 스스로 깨어나게 한다는 의미에서 붙인 별명이다. 그러나 그를 시기하던 자들은 소크라테스가 신을 모독하고 청년을 타락시켰다며 사형에 처했다. 도망치라는 주변 사람의 권유에도 '악법도 법이다'며 독배를 마신다. 그가 만일 도망을 갔다면 만물을 척도라고 주장하면서 개인의 사익을 위해 사는 것이 선이라고 주장했던 소피스트의 말이 옳다는 것을 그대로 입증해주는 것이 되었을 것이다. 그래서 그는 피하지 않았고, 자신이 그리스 젊은이들에게 가르친 그 가르침대로 고결하게 이 세상을 떠났다.

소크라테스는 페르시아전쟁에서 그리스가 승리하고 그리스의 수도 아테네가 서서히 세력을 떨쳐 나가던 시기에 태어났다. 소크라테스의 아버지는 당시에는 활발했던 아테네의 여러 석조건물 건설에도 참여한 중견 조각가였고, 어머니는 산파였다.

소크라테스는 자기 어머니의 직업을 빗대어 자신의 교육 방법을 산파술이라는 했다. 산파는 산모가 아이를 낳을 때 옆에서 도와주는 구실을 하는 존재다. 산모를 대신해서 아이를 낳아줄 수는 없다. 즉, '진리'는 배우는 사람이 산출해내는 것이지, 스승이 대신하여 낳아줄 수는 없다는 의미다.

소피스트의 상대주의적 윤리에 맞서 보편적 윤리를 찾고자

철학 핸드북 (지성인, 교사, 신학생, 목회자를 위한 가이드)

했던 소크라테스는 '인간은 어떻게 살아야 하는가?' 라는 물음
에 대한 답을 얻으려면 먼저 우리 자신에 대해 알아야 한다고
주장하였다.

그는 델포이 신전에 새겨진 "너 자신을 알라." 라는 비문을
깨달았다. 그리고 인간이 어떤 존재인지, 무엇이 인간을 인간답
게 하는지를 알아야만 바람직한 삶의 방식을 알 수 있다고 주
장하였다.

그는 "검토되지 않은 삶은 살아갈 가치가 없다."라고 말하면
서, 현재 우리가 받아들이고 있는 각자의 삶의 방식에 대해 철
저하게 검토하고, 반성하고, 의문을 가져야 한다고 하였다.

A. 나는 누구인가?

나는 누구인가? 라는 논제는 본질적인 문제다. '나는 영혼을
가진 존재다.' 소크라테스는 말한다.

인간만이 영혼을 가지며, 이것을 통해 '정신적, 윤리적 삶'이
가능하다. 그는 행복은 그 과정에서

발생되는 것이라고 했다. 따라서 그는 영혼을 위한 정신적,
윤리적 삶이 얼마나 귀한 삶인지, 영혼을 위해 살 수 있는 것이
얼마나 아름다운 자유인지를 알아야 한다고 했다.

이 점에서 인간은 동물과 다르고 신과 가깝다고 했다. "너 자
신을 알라."라는 말은 본질적으로 영혼을 가진 네가 얼마나 귀
한 존재인지 자각하라는 뜻이다.

B. 변증술과 반박술이란?

소크라테스는 상대방이 스스로 진리를 자각하도록 하기 위해

'대화'를 했는데, 이것이 '변증술'이다. 변증술은 두 단계로 나누어진다. 먼저, 상대방이 자신의 무지를 깨닫게 해야 하는데, 이것이 반박술(elenchus)이다. 다음으로, 자신의 무지를 깨달은 상대방이 스스로 진리를 찾아나가도록 해야 하는데 이것이 '산파술'이다.

소크라테스는 인간의 본질은 정신, 즉 영혼에 있다고 봤다. 따라서 정신이 선(Good)하고 훌륭하면 그의 삶도 선하고 훌륭할 수밖에 없다고 했다.

소크라테스는 사람이 아무리 신체가 건강하고, 재산이 많고, 그리고 명성이 높고, 지위가 높고, 고결해 보인다고 해도, 그 정신(영혼)이 선하거나 훌륭하지 않다면 그 사람을 선하고 훌륭하다고 할 수 없다고 했다. 짐승과 같다는 말이다.

C. 덕이란 무엇인가?

덕(virtue)은 그리스어로 '아레테(arete)'라고 하는데, 어떤 것의 '우수한 상태', '탁월한 상태', '훌륭한 상태'를 의미한다. 소크라테스는, 모든 인간에게 있어서 보편적이고 윤리적인 삶은 '정신적인 덕' 즉 '영혼의 덕'을 갖춘 삶이라고 했다. 소크라테스는 인간에게는 너무 고귀한 영혼이 있는데 그 영혼을 지키는 영혼의 지킴이가 덕이라고 했다. 그가 제시한 덕은 모두 5가지다. 첫째, 지혜의 덕, 둘째, 용기의 덕, 셋째, 절제의 덕, 넷째, 정의의 덕, 다섯째, 경건의 덕이다.

소크라테스는 이러한 덕을 갖춘 사람이 되려면 먼저 이러한 덕이 무엇인지 정확히 알아야만 한다고 하였다. 용기가 무엇인지 모르는 사람이 어떻게 용기 있는 사람이 될 수 있겠느냐는 것이다. 만일 용기에 관해 무지한 사람이 어쩌다 용기 있는 행위를 한다면, 그것은 무모하거나 비겁한 행위라는 것이었다.

소크라테스는 사람은 누구나 본성적으로 자신에게 좋은 것을 욕망하게 되는데, 덕은 영혼의 지킴이요, 필요한 양식임으로 이것을 소망하는 것은 본성적이고 자연적인 영혼의 기능이라고 하였다.

D. 무지란?

무지란 지식이 없는 상태, 혹은 잘못된 지식이나 어떤 대상에 대해 잘못된 지식을 가지고 있는 상태를 말한다. 예를 들면 버섯은 모두 사람에게 이익을 주는 식물이다. 그러나 버섯 중에는 사람에게 치명적인 해를 주는 독버섯도 있다. 완전한 지식이 아니면 독버섯처럼 불행한 결과를 잉태하는 지식도 있다는 의미다.

같은 말이지만 사람들이 도덕적 지식을 갖추고 있다고 해서 반드시 선한 행위를 하게 되지는 않는다. 의지가 나약해서 실제 실천으로 나아가지 못하는 경우도 있어서다. 소크라테스는 이런 경우도 무지에서 비롯된다고 봤다. 즉, 잘못된 앎, 혹은 미완성 앎 때문에 '의지의 나약함'이 생긴다는 것이다.

예를 들어 당뇨병 직전에 있는 사람이 식탐을 억제하지 못하는 것은 당뇨병의 심각성에 대해 잘못 알고 있거나, 무지 때문에 식탐을 억제하지 못하는 것과 같다.

탐욕, 미움, 분노 그리고 순간적 만족을 주는 게임, 마약, 도

박, 짐승-음악 등이 얼마나 자신의 영혼에 해를 입히는지는 정확히 모르기 때문에 그것을 끊어내지 못한다는 것이다.

의지는 사용하지 않으면 점점 약해지고 그리하여 나중에는 없는 것처럼 된다. 키에르케고어의 논리를 빌리면 자기 행동에 대한 무지 혹은 결과에 대한 무지는 '어떤 선택'에 대한 두렵고 떨리는 결과에 대한 지식이 결여되어 온다. 작은 것이 지닌 힘이 얼마나 위험한 것인지 모르기 때문에 작은 것을 소홀히 하게 되고 그것에 대한 나약함이 생긴다는 것이다. 그러나 언제나 불행은 그 작은 것에서 시작된다. 바늘 도둑이 소도둑 된다는 말이 그 예다.

소크라테스는 덕은 자신에게 얼마만큼 좋은 것인지 아는 사람은 반드시 덕을 실천하게 되어 있다고 말한다. 이것이 주지주의(intellectualism)다. 따라서 인간이란 고의로 악을 행하는 경우가 드물며, 고의로 선을 행하지 않는 경우도 드물다고 했다. 사람이 선을 행하든, 악을 행하는, 어떤 행동을 할 때는 항상 그것에 대한 결과를 고려하면서 목적을 가지고 절실하게 행해야 한다는 의미다.

예를 들어 독버섯을 아는 사람이 의지가 약하다고 독버섯을 먹겠느냐는 것이다. 반대로 산삼의 효능을 아는 사람이 산삼을 버리겠느냐는 것이다. 지옥을 아는 사람이 지옥 갈 짓을 하겠으며, 천국을 아는 사람이 천국 갈 짓을 안 하겠느냐는 것이다.

그래서 소크라테스는 정신(영혼)이 건강한 사람은 본성적으로 자신에게 해로운 행위를 하지 않을 것이라고 했다. 덕이 무엇인지 아는 사람이 덕을 행하지 않을 수 없는 것은 산삼처럼 자신에게 이익이라는 것을 알기 때문이라는 것이다.

그러므로 악이 무엇인지 아는 사람은 절대 악을 행할 수 없다는 것이다. 독버섯처럼 그런 것들이 남에게도, 자기 자신에게도, 치명적 해를 입힌다는 것을 알기 때문이라는 것이다. 그래서 용기, 절제, 정의 등 각각의 덕에 관해 제대로 된 지식이 있고, 덕에 대한 지혜를 갖춘 사람은 실제로 덕있는 사람이 될 수밖에 없다는 것이다.

E. 지덕복합일설이란?

소크라테스는 영혼의 온전함을 참된 행복으로 보았다. 건강한 영혼은 '지혜'의 덕을 갖춘 상태라고 했다. 지혜의 덕을 갖춘 영혼을 가진 사람은 덕이 무엇인지 알고, 따라서 반드시 선한 행위를 한다고 했다. 이런 지와 덕의 일치가 '지덕복합일'로 귀결된다고 했다.

소피스트의 동류들은 쾌락이나 부, 명성보다는 정신적인 덕이 행복을 가져다준다는 주장에 동의하지 않는다. 그들은 오히려 나쁜 사람, 즉 부덕한 사람들도 행복하게 산다고 말한다. 그러나 소크라테스는 그런 사람들은 참 행복을 느껴보지 못한 사람들이라고 말하면서 나쁜 사람들은 결코 자신의 영혼에게 행복을 줄 수 없다고 단언한다.

참된 행복은 육적인 만족에서 발생되지 아니한다. 순간적인 것도 아니다. 10분, 하루, 피었다가 곧바로 시들어버리는 행복에는 항상 불행이 붙어있다. 불행이 붙어있는 행복은 영혼의 행복이 아니다.

　물론 덕이 무엇인지 아는 사람은 덕을 반드시 실천하게 되어 있다는 소크라테스의 주장도 타당하지 않다는 비판을 받을 수 있다. 그러나 인간은 계산적인 동물이다. 앞에서도 언급 했듯이 도덕적인 행동이 비도덕적인 행동보다 더 크고 긴 행복을 준다는 지식이 있다면 약한 의지도 강하게 될 수 있고, 이런 경우, 도덕적 지식은 있지만 의지가 약해서 부덕한 행동을 할 수도 있다는 말은 못할 것이다.

　소크라테스는 보수 없이 그리스 젊은이들을 가르쳤고, 기껏해야 저녁 한 끼로 만족했다. 소크라테스가 어떻게 생계를 꾸려 나갔는지 알 수 없다. 그러나 그는 빈곤해 보였으나 부했고, 그의 영혼은 항상 행복으로 충만해 보였다고 전해진다.

F. 소크라테스의 아내 크산티페

　악처의 대명사로 알려진 크산티페가 없었다면 소크라테스는 세계 4대 성인의 반열에 들지 못했을 수도 있다는 이야기가 있다. 그녀는 남편이 철학자의 삶을 살지 못하게 하려고 여러 가지 방법으로 훼방을 놨다. 집에서는 지옥을 방불케 할 정도로 남편을 못살게 했다. 이에 대한 유명한 일화도 있다.

　어느 날 소크라테스가 집에서 제자들에게 강론하고 있을 때 아내가 잔소리를 시작했다. 소크라테스는 들은 척도 하지 않고 강론을 계속했다. 그러자 크산티페는 큰소리로 욕을 하더니 방에 들어와 소크라테스 머리에 물을 퍼부었다. 그런데도 소크라테스는 태연히 "천둥이 친 다음에는 소나기가 오는 법이라"고 반응했다.

어떤 사람이 "당신은 아내의 잔소리를 어떻게 견뎌냅니까?" 하고 물었을 때 그는 "물레방아 돌아가는 소리도 귀에 익으면 괴로울 것이 없다오." 라고 대답했다는 일화도 있다. 결혼에 대한 질문에 그는 다음과 같이 답했다고 한다. "결혼을 하라. 만일 그대가 악처를 만나면 철학자가 될 것이요, 선한 처를 만나면 행복하리라"

G. 소크라테스의 재판

펠로폰네소스 전쟁에서 승리를 거둔 스파르타는 아테네에 친스파르타 인사와 반민주주의자 30명으로 구성된 과두 체제를 세워 공포정치를 실시했다.

소크라테스는 이 위원회에 끌려가 교육을 그만두라는 명령을 받지만 그들의 경고를 무시했다. 주변에서는 인간의 덕목을 일깨우고 다니는 그가 머지않아 처형되리라고 걱정했으나 그 자신은 아무렇지 않게 여겼다.

과두 파 인물 중에 그의 제자와 플라톤의 큰아버지가 있었다. 그래서 그랬을까 그는 이 과두 정에서는 무사했다. 그러나 과두 정치가 8개월 만에 무너지고 다시 민주제로 바뀌자 소크라테스는 정치적 기반을 상실했다.

아테네 역사상 최전성기를 구가한 정치가 '페리클레스'가 죽은 뒤 아테네를 지배한 부정한 야심가들에게는 모든 진리의 기초를 '도덕'에 둔 소크라테스 같은 인물은 위험할 수밖에 없었다. 그들은 결국 소크라테스를 희생양으로 삼기 위해 음모를 꾸며 '첫째 청년을 부패하게 했고, 둘째 나라에서 인정하는 신을 섬기지 않고 다른 신을 믿는다.'는 이유로 소크라테스를 고소했다.

재판에서 원고 쪽에서 고소 이유서를 낭독한 직후, 소크라테스의 변론이 시작되었다. 그는 배심원들 앞에서 자신이야말로 참되게 청년들을 교육하는 '아테네의 양심'이라고 말하면서 아테네 사람들은 양심의 소리를 들어야 한다고 웅변했다. 그의 말은 소피스트의 상대주의적 윤리관에 젖어있는 그들을 조롱받는 기분이 들게 했다. 무엇이든지 자기 자신의 사익을 위반하는 것이 해악이라는 생각에 젖어 있는 그들에게 보편적이고 절대적인 인간의 덕목을 설파 했으니 그때까지 덜 죽은 그들의 양심이 얼마나 송곳질을 하였겠는가!

소크라테스의 재판은 소피스트들과의 재판이 되어 버렸던 것이다. 당시에는 30세 이상의 아테네 시민으로 나라에 빚이 없으면 누구나 배심원을 지망할 수 있었고, 그 지망자가 많을 때에는 재판하는 날 추첨으로 500명을 뽑았다. 이들이 먼저 유죄냐 무죄냐에 대해 투표를 하는데, 소크라테스는 유죄 280표, 무죄 220표로 예상보다 적은 표차로 유죄 판결을 받았다.

마지막으로 형량을 결정하는 일만 남았다. 원고 쪽에서 요구한 형량은 사형이었다. 소크라테스가 요청한 형량은 벌금 단 1므나 였다가 친구의 간절한 부탁으로 30므나로 늘렸다. 이는 거의 조롱을 상징할 만큼 적은 액수였다. 그것은 소크라테스를 무죄로 판결한 재판관들의 심기까지 건드렸기 때문에, 360대 140이라는 커다란 표차로 사형을 선고받고 만다. 아테네 법률에 따르면 사형선고를 받은 사람은 24시간 안에 처형을 받게 되어 있다. 그러나 델로스 섬에 있는 아폴론 신에게 감사의 제물을 바치러 떠난 배가 돌아오지 않았기 때문에, 소크라테스의 사형 집행은 연기되었다.

소크라테스는 사면 신청도 하지 않고 날짜만 기다렸다. 한 달 후에 배가 돌아왔는데, 배가 들어오는 날 아침 일찍 아내 크산티페가 감옥으로 찾아왔다. 그녀는 남편에게 부당하게 사형되는 거라며 마지막으로 탈출을 권유했다. 소크라테스는 "그러면 당신은 내가 정당하게 사형되기를 원하시오?" 라고 대답했다.

그날 아침 소크라테스의 아내 외에도 친구와 제자들이 감옥에 모였다. 어렸을 때부터 죽마고우였던 크리톤은 "돈은 얼마가 들더라도 관리들을 매수할 테니 탈출하라"고 권유했다. 그러자 소크라테스는 "이제까지 나는 아테네 시민으로서 아테네 법이 시민에게 주는 특권과 자유를 누려왔다. 그런데 그 법이 이제 내게 불리해졌다고 하여 그 법을 지키지 않는 것은 비겁하지 않은가?" 라며 단호히 거절했다. 소크라테스의 그 유명한 명언 '악법도 법이다!'는 이 대목에서 나온 것이다.

H. 소크라테스를 왜 4대 성인으로 부르는가?

그는 그리스의 정신세계에 불의와 맹독이든 정신을 주입시키는 소피스트들로부터 그리스의 정신을 구하기 위해 파송 받은 이방의 선지자요 예언자였다. 그러나 그는 유대교의 경전이나 바라문교의 경전에 등장하는 신비로운 기적이나 이적을 일으킨 적이 없다.

그는 그리스 젊은이들이 스스로를 깨달을 수 있도록 질문을 통해 그들의 정신을 괴롭히고 뒤흔든 그의 말대로 '등에'였다. 그리고 나이 어린 부인과 애들을 3이나 거느린 남편과 과장으로서 책임을 다하지 못하고 날마다 걸인처럼 그리스 거리를 돌아다니면서 만나는 사람들을 붙들고 대답하기 힘든 질문들을 쏟아부었다. 그렇다면 그런 그를 왜 누가 무엇 때문에 성인이라는 호칭을 달아줬을까?

그렇다. 그는 약간 야성적인 삶을 살았지만 그의 일평생은 성인들이 가지는 특출한 것이 없었다. 그러나 그에게는 아무도 꺼내주지 않았던 성인의 성정, 즉 영혼과 정신이 있었다. 그가 제자들에게 강의를 하던 중 자신의 나이어린 부인 크산티페에게 물벼락을 맞았을 때를 상기해보자.

물벼락이 쏟아지기 전 그가 천둥 번개라고 비유할 만큼 커다란 크산티페의 잔소리가 있었다. 그러나 그는 그의 부인의 분노에 분노로 대항하지 않았다. 도저히 분노하지 않을 수 없는 상항에서 그는 분노하지 않았다. 이것을 온유라고 말한다.

자신의 나이어린 부인에게 제자들 앞에서 물벼락을 맞았을 때, 그리고 온갖 수모를 겪으면서 과연 분노하지 않을 사람이, 대꾸하지 않을 사람이 이 세상에 몇이나 될까?

인류는 탐욕과 분노와 미움으로 망하고, 절제와 용서와 사랑으로 흥했다. 위의 것들은 자기 자신을 죽이고, 너를 죽이고 그를 죽인다.

그것을 다스릴 수 있는 것은 절제와 용서와 사랑이다. 그것만이 자신을 구하고, 너를 구하고, 그를 구하고, 나라를 구할 수 있다. 불을 끄는 소방차처럼 사랑만이 탐욕과 분노와 미움의 불을 끌 수 있다. 그리고 이것이 현자들의 가르침이다.

그는 그 어떤 상황에서도 분노하지 않았다. 역사상 그런 사람은 부처, 소크라테스, 예수를 제외하면 없다. 특히 그리스의 정신을 구원하기 위해 가정과 자녀 양육 및 사사로운 모든 사익을 희생하고 있는 그를 오히려 그리스 젊은이들의 정신을 혼탁하게 하고 그리스 신을 모독한다는 누명을 씌워 무고하게 감옥에 넣고 처형을 할 때, 그가 단 한번이라도, 아니면 그 누구에게라도 분노하고, 미워하고, 원망한 적이 있는가?

그가 그리스의 정치를 원망했는가? 아니면 그리스를 그렇게 만든 소피스트들을 원망했는가? 아니면 그리스의 민주정을 원망했는가? 아니면 정치인들을 미워했는가? 무고한 그에게 죄를 덮어씌워 사형을 선고한 배심원단들을 미워했는가?

도저히 원망하지 않을 수 없는 상항, 절대로 분노해야만 할 상항, 정말 미워해야만 할 사람들을 바로 눈앞에 두고도 그는 그들을 미워하지 않았고, 원망하지 않았고, 분노하지 않았다. 그리고 자연의 순리에 따라 왔다가 순리에 따라 처형이라는 방법을 통해 죽었다.

그는 영혼이 인간의 축이라고 하면서 그 축을 지탱해주는 덕목을 가르쳤다. 그는 인간으로서 인간이 되는 것이 덕목을 행하는 것이라고 가르쳤다. 그는 자신이 가르친 대로 살다가 가르친 대로 죽은 것이었다. 탐욕이 없고, 분노가 없는 마음, 미움이 없는 마음, 원망이 없는 마음, 바로 그것이 성인의 마음이다.

물론 예수님의 갈보리 여정과는 비교도 안 되겠지만 성인의 기준이 된 그리스도의 갈보리 여정을 보라. 얼굴에 침을 뱉고,

철학 핸드북 (지성인, 교사, 신학생, 목회자를 위한 가이드)

때리고, 머리에 가시 면류관을 씌우고, 조롱하고, 십자가에 못을 박아 죽일 때 그분이 그 누구 하나 미워하거나, 분노하거나, 원망한 적이 있던가! 도리의 그들의 죄를 용서해 달라는 최후의 기도로 생을 마감하지 아니하시던가!

(2) 플라톤(BC 427-BC 347)

기원전 399년 소크라테스가 독배를 마시고 죽은 후 소크라테스의 제자들은 흩어져 키니코스학파와 키레네학파, 아카데미학파 등을 설립했다. 그러나 진정한 철학의 길을 걸은 제자는 플라톤이었다.

그는 스승의 뒤를 이은 이방의 선지자였다. 플라톤은 소크라테스가 죽은 후 아테네에 있는 자신의 사유지에 아카데미아를 세웠다. 오늘날의 고등 교육기관이다. 그는 그곳에서 스승의 철학을 전파했다. 그는 스승의 뒤를 이어 소피스트의 영향으로 부패일로에 있던 아테의 젊은이들에게 인간을 인간이 되게 할 수 있는 덕목을 가르쳤다. 그는 스승인 소크라테스의 영혼을 위한 '덕-철학'을 '이데아 사상'으로 발전시켜 그리스 젊은이들에게 잊어버린 이데아의 세계를 기억해 나가면서 '이데아의 본성'을 회복해야 한다고 가르친 것이다.

이데아의 본성이란 천하보다 귀한 영혼의 본성을 의미한다. 'Eternal Validity of Soul', 현상계의 표현방법으로 개념화시킬 수 없을 만큼 소중하고, 신비한 영혼, 그는 그의 스승으로부터 이런 소중한 영혼을 귀중하게 보존해야 한다는 조언을 들은 바가 있다. 그러나 그는 기하학도 중요시하였고, 그의 아카데미를 통해 많은 수학자들을 배출하기도 하였다.

그는 영혼을 보존하고 영혼을 건강하게 지킬 수 있는 4가지 덕목을 가르쳤다. 첫째, 이성의 기능을 잘 발휘하게 하는 지혜의 덕, 둘째, 기개(가슴)의 부분에서 생겨나는 용기의 덕, 세 번째, 욕망부터 생겨나는 절제의 덕, 네 번째, 이 모든 것이 잘 조화되면서 생겨나는 정의의 덕이다. 그는 정의란 덕목이 없는 데서는 절대 생겨날 수 없다고 했다.

A. 플라톤의 자연철학

만물은 어떻게 존재하게 되었는가? 라는 질문에 대해 고대 서양 철학에는 두 개의 '원인론'이 있었다.

하나는 창세기에 나온 창조론이다. 스스로 여호와로 부르게 한 신이 말씀으로 무에서 천지를 창조하셨다는 이론이다.

또 다른 원인론은 플라톤의 데미우르고스가 유에서 유, 즉 유에서 세상을 창조했다는 창조론이다. 그러나 창세기를 자세히 보면 하나님이 천지를 창조하기 전 "하나님의 신이 수면 위에 운행하셨다"는 기록이 있다. 그렇다면 그 "수면"은 언제 어떻게 창조 되었을까?

여러 가지 연구의 토대를 제공하고 있다.

A) 데미우르고스: 데미우르고스는 그리스 신화와 플라톤 철학에서 우주만물, 즉 모든 자연의 제작자를 의미하는 신의 이름으로 등장한다. 그러나 플라톤의 데미우르고스는 유에서 유

를 창조한 신이다. 데미우르고스는 그야말로 아무것도 없는 무에서 유를 창조하는 전지전능한 창조자는 아니다. 주어진 시간, 공간, 질료, 형상, 작용, 목적을 바탕으로 물질적 존재를 제작한 제작자 개념의 신이다.

그리스 신화와 철학에 의하면 인간은 정신과 물질로 구성된 이원인적 존재였다. 데미우르고스는 인간의 물질적 신체를 제작하였고, 인간의 정신(spirit)을 제작하거나 물질적 인간에게 정신을 불어넣는 신은 따로 있었다.

인간의 정신(spirit)은 데미우르고스보다 상위의 신이 부여했다. 신체보다 우월한 것은 정신이고, 정신은 진정한 창조자인 신의 영역이기 때문이라는 것이 그 이유다. 플라톤은 인간의 영혼을 잉태하거나 창조한 최고의 신에 대해선 추가 정보를 내놓지 않았다. 그러나 전지전능한 창조자 신과 제한된 능력을 가진 제작자 데미우르고스는 확실히 다른 등급이라는 것을 분명히 했다.

데미우르고스가 공허하고 혼돈한, 즉, 무실서하고, 방황하고, 무한정하게 움직이는 질료들을 모아 특정 형상을 입혀 물질세계를 탄생시켰다는 것이 플라톤의 창조론이다. 이미 존재하고 있는 재료(물질)로 만물을 만들었다는 의미다.

플라톤은 만물은 물질과 형상으로 이루어졌는데 데미우르고스가 만물을 만들 때 사용된 최초의 질료를 아난케 (Ananke)라고 불렀고, 그 질료에 입힌 형상을 에이도스(eidos=영혼의 눈으로만 볼 수 있는 형이상학적 개념)라고 불렀다. 여기서 플라톤이 말한 에이도스는 이데아에 해당한다.

플라톤은 아테네의 명문 가정에서 태어났다. 그의 이름의 뜻이 '어깨 폭이 넓은'이란 점에서 짐작할 수 있듯이 그는 올림픽에 레슬링 선수로 출전할 정도로 운동을 잘 하였다고 전해진다.

그는 젊었을 때 소크라테스의 제자가 되었다. 그가 철학에 빠져 있을 때 그리스 정치 제도는 민주정이었다. 그러나 그런 민주정 아래서 그는 그의 스승이 무고하게 죽는 모습을 목도하였다. 그것은 정치 제도가 저지른 살인이었다.

그는 스승 소크라테스의 죽음에 큰 충격을 받아 정치가로서의 꿈을 버리고 정의를 가르치기로 결심하였다.

그는 민주정에서 이런 불의한 일이 일어났으니 그리스에서 민주정은 사라져야 한다고 생각했고, 자신들의 사익만 쫓는 무지한 전과자들이나 백성들에게 나라의 운영을 위임했다가는 이런 불의한 일들로 인하여 나라가 침몰할 것이라고 생각했다. 어떻게 범죄자나, 도둑, 그리고 정치적 탐욕에 찌든 거짓말쟁이들이 자신들의 사익을 버리고 나라를 운영할 수 있겠느냐는 것이 플라톤의 생각이었다.

플라톤은 그리스 사람들의 정신이 이렇듯 몰락한 것은 바로 소피스트들 때문이라고 믿었다. 그들을 그리스의 정신을 죽이는 악의 축이라고 생각하였다.

그는 한때 이상 국가를 실현해 보고자 친구인 디온의 권유로 시켈리아의 '참주정'의 수장인 디오뉘시오스 1세의 초청에 응하였으나, 거기서도 디오뉘시오스의 불의를 발견하게 된다.

그리고 그의 과두정치를 비난하다가 그의 분노를 사서 노예로 팔리기까지 한다.

철학 핸드북 (지성인, 교사, 신학생, 목회자를 위한 가이드)

후에 그는 그의 저작을 본 키레네 사람 덕분에 구출되어 아테네로 귀국한 뒤 아카데미아를 설립하고 제자 양성에 전력하면서 저작에 몰두하였다.

그는 민주정과 참주정의 허구성을 직접 몸으로 체험하게 된 셈이다. 그 후 357년 디오뉘시오스 2세의 간청을 받고 다시 시켈리아로 가서 이상 정치를 펴보려 하였으나, 다시 실패하고 1년 만에 귀국하여 '법률' 등 몇 개의 저서를 더 쓴 뒤 81세에 세상을 떠났다.

B) 아카데미아의 설립: 플라톤은 소크라테스의 가장 우수한 제자였고 부자였다. 그는 아테네의 서쪽 교외 아카데모스 숲에 학교를 세워 우수한 제자를 육성하였다. 오늘날 '아카데미'라는 말이 전문 학술기관을 의미하게 된 것도 여기에서 비롯되었다. 플라톤의 학교에서 가르치는 과목 중에는 기하학과 수론(The Theory of Number)도 있었다.

그가 교문 현판에 "기하학을 모르는 자는 이 문 안에 들어오지 말라"라고 써서 붙였다는 이야기가 있을 정도였다.

플라톤은 초기 대화편에서 소크라테스를 주인공으로 하여 주로 도덕적인 개념을 엄밀히 규정하고자 노력하였다.

그는 소크라테스가 말한 영혼을 탐구하는 과정에서 감성적인 것의 원형 또는 본(本)으로서 영원불멸한 이데아가 있다는 것을 깨닫고 이데아 설을 주장하게 되었다. 플라톤은 끊임없이 유전 변화 하고 우리의 감관, 지각의 대상인 현실 세계를 넘어선 곳에 그 원형이요, 이상인 이데아의 세계가 존재한다고 믿었다.

플라톤의 이런 철학을 이해하기 위해서는 먼저 레테강의 이야기를 알아볼 필요가 있다.

C) 레테강 이야기: 시문학에서는 레테 강은 망각의 강으로 상징된다. 그리스 신화 속 인간은 본래 육신을 가지지 않은 영의 세계에서 살았다. 그러나 인간은 죄를 지어서 물질세계로 쫓겨난다. 영의 세계는 이데아 세계의 상징이다.

사람들이 이데아의 세계에 살다가 죄를 지어서 이 세상으로 쫓겨 오면서 강을 건너게 되는데, 그 강의 이름이 레테 강이다. 그런데 레테 강은 일반 강이 아니고 망각의 강이다.

레테(Lethe)강을 건너던 사람들은 극도로 목이 마르는 갈증을 느끼게 된다. 사람들은 그 갈증을 해소하기 위해 그 강의 물을 마시게 된다. 이렇게 하여 사람들은 강물을 마시면서 이 세상에 오게 되었고 이 세상에 내려왔더니 이데아 세계에서 알던 모든 것들이 잊혀져버렸다는 이야기다.

그리스어로 진리를 'Aletheia'이라고 한다. 'Lethe'가 망각이라면 그 망각을 다시 일깨워주는 것이 진리라는 뜻이다. 즉 망각된 이데아를 다시 떠오르도록 만들어 주는 것이 진리라는 의미이다. 그래서 플라톤의 교육을 상기설이라고 한다.

플라톤에게 있어서 교육은 뭔가 새로운 것을 외부로부터 가져와 주는 것이 아니라 이미 우리가 선험적(경험 없이)으로 알고 있었으나, 잊어버리고 있던 것을 일깨워주는 것이라고 생각했다. 그것을 소크라테스는 깨달음의 의미로 "잉태"라는 단어를 썼다.

철학 핸드북 (지성인, 교사, 신학생, 목회자를 위한 가이드)

이미 있었고, 그러나 지금 없는 것, 이미 알았고, 그러나 지금은 모르는 것, 그 모든 것들을 알아가게 하는 것이 교육이라는 것이다. 따라서 진리는 우리의 이성 활동을 통해서 스스로 발견할 수 있는 것이지, 경험과 외부 지식을 통해서 알게 되는 것이 아니라는 것이다. 그러니까 앎은 깨달음을 통해 온다는 것이다.

그리하여 앎은 또 다른 앎을 비추고, 한 번의 깨달음은 또 다른 깨달음을 일으키고, 그래서 진리는 빛이고, 빛은 곧 진리라고 했다.

우리는 어려서부터 '무엇이 진정한 우정인가?' '무엇이 진정한 사랑인가?' '무엇이 진정한 국가인가?' '진정한 학문은 무엇이며 진정한 가정은 무엇인가?'라는 철학적인 질문들을 가져왔다. 결코 우연히 아니다.

'진정한'이란 영어로 'truth'다 그것을 사모하는 마음, 어쩌면 그것은 우리가 선험적으로 가지고 있는 진리에 대한 본성적 욕구(craving)인지도 모른다.

진정한 사랑을 보면 전율을 느끼고, 진정한 우정 앞에서 감동할 줄 알고, 진정한 학문 앞에서 아름다움을 느낄 줄 아는 것은 우리가 그런 지식에 대한 주파수(이데아)를 선험적으로 보유하고 있기 때문이라는 것이다.

'진정한'은 '진정한' 앞에서 반동(반응)하고, '진리'는 '진리' 앞에서 고동친다. 서로 주파수가 맞아서일 수도 있고, 서로 당기는 중력이 있어서 일수도 있다. 그래서 진리는 깨닫는 것이다. 배워서 아는 것이 아니라 이미 알고 있기 때문에 안다는 것이다. 이미 있기 때문에, 내 안에 있는 이런 여러 가지 본질들을 상기할 수 있다는 것이다.

D) 이데아란 무엇인가?: 플라톤의 이데아 개념을 이해하기 위해서는 플라톤이 비유한 동굴에 갇힌 죄수에 대해 알아 볼 필요가 있다. 플라톤은 이데아를 동굴에 갇힌 죄수에 대한 비유를 통해 설명했다.

먼저 동굴의 비유에로 들어가 보자. 플라톤의 동굴의 비유는 "교육의 효과와 비 교육이 우리의 본성에 미치는 결과"를 비교하기 위해 제시한 우화다. 그것은 플라톤의 형제 글루콘(Glaucon)과 그의 스승 소크라테스 사이의 대화 형태로 전게된다.

이 비유에는 두 가지 빛이 등장한다. 동굴 안의 빛(횃불)과 동굴 밖의 빛이다. 동굴 안의 빛은 모든 사물, 즉 모든 존재에 해당하는 실체(이데아)를 비춰서 드러내는 현상(그림자)을 존재케 한다. 동굴 밖의 빛은 최고의 선을 상징하는 태양과 같은 빛이다. 동굴 안의 이데아의 이데아, 즉 근원 혹은 모든 것의 원인을 의미한다고 할 수 있다.

소크라테스가 글루콘에게 어떤 사람들이 어린 시절부터 투옥된 동굴을 상상하게 함으로부터 이야기는 시작된다. 소크라테스는 그들을 죄수들이라고 불렀다. 다리와 목이 쇠사슬로 묶여져 있는 죄수들이다. 그래서 그들은 동굴 앞에 있는 벽만 바라봐야 한다. 자기 자신을 포함한 그 무엇도 돌아볼 수가 없다. 움직여지지가 않아서다. 묶어져 있기에 돌아볼 수가 없다.

죄수들 뒤에는 불(횃불)이 있다. 그리고 그 불과 죄수들 사이에는 낮은 벽이 있다. 그리고 통로가 있다. 그 통로 뒤에는 사람

(간수)들이 '사람과 다른 물건들이나 인간의 꼭두각시 인형'들을 나르고 있다. 사람(간수)들은 죄수들이 물건을 나르는 자신들의 그림자가 발생하지 않도록 벽 뒤를 통해 걸어 다닌다. 그래서 죄수들에게는 물건을 나르는 그들(간수)은 보이지 않고, 움직이는 물건의 그림자만 보인다.

인형극을 할 때 인형을 작동하는 사람은 보이지 않고 스크린에 인형만 비치는 것과 같다. 따라서 죄수들은 그들 뒤에서 무슨 일이 일어나고 있는지 알 수 없으며, 그들 앞에 있는 동굴 벽에 드리워진 그림자만 볼 수 있다.

인형극에서처럼 사람들이 말하는 소리가 벽에서 메아리친다. 그러나 죄수들은 이 소리가 그림자에서 나온다고 믿는다. 소크라테스는 죄수들은 그 그림자를 실체(현상)라고 믿을 수밖에 없다고 말한다.

그것 외에 다른 어떤 것도 본적이 없어서다. 그들은 자신들이 보고 있는 현실(사물)이 빛(횃불)에 의해 비춰진 그림자라는 것을 전혀 알지 못한다. 그리고 이런 물체들마저도 자신들이 보지 못했던 동굴 밖에 있는 참 실체(최고 선)의 영감에 의해 만들어졌다는 것을 알지 못한다.

소크라테스는 이제 많은 죄수들 중 한 죄수가 탈출했다고 가정한다. 탈출한 죄수는 주위를 둘러보고 횃불(빛)을 보고 그림자의 실체를 본다. 그러나 그는 그것을 믿지 않으려 한다.

만약 이때 누군가가 그에게 동굴 벽에 비친 것은 진짜가 아니고 그가 지금 보고 있는 것이 진짜라고 말한다면 그는 그 말을 믿지 않으려 했을 것이라고 말한다. 그러나 얼마의 시간이 지나

자 그는 그동안 자신이 보아왔던 실체가 횃불을 받아 비춰진 그림자에 불과했다는 사실을 받아들이게 된다.

그는 다시 동굴 안으로 들어오는 빛을 따라 동굴 밖으로 나온다. 그는 거기에서 거대한 최고의 빛(태양)을 본다. 처음 빛을 보는 순간 그 빛은 그의 눈을 몹시 아프게 한다. 그림자를 만들어낸 그림자의 실체들을 보는 것 마저 어렵게 만들 수 있을 정도가 된다.

이에 소크라테스는 처음에는 동굴 감옥으로부터 풀려난 죄수는 계속 몸을 돌려 그가 익숙한 어두운 곳(즉, 운반된 물건의 그림자)으로 다시 되돌아가려고 할 것이라고 말한다. 불편해서다. 그리고 소크라테스는 강렬한 빛은 그의 눈을 아프게 할 것이기 때문에 그가 보이는 것들로부터 돌아서서 도망가려고 할 것이라고 말한다. 그리고 그가 보고 있는 실체보다 그가 동굴에서 보아왔던 그림자들이 어쩌면 더 확실한 실체일수도 있다는 생각을 할 수도 있을 것이라고 말한다. 그래서 소크라테스는 다음과 같이 조언한다. "누군가가 그를 강제로라도 끌고 나가려 한다면 거친 상승, 가파른 길을 걸어서, 태양의 빛이 있는 곳에 이를 때까지 멈추지 말지라."

소크라테스는 계속해서 말한다. 죄수는 처음엔 화를 내고 고통스러워 할 것이다. 강렬한 태양 빛이 그의 눈을 아프게 하고 눈을 멀게 할 때에는 더욱 거세게 저항할 것이다. 그러나 그가 좀 더 빛 아래 있다 보면 천천히 그의 눈은 회복되고 태양의 빛에 적응하게 될 것이다.

처음 그는 그림자만 볼 수 있으나 점차적으로 물속에 투영된 사람들과 사물들을 볼 수 있고, 나중에는 직접 사람들과 사물을 볼 수 있게 되고, 밤하늘의 별들과 달을 볼 수 있게 될 것이다. 그리고 결국 태양 자체까지 볼 수 있게 될 것이다. 태양을 똑바로 바라볼 수 있어야만 그것이 무엇인지, 그것에 대해 추론을 할 수 있으리라. 이성이 신을 만날 수 있다는 의미다. (국가론 끝부분에 나옴)

이제 자유를 얻은 그 죄수는 동굴 밖의 세계가 그가 동굴에서 경험한 세계보다 훨씬 우월하다는 것을 알게 되고, 동굴에 남아있는 수감자들을 불쌍히 여기는 마음이 움트리라. 그리고 그는 자기가 안 사실을 동굴 안에 갇혀있는 죄수들과 공유하려고 할 것이다. 동굴에 갇힌 자들을 동굴 밖, 그러니까 빛이 있는 빛의 세계로 데려오고 싶은 마음이 요동칠 것이다.

그러나 그러기 위해 그가 동굴 안으로 다시 들어갔을 때 햇빛에 익숙해진 그는 처음 태양에 노출되었을 때와 같이 장님이 될 수도 있으리라. 그러나 그는 동굴에 갇혀있는 죄수들을 불쌍히 여기는 마음이 너무 강해 개인적으로 겪게 될 불이익을 감수하게 되리라.

그러나 동굴에 남아있던 수감자들은 자신들을 구하기 위해 동굴 안으로 돌아오는 그를 보고 그의 동굴 밖으로의 여행이 그의 눈을 저렇게 만들었다고 생각할 것이다. 따라서 그들은 절대 동굴 밖으로 나가서는 안 되며, 그가 자신들을 동굴 밖으로 나가자고 할 때에는 손을 뻗어 그를 죽이자고 모의하고 결국은 죽일 것이다. 이것이 플라톤의 국가론 마지막 부분에 나온 소크라테스의 동굴의 비유다.

여기에 네 개의 실재가 등장한다.

하나는 동굴 안에서 있는 불(횃불), 그리고 그 불을 받아 드러 낸 그림자, 그 그림자의 실체 그리고 동굴 밖의 빛이다.

플라톤은 그림자를 현상으로 그리고 그림자를 만들어내는 실체를 이데아라고 불렀다. 그리고 동굴 밖에서 만물을 비추는 빛을 태양으로 비유하면서 플라톤은 이 태양을 이데아 중의 이데아, 즉 최고의 선(Good)이라고 했다.

이 비유처럼 우리도 동굴에 갇힌 사람들처럼 동굴 밖의 진짜 세계를 보지 못하고 동굴의 벽면에 비친 그림자를 진짜라고 생각하고 있다는 것이다. 그러나 그들이 보고 참이라고 믿었던 것들이 횃불에 의해 벽면에 비춰진 그림자였듯이, 우리가 알고 있고, 믿고 있고, 그리고 의지하고 있는 모든 현상적인 것이 그림자와 같다는 것이다. 플라톤이 이 동굴의 비유를 통해 설명 하고 있는 것처럼, 우리가 알고 있는 모든 사물, 즉 눈, 귀, 등의 감각기관을 통해서 들어와 인식되고 지각되는 모든 대상은 참이 아니라 그림자에 불과함으로 언젠가는 사라질 것이라는 의미다. 이것이 플라톤 철학의 기초다.

그래서 플라톤은 세계를 둘로 나누었다. 현실 세계와 이데아의 세계다. 그에 의하면 이 세상은 이데아의 세계를 구현해 놓은 그림자의 세계다. 모든 것의 유래는 이데아의 세계로부터다. 모든 것은 이데아로부터 유출된 것이거나 이데아의 세계를 외화 시켜 놓은 것들이다.

플라톤은 이데아의 세계에서 현실의 세계로, 그리고 다시 현실에서 현실의 세계를 모방한 예술의 세계로, 그리고 그것들을 통해서 진리란 무엇이며 그 진리의 위계가 어떻게 성립하는가? 라는 존재론적 질서를 보여주었다.

플라톤에게 있어서 이테아의 세계는 진리의 고향이고 영혼이 살던 영혼의 고향이다. 이데아의 세계는 선험적으로 주어진 이성을 통해 사유할 수 있는 세계다. 그러나 이 세계는 그림자가 됐든, 실재가 됐든 만물로 이루어졌다.

만물은 각각 그 종에 따라 모습도 다르고 형태도 다르다. 그리고 이것들은 유전 변화한다. 나도 변하고, 너도 변하고, 너와 나를 수식하고 있는 아름다운 것도 변하고, 추한 것도 변한다. 변화하는 모든 것은 완전하지 않다.

다행히 그림자는 변하지 않는 '보편'을 가지고 있다. 그런데 무엇이든지 변하지 않으려면 시공간 밖에 있어야 한다. 시공간 밖에 존재하는 보편, 그것을 플라톤은 이데아라고 했다.

그는 모든 만물은 보편적인 원형, 즉 이데아로부터 발출 되었다고 생각했다.

예를 들면 학생이라 하면 떠오르는 가장 이상적이고 아름다운 학생의 모습, 즉 학생이란 진리가 머리에 떠오를 것이다. 성실하게 최선을 다해 공부에 몰두하는 학생의 모습, 학생의 가장 이상적인 학생의 형상(에이도스), 그것이 학생의 진리다. 그것이 바로 '학생의 가장 모범적인 전형'이다. 이것은 변하지 않는다. 왜냐하면, 이것은 시공간 밖에 존재하는 보편이기 때문이다. 그래서 그것이 바로 학생의 이데아다. 그런 이데아는 우리 현실에 존재하는 것이 초월적인 세계에 존재한다.

'나'가 있다. 수많은 나(Persona)다. 그러나 그 중 절대로 변

철학 핸드북 (지성인, 교사, 신학생, 목회자를 위한 가이드)

하지 않는 나, 그것을 불교에서는 '참 나(true-self)'라고 말한다.

나와 나 사이에도 서로 주고받는 대화가 있다. 사변철학에서는 이것을 내면의 대화라고 한다.

내가 나를 거울에 비춰보는 행위, 내가 나를 검증하는 행위다. 만일 이데아와 내 현실의 모습이 가깝다면 내가 진정한 사실에 가까이 있다고 해서 '근사'하다라고 표현한다.

E) 아름다움의 이데아: 플라톤은 '아름다움에 대한 지식'은 선험적으로 타고나는 것이라고 했다. 즉, 우리가 태어날 때 백지상태로 태어나는 것이 아니라 영혼 속에 이미 이런 지식들이 주어진 상태로 태어난다는 것이다. 그래서 그는 이 세상의 창조 원리는 '좋음(선)'의 '실현'이라고 했다.

신이 좋음의 이데아니 그 좋음에서 발출되는 것은 좋은 것일 수밖에 없다는 것이다. 가장 아름다운 '이상'을 현실 세계에 내어놓았다는 의미다. 그래서 이 세상에 존재하는 모든 것은 관념의 외화다.

만일 우리가 책상 하나를 만들려고 한다면 우리는 먼저 머릿속에 자신이 만들려고 하는 가장 이상적인(좋은) 책상 하나를 떠 올릴 것이다. 그리고 그것을 본 따서 세상에서 그것을 만들어 낸다. 하지만 그 이상을 본 따서 만들어낸 그 어떤 책상도 머리에 있는 '이데아-책상' 만큼 완벽하지는 않을 것이다. 그래서 존재론적으로 우리의 이데아가 가장 이상적인 것이라면 현실 세계는 그 보다는 조금 저급한(lower) 세계일 수밖에 없다.

우리가 친구를 사귀려고 하는 것은 우리 머릿속에 친구라는 이데아가 있어서다. 우정이라는 이데아다. 따라서 우리는 현실 세계에서 친구를 사귈 때 기능적으로 우정이라는 이데아를 실현하고자 할 것이다. 하지만 우리가 펼쳐내는 우정이 이데아만큼은 완벽하지는 않을 것이다. 어딘가 미흡하고, 부족하고, 실망스러울 것이다. 이것이 현실 세계 속 존재의 지위이다.

"보시기에 좋았더라." 왜, 보시기에 좋았다고 한 것일까?

바로 좋음의 머릿속에서 자신이 만들려고 했던 본래의 설계도와 가장 흡사한 작품이 나왔기 때문이었을 것이다. 바로 이 '좋은 것'의 '좋음'이 우주 만물의 가장 이상적인 본질이고, 존재 목적이고, 존재 이유다.

이데아란 현상, 개념, 관념 등 다양한 의미로 해석될 수 있지만 이런 단어가 우리의 일상적인 이해에는 맞지 않을 수도 있음을 알아둘 필요가 있다.

이데아는 보편이고, 진리고, 실체고, 실재다. 이데아는 시작이고, 최초의 원인이다. 이데아는 모든 것의 모형이고, 모형 중의 모형이다. 이데아는 진리나 실재를 상징 한다. 그래서 이데아는 감각이나 지각으로 얻을 수 없다. 우리가 보고, 만지고, 맛보고, 느끼며, 냄새 맡는 사물들도 이데아가 있다. 칸트가 말한 '인식의 틀', '시공간의 형식',에 들어있는 '표상의 원상'에 해당한다.

우리가 어떤 대상에서 아름다움을 느낄 수 있는 것은 우리가 그 대상을 본 순간 태어나기 전부터 이미 갖고 있었던 아름다움의 이데아를 떠올릴 수 있기에 가능한 일이다. 이데아는 우리가 선험적으로 갖고 있는 지식이며, 교육을 통해서 그것을 떠올릴 수 있다는 것이 플라톤의 가르침이다. 다시 말해서 교육이 이것을 상기하도록 돕는다는 것이다.

F) 선의 이데아: 플라톤은 이데아에 위계가 있다고 생각했다. 그는 아름다움, 정의, 의자, 침대 같은 구체적 이데아가 있는 반면, 이런 것을 초월한 최고의 완전한 이데아가 있다고 믿었다. 모든 이데아는 '근원-이데아' 즉 '모(Mother)'이데아를 가지고 있고 그것은 동굴 밖의 태양이다. 그것이 바로 선의 이데아다. 선의 이데아란 이데아 중의 이데아다.

모든 이데아는 바로 이 하나의 이데아에서 시작된다. 선의 이데아는 마치 동굴 밖의 태양처럼 모든 이데아와 모든 사물에 빛과 생명을 가져다준다. 따라서 선의 이데아를 자각하는 사람만이 참 깨달음을 얻을 수 있다. 참 이데아의 세계는 비교가 없고, 기준이 없고, 비교 위에 그리고 모든 기준 위에 있는 세계, 참 빛, 빛 중의 빛의 세계이기 때문이다.

플라톤은 사람이 동굴에 갇혀있는 상태를 우상(헛것)에 빠진 상태로 비유했다. 그리고 철학자의 역할이란 저런 우상의 세계에 빠져있는 사람들을 실재의 세계, 진정한 세계, 빛이 있는 세계, 직접 빛을 �	쬘 수 있는 세계로 데리고 나가게 하는 것이라고 했다.

플라톤의 시추방론은 예술 추방론의 대칭이다. 예술은 음악, 미술을 비롯하여 오늘날 젊은 청소년들의 정신을 빨아먹는 '정신-빨이 춤', 혼을 빨아먹는 '혼-빨이 춤', 그것들을 함성으로 모아 사탄에게 재물로 드리는 의식 같은 공연 등의 총칭이라고 할 수 있다.

그 시대 예술가들은 플라톤의 '시추방론'을 선지자의 경고로 받아들였다. 이데아의 세계를 완벽한 세계라고 가정했을 때, 그것을 본 따서 만든 세계가 그림자 같은 세계고 예술가들(시인들)은 이 열등한 현실세계를 모델로 현실 세계를 즐겁게 하기 위해 예술을 만들어 낸다고 했다. 현실 세계도 허위의 세계인데 그 하위의 세계를 본 따서 만든 세계라면 더 하위의 세계라는 것이 플라톤의 주장이었다. 존재론적으로 가장 열등한 세계, 탐욕, 분노, 미움, 복수, 비극 등 육적 쾌락과 같은 하위, 혹은 허위를 주제로 하기 때문에 플라톤은 예술가들을 그리스 세계에서 추방해야 한다고 주장했다.

그는 예술가들이 만들어낸 작품을 만나면 사람들은 진리, 본질, 신, 그리고 인간의 고유한 존재 목적으로부터 점점 멀어지게 될 것이라고 경고했다. 예술이 인간의 정신과 영혼에 엄청난 해를 입힌다고 생각했다.

사람들이 예술 작품이나 시를 보면서 이데아를 사랑해야 하는데 예술(음악, 춤, 오징어 영화, 드라마, 하류소설, 등등)로 그것을 방해하고 거짓을 사랑하게 만든다는 것이 플라톤의 견해였다. 플라톤은 예술은 사람의 정신과 영혼을 타락시키고, 상처를 입히고, 혼미하게 하는 악마의 활동이며 그런 작품을 만들어내는 예술가들을 악마의 종들임으로 그리스 사회에서 추방해야 한다고 주장한 것이다.

그렇다고 플라톤이 예술 전체를 부정한 것은 아니다. 예술 작품 중에도 사람들에게 이데아를 닮고 싶은 욕망을 일으키고 사람의 정신건강에 도움을 준다고 말한다. 그러니까 훌륭한 예술은 사람들을 이데아의 세계로 점점 더 가까이 데려가 주고, 타락한 예술은 사람들의 정신을 진리로부터 점점 더 멀어지게 만든다는 것이 플라톤의 견해였다. 예술은 사람의 정신이나 영혼을 부패하고, 병들고, 죽게 하고, 타락시키기도 하지만 고양시키기도 한다는 것이었다.

이렇듯, 모든 이데아는 각 존재의 가장 이상적인 형상(에이도스)이다. 플라톤에게 있어서 그것은 본질이었고 진리였다. 진리는 아름다운 것이다. 예술 작품을 보면서 아름다움을 느끼거나 감동을 주는 것은 그 예술 작품에 진리가 들어있다는 증표라고 했다. 진리가 우리 정신과 영혼에 주는 감동이라는 것이다. 그는 사람들이 예술 작품을 아름다움을 표현한 것이라고 하지만 실제 아름답지만 아름답지 아니한 것, 즉 그 아름다움 속에 추하고 더러운 독이 들어가 있는 것이 있고, 아름답지 않지만 우리 가슴에 영적 울림을 주는 작품도 있다고 했다. 이 경우 예술은 진리를 표현하는 것이며, 그 진리가 우리에게 내면적인 아름다움과 감동을 자아내게 한다는 것이다.

위대한 예술가는 진리를 표현하고, 저급한 예술가는 이러한 진리 보다는 이 세상의 말초 신경을 자극하는 현상 원리를 표현한다고 했다.

진리는 아름다움과 감동을 선사하지만 현실은 그저 시한폭탄 같은 쾌락과 육적 즐거움을 줄 뿐이며 그래서 그는 인간이 도덕적으로 잘 살 수 없는 것은 도덕이 무엇인지 모르기 때문

철학 핸드북 (지성인, 교사, 신학생, 목회자를 위한 가이드)

이라고 말한다.

정리해보자. 훌륭한 지도자란 무엇인가? 훌륭한 선생이란 무엇인가? 무엇이 훌륭한 것인지? 학생이 잘못을 했을 때 꾸짖는 사람이 훌륭함인지? 아니면 그 잘못을 그냥 놔두는 것이 훌륭한 것인지?

훌륭함이란 본질에 대한 앎이다. 본질은 이데아다 도덕이란 이데아에 대한 앎이다. 본질에 대한 앎이 존재 이유에 대한 앎이고, 본질에 대한 앎이 존재 목적에 대한 앎이다. 그래야 아름다움을 알고, 도덕을 알 수 있다. 바로 그것이 "주지주의"고 "초월적 이원론" 이다.

우리가 여기서 중요한 사실 하나를 알아야 한다. 소크라테스의 사상을 그대로 물려받은 플라톤의 '신' 개념이다. 그는 인간의 이데아의 이데아(동굴 밖에 있는 광명)가 최고의 '선(Good)', 선중의 '선'이라고 했다. "선한 이는 오직 한분 아버지 뿐이니라."

(3) 아리스토텔레스(BC 384-BC 322)

아리스토텔레스는 플라톤의 제자다. 그는 어린 시절 마케도니아 왕실의 주치의였던 할아버지로 함께 왕실에서 생활을 하였고, 12살 어린 나이에 플라톤의 아카데미아에 입학하여 10여 년 이상 공부를 한 뒤 마케도니아로 돌아가 알렉산더 대왕의 개인 교수 생활을 했다. 그 후 다시 플라톤의 아카데미아로 돌아와 10여 년 동안 가르쳤다.

아리스토텔레스의 철학에는 아주 중요한 개념들이 등장한다. 질료와 형상, 가능태, 잠재태, 현실태, 완성태. 등등이다. 그래서 먼저 아리스토텔레스 철학에 등장하는 몇 가지 개념들을 정리해 보도록 하겠다.

A. 질료와 형상

아리스토텔레스 철학에서 가장 중요하게 알아두어야 할 개념이 질료와 형상이다. 플라톤의 이데아 사상과 같으면서도 다르고 다르면서도 같다고 할 수 있다. 특히 그가 사용한 형상은 어쩔 때는 "형태"의 의미로, 어쩔 때는 "본질"의 의미로 사용된다. 아리스토텔레스에게 있어서 질료란 개체가 만들어지는 재료이며, 형상이란 질료를 개별자가 되게 하는 그 무엇이다.

형상과 질료가 합쳐져야 개체가 되고, 이런 개체가 실체가 된다. 그러나 질료 역시 독립적으로, 혹은 개체적으로 봤을 때 존재다. 형상과 질료의 집합체다. 모든 존재는 질료와 형상의 '일체화 혹은 하나'이기 때문이다. 그래서 아리스토텔레스의 '질료–형상론'을 설명할 때 주로 인물 조각상을 예로 사용한다. 조각상에서 질료는 대리석이고, 형상(에이도스)은 설계도이다.

그러나 앞에서도 언급 했듯이 조각상에 적용시켰던 에이도스의 개념을 모든 개체에 다 적용시킬 수는 없다. 그것을 인간에게 적용시킬 때나 살아있는 존재에 적용시킬 때는 본성이나 본질(영혼)을 상징해야 하기 때문이다.

'에이도스', 즉 형상은 플라톤 철학에서 말하는 이데아와 같은 의미이다. 그러나 플라톤 철학에서 에이도스는 영혼의 눈으로만 볼 수 있는 형이상학적 개념이다. 아리스토텔레스의 철학에서 에이도스는 영혼의 눈으로 볼 수 있는 형이상학적 개념 뿐 아니라 육안으로 볼 수 있는 구체적인 형상(form)을 지칭 한다. 설계도의 의미로 질료 안에 각자의 존재 목적을 위한 설계도 혹은 본질을 상징할 때다.

질료가 형상을 입는 순간, 본질이 개체가 되고, 형상이 질료를 취하는 순간 독립적인 개체가 된다. 아리스토텔레스의 보편이 개체 안에 있다는 말이 이 말이다. 그런다고 플라톤과 아리스토텔레스가 인식론적으로 다른 관점을 가지고 있어서 에이도스에 대한 해석이 서로 상반된다는 것은 아니다. 이것이 극히 주의할 점이다.

플라톤의 이데아의 반대개념은 현상이다. '현상'은 그냥 사물에 가깝다. 그러나 아리스토텔레스의 '현상'은 그냥 사물이 아니라 형상을 지닌 사물이다.

플라톤이 에이도스를 우리가 인지해야 할 진리로 본 것과 마찬가지로 아리스토텔레스도 에이도스를 질료에게 있어서 실현되어야 할 목적(형이상학적 본질)으로 보았다. 이런 점에서는 에이도스에 대한 이해가 같기 때문에 오히려 대조 대상보다는 비교 대상으로서 거론되는 편이 나을 것이다.

우리가 주목해야 될 점이 또 있다. 질료와 형상도 위계가 있다는 점이다. 가령 제1질료는 순수 질료라고도 하는데, 형태를 갖지 않아서 구체적으로 무엇이라고 표상할 수 없는 물질이며, 최하위의 질료, 즉 더 이상 내려갈 수 없는 가장 낮은 단계의 질료다.

철학 핸드북 (지성인, 교사, 신학생, 목회자를 위한 가이드)

형상도 최고 단계라고 하는 순수 형상이 있다. 형상의 단계에서 최상위 단계이며 형상으로서 다른 것의 질료가 될 수 없고, 다른 것의 형상도 될 수 없는 마지막 단계의 형상이다. 이처럼 자연과 우주는 제 1질료로부터 제1형상에 이르는 계층을 이루고 있다. 이것이 형상과 질료로 구성된 우주다.

인간은 물질과 정신, 아니면 물질과 영혼으로 구성되어 있다. 육체만으로는 인간이 될 수 없고, 영혼만으로는 인간이 될 수 없다. 반드시 육체와 영혼이 합쳐져야 인간이 된다.

여기서 육체는 영혼의 질료에 해당한다. 영혼은 육체의 형상에 해당한다. 여기서 형상을 형태적인 의미로 해석하면 안 된다. 인간을 인간이게 하는 것은 형태가 아니라 본질 혹은 영혼이기 때문이다. 아리스토텔레스는 그것을 에이도스, 즉 형상이라고 했다.

A) 보편과 개체(특수): 플라톤을 비롯하여 철학에서는 보편의 개념을 두 가지 의미로 사용했다. 그 중 하나가 모델의 의미다. 형이상학적 표현으로 이데아다. 이때 보편은 영적인 것이다. 종교적인 표현으로 신개념이다. 또 다른 의미의 보편은 '인간', '동물'과 같은 보편적 의미다.

'나'를 예로 들어보자. '나'는 어제도 있었고, 오늘도 있다. 아마도 내일도 있을 것이다. 그렇다면 그 많은 '나' 중에 어떤 '나'가 진짜 '나'일까? 갓난 아기 때의 나? 소년일 때의 나? 청년일 때의 나? 늙었을 때의 나? 화장을 하고 화려하게 꾸몄을 때의 나? 전성기 때의 나? 혼란이 온다.

철학 핸드북 (지성인, 교사, 신학생, 목회자를 위한 가이드)

그렇다면 이렇게 수많은 나를 초월하여 '나'를 대변할 만한 진짜'나'는 없는 것일까? 애기 때도, 청소년일 때도, 청년 때에도, 노년일 때도, 똑 같이 나라고 할 수 있는 나, 시공간의 지배를 받지 않는 나, 변하지 않는 나, 철학에서는 그 '나'를 '보편'이라고 한다.

예를 들어 '남철희는 인간이다.'라는 문장이 있다. 주어와 술어로 이루어진 제2형식 문장이다. 여기서 남철희는 주어고, 인간은 술어다. '순자는 인간이다.' 라는 문장이 있다. 여기서 순자는 주어고 인간은 술어다.

이 예문들에 보편적으로 등장하는 '인간' 은 남철, 순자가 아니라 '인간'이다. 이렇게 보편적 의미로 사용되는 것이 보편이다.

아리스토텔레스는 주어 남철희를 제1실체, 그리고 술어에 들어있는 인간을 제 2실체라고 가정했다. 그렇다면 여기서 제1실체인 남철희 없이 인간이라는 제2실체가 나올 수 있을까?

물론 없다. 남철희라는 개별자 안에 인간이라는 보편적 개념이 들어있기 때문이다. 따라서 남철희라는 개별자가 사라지면 보편이라는 인간도 사라지게 된다.

이것이 개체와 보편의 관계다. 따라서 남철희라는 개별자 안에 남철희라는 개체적 존재가 들어있음으로 남철희가 사라지면 보편도 사라지게 된다. 이것이 플라톤과의 차이다.

다른 예를 들면, 순자는 여자라고 할 때 순자라는 주어 속에 여자라는 보편 개념이 들어 있다. 이러한 순자라는 제1의 실체가 없다면 그곳에 속하는 보편 개념으로서의 제2실체는 있을

철학 핸드북 (지성인, 교사, 신학생, 목회자를 위한 가이드)

수 없다. 왜냐하면 보편 개념은 개별자에 속하는 것이기 때문이다. 따라서 만약 여자가 주어가 될 수 있고, 그것에 대한 술어로 영희가 나온다면 이것은 플라톤 철학이 된다. 이데아가 있어서 현상이 있다는 논리가 되기 때문이다. 플라톤의 초월적 이원론을 아리스토텔레스가 뒤집은 것이다. 그래서 아리스토텔레스는 제1의 개체적 실체 없이는 제2의 실체는 있을 수 없다고 주장했다. 형상 없는 질료 없고, 질료 없는 형상이 없다는 말이다. 그것을 아리스토텔레스의 '질료형상 – 형상질료'라고 부른다.

B. 가능태와 완성태(완전태)

편백나무가 한 그루 있다고 가정해보자. 편백나무는 건물을 짓는 목재로도, 가구를 만드는 재료로도 사용할 수 있다. 그리고 편백나무라는 카테고리 안에는 많은 종류의 편백나무가 있다. 어린 편백나무, 늙은 편백나무, 잘 자란 편백나무, 굽어진 편백나무, 총칭하여 편백나무의 '보편'이라고 한다.

그렇다면 이 편백나무는 왜 있는가? 여기서 편백나무의 존재 목적이 나온다. 그러나 이 단계에서의 편백나무의 존재 목적은 무슨 목적으로든 사용가능한 좋은 나무로 자라는 것이다. 여기서 말한 '사용가능'을 잠재적인 가능태라고 한다. 편백나무가 지닌 가능성(목적을 위한)을 암시한 것이어서다. 예를 들어 편백나무는 잠재적으로 집을 짓는 재료도 될 수 있고, 의자를 만드는 재료도 될 수 있고, 책상을 만드는 재료도 될 수 있다. 편백나무에 들어있는 이런 가능성을 가능태, 혹은 잠재태라고 한다.

잠재태, 가능태라는 말은 '무엇을 위하여'라는 의미가 함축되어 있다. 다음이 있다는 말이다. 그것을 '무엇'이라고 가정 해보자. 여기서 말한 '무엇'은 잠재적인 의자일 수도 있고, 잠제적인 책상일 수도 있고, 잠재적인 집일 수도 있다. 편백나무로 '할 수 있는' 모든 것을 총칭한다.

만일 편백나무의 존재 목적이 의자라면, 바로 의자가 편백나무가 지닌 현재태다. 만일 의자 다음이 있다면 그 다음이 완성태다. 만일 집이라면 집이 편백나무의 현재태, 혹은 완성태다. 따라서 그것들은 편백나무의 존재 목적이다.

그럼 다시 인간의 육체에 이를 대입해보자. 교회는 인간의 육체가 흙 즉 먼지(dust)로 만들어졌다고 믿는다. 성경은 인간 육체의 최초 질료는 흙(dust)이라고 했다.

흙이 흙 상태일 때 흙이 지닌 가능성과 잠재성을 아리스토텔레스는 가능태, 잠재 태로 표현한다. 그리고 그 흙이 어떤 형상을 입었을 때, 그것을 현실태, 혹은 완성 태라고 했다. 잠재나 가능이 현실이 되었다는 의미다.

그렇다면 이 흙(먼지)은 어디에서 왔을까? 다시 말해서 흙의 질료는 무엇이냐는 것이다. 물? 불? 공기? 바람?

아마도 이것들일 것이다. 이것들 역시 질료와 형상으로 합치된 개체적 존재다. 여기에 등장하는 질료를 역 추적하여 내려가다 보면 더 이상 내려갈 수 없는, 더 이상 역추적이 불가능한 최초의 원소가 나올 것이다. 그것이 현대과학에서 말하는 빅뱅일지, 불일지, 물일지, 아니면 다른 아르케일지 혹은 신의 말씀(logos)일지 우리는 단정할 수 없다. 그러나 그 단정할 수 없는 그것이 최초의 원인이다.

여기서 흙은 육체의 질료에 해당된다. 따라서 육체는 먼지의 형상이다. 먼지가 형상을 입어야만 어떤 식으로든 개체가 된다. 그것을 먼지가 가진 가능성의 구현이라고도 할 수 있다. 먼지 속에도 '수분'과 '열' 그리고 '공기' 같은 성분들이 들어 있다. 이것들이 먼지의 질료다. 물론 이것들도 각자 가능한(가능태) 설계도를 지니고 있다.

그럼 다시 영혼에 대입하여 보자. 인간의 영혼은 무엇으로 구성되었을까? 다시 말해서 영혼의 질료와 형상은 무엇일까? 이다.

(A) 영혼의 질료: 약간 관념적으로 보일 수 있으나 영혼의 구성물 중 하나를 지성 혹은 이성이라고 했을 때 지성이나 이성은 영혼의 질료가 된다. 질료가 영혼에 적용되었을 때 이성을 영혼의 속성, 혹은 영혼의 본성이라고도 표현할 수 있다. 그렇다면 영혼의 형상이란 무엇일까?

(B) 영혼의 형상: 약간 관념적인 표현일 수 있으나 영혼의 형상을 거룩성과 영원성으로 가정해보자. 거룩성과 영원성은 신의 영역에 속한 형이상학적 being 이다. 그래서 거룩하고 영원한 것이 신의 형상이 된다. 그렇다면 영혼의 잠재 태 즉 가능태는 무엇일까? 영혼의 최종 존재 목적은 무엇이냐는 것이다.

그것은 아마도 신과의 일체, 자신(형상)의 이데아(최고 선)와의 일체가 아닐까 한다. 다시 말하면, 영혼의 형상도 올라가고 또 올라가면 결국은 더 이상 올라갈 수 없는 최고의 형상이 나올 것인데, 그것을 종교적으로 표현하면 신이고, 철학적으로 표현하면 원인중의 원인, 알파와 오메가 혹은 이데아 중의 이데아 즉 최고의 선(의)이라는 것이다.

아리스토텔레스는 영혼을 육체의 형상으로, 영혼의 질료를 육체라고 말한다. 현 세계에 존재하는 영혼과 육체의 결합체가 '나'라는 것이다. 여기서는 형상(영혼)은 이 개체에 내재해 있으면서 이 개체를 하나의 독립적인 개체로 규정해 주는 원리, 설계도 같은 것을 의미한다.

존재 목적도 들어있다. 그래서 영혼은 신체의 형상이이라고 할 수 있으며 영혼의 고유한 활동, 즉 영혼의 본질적 활동(기능)을 '사고 작용' 즉 '이성 활동'이라고 할 수 있다.

아리스토텔레스는 영혼의 형상과 영혼의 기능을 구분했다. 이 점이 주목할 점이다. 아리스토텔레스는 순수 형상, 더 이상 그 어떤 질료가 될 수 없는 최고의 형상, 다른 말로 원인중의 원인, 모든 형상을 있게 한 형상, 움직이지도 동하지도 않는 형상, 그것을 '부동의 원동자'라고 했다. 부동의 원동자는 종교적으로 신-개념이다. 그런데 우리가 몇 가지 주목할 것이 있다. 그것은 모든 존재는 스스로 자신들의 다음, 그다음, 목적을 향하여 '기능'한다는 것이다. 그것을 운동하는 것으로도 대칭할 수 있다.

육체의 기능, 즉 육체의 자연적인 기능이 존재의 목적을 향해 항상 기능(move)하는 것처럼, 고유한 영혼의 가능은 최고의 순수 영혼의 단계를 위해 기능(move) 한다.

꽃씨는 꽃을 피는 목적을 향해 스스로 끝임 없이 성장하고,

대추나무는 대추라는 열매를 맺기 위해 계속 성장한다. 그 성장의 힘을 기능으로 표현했다. 그것이 형상의 사역(dutiful - move)이다.

형상은 질료와의 합치를 위해 그리고 질료는 형상과의 합치를 위해 이렇듯 부지런히 움직인다. 그리고 이 둘이 하나의 개체로서 더 상위의 완성태를 향해 계속 기능한다. 그것이 바로 존재 목적이고, 따라서 모든 존재는 자신들이 지닌 존재 목적을 이루기 위해 스스로 성장을 계속한다.

이것이 사물의 본성(기능)이다. 즉 개체 간의 관계에서 맨 하위 단계의 것은 바로 그 상위단계를 향해 최선을 다해 기능(운동)한다. 그 존재 목적, 그것을 '상위적 욕구'라고 한다.

꽃씨가 뿌려지면 꽃나무를 내기 위해 최선을 다해 움직인다. 땅속에 들어있는 수분을 흡수하며 최선을 다해 움직인다. 위에 돌이 있으면 돌을 피해 옆으로 싹을 낸다.

일단 꽃나무가 땅 밖으로 나오면 또 최선을 다해 꽃을 피우기 위해 움직인다. 아름다운 색깔을 입기 위해 별빛과 달빛을 받으며 움직이고 또 움직인다. 그리고 마침내 꽃을 피운다. 그래서 아리스토텔레스는 모든 개체는 가능태의 상태에서 그 존재의 목적을 실현하기 위한 발전 과정 중에 있으며, 결코 고정되어있는 것이 아니라고 했다. 이것이 아리스토텔레스의 '목적론적 세계관'이며, '유기체적 목적론'이다.

아리스토텔레스는 플라톤과는 달리 신의 존재에 대한 모든 '증명'에 있어서 '우주론적 논증'을 강조했다. 신은 부동의 원동자(unmoved mover), 즉 제일운동자(prime mover)이며, 목적

철학 핸드북 (지성인, 교사, 신학생, 목회자를 위한 가이드)

인(final cause)으로서 필연적 존재(necessary being), 또는 최고의 존재(highest being)였다.

아리스토텔레스는 인간의 정신적 위계(레벨) 상태는 도덕적 덕과 지적 덕을 구분하는 능력, 영혼의 비합리적 힘과 합리적 힘에 의해 규정된다고 주장한다. 그러나 인간은 태어날 때부터 이 덕을 가지고 있는 것이 아니라 살아가면서 덕을 개발할 능력 또는 성향을 가진다고 주장했다. 이것이 플라톤과 다른 점이다.

예를 들어 어린이는 처음에는 자기 행동의 도덕적 우수함을 깨닫지 못한 채 부모의 명령에 따라 거짓말을 하지 않지만, 결국 참말을 하는 습관이 그의 도덕성의 뿌리 깊은 일부가 됨으로서 진실을 말하는 관성(중력)이 형성된다는 것이었다. 아마도 이런 그의 철학이 경험주의의 종자가 되었는지도 모른다.

아리스토텔레스는 선과 악을 구분하고 선을 '중용'으로 정의했다. 예를 들어 용기는 만용과 비겁 사이의 중용이다. 그 경계에서 치우치면 악이 된다. 선과 악 사이에서 아무 것도 선택하지 않은 상태의 중용, 바로 그것이 선이라고 했다. 이는 그 어떤 편견도 없는 무극무욕의 상태의 선을 말한다.

그는 행복이 덕에 따른 활동이기 때문에 최고의 선은 사람의 최고 덕인 중용적인 이성적 활동에 따른 삶이라고 주장한다. 이것이 '악은 선의 결여'라는 사상의 뿌리다.

아리스토텔레스는 플라톤의 초월적 이원론을 거부했다. 앞에서도 말했듯이 그는 어떤 '형상'은 우리가 볼 수도 있고 만져볼 수도 있는 '개별 사물' 안에 들어있다고 믿었다. "나를 본 자는 아버지를 본 것이라." 따라서 아리스토텔레스에게 진리는 세상에 없는 '이데아에 대한 것'이 아니고 개별 사물들에 들어있는 '에이도스에 대한 지식'이라고 했다. 그래서 인간은 신을 알 수 있고, 만날 수 있고, 체험할 수 있다고 한 것이다.

'임마누엘', "하나님의 나라는 사람이 볼 수 있게 임하는 것이 아니요 또 여기 있다 저기 있다고도 못하리니 하나님의 나라는 너희 안에 있음이라" "내가 너희 안에 너희가 내 안에" "너희가 그 안에 그가 너희가 안에 있으리라" "너희는 성령의 전이니라."

인간의 정신 혹은 영혼이 신과 융합되어 있다는 뜻이다.

그는 스승과 달리 궁극적 실체로서의 존재를 간직하고 있는 것은 독립적인 불변의 세계가 아니라 물리적 존재인 질료라고 생각했다.

다시 말하면 사물은 첫째, 이데아와 그 기저로서의 둘째, 질료 등 두 요소로부터 성립하는 것이며, 질료가 그 이데아를 완전히 실현하려고 하는 곳에 운동 변화가 일어난다는 것이다. 예를 들면 선택이나, 결정, 결심, 혹은 의지 작용 등에 의해 모든 것이 변할 수 있다는 것이다.

아리스토텔레스는 지상의 물체는 지수화풍(물, 불, 흙, 공기)의 네 원소로 이루어져 있고 천체는 제5의 원소인 에테르로 이루어져 있으며, 이 원소들이 다른 원소들을 찾아 운동한다고 믿었다.

요약하여 정리하면 모래는 벽돌의 질료다. 벽돌은 모래의 형상이다. 벽돌은 담의 질료다. 담은 벽돌의 형상이다. 담은 집의 질료이다. 집은 담의 형상이다. 이렇게 쭉 올라가면 더 이상 바꿰지지 않는 무엇이 있을 것이다. 아리스토텔레스는 제1형상 이라고 했다. 다시 쭉 밑으로 내려가면 더 이상 내려가지 않는 무엇이 있을 것이다. 그것을 제1질료라고 했다. 그리고 질료와 형상사이에 있는 질료의 상태를 가능태라고 불렀다.

아리스토텔레스는 이 제1질료에 '더 뜨겁거나 찬 것'을 곱하고 '더 젖었거나 마른 것'으로 나누다 보면 흑, 물, 불, 바람 (공기)= (지수화풍) 같은 것이 나온다고 했다. 그리고 이렇게 형상이 제1질료 와 합해져서 지수화풍이 나왔다는 것이다. 그러면 제 1질료와 섞어진 이것을 잘 녹여보면 무엇이 되겠는가? 금이 될 수 있다. 아케미, 즉 연금술이 그렇게 해서 나왔다. 아이러니한 일이지만 18세기를 살던 뉴턴도 연금술을 했다고 한다. 그러나 이 연금술은 아리스토텔레스 그 이전, 고대 이집트에서부터 있어왔던 것이다.

그렇다면 모든 존재의 마지막 순수 형상은 무엇인가?

제1의 형상은 신일 것이다. 그러니까 질료의 형상을 거슬러서 더 이상 올라갈 수 없는 데까지 올라가면 신을 만나게 된다는 것이다. 아리스토텔레스는 영혼은 독립적으로 존재하는 실체이며 일시적으로만 육체 속에 살 뿐이라는 플라톤의 견해를 배척했다. 그 대신 물질적 존재의 긍정적 가치를 더 강조하면서 영혼은 육체와 본질적으로 통일되어 있는 생명의 원리라고 주장했다

C. 아리스토텔레스의 4 원인론

고대 그리스 철학자들은 인식의 본질과 한계를 이해함에 있

어서 다양한 견해를 제시하였다. 아리스토텔레스는 감각과 지성을 통해 현상을 인식할 수 있다고 주장하고 인식대상의 본질과 원인을 규명하기 위해 '4원인 론'이라는 독창적인 개념을 도입하였다.

첫째, 형상원인, 둘째, 물질원인, 셋째, 효율원인, 넷째, 목적원인이다. 형상원인은 어떤 건축물의 건축 설계도에 해당하고, 물질 원인은 건축 자제에 해당하고, 효율원인은 건축자의 건축 작업(work), 혹은 건축에 사용될 연장이나 장비에 해당하고, 목적 원인은 그 건축물의 제작 목적에 해당한다.

다시 한 번 예를 들면, 동상의 경우, 형상원인은 동상의 모양이나 동상의 설계도 같은 것이다. 물질원인은 동상의 원재료인 청동이다. 효율원인은 동상을 만드는 조각가의 기술이나 연장에 해당한다. 목적원인은 동상을 만드는 이유나 의도다. 아리스토텔레스는 이러한 4가지 원인을 통해 모든 것의 본질과 변화를 설명하고자 하였다.

첫 번째의 형상원인에 몇 가지 설명을 덧붙이면, 영어로 form에 해당하지만 form을 문자적으로 어떤 형태에 국한시켜 이해하면 안 된다.

여기서 form은 에이도스고 에이도스란 어떤 것의 본질적인 특성이나 정체성을 포함할 수 있기 때문이다. 일단 플라톤의 이데아 개념으로 이해하면 된다. 일종의 본질, 정신, 혼 같은 것이기 때문이다. 그것을 총칭하여 설계의 의미로 '에이도스'라고 한 것이다. 그리고 물질(질료)도 어떤 것이 실체화되기 위한 잠재적인 가능성을 지닌 재료를 말하는 것으로 이해하면 된다.

철학 핸드북 (지성인, 교사, 신학생, 목회자를 위한 가이드)

약간 중복된 점도 있지만 한 가지 예를 더 들어보자.

나무로 만든 의자의 경우에 형상은 설계라는 의미를 지닌 의자라는 개념이나 정의이고, 물질은 나무라는 재료이다. 아리스토텔레스는 형상과 물질이 결합하여 실체가 되고, 분리되면 실체가 사라진다고 생각했다. 불교의 '오음'에 해당한다고 할 수 있다. 수레가 하나 있는데 그것이 해체되면 어떻게 될까? 당연 수레는 더 이상 존재하지 않게 된다.

그는 또한 형상과 물질의 관계를 통해 '감각'과 '지성'의 역할을 구분하였다. 그는 '감각'이란 외부에서 들어오는 '자극'을 받아들이고, 그 '자극'에 해당하는 '형상'을 인식하는 과정이라고 하였다. 예를 들어, 우리가 의자를 보면 우리의 눈에 의자의 형상이 들어오고, 우리는 그것을 의자라고 인식하는 것과 같다. 그러나 감각만으로는 형상을 완전히 이해할 수 없으며, 지성이 필요하다고 하였다.

그는 지성이란 감각으로부터 받아들인 형상을 추상화하고, 분류하고, 판단하고, 추론하는 역할을 한다고 하였다. 우리가 의자를 보고 그것이 의자라는 개념으로 이해하는 과정은, 먼저 감각으로 의자를 보고, 그것을 여러 가지 의자의 형상과 비교하고, 공통점과 차이점을 파악하고, 의자의 정의나 특성을 도출하고, 의자와 다른 것들과의 관계를 규명하는 것이라고 했다. 칸트가 인식론에서 사용한 '구상력'과 비슷한 개념이다.

아리스토텔레스는 이러한 과정은 감각이 아니라 지성에 의해 이루어진다고 하였다. 칸트의 철학이 아리스토텔레스의 철학에서 차용되었다는 근거가 바로 이것이다. 아리스토텔레스 철학

뿐이 아니다. 그의 순수 이성비판 거의 대부분은 플라톤 철학의 이데아 사상에서 변형된 것으로 보인다.

아리스토텔레스는 스승이 세운 학교 아카데메이아를 스승 사후에 떠나 자신의 학교인 리케이온(Lykeion)을 세웠다. 그리고 그곳을 거닐면서 강의하였으므로, 후세에 그의 학파를 소요학파(Peripatetics)라고도 부르기도 했다. 그는 일체의 지식을 포괄하려는 희망을 품은 최초의 철학자로서, 그의 연구는 자연과학, 역사, 교육, 문학, 정치 등을 아울렀다.

아리스토텔레스는 논리학을 정립하는데도 많은 공헌을 했다. 그러나 그에 앞서 그리스의 수학자, 수사학자, 철학자들은 이미 상당 수준의 예비 작업을 이루어놓았던 것도 그의 연구에 도움이 되었을 것이다.

D. 아리스토텔레스의 논리학

아리스토텔레스는 언어에서 명사와 동사를 구별하고 이것들이 명제의 본질적 부분을 이룬다고 보았다. 그는 이 부분들의 특성에 따라 정언명제(a categorical proposition)라고 부르는 4가지 명제형식으로 '모든 ……는 ……이다'(전칭 긍정), '어느 ……도 ……이 아니다'(전칭 부정), '어떤 ……은 ……이다'(특칭 긍정), '어떤 ……은 ……이 아니다'(특칭 부정)를 제시했다. 중세의 논리학자들은 이 명제형식들 각각에 A, E, I, O 라는 이름을 붙였다.

정언명제들 사이의 관계를 다루는 아리스토텔레스의 삼단논법 론은 대 제목, 중간 제목, 소제목 순으로서 첫째, 대당 관계

철학 핸드북 (지성인, 교사, 신학생, 목회자를 위한 가이드)

이론(Party Relations Theory), 둘째, 환위이론(Reciprocity Theory), 셋째, 타당한 삼단논법 형식에 대한 이론을 포함한다. 삼단논법이란 세 명제(세 전제와 한 결론)로 구성된 논증형식이며, 타당한 삼단논법의 예는 다음과 같다.

"모든 그리스인은 사람이다. 모든 사람은 죽는다. 따라서 모든 그리스인은 죽는다." "모든 사람은 죽는다. 철수는 사람이다. 영희도 사람이다. 따라서 철수와 영희는 죽는다." "정치인은 도둑이다. M은 대통령이다. L은 국회의원이다. 따라서 M과 L은 도둑이다." "귀신은 거짓의 영이다. 영은 사람을 통해 드러난다. C는 성직자다. 그는 거짓말을 잘 한다. 따라서 그는 귀신의 종이다." "L은 정치인이다. 그는 국민들을 잘 속인다. 따라서 그는 귀신의 종이다."

4) 헬레니즘 철학기

"물질적 부는 정신적 빈곤을 가져오고, 정신적 빈곤은 영혼의 파멸을 가져온다." 고대 그리스는 소크라테스, 플라톤, 아리스토텔레스가 사망한 후, 헬레니즘 시대로 들어간다.

헬레니즘 시기란 알렉산더 대왕이 BC 334년부터 323년까지 12년 동안 북 아프리카, 유럽, 중동 등 세계 정복 전쟁을 다니던 시기 정복국의 문화가 그리스에 흘러들어왔던 시기를 말한다.

그 시대에 형성된 문화가 헬레니즘이다. 살육과 도륙의 업에서 발생한 문화라는 의미다.

본래 그리스는 산악지대를 배경으로 조그만 폴리스국가들로

철학 핸드북 (지성인, 교사, 신학생, 목회자를 위한 가이드)

이루어져 있었다. 그러나 알렉산더 대왕의 세계 정복으로 인하여 그리스가 거대 제국으로 커지자 알렉산더 대왕이 정복한 세계 각국 나라의 문화는 합쳐지고 섞이게 된다.

당시는 소피스트들의 영향으로 그리스 사람들의 정신이 개인주의와 이기주의, 상대주의 성향으로 바뀌져가고 있던 때였다. 윤리나 도덕, 혹은 정의나 진실보다는 개인의 사익이 앞서가고 있던 시대다. 소피스트들은 사람들의 육적 본성을 깨웠고, 개인주의를 깨웠고, 이기주의를 깨웠다. 행복이 바로 거기에 있는 것처럼 혼동을 시켰다. 거기에 기름을 부은 것이 헬레니즘이다.

⑴ 견유학파

배부른 자에게는 솔로몬의 산해진미도 가치가 없고, 내일 세상을 떠날 사람에게는 금은보화는 무용지물일 것이다. 생이 순간이라는 것을 깨달은 자에게는 부귀영화도 유혹이 되지 않을 것이다. 소크라테스 죽음 후 관습, 제도, 법률 등을 부정하고, 자연스러운 삶을 추구하면서 출발한 사상이 견유, 냉소주의를 뜻하는 시니시즘(Cynicism)이다.

그렇다면 왜 이들은 관습, 제도, 법률 등을 부정했을까?

바로 그것들이 당시 그리스 정신세계를 상징하던 그들의 스승 소크라테스를 죽였기 때문이었다. 본래 Cynicism이란 단어는 그리스의 키니코스학파(Cynic)로부터 유래했다. 키니코스(Kynicos)라는 말은 그리스어로 '개 같다'는 뜻이다. 그래서 일찍이 키니코스학파를 견유(Cynic), 즉 개학파라는 말로 번역되기도 했다. '개 같은 현자들'이라는 뜻이다. 아마도 모든 것에 무조건 부정적이고, 회의적이고, 냉소적으로 짖어댔던 현자들이라는 의미일 것이다.

정확히 견유학파는 헬레니즘을 발생시킨 알렉산더가 등장하기 전, 소크라테스의 제자 안티스테네스(BC444- BC365)가 그의 스승 소크라테스가 죽은 후에 창도한 학파다. 그는 소크라테스의 가장 중요한 제자 중의 하나로 알려져 있다.

안티스테네스는 다음과 같이 말했다.

"나는 내가 배고프지 않을 만큼, 목마르지 않을 만큼 가졌다. 그리고 벗지 않을 만큼 입었다. 밖에 있을 때는 저 부자 칼리아스보다도 더 떨지 않고 안락하다. 안에 있을 때 따뜻한데 왜 옷이 필요한가?"

소크라테스 제자 안티스테네스는 인간은 권력, 지위, 돈 같은 것으로부터 자유로운 상태가 되어야 가장 현자다운 상태라고 했다. 그래서 그는 세속적인 대상에 대한 관심을 내려놓고 자연과 더불어 자유롭게 살아가는 삶을 추구했다. 그는 일평생 망토 하나만 걸치고 살았는데, 그럼에도 불구하고 스스로 부자라고 생각했다.

견유 학파를 정작 유명하게 만든 사람은, 몇 몇의 유명한 일화로 잘 알려져있는 철학자 시노페의 디오게네스 (BC 412-BC 323)이다.

그는 신은 아무것도 필요로 하지 않으며, 사람이 신의 상태에 가까이 가기 위해서는 최소한의 필요물만 가지고 살아야 한다고 했다. 그는 나무통 속에서 단벌옷으로 살며 무소유를 실천하고자 했던 철학자다. 그래서 그는 걸인철학자로도 잘 알려진 인물이다.

알렉산더 대왕이 그의 거처를 찾아가 그에게 무엇이 필요한가? 라고 물었을 때 "햇빛이 들어오게 자리 좀 비켜주시오"라고 말한 것으로도 유명하다.

그는 원래는 고향에서 위조 동전을 가려내어 폭로하여 곤란을 겪게 된 아버지와 같이 아테네로 도망 왔던 것으로 전해진다. 그래서 "돈을 훼손하다"는 말이 나중에 디오게네스의 삶을 묘사하는 대표적인 관용구가 되었다고 한다. 전승에 의하면 디오게네스는 "자족", "절약(검소)"을 부끄럼 없는 삶의 수행지침으로 삼았다고 한다.

또 그가 대낮에 등불을 켜고 아테네 시내를 돌아다녔다는 일화도 유명하다.

누군가가 "무얼 하고 있었는가?" "무엇을 찾고 있습니까?"라는 물으면 "사람을 찾고 있다"고 대답했고 "어떤 사람을 찾고 있습니까?"라고 물으면 "정직한 사람을 찾고 있소"라는 것이 그의 대답이었다고 한다.

왕을 무시했던 첫 번째 일화는 권력에 대한 반응이기에 누구에게든 유쾌하게 다가올 것이다. 여기에는 알렉산더 자신도 포함된다. 하지만 두 번째 일화는 조금 다르다. 아테네에 사람다운 사람이 없었다는 말이 되기 때문이다. 이것은 무엇을 의미할까? 그 시대뿐 아니라 그 후 시대, 그리고 현 시대까지 울림을 주고 있다는 것이 아닐까?

디오게네스에게도 제자가 있었다. 이름은 크라테스이다. 크

철학 핸드북 (지성인, 교사, 신학생, 목회자를 위한 가이드)

라테스는 본래 부유하게 살았으나 디오게네스의 제자가 된 후 자신이 가진 모든 재물을 사람들에게 나눠줘 버리고, 다음과 같이 말했다고 한다. "나는 이제 나 자신을 자유하게 하였다"

(2) 에피쿠로스 학파(Epicureanism)

에피쿠로스학파는 BC 300년경 아테네가 배출한 그리스 철학파로서 에피쿠로스를 따르던 사람들을 가리킨다. 사도 바울이 두 번째 선교여행 중 논쟁을 벌인 적이 있는데, 그가 논쟁한 그리스 철학자들 가운데 그들도 끼어 있었다고 전해진다. 이 학파의 사상은 헬레니즘 세계뿐 아니라 후에 로마에서도 상당한 관심을 끌었던 것으로 보인다.

에피쿠로스학파 사상의 기초는 데모크리토스의 원자론이다. 그들은 생과 사는 원자의 활동일 뿐 죽고 나면 아무 것도 없음으로 살아있을 때 즐겁게 사는 것이 잘사는 것이라고 주장했다. 그래서 그들을 쾌락주의라고 불렀다. 그러나 그들이 주장한 쾌락은 단순히 육체적 쾌락이 아니었다고 하는 이들도 있다. 육체적 쾌락을 얻기 위해서는 개인이 지불해야 할 것이 너무 많기 때문에 육체적 고통이 없는 평안한 상태에서 소박하게 생활하면서 좋은 친구하고 좋은 우정의 대화를 나누면서 사는 것이 제일 잘 사는 것이라고 주장했다는 것이다.

그들은 그것을 "정신적 쾌락"이라고 했다. 그들은 우리가 필요한 부분을 줄이면 줄일수록 신에 가까운 자유를 누릴 수 있다고 주장한 것이다. 그러나 이들의 영향을 받았던 로마의 정신세계는 단순한 쾌락의 정도를 넘어 짐승과 같은 무도덕한 쾌락을 보여 줬다.

인간의 정신이란 망망대해에 떠 있는 배와 같은데 그 배를 잡아주는 "키"가 없이 어찌 행복이 있겠는가? 바람 따라 일어나는 물결처럼 망망대해를 정처 없이 떠다니다가 거대한 파도를 만나면 거기에 흡수되어버리는 것이 행복은 아닐 것이다. 정신을 잡아주는 구심점, 즉 축이 있어야 한다는 말이다.

(3) 회의주의 학파(Skepticism)

회의주의란 모든 것을 의심한다는 뜻이다. 회의주의의 사전적 의미는 인간의 인식이 모두 주관적이고 상대적이기 때문에 인간이 주장하는 진리의 절대성을 의심하고, 궁극적 판단을 피해야 한다는 사상이다. 모든 것이 의심됨으로 아무것도 믿지 않아야 된다는 것이다.

아무것도 판단하지 않아야 하고, 판단하지 못한다면 이 세상은 어떻게 될까? 진리의 절대성을 의심하고 궁극적 판단을 피해야 한다는 회의주의의 주장은 의심하지 않아도 된다는 것일까?

일단 회의주의가 이러한 오류(모순점)에 노출되어 있다는 것을 전재로 이들의 사상을 연구해 보자.

회의주의 철학을 표방한 최초의 학파는 BC 3세기 플라톤의 아카데메이아에서 발전한 '아카데메이아' 회의주의 학파다. 이 학파를 이끈 아르케실라우스와 카르네아데스는 주로 스토아학파와 에피쿠로스 학파에 맞서 참과 거짓을 구별하는 기준이 있다는 것을 거부하고, 대신에 어떤 지식이 이성에 입각한 것이냐 아니면 추정에 입각한 것이냐를 알 수 있는 표준만 있을 수 있다고 주장했다. 이 같은 제한된 개연적 회의주의는 키케로(BC 106-BC 43)가 아카데메이아의 학생이던 BC 1세기까지 이 학원의 견해였다.

고대 회의주의의 또 다른 주요형태는 퓌론-주의였다. 퓌론-주의는 퓌론(Pyrrhon, BC 360-BC 270)에 의해 창조된 사상이다. 퓌론은 회의주의학파를 대표하는 인물이기도 하다. 그 외에도 티몬(Timon, BC 320-BC 230), 카르네아데스(Karneades, BC 214-BC 129) 등이 있다.

철학사에서는 퓌론이 회의론의 기초를 만들었다고 말한다. 그래서 고대 회의론을 퓌론주의라고도 부른다. 퓌론주의자들은 다양한 종류의 지식에 반대하는 일련의 방법으로 판단중지(Epoché)를 제시했다. 그래서 그랬는지 퓌론은 소크라테스처럼 직접 글을 쓰지 않았다. 제자나 다른 철학자의 글에서 그의 생각을 접할 수 있다. 이들도 에피쿠로스학파나 스토아학파처럼 개인의 행복을 추구했다. 그러나 이들은 에피쿠로스학파나 스토아학파와는 달리 이성적 인식으로는 행복에 이를 수 없다고 주장한다. 그래서 이들의 뿌리는 소피스트와 맞닿는다. 모든 지식은 감각적 인식에서 나오기 때문에 제한적, 그리고 상대적이라는 소피스트의 견해가 바탕이라고 할 수 있다.

퓌론은 "우리는 본다는 사실을 인정하며, 특정한 생각이 있다는 사실도 받아들인다. 그러나 그것이 실제라고 긍정하지 않는다. 희다는 것도 희다고 긍정하지 않고, '이것이 희게 나타난다.'는 식으로 표현한다."고 주장한다. 겉으로는 그럴듯하게 보이지만 그 실체는 역시 괴변이다.

그의 제자 티몬도 "나는 꿀이 달콤하다고 가정하지는 않지만, 꿀이 달콤하게 나타난다고 인정한다."라고 말한다. 어떤 것을 희다고 할 수 없고, 꿀이 달콤하다고도 확정할 수 없다. 다만 그렇게 나타남을 느낄 뿐이라고 해야 한다. 즉 존재를 보는 것이 아니라 존재가 외적으로 드러내는 양상을 감각을 통해 느낄 뿐이고, 그 한도 내에서만 그것을 인정해야 한다는 것이다. 그래서 그는 나타나는 것을 근거로 존재를 규정하려는 시도는 성립할 수 없다고 주장한다.

맞을 수도 있고 맞지 않을 수도 있는 궤변이다. 이것이 본질과 실체를 혼동한 결과로 보이기 때문이다.

인간이란 감각적 인식이 불투명해서 사물조차 명확히 규정할 수 없을 정도니, 인간 행위와 관련해서는 더욱 절대적 진리를 주장할 수 없다고 했다. 그러나 절대적인 진리는 인간의 인식과 상관없이 절대적이어야 한다. 인식은 단순한 도움이의 역할일 뿐이다. 절대적인 진리는 내가 절대적인 진리라고 해도 절대적인 진리요 내가 절대적인 진리가 아니라 해도 절대적인 진리다.

퓌론((Pyrrhon, BC 360-BC 270)은 다음과 같이 설명한다. "누군가 좋다고 주장하는 것은 모두가 좋다고 말하거나 모두가 좋지 않다고 말해야 한다. 그런데 같은 것을 어떤 사람은 좋다고, 다른 사람은 나쁘다고 주장하기 때문에, 예를 들어 에피쿠로스는 쾌락을 좋다고, 안티스테네스는 나쁘다고 주장하기 때문에 우리도 그것을 좋다, 나쁘다 말할 수 없다. 그럴 경우 같은 것이 좋으면서 동시에 나쁘다는 결론이 나오기 때문이다. 만일 누군가 좋다고 판단한 것이 모두 좋다고 인정하지 못한다면, 서로 다른 의견을 판정해야 한다. 양편에서 볼 때 논증의 비중이 같기 때문에 이렇게 판정할 수는 없다는 것이다. 그러므로 우리는 실제로 좋은 것을 알 수 없다.”

그들은 어떤 주제든 하나의 결론이 아니라 대립되는 결론이 있고, 이를 뒷받침하는 논거도 동일하게 제시된다는 점에서 논증의 비중은 같다고 했다. 어느 하나를 절대적으로 옳다고 판단 내릴 수 없다는 것이다.

그러므로 사물이든, 인간 행위든 참과 거짓에 대한 판단은 지식의 대상일 수 없다고 했다. 사물이든 윤리문제든 ‘판단중지’를 하라는 것이었다. 모두 상대적이기 때문에 어떠한 것도 증명할 수 없다는 것이다.

그들은 인간이 어떤 사물을 인식할 때 본질을 알 수 없고 오직 이러이러하게 “보인다.”고 말할 수 있을 뿐이라고 말한다. 따라서 스토아학파가 강조한 로고스는 인식할 수 없고 당연히 옳고 그름을 명확하게 판단할 수 없다는 점에서 그들은 스토아학파나 에피쿠로스학파가 시도한 윤리학적 결론에 대해서도 비판적이었다.

A. 정의

그들은 자연법 등의 절대적 개념도 인정될 수 없다고 했다. 카르네아데스는 다음과 같이 말 한다.

"사람들은 유용성을 위해 스스로 법률을 만들었다. 많은 경우, 같은 사람들 사이에서도 상황에 따라 법률이 변한다. 그러므로 상대적이지 않은 자연법이란 없다. 모든 인간과 그 밖의 피조물은 본성에 이끌려 이로운 것으로 향한다. 그러므로 정의는 없으며, 설령 있어도 다른 사람의 이로움을 생각해서 자신에게 해를 주기 때문에 정의는 어리석음의 극치다."

그래서 티몬은 "퓌론이여, 어떻게, 어디에서 당신은 믿음의 굴레와 궤변론자의 공허한 이론으로부터 해방을 찾으셨습니까? 어떻게 당신은 믿으라는 유혹과 모든 속임수의 굴레에서 벗어나셨습니까? 당신은 그리스 전역을 휩쓰는 바람이 어디에서 와서 어디로 가는지 알려고 애쓰지 않으셨습니다."라고 찬양한다.

그들은 인간은 모든 체계적, 독단적 이론에서 벗어나야 한다고 했다. 특정 이론만이 아니라 모든 이론을 비판하며, 모든 긍정과 부정을 넘어서려는 태도, '판단 중지'가 가장 중요한 태도라고 주장한다. 객관적 인식은 물론이고 올바른 삶의 문제에서도 판단을 중지할 때 행복에 이를 수 있다는 것이다.

마음의 평정은 판단을 유보하고 진리 탐구나 선과 악의 문제에 연연하지 않음으로써 도달할 수 있다고 했다. 이를 위해 외부세계와 일체 접촉하지 않는 삶, 정치와 사회문제에서 더 철저하게 벗어난 삶을 추구했다.

(4) 스토아 학파 (Stoicism)

스토아 철학은 소크라테스, 플라톤, 아리스토텔레스의 철학을 이어받아 약 400년간 그리스-로마의 정신세계를 이끌어간 철학 사상이다. 기원전 3세기경 창도되었고, 창시자는 제논이다.

그 후 클레안테스, 크뤼시포스, 파나이티우스, 포시도니오스, 로마황제 네로의 스승 세네카, 에픽테토스, 로마황제 마르쿠스 아우렐리우스 등으로 이어졌다.

제논(Zenon BC 335-BC 263)은 페니키아 출신이다. 소크라테스, 플라톤, 아리스토텔레스 등은 주로 소피스트들에게 물든 그리스 귀족 가문 출신 젊은이들을 대상으로 철학을 설파하였다. 그러나 스토아 철학자들은 플라톤이나 아리스토텔레스 철학의 수혜자가 될 수 없었던 그리스 평민을 대상으로 펼쳐낸 철학이고 한다. 그러나 제도적인 교육기관이 없었던 고대 사회에서 스토아 철학은 평민뿐만 아니라 많은 귀족들에게도 영향을 끼쳤는데 그 대표적인 인물이 제논의 제자인 마케도니아 왕 안티고노스 2세다. 그는 스토아학파의 정신을 바탕으로 사회 개혁을 단행했다.

철학사에서는 스토아 철학을 초기, 중기, 후기 등 총 세 시기로 나눈다. 초기는 기원전 3세기경으로 대표자는 스토아 철학의 창시자인 제논에서 그의 제자인 클레안테스, 크뤼시포스(Chrysippos, BC 280-BC 207)의 활동시기까지를 말한다.

중기는 기원전 2세기경에 해당하는 시기로 이 때 활동한 사람은 파나이티오스, 포시도니오스가 있다. 파나이티오스(Panaitios BC 185-BC 110)는 플라톤의 이데아론을 일원론적으로 해석하였고, 혼(Psyche-Soul)이 모든 인식 및 인지 작용에 관여한다는 입장을 고수했다.

이런 점에서 플라톤주의와 상당히 가까우나 로고스로 다가가는 참 인식, 사유, 전체 과정을 "공간적인 개념"으로 보았기에 스토아학파로 분류된다.

후기는 1세기 로마 제국에 해당하며, 로마황제 네로의 스승 세네카(Seneca, 65년경), 노예 출신 철학자 에픽테토스(Epiktetos, 55-135), 로마황제 마르쿠스 아우렐리우스(121-180)등이 있다. 그러나 이분들의 철학을 다 논할 수는 없다. 따라서 이분들 중 중요한 몇 분들을 중심으로 스토아 철학을 풀어나가도록 하겠다.

A. 스토아 철학 창도 배경

제논이 스토아학파를 설립하게 된 결정적인 계기는 에피쿠로스(쾌락주의)의 아테네 이주(BC 307-BC 306)였다고 한다. 본래 에피쿠로스의 학설은 원자론을 배경으로 주장된 쾌락주의다.

인간이나 신은 원자로부터 왔고, 원자의 흩어짐처럼 인간도 흩어져버리면 그만이기 때문에 쾌락적으로 살자는 것이 그들의 주장이었다.

여기에 인간은 만물의 척도라고 선언한 소피스트의 상대주의적 윤리 사상이 기름을 붓고 헬레니즘이 불을 붙였다. 그리하여 대다수의 상류층 그리스인들의 정신세계는 짐승처럼 변형되어가게 되었다.

잠깐 몇 가지만 예를 들어 초대교회 시절 성도들이 순교 당하던 때를 상기하면 이들의 정신세계를 쉽게 이해할 수 있을 것이다. 비록 약간 후대에 일어난 일이긴 하지만 작은 정신적 차이가 시간이 지나면 얼마나 엄청난 차이를 만들어내는지 생생한 증거물이 되고 있다. 그러니까 그리스가 로마 제국의 통치 아래 있던 AD 64경부터일 것이다.

소피스트의 "인간은 만물의 척도다"라는 사상은 일부 그리스-로마인들의 정신적 축이 되어 있었다. 그것은 쾌락이었다. 당시 로마 귀족들은 거대한 원형경기장에 모여 그리스도인들을 잡아다 놓고 굶주린 사자들에게 사지가 찢겨 죽어가게 하던 이벤트를 만들어 하나의 오락으로 즐겼다. 그들은 사람들이 굶주린 맹수에게 물려 죽어가던 참상을 보면서 열광했다. 타오르는 장작불 위에 사람들을 올려놓고 그들이 불에 타 죽어가는 모습을 보면서 환호했다.

그것뿐이 아니다. 그들은 말이나 소 같은 짐승들을 발정시켜 여자들을 겁간하는 동안 여자들의 생식기가 찢겨져 고통으로 비명을 지르며 죽어가는 장면을 보면서 남녀가 환호했다.

그것들은 인간 사회에서 일어날 수 없는 일, 일어나서도 안 될 일이었다. 어떻게 인간에게 이런 잔인함이 있을 수 있단 말인가! 그런데 그들은 마치 경기를 보듯이 그런 비극적인 장면을 연출해 놓고 즐겼다. 남녀노소 모두가 즐겼다. 도저히 인간이라고 믿을 수 없는 모습이었다. 이것이 당시 그리스 – 로마 사람들의 정신 세계였다. 이것이 바로 덕목이 없는 철학의 실체고 열매다.

이것이 바로 양심이 없고 신이 없는, 영혼의 축이 없는 철학의 종말이었다. 에피쿠로스 헬레니즘, 르네상스, 계몽주의 '정신-가면' 그 뒤안길에 숨어있는 악마의 향응이다.

이것이 바로 인간의 고유한 영혼을 등한시한 사상의 결말이었다. "인간은 만물의 척도다"라는 그 작은 사상이, 정신의 축이 되었을 때 그 후손들을 짐승보다 더 추악한 괴물이 되게 할 줄 상상이나 하였겠는가?

인간을 인간이게 한 축이 망가지면 인간은 짐승이 된다. 이것을 신화에서는 반인반수라고 했다. 도덕적 이성, 윤리적인 정신을 잃게 되면 더 이상 인간이 아니라는 의미다. 제논은 장차 일어날 이런 참혹한 상황을 미리 본 것이었다. 이것이 제논이 에피쿠로스학파의 주장과 소피스트들의 주장에 대해서 격분한 이유였다. 왜냐하면 로고스 때문에 인간이 인간일 수 있다는 점을 에피쿠로스가 완전히 간과했기 때문이었다. 그래서 그는 로고스로 대표되는 보편적인 이성, 즉 정신, 영혼을 위한 균형 있는 금욕적인 삶을 중시했으며, 윤리학의 주제를 스토아 철학의 출발점으로 삼았다.

그들은 모든 것이 자연에 뿌리를 두고 있다고 믿었기 때문에 좋은 삶을 살기 위해서는 자연의 흐름과 질서와 규칙을 잘 이해해야 한다고 말했다.

스토아학파의 철학은 크게 자연학과 논리학, 윤리학의 세 부분이다. 그러나 그 근본은 자연학이지만, 목적은 윤리학의 실현이었다. 스토아 철학을 이해하기 위해서는 그들의 로고스 사상을 먼저 검토할 필요가 있다.

A) 로고스(Logos): 헤라클레이토스는 로고스를 "보편", 아리스토텔레스는 "언어", "말"의 의미로 사용했다. 그러나 스토아학파가 주장한 로고스의 상징은 "보편 이성"이다. 종교적으로 신개념이다.

그들은 사람은 하나의 공통된 이성을 갖고 있는데, 그 공통된 이성은 신성한 이성, 최고의 이성, 즉 '로고스'에 종속되어 있는 이성이라고 했다. 공통된 이성이란 영혼을 가진 이성이다.

또한, 그들은 인간에 대한 세계시민으로서의 형제애를 강조했다. 그들은 모든 인간은 최고 이성의 자녀이기 때문에 진정한 스토아 현자는 물질계에 속한 '특정 국가의 시민'이 아니라 로고스에 속한 '세계시민'으로 살아야 한다고 주장했다. 그리하여 후기 스토아학파는 적과 노예에 대해서도 자비를 베풀어야 한다고 했다.

로고스란 관념에 행동지침을 부여한 것이다. 또한, 스토아 특유의 자기 사랑을 영혼에서 가정으로, 친구로, 그리하여 인류 전체로 확장하도록 권장했다.

사랑의 현현인 그리스도가 인간의 형상을 취하고, 인간 세상에 오기 약 200년 전의 일이다. 스토아의 이런 철학을 종교적으로 해석하면 그들의 철학은 장차 인간의 몸을 입고, 인간 세상에 오실 로고스의 현현을 예비하고, 그의 첩경을 평탄케 한 일로 주해 될 수도 있다.

그렇다면 고대부터 수많은 현자들이 나타나 이런 고결한 정신을 펼쳐낸 그리스에 왜 신이 오시지 않았을까? 라는 생각을 잠시 품어볼 수가 있다.

윤리적 관점에서 그것은 그리스의 동성애 때문이라는 견해가 있다. 동성애는 우주의 법칙과 자연의 흐름을 거역한 가증함의 상징이다. 아리스토텔레스의 형상과 질료로 분석하면 질료는 쾌락이요 형상은 악, 악 중의 악이기 때문이다. 동성애는 현재도 악이고, 미래도 악이고, 실체도 악이고, 본질도 악으로 결론지어진다.

인간에게는 우주의 흐름과 자연의 질서를 따라야 할 근본적인 의무가 지워져 있다. 철학적으로 그 흐름을 자연의 명, 혹은 자연의 법칙이라고 할 수 있다. 법이 망가지면 사회가 망가지는 것처럼, 자연의 법이 망가지면 우주가 망가진다.

태양이 거꾸로 돌고 지구가 자전을 멈추면 어떻게 될까?

자연의 흐름은 정교하게 설정되고 있다. 자연의 흐름을 자연의 법칙이라고 한 이유가 바로 그것이다. 그 법을 어기거나 명령을 어기면 반드시 그 대가를 치르도록 되어 있는 것 또한 자연의 흐름이다.

짐승은 수컷과 수컷이, 암컷과 암컷이 교미를 하지 않는다. 이것이 자연의 흐름이다. 그런 자연의 흐름에 역행하고, 자연과 우주, 그리고 만물이 가증하게 여기는, 자연과 순리 밖에서 만드는 악한 행위, 인류를 멸망하게 만든 행위가 동성애였던 역사적 증거는 수두룩하다.

대 홍수가 일어나 인류를 멸망으로 이끌었던 원인, 소돔과 고모라의 유황불 세례, 그리고 로마의 폼페이를 덮쳤던 유황불이 모두 그 시대, 그 도시, 그 사람들의 동성연애 때문이었다는 역사가 그것이다. 신이나 우주가, 그리고 자연이 허락하지 않은 쾌락주의적 사고 역사는 휘어지고, 부서지고, 쪼그라지 진다. 그래서 그리스도 그렇게 몰락했고, 그리하여 촛대가 유대로 옮겨졌을 수도 있다는 것이 역사 속에 묻어있는 의구심이다.

후기 스토아학파(1-2세기)의 한 사람인 에피크테토스(55-135)도 그의 추종자들에게 인간은 원래 모두 형제임(Cosmo-politanism)을 역설하고 자신이 누구이고 누구를 지배하는지를 잊지 말라 촉구하면서 원래 지배하는 자도, 지배당하는 자도 모두가 형제이며 신의 자녀라는 것을 알아야 한다고 주장했다.

스토아학파는 우주와 자연을 지배하는 통일원리(최고의 선)가 있다고 보았다. 이들은 이를 세계이성, 즉 로고스(Logos)라고 생각했다. 통일원리란 원인 중의 원인이고, 보편 중의 보편이고, 실체 중의 실체고, 본질 중의 본질이고, 시작이면서 끝이다. 유대교에서 말하는 알파와 오메가다.

초기 스토아 철학자 크뤼시포스는 우주는 로고스 즉 세계 이성에 의해 움직이는 자연법칙의 적용을 받는다고 주장한다. 여기서 이들이 로고스를 신이라는 호칭 대신 '세계-이성'이라고 한 점에 주의해야 한다. 이때는 시대적으로 아직 신다운 신이 등장하지 않은 때였다.

신의 본질에 대해서는 어느 정도 일치된 개념을 가지고 있었지만 신이 역사 앞에 정식으로 등장하지는 않았다. 물론 스토아의 신개념에 동의한다는 것이 아니다. 그러나 적어도 스토아 철학을 이야기하려면 바로 그때의 사회적 현실 속으로 돌아가서 논해야 이해가 쉽다는 의미다.

철학 핸드북 (지성인, 교사, 신학생, 목회자를 위한 가이드)

B) 자연학: 우주에 존재하는 모든 존재의 법칙은 세계이성, 즉 로고스에 의해 움직인다고 스토아철학은 주장한다. 그래서 스토아학파에게는 자연 자체가 신이었다. 자연 속에 작동되는 합리적 "이성-법칙"이 곧 신이라는 주장이다.

신의 작용으로 세계가 필연의 인과법칙에 따라 움직인다고 보았기 때문이다. 그들은 그것을 "신의 섭리"라고 표현했는데 그것이 바로 자연 법칙의 다른 이름이다.

스토아학파는 인간이 도덕적인 삶을 살려면 우리 내면의 의지와 태도가 이성을 따르고, 자연법에 일치해야 한다고 주장한다.

그런데 '정념(육적감정)'이 이성을 가리게 되면 우리는 도덕과 무관한 육체, 쾌락, 권력, 부, 명예, 건강, 질병, 가난 등에 마음을 빼앗기고 근거 없는 기쁨이나 슬픔, 욕망과 공포에 사로잡혀 마음의 평정을 잃고 동요하게 된다고 했다.

정념을 다음의 예로 설명할 수 있다. 하늘에 먹구름이 끼면 태양은 보이지 않는다. 그러나 태양이 보이든, 보이지 않든지, 태양은 여전히 자기 궤도에 떠 있다. 비행기를 타고 대기권 밖으로 벗어나보면 그것을 확인할 수 있다. 문제는 먹구름이다. 먹구름이 태양을 가려 태양 빛이 내게 올 수 없게 한다는 것이다.

정념은 먹구름과 같다. 세상의 근심, 걱정, 미움, 분노, 원망, 등 이런 것이 마음에서 일어나면 기쁨은 내 감성 속으로 들어오지 않는다. 그러나 사실은 기쁨이 어디로 사라진 것이 아니다. 항상 그대로 있다. 다만 먹구름 같은 정념이 그 기쁨을 막아버

철학 핸드북 (지성인, 교사, 신학생, 목회자를 위한 가이드)

려 내게 비춰질 수 없게 한 것뿐이다. 신의 은총은 항상 동일하다. 지금도 쏟아지고 있다. 문제는 나의 정념이다. 마음에서 먹구름이 걷히면 은총은 내 영혼에 쏟아질 것이다.

스토아학파에 의하면, '정념'은 비이성적이고 부자연스러운 영혼 안의 움직임이며, 과도한 충동이라고 했다. 정념이 강할수록 사물에 대한 인간의 이성적인 판단이 흐려진다고 했다. 그리하여 그것은 또한 우리를 잘못된 태도로 이끌고 간다고 했다. 그래서 스토아학파는 우리에게 정념의 지배에서 벗어날 것을 요구한다. 스토아학파는 정념이 없는 상태를 '아파테이아(apatheia)'라고 불렀다.

그들이 파악한 우주의 참모습은 자연의 원리와 법칙에 의해 질서정연하게 잘 조화되어 변화하는 코스모스였던 같다. 우주는 하나의 살아 있는 유기체로서 시간 속에서 발생했고, 주기적으로 순환하는 끝없는 세계다.

자연 속의 사물들은 공기, 물, 흙, 불로 구성되어 있는데 이 가운데 가장 근원적인 요소는 불이였던 것 같다. 불은 물질적인 것일 뿐만 아니라 상징적으로 영원히 생동하는 신적 원리, 즉 로고스로서 세계의 모든 존재 속에 스며 있는 '세계영혼'이었다. 종교적 표현으로 '만유의 주'에 해당한다.

스토아학파에 있어서 프네우마, 예견, 운명도 신의 또 다른 표현이다. 이러한 사상에서 스토아철학은 신, 즉 자연이라는 범신론적인 주장을 그대로 간직하고 있는 셈이다. 그러나 스토아 사상의 신은 최고-선이며 인격을 갖추고, 인간에게 복과 징벌을 내린다는 점에서 유대교의 신과 동일시 할 수 있다.

물론 몇 가지 차이점도 있다. 유대교에서 말하는 여호와는 창조주로서 세계 바깥에 자유롭게 존재하고 자신의 의지에 의해 세계를 만들어 내었다. 그러나 범신론에서는 신이 세계 바깥에 초월해 있지 않고 세계 곳곳, 즉 모든 곳에 스며들어 내재해 있다. '안 계신 곳 없이 계신 하나님'이라는 것이다.

스토아철학에서는 창조주 신에게 '신'이라는 개념을 부여하는 것을 거부한다. 이유는 우주를 창조했다는 말이 신의 무한성을 훼손시키기 때문이라는 것이다. 무한한 신에 유한한 세계를 더한다는 것은 신의 무한성 개념과 모순되기 때문에 창조주로서의 신개념은 신의 무한성을 모독한 결과를 자초한다고 주장한다.

그리하여 유일신론과 달리 스콜라철학의 신은 생성, 변화해 가는 자연 과정의 필연적인 실체로서 우주 만물에 내재한다고 이해한다.

참고로 기독교는 창조주 신이 그러한 변화의 과정을 자연의 흐름으로 이미 창조(설치)해 놨다고 주장한다.

소우주에 해당하는 인간은 자연과 마찬가지로 이성 법칙을 따라야만 인간의 타고난 자연적인 본성에 부합된다고 믿었다. 이성적 영혼이 인간을 지배할 때 인간은 비로소 자유롭고 행복해진다고 믿는다. 이성은 인간으로 하여금 비이성적인 부분 즉, 감정, 욕구, 정념을 지배하여 굴복시키고 그것들을 청결한 의지로 자연법에 일치시키고, 인간이 세계에서 차지하는 지위에 걸맞은 본질적 의무를 드러내고 실천함으로써 가치를 지닌다고 믿는다. 그래서 삶의 최고 목표는 '실천적 덕'이었다. 덕은 그 자체로 보배로운 것이며, 일체의 존재에 대한 지혜로운 통찰과 동일한 것으로 봤다. 인간은 행복을 삶의 목표로 삼는 것이 아니라 덕을 삶의 목표로 삼을 때 자연적으로 행복은 달성된다고 봤다.

스콜라철학에서 강조한 '덕'은 지혜, 용기, 절제와 중용, 그리고 정의였다. 여기서 말한 정의는 공의다. 균형이 잘 맞춰졌다는 의미가 들어있다. 소크라테스 그리고 플라톤 철학의 영혼을 위한 '덕목'들과 일치해 보인다.

덕을 실천하는 것만으로도 "유다이모니아", 즉 잘 사는 삶을 이룰 수 있다고 믿었다. 스토아학파는 일상에서 지혜, 용기, 절제, 또는 중용, 정의의 네 가지 미덕을 실천하고 자연에 순응하는 삶을 사는 것이 유다이모니아를 달성하는 길이라고 생각했다.

스토아학파는 "자연법은 자기애를 넘어 가족, 친구, 동료, 시민, 나아가 인류 전체를 포옹하고 사랑하라고 명령한다. 그리고 이런 자연법이 인간의 윤리적 삶의 근거가 되는 모든 세계, 모든 국가의 실정법의 근거가 되어야 한다."고 주장한다.

"불행은 결코 우리의 행복을 감소시킬 수 없다." 그래서 스토아 철학을 불행을 이기는 철학이라 불린다. 스토아 도덕철학은 도덕, 가치, 의무, 정의, 굳센 정신, 등과 같은 덕목에 중심을 둔 보편적인 우애와 신처럼 넓은 자비심을 강조했다. 지혜는 '신의 일과 사람의 일에 관한 지식'이라고 정의되지만, 이것은 사물에 관한 관조적(intuition) 지식이 아니라, 인간 생활에서의 모든 것을 올바르게 처리하기 위한 실천적 지식이다.

이런 원리에 바탕을 두어 스토아철학은 고대 철학원리의 주체적인 반성철학이 되었다.

애지는 이러한 지혜를 습득하기 위한 '삶의 기술(ars vivendi)'의 연습이며, 이러한 재주를 갖는 사람이 현자라고 했다. 그리고 현자의 지혜란 '자연에 따라 사는 것'을 아는 것이다.

현자의 유덕한 삶이란 이성을 갖춘 유한한 개개의 자연물(인간)이 자연에 의하여 부여된 그대로의 '운명'을 알고, 운명(흐름)대로 살아감으로써 본원(the root)인 자연과 일치하는 '동의(assent)'의 삶이라고 했다. 따라서 그것은 자연 그 자체가 이성적 존재자를 통하여 이루어지는 자기귀환(self-repatriation)에의 활동이기도 하다는 것이었다.

C) 인과론: 스토아 철학의 인과론(cause and effect)은 아주 중요하다. 자유의지 문제가 연결되어 있기 때문이다. 모든 사건에는 반드시 원인이 있다는 점에서 결정론 성격을 지닌다. 그런데 만약 인과론과 결정론을 토대로, 신의 의지를 결합시킬 경우 현실에서 나타나는 불행이나 재난을 어떻게 설명할지 난감해진다.

자연법칙이 신의 의지이고, 신의 섭리는 좋은 방향을 갖고 있다고 할 때, 자연 현상은 좋은 것으로만 가득해야 하지 않느냐는 의문이 제기될 수 있어서다. 하지만 현실에서는 홍수, 가뭄, 지진과 같이 파괴적 자연현상이 일어나니 스토아학파의 이론에 큰 결함이 있는 것 아니냐는 반론이 나올 수 있다.

이에 대해 크뤼시포스는 다음과 같이 답한다. "끔찍한 재난에서 생기는 나쁨에는 그것에 고유한 이유(섭리)가 있다. 어떤 의미에서 볼 때, 그 나쁨도 보편적 이성에 맞게 일어나니 전체와 관련해서 쓸모없지 않다는 것이다. 그러한 것이 없다면 좋음도 있을 수 없다.”

재난과 같은 나쁨을 현상적 차원에서만 보지 말라는 주문이다. 현상적 나쁨은 전체 인과의 사슬 속에서 볼 때, 좋은 것일 수 있다는 것이다. 나쁨이 ‘우연히’ 아니라, 전체 인과관계에서 어떤 필요에 의해, 필연적으로 만들어진다는 의미다. 자연의 법칙, 즉 신의 섭리는 단편적-일회적으로 나타나지 않고, 전체적-연쇄적으로 나타나므로 부분적 현상에 한정해서 세상을 바라봐서는 안 된다는 것이 그의 충고다.

그러나 예수 그리스도는 인과의 법칙도 가르쳤지만 비인과 법칙도 가르쳤다.

“저 소경으로 태어나 구걸을 하고 있는 저 맹인이 그렇게 된 것이 그의 죄 때문입니까, 아니면 그의 부모의 죄 때문입니까?”

“저의 죄 때문도 아니고 저의 부모의 죄 때문도 아니고 아버지의 영광을 나타내기 위함이라.”

스토아에서 말한 인과가 틀렸다는 말은 아니다. 그 말도 맞다. 그러나 신의 섭리는 인간의 이성으로 한정 지을 수 없다는 의미이다.

D) 자유의지: 자유의지는 또한 쉬우면서도 어렵고, 어려우면서도 쉬운 개념이다. 자유의지를 강조하다 보면 ‘신의 섭리’나 ‘예정-사상’이 무너지고, ‘신의 섭리’나 ‘예정 사상’을 강조하다

보면 '자유의지'가 무너진다.

만약 모든 사건이 자연의 법칙적 질서에 따라서 자연적으로, 혹은 필연적인 섭리로만 일어난다면, 인과의 법칙에 의해 어떤 원인이 주어진 이상 반드시 그것이 어떤 결과로 귀결될 수밖에 없게 되는데, 이때 인간의 자유의지는 어떻게 되느냐는 것이다.

크뤼시포스의 논리를 주목해 볼 필요가 있다. 그는 원인과 결과를 설명하는 과정에서, 주요 원인과 보조 원인을 구분하여 사물 가운데서 일어나는 사건에서 자유의지 문제를 해결하려 했다. 그들은 다음과 같은 예문을 들어 자유의지의 역할을 설명했다.

그에 따르면 둥근 통이 구르는 것은 두 가지 원인에 의해서다. 하나는 외부의 원인, 즉 통을 앞으로 미는 사람의 작용(힘)이다.

다음으로 내부 원인 즉 구를 수 있도록 둥근 모양을 갖추고 있는 통 자체의 본성이다. 하지만 두 가지 원인이 같은 지위를 갖는 것은 아니다.

외부 원인은 통에 구를 수 있는 능력을 주지는 않는다. 다만 시작과 자극을 준다는 점에서 보조 원인이다. 통이 구를 수 있는 가장 중요한 요소는 구를 수 있는 사물 자체의 본성 즉 내부의 원인이다. 이것을 본성, 혹은 본질이라는 말로도 표현이 가능하다. 물론 '업'(선업, 악업)이라는 말로도 표현이 가능하다. 외부 자극보다 내부의 주요 원인이 더 중요하다는 의미이다.

이를 통해 그가 자유의지를 어떻게 생각하는지를 볼 수 있다. 먼저 그는 인간의 자유의지 자체를 부정하지는 않는다. 어떤 사물이나 사건에 대해서 인간은 스스로의 의지에 근거하여 행동할 수 있다는 것이다. 하지만 그 결과가 근본적으로 자유의지에 의한 것이라고 할 수가 없게 된다.

자유의지란 선택의 능력이요, 선택의 권리이다. '통을 밀까, 말까?'

움직임의 시작을 담당한다. 그리고 시작은 끝을 담당한다. 물체의 구르는 힘에 의해 그 시작과 끝이 의지 밖으로 나갈 때가 있다. 이때 사용한 단어가 '의도치 않게'다. 물체가 움직이는 것은 본래 사물이다. 사건 내부에 그러한 결과로 나아갈 수 있는 내적 본성(여기서는 업)이다. 자유의지가 있기는 하되 일단 선택을 하고 나면 다음은 부차적이 된다는 의미다.

기본적으로는 인과(Cause & effect-중력)라는 내적 법칙이 핵심 역할을 함으로써 결정론의 기본 토대를 고수한다. 이것이 자유의지에 대한 그들의 견해다. 그러나 종교에서 이해하는 인과는 약간 다르다. 선택 자체도 어떤 원인의 결과일 수 있어서다. 어떤 업(중력)이 어떤 선택으로 인도한다는 뜻이다.

그런데 이 자유 의지에 대해 주지할 것이 있다. 기독교에서 말하는 자유의지와의 차이다. 일부 기독교 신학자나, 신학교 조직신학 교수를 거친 사람들이 칼빈주의라는 이름으로 인간이 선악과를 따 먹음으로 자유의지가 완전히 죽어버렸다고 주장한다. 그러나 이는 신학적으로는 어쩔지 모르나 철학적으로는 받아들일 수 없는 주장이다. 그것은 자연의 법칙이나 이성의 법칙에 역행되는 주장이요, 이성을 한계 짓는 주장이다.

신의 섭리와 인간의 자유의지의 관계는 삼위일체만큼 깊고 오묘한 신비이다. 어느 하나만 강조하다보면 칸트의 무신론 같은 유신론이 되고, 니체의 사신론 같은 초인론이 되어버린다.

신학적으로든, 철학적으로든 자유의지(Free Will or Will Power)란 문자 그대로 자유로운 의지다. 무엇이든지 선택할 자유가 있다는 의미다. 에덴동산에서 그랬듯이 인간은 계속해서 자유의지를 행사해 왔다.

물론 인류가 자유의지의 '의지(동력)'가 약해서 선 보다는 악을 선택하면서 살아온 것은 사실이다. 그러나 약하다 와 죽었다는 것은 완전히 다르다. 약하다는 것은 미흡하다의 의미다. 미흡(약해)해 졌다는 의미로 받아들여야 한다. 그렇다면 신의 섭리는 또 어떨까?

모든 것이 하나님의 섭리였다면 인간이 선악과를 먹은 것도 하나님의 섭리로 간주해야 하는가?

물론 펠라기우스, 혹은 반 펠라기우스 주의에 대한 반론이라고 할 수 있기에 칼빈주의가 틀리고 펠라기우스나, 반 펠라기우스 주의가 맞았다는 말도 아니다. 그런 주장에 대한 뿌리가 그리스도의 가르침인지 아니면 다른 이들의 신학적 견해인지, 그것도 아니면 성경에 대한 오해에서 비롯되었는지는 한번 숙고해 보라는 것이다. 맞을 수도, 맞지 않을 수도 있어서다. 자유의지는 선악과를 따 먹을 때도, 따 먹은 후에도 계속 사용되어 왔다.

베드로는 예수님을 부인할 당시 예수님을 부인하지 아니할 자유의지가 있었다. 물론 부인할 의지도 자유 했다. 그에게 예수님을 부인하라고 협박한 사람이 없었다. 비록 그것이 예수를

철학 핸드북 (지성인, 교사, 신학생, 목회자를 위한 가이드)

부인하는 것이었지만 그는 스스로 자신의 자유 의지를 행사했다. 다만 그의 자유의지가 나쁜 쪽으로 행사되었고, 그 열매 또한 '나쁜 열매'였다는 것이 문제였다. 베드로의 자유의자가 미흡해서였다. 선에 대한 중력이 약해서였다.

유다는 예수를 배반하지 않을 자유의지가 있었다. 예수님은 수차례 그에게 직접, 혹은 간접 경고를 줌으로서 그의 자유의지가 나쁘게 행사되지 않게 하려고 도우셨다. 그럼에도 불구하고 그는 자신의 자유의지를 예수를 판매하는데 사용해 버렸다. 그가 예수님을 판 것은 누구의 협박을 받아서가 아니다. 그의 순순한 자유의지로 판 것이었다.

물론 당시 사탄이 이미 그의 자유의지를 장악한 상태였다는 것이 복음서의 기록이다. 자유 의지를 반드시 선을 선택하는데 사용해야 된다는 법칙은 없다. 악도 선택할 수 있다는 말이다. 그래서 자유의지다. 그럼에도 불구하고 그가 자신의 자유의지를 스승을 배반하는 것에 사용했다면 그의 자유의지를 '악' 쪽으로 끌어당기는 힘이 그만큼 강했기 때문이 아니었겠는가? 악에 대한 강한 중력이 있어서가 아니었겠는가?

그것을 불교에서는 업력(업의 힘)이라고 하고, 힌두교에서는 Karma, 그리고 기독교에서는 심는 대로 거둔다는 말로 대신한다. 다음이 성경적 근거다. "The good things out of good man stored up in him, the bad things out of bad man stored up in him"

선한 사람에게서 선이 나오는 이유는 그 안에 선에 대한 중력이 악에 대한 중력보다 더 강하게 형성되어 있기 때문이라는 의미다. 악한 사람에게서 악이 나온다는 의미는 악한 사람 마음에는 선 보다는 악에 대한 중력이 더 강하게 형성되어 있기 때문이라는 말이다. 여기서 말한 중력이 바로 업력이다. 악은 악에서 나오고 선은 선에서 나온다는 의미다. 어둠속에서는 어둠이 나오고 빛 속에서는 빛이 나온다는 의미다.

다시 한번 말하지만, 자유의지란 선택의 자유요, 선택의 권리다. 구약으로 돌아가서 예를 들어보겠다. 갈대아 우르에서 아브라함에게 나타난 여호와는 아브라함에게 갈대아 우르를 떠나 자신이 지시해준 땅으로 갈 것을 명령했다. 그 말을 들은 아브라함은 여호와의 말에 순종하기로 결정했다.

그의 결정은 순수 자유의지의 산물이다. 여호와가 아브라함을 협박하지 않았기 때문이다. 아브라함도 여호와의 말을 협박으로 여기지 않았다. 그래서 교회는 그의 순종을 입달아지게 칭송한다. 순종이란 말 속에는 순종하지 않을 수도 있다는 의미가 함축되어 있다. 순종은 자유의지의 구현이다. 만일 자유의지가 죽었다면 어찌 순종이란 단어가 있을 수 있겠는가?

모세에게 여호와의 사자가 나타나 이집트로 돌아가 이스라엘 백성을 구원하라고 할 때 모세에게는 선택의 자유가 있었다. 그래서 그는 "아닙니다. 저는 못합니다." 라고 거절했다.

비록 천사의 설득으로 자기 선택을 바꾸기는 하였지만 그것은 그의 자유의지의 행사였다. 이것이 자유 의지다. 구약의 사건은 모두 에덴 후의 사건이다. 다시 한 번 말하지만 자유 의지란 자유로운 의지다. 의지가 자유로운 상태에 있다는 말이다. 물론 그 자신이 가정이나, 자녀나, 직장이나, 명예나, 권력이나,

쾌락에 매여져 있다면, 그리하여 무엇을 자유로이 선택할 수 없다면, 그것은 자유한 상태가 아니다. 그것을 플라톤은 노예 상태라고 말했다.

물론 구약에 의하면 선악과를 먹은 후 인류는 타락한 것이 맞다. 그러나 그 타락이 자유의지의 죽음으로 결론지을 수만은 없는 일이다. 영혼에서 영원성과 거룩성, 즉 신성이 사라졌고, 따라서 본성 전체가 짐승처럼 퇴보한 상태로 봐야하기 때문이다. 선악과를 먹은 후 인간이 짐승처럼 살아왔던 것이 그 증거다.

인간은 본성이 타락해버렸기에 신의 형상을 입었던 상태보다 한 단계 아래인 짐승의 본성-상태가 되었다고 봐야 한다는 것이다. 그 문제를 해결하기 위해서 주님이 오셨다.

인간이 만든 신학은 완전할 수가 없다. 비록 그것이 성경에 바탕 했다고 해도 불안전한 이성의 사유와 구성작용을 거치는 동안 '무엇인가' 오류가 생겼을 수 있다. 비록 그 시대, 그 환경에서는 완전해 보였을지 모르나 시간이 지나고 환경이 변했을 때 그것은 그 시간과 그 환경에 맞지 않게 될 수도 있다. 신학은 성경에 대한 논리적 요약이지 성경이 아니며, 따라서 성경과 동급으로 취급될 수 없다.

E) 인식론: 일반적으로 인식은 외부 사물에 대한 지식을 얻는 수단이다. 사람은 인식을 통해 지식을 얻는다. 플라톤은 사물에 대한 이데아가 우리의 관념 속에 이미 들어 있어서 외부 세계의 사물을 보는 순간 그것이 상기(인식)된다고 주장했다. 그러나 스토아 철학은 플라톤과는 반대의 입장으로 인식론을

풀어나간다.

스토아 철학자의 말에 따르면, 사람은 외적 언어 때문이 아니라, 내적 언어 때문에 비이성적 동물과 다르다고 했다. 까마귀와 앵무새, 여치도 분명하고 뚜렷하게 소리를 낸다고 하면서 그것들을 외적 언어라는 말로 표현한다. 그리고 이것을 다시 외적 인상으로 표현한다. 그러나 사람은 단순한 인상 때문에 다른 생물과 다른 것이 아니라 추론과 결합이 만들어 낸 인상 때문에 다르다고 했다.

그것은 사람에게 '연결' 관념이 있다는 뜻인데, 이러한 관념 덕분에 사람은 신호 개념을 파악한다고 했다. 그리고 신호 자체는 다음과 같은 형태를 띤다고 하고 있다. "만일 이러하다면, 저러하다." " 만일 저러하다면 이러하다."

칸트 철학으로 설명하면 인식론의 '구성작용'에 해당한다. 그리고 인식한 사물과 내적 인상을 연결시키는 신호의 존재는 사람의 본성과 소질에서 나온다고 했다. 만일 이런 본성이 선험적으로 주어진 것이라면 이것 역시 칸트에 의해 차용된 것이 맞다. 칸트는 이런 혐의를 벗기 위해 코페니쿠스적 전회라는 개념을 끌어다가 자신의 주장에 입혔을 수가 있다.

이를 풀어서 설명하면 사람은 먼저 육체적인 감각기관을 통해 인식대상을 받아들인다. 감각을 통해 대상의 인상을 얻는다. 여기까지는 동물의 감각적 인상과 다르지 않다. 그런데 인간은 외적 언어만을 갖는 동물과 다르게 내적 언어를 가지고 있다고 했다. 내적 언어란 인간 내부에서 나와 내가 사용하는 언어다. 그것을 통해 추론과 결합이 만들어낸 가공된 인상으로 나아갈 수 있다는 의미다. 추론과 결합이라는 사고 작용을 언어를 통한 내적 대화로 정식화한 것이다. 즉 개별 사물이나 현상을 서로 연결(대화를 통해)하여 추상화하는 과정으로 들어간다는 것이다.

개별적인 것들을 연결할 수 있는 능력(신호)이 있기 때문에 인간은 자연의 법칙 속에 존재하는 인과관계를 파악할 수 있다고 하면서 이를 '신호'라는 개념으로 설명한 것이다. '만일 이러하다면, 저러하다.'는 연결 관계는 개별적인 것 사이에 논리적 관계를 규정짓는 것이고, 이를 통해 표상 내의 원리를 파악한다. 이성은 추론과 사유능력을 통해 자연 원리에 다가선다. 이때 사용되는 것이 내적 언어다.

마지막으로 '신호의 존재는 사람의 본성과 소질에서 나온다.'는 언급도 유의할 필요가 있다. 신호의 존재는 논리적 관계를 파악하는 이성 능력에 해당하는데, 이것이 사람의 본성과 소질에서 나온다는 것은 모든 인간에게 선험적으로 부여된 능력이라는 의미다. 한마디로 인간은 누구나 이런 이성 능력을 갖고 태어난다는 의미다. 누구나 이성을 통해 자연 원리를 파악하고 이에 맞게 살아갈 수 있다는 의미이다. 윤리학에서도 중요한 의미를 갖는 대목이다.

그들에 따르면 모든 인간이 본성적으로 갖는 합리성을 발전시킴으로써 충동을 넘어서 자연에 일치된 윤리적 삶을 살 수 있다. 그러나 누구나 그런 능력을 가졌다고 해서 누구나 그런 능력을 발휘할 수 있는 것은 아니다. 인간이 가진 내적 능력을 사용하지 않으면 없는 것처럼 되기 때문이다. 사용해야 빛이 나고, 광이 난다는 원리다.

F) 윤리론: '흐르는 물처럼'이라는 말이 있다. '순리적 생활(흐르는 물처럼)'을 한다는 것이다. "순천자역천자"라는 고사성어도 좋은 예다.

순리적 생활이란 자연의 흐름(법칙)을 거슬리지 않는 생활을 말한다. 이것이 스토아학파의 윤리론이다. 자연의 순리를 인정하고, 자연의 순리를 대적하지 않고 받아들인다는 의미다.

인간은 인간으로, 여자는 여자로, 남자는 남자로, 남편은 남편으로, 아내는 아내로, 자녀는 자녀로, 부모는 부모로, 자연이 질서 지어준 대로 산다는 의미다. 그들에 따르면 그것이 자연에 흐르는 신의 법이고 섭리다. 먹으라는 것은 먹고, 먹지 말라 하는 것은 먹지 않는 것이 흐름에 순종하는 것이고 섭리에 따르는 것이다. 그것이 자연의 법칙이기 때문이다.

선악과는 에덴에 있는 과일이었으나 먹어서는 안 되는 과일이었다. 여기에서도 먹을 것은 먹고, 먹지 않아야 할 것은 먹지 않는 것이 자연의 흐름에 순종하는 것이었다. 인간이 신의 자리를 탐하는 것도, 동성이 동성을 탐하는 것도, 자연의 흐름을 거역하는 것이고, 자연의 흐름에 도전하는 것이고, 자연의 흐름을 시험하는 것이고, 자연의 법칙을 모독하는 것이 된다.

여기서 천고의 저주가 시작되고, 천고의 업이 만들어진다. 인간이란 이성적인 존재로서의 천성(덕을 추구하는 성품)을 타고난 까닭에 순리적 생활이란 인간에게 있어서 곧 '이성적인 생활' 같은 것이 스토아 철학의 입장이다.

스토아학파들은 자연과 윤리를 분리시키지 않았고, 도덕적으로 사는 것이 자신의 행복과 마음의 자유를 얻는 길이라고 생각했다. 인간의 진정한 자유는 자연의 흐름에 있다는 것이었다. 따라서 자연의 법칙을 거역하고 대적하는 것은 결코 자유가 아니고 자유가 될 수 도 없다고 한 것이다. 행복도 마찬가지이다.

키케로는 스토아의 윤리를 역설적으로 요약하여 "덕행이야말로 우리가 행복해지는 데 필요한 유일한 조건이다"라고 말했다. 그 어떤 상황에서도 자신이 도덕적으로 옳은 일을 해야 한다고 생각한다면, 그 사람은 행복한 사람이라는 것이다. 그는 그 어떤 상황에서도, 어떤 일을 당해도, 그 사람은 행복할 것이라고 했다.

왜냐하면 도덕적 의는 최고선에서 흘러(발출)내리는 '순리'이기 때문이라는 것이다. 그래서 스토아 철학자에게 있어서는 생명, 건강, 소유, 명예 등과 같이 흔히 사람들에게 존중되는 것, 그리고 노령, 질병, 빈곤, 예속, 죽음 등과 같이 흔히 혐오의 대상은 실제로 좋은 것도, 나쁜 것도 아닌 단지 '무관심사'로 그칠 수 있다.

스토아에서는 이성을 현혹하는 감정을 뿌리치기 위한 끈질긴 투쟁을 벌이는 것이 인간의 과업 이이라고 말한다. "in your struggle against sin you have not resisted the point of the evil until shedding your blood(히 12:12)"

도덕의 목적을 달성하기 위해서는 무엇보다도 그와 같은 감정을 완전히 극복함으로써, 정신이 열정으로부터 해탈되어야만 하는데, 이와 같은 상태를 스토아학파에서는 마음의 안정(apatheia)이라고 한다.

그들은 행복의 길은 모든 사람들에게 동등하게 열려있고 어떤 상황에서도 추구할 수 있고, 다가갈 수 있다고 했다. 비유를 들자면, 뱃사람이 바람의 방향을 바꿀 수 없는 것처럼 인간은 세상에서 일어나는 일들의 방향을 좌지우지할 수 없다. 행복 역시 세상사에 따라 흔들리는 것이 아니므로 외부의 환경 때문에 결코 고통 받지 않는다는 것이다.

그 어떤 불행도, 운수 사나운 일도, 결코 우리의 행복을 망치거나 전복시킬 수는 없다. 자신 스스로 행복하다고 느끼는 사람이라면 설령 아무리 많은 불행을 감당해야 한다 할지라도 그는 여전히 행복한 사람일 수 있다.

스토아학파가 말한 행복의 비밀은 행운이 우리에게서 훔쳐가지 못할 것을 소유하는 데 있으며 아무도 훔쳐 가지 못하는 이것은 바로 '덕행'이라고 했다. 이는 그리스가 가르친 보물의 의미로 상징될 수 있다.

B. 세네카

세네카는 스콜라 후기 철학자이다. 세네카, 노예 출신 에픽테토스 마르쿠스, 로마의 황제 아우렐리우스 등이 후기 스콜라 철학을 대표한다.

스콜라 후기 철학에서는 '인간사에 중요한 것은 무엇인가?'라는 문재가 주요 탐구 대상으로 취급되었던 것 같다.

그는 인간에게 가장 중요한 것은 자기를 지배하는 것이라고 했다. 외적으로 일어나는 것들은 이미 결정되어 있기 때문에 우리의 의지대로 변화시킬 수 없다. 따라서 모든 외적인 것들은 선, 덕, 행복과는 무관하다. 선, 덕, 행복의 기초는 우리의 의지대로 변화시킬 수 있다고 말하면서 그는 다음과 같은 질문을 던진다.

"오늘 어떤 나쁜 버릇을 고쳤는가?" -"어떤 잘못에 맞섰는가?" -"어떤 면에서 더 나아졌는가?"

세네카는 인간사에 중요한 것이란 권력과 이익을 추구하는 것이 아니라고 하면서 다른 사람들을 지배하는 자는 많으나 자기 자신을 지배하는 자는 매우 드물다. 중요한 것은 운명의 위협을 극복하는 정신이며, 우리의 욕구를 충족시키는 것은 아무런 가치가 없음을 깨닫는 것이다. 무슨 일이 생기든지 마치 그것이 너에게 일어나기를 네가 원했던 것처럼 그렇게 행동하라. 만일 네가 신의 결정에 따라 모든 것이 이루어진다는 것을 안다면 진정으로 자유로운 사람이 될 것이다. 라고 말한다.

자연법칙은 사실문제와 존재 문제이다. 예컨대, 두 물체는 서로 끌어당기는 중력이 있다. 그런데 이러한 자연법칙으로부터 규범성을 도출하면 자연법이 된다. 자연법칙과 도덕법칙을 구별하지 않는 것을 칼 포퍼는 '주술적 사고'로 폄훼하면서 전(old) 근대적인 사유라고 했다.

자연법은 자연법칙으로부터 도출되는 것이기 때문에 두 가지 특징을 갖는다.

첫째, '존재' 문제이기 때문에 보편성을 갖는다. 쉽게 말해서 '어디에나 있다.'는 것이다. 예컨대, 중력 법칙이 정말 자연법칙이라면 어느 곳에서나 존재하고 적용될 것이다.

둘째, 인간과는 무관하게 존재하는 것으로 간주 된다. 처음부터 우주에 존재하는 것으로서 인간은 단지 이성을 가지고 그것을 발견할 수 있을 뿐이다.

스토아학파에 의하면 외적인 사건은 인과법칙에 따라 필연적으로 일어남으로 우리가 변화시킬 수 없으며, 우리가 변화시킬 수 있는 것은 사건에 대한 우리의 내적인 태도와 의지뿐이다.

스토아학파는 이와 같은 내적인 것에서 도덕의 기초를 찾는다. 외적으로 일어나는 모든 것들은 이미 결정되어 있기 때문에 우리의 의지대로 변화시킬 수 있는 것이 아무것도 없다. 따라서 모든 외적인 것들은 선, 덕, 행복과는 무관하다. 또한 외부적인 것들은 우리가 내어주기 전에는 우리의 내부적인 것들 중 그 어느 것도 가져갈 수 없다.

그러므로 선, 덕, 행복의 기초는 우리의 의지대로 변화시킬 수 있다, 행복은 우리의 내면에서 찾아야 한다는 것이 스토아학파의 주장이다. 스토아학파는 인과법칙에 따른 필연성이 우주를 지배한다고 하면서 인간도 그런 질서에 포함되어 있다고 주장한다.

스토아학파에 의하면, 우리를 선한 사람으로 만들어 주는 것은 우리가 삶에서 성취한 것이 아니라, 우리의 태도 또는 행위의 동기이다.

덕 있는 삶이란 자연법인 이성의 명령에 따르는 삶이므로, 인간은 행위의 결과를 고려하지 말고, 단지 그 행위가 이성과 자연법에 일치하는지만 생각하고 행해야 한다. 스토아가 말한 자연 법이란 자연의 흐름이다. 인간에게 자연법은 양심이다.

스토아학파는 인간에게는 결과와 무관하게 '해야만 하는' 행위가 있다고 보았는데, 그것을 '의무'라고 하였다. 세네카는 저녁에 다음과 같은 질문들을 자신에게 던졌다고 한다.

"오늘 너는 어떤 나쁜 버릇을 고쳤는가?"

"오늘 너는 어떤 잘못에 맞섰는가?"

"오늘 너는 어떤 면에서 더 나아졌는가?

3. 예수 그리스도의 철학

　우리가 지금까지 살펴본 전통적인 철학은 주로 본질을 추구하는 학문이었다. 만물의 본질, 인간의 본질, 영혼의 본질, 정신의 본질, 보편의 본질, 개체의 본질, 등등.

　종교적으로 본질은 신(God)개념이다. 그러나 아직 그 누구도 확실하게 이런 본질에 대한 통일된 개념을 내놓은 적이 없다. 어쩌면 본질이 이성을 가진 인간에 의해 하나의 개념으로 규정되기에는 너무나 광대무변하고, 오묘하고, 신비해서였을 수 있다.

　본질의 세계란 형이상학적 세계고 형이상학적 세계란 관념의 세계다. 예수 그리스도는 그 형이상학적 세계에서 오신 분으로 소개되었다. 그것은 인간이 그동안 추구해온 모든 철학적 탐구 대상일 수도 있다는 의미고, 인간이 사유해온 철학에 대한 답을 가지고 있을 수 있다는 의미다. 이제 예수 그리스도의 철학에 대한 사유로 들어가 보자.

1) 예수의 천국론 - 천국이란 무엇인가?

　"천국이란 무엇인가?"

　천국은 평화의 세계다. 평화의 반대는 두려움이고, 불안이다. 따라서 평화란 '두렵지 않고 불안하지 않다'는 의미다.

　그렇다면 예수는 천국이라는 형이상학적 물음에 대해 무엇이라고 대답하셨을까?

약간의 견해차이가 있을 수 있으나 철학적인 관점에서 모든 존재는 질료와 형상의 구성이다.

그렇다면 철학적으로 평화의 질료는 무엇일까?

평화의 질료는 용서고, 사랑이고, 감사다. 진실도 그중 하나다. 용서와 사랑과 감사가 없이는 평화가 형성될 수 없다. 그러므로 용서와 사랑과 감사가 평화의 질료, 즉 속성이 된다.

그렇다면 평화의 형상(에이도스)은 무엇일까?

평화의 형상은 거룩함(holiness)과 영원함(eternity)이다. 거룩함은 탐욕이나, 미움이나, 분노나, 원망 등이 없기 때문이다. 영원함이란 '사망을 넘어서'라는 의미다. 시간을 '초월하여'라는 뜻과 같다.

그렇다면 그 영원함(eternity)이나 거룩함의 이데아는 무엇일까?

예수님은 거룩한 그리고 영원한 것(만물을 통 털어)은 하나님 한 분뿐이라고 말씀하셨다. 하나님이 거룩함과 영원함의 이데아라는 뜻이다. 따라서 천국이란 하나님이고, 하나님의 세계다. 그래서 천국에 들어간다는 말은 하나님의 통치 안으로 들어간다는 의미다. 하나님의 뜻(법)대로 살겠다는 의미다.

2) 예수의 지옥론 - 지옥이란 무엇인가?

천국의 반대는 지옥이다. 지옥은 인간에게 형언할 수 없는 고통을 주는 형벌의 장소이면서 모든 악인들이 장차 거해야할 장소다. 단테의 신곡을 보면 지옥은 음란지옥, 사기지옥, 탐욕지옥 등 9종류가 있고, 그곳에 떨어져 있는 존재들은 죽음을 거대한 보배로 동경할 만큼 참혹한 고통의 장소로 묘사되어 있다. 복음서도 이를 뒤 받침 한다.

오죽하면 멀쩡한 다리를 잘라버리고라도, 눈을 빼 버리고라도, 지옥만은 가지 않아야 된다고 조언했을까! 다리를 자를 각오라면, 눈을 뺄 각오라면, 어찌 음란의 유혹을 이길 수 없겠느냐는 의미일 것이다. 하여튼 지옥은 인간의 능력으로 표현이 불가능할 만큼 고통스러운 형벌의 장소다.

그렇다면 지옥의 속성(질료)은 무엇일까?

철학적으로 지옥의 질료는 음란이고, 탐욕이고, 미움이고, 분노고, 원망이고, 거짓, 시기, 질투 등이다. 이것들은 순간적으로 일어났다가 곧 사라지는 속성을 가졌다. 그러나 그런 순간적인 것들이 영원한 것을 불태워버린다.

그렇다면 지옥의 형상은 무엇일까?

지옥의 형상은 가증함(더러움)과 멸망이다. 여기서 멸망은 첫 번째 사망(육체적 죽음) 다음에 오는, 사망, 죽음보다 더 끔찍한 사망이다.

더러움과 고통은 악마에게 속해있다. 그래서 지옥은 악마고, 악마의 세계다. 이것이 아리스토텔레스 철학으로 진단한 지옥의 질료와 형상이다.

따라서 지옥에 떨어진다는 것은 악마의 통치 아래로 떨어진다는 말이다. 실존주의로 해석하면 내가 내 생의 주체가 되지 못하고, 악마가 내 생의 주체가 된다는 의미다.

3) 예수의 형이상학

　정신을 찾고, 인식 밖의 본질을 찾는 학문이 형이상학이다. 형이상학은 영어로 Meta-Physics다. physic은 물질이라는 의미다. 물질적 세계를 다루는 학문이라는 뜻이다.

　Meta란 "넘다" "초월하다."라는 의미다. 그래서 Physic에 Meta가 붙으면 "물리적인 세계를 넘어서", "물질적 세계 이면에서", 아니면 "물질적 세계를 초월"하여 존재하는 원리, 정신, 영, 같은 것들이 된다.

　예수는 이런 형이상학 세계의 존재를 현상적인 사물로 비유하였다. "천국은 마치 값 비싼 진주를 구하는 상인과 …" -- "천국은 마치 보화를 발견한 농부와…" "천국은 마치 한 겨자씨…" -"천국은 마치 누룩…" 등등이 그것이다.

　"너희 눈이 만일, 너희 팔이 만일 실족케 하거든 찍어버려라, 눈 없이 팔 없이 영생에 드는 것이, 두 눈, 두 팔을 가지고 "지옥 불"에 떨어지는 것보다 나으니라." 등등에 이르기까지 예수는 천국과 지옥의 본질과 실체와 그 가치를 설명했다. 이런 가르침은 모두 형이상학이면서 현상학이다.

4) 예수의 형이하학

　형이상학의 반대는 형이하학(Concrete-Science)이다. 형이하학은 눈에 보이고, 잡히고, 인식되고, 지각되는 세계를 다루는 학문이다. "세상의 빛이니" "세상의 소금이니" 등등이 형이하학적 존재에 대한 예다. 그래서 철학은 현상의 본질을 탐구한다는 점에서 현상학이고, 형이상학이고, 실체를 탐구한다는 점에서 본질론 혹은 존재론이다.

이런 연결 고리를 이해할 수 있다면, 예수 그리스도가 가르친 "아버지"가, "영생"이, "천국"이, "구원"이, 그리고 "중생"을 포함한 모든 진리가, 왜 철학인지, 왜 그분의 가르침을 형이하학(현상학)이고, 형이상학이고, 존재론이라고 해야 하는지 쉽게 이해할 수 있을 것이다.

5) 예수의 존재론

존재론은 영어로 Ontology이다. 다른 말로 존재론을 본질론(Essentialism)이라고도 한다. 본질이란 영어로 'Essence'다. Essence는 근원이란 뜻도 함께 가지고 있다. 근원이란 영어로 'Origin'이다. 그리스 철학에서는 아르케(Arche)라고 부른다. 모든 것이 그것으로부터 비롯됐고 그것이 알파와 오메가, 즉 시작과 끝이라는 의미다. 그래서 아리스토텔레스도 실체라는 말 대신 'Arche' 라는 말을 썼다.

실체는 영어로 'Substance,'이다. Substance의 'Sub' 은 더 낮은 아래를 말한다. 그리고 'Stan(ce)'은 세우다, 받쳐 주다의 의미다. 합쳐서 해석하면 모든 존재하는 현상들 밑에서 현상들을 존재하도록 떠받치고 있는 존재가 된다. 어떤 사람들은 이 '실체'를 '기체(기초)'로 번역하기도 한다. 모든 것들의 기초가 되는 원리라는 의미다. 그것을 일자(The One)라고도 한다. ‘일자’라는 말은 ‘다자’에 대비되어 나온 말인데, 아마도 현상 세계가 복잡 다양한 ‘다의 세계’라는 뜻일 것이다.

역으로 복잡 다양한 다자를 추적해 가다 보면 그 복잡 다양한 현상들을 유래하게 만든 하나의 ‘근본 원리’ 같은 것이 나올 것이다. 그것이 무엇일까? 그것을 철학은 ‘일자’라고 부르고, 종교는 신(God)이라고 부른다. 예수님은 아버지라고 불렀다.

그래서 철학에서 형이상학을 분화시킨 아리스토텔레스는‘제1원인과 원리들에 대한 이론적 탐구’가 형이상학이라고 했다.

종교적 표현으로 제1원인은 신(God)이다. 신이 만물의 아버지라는 뜻이다. 진리의 근원이 아버지고, 진리의 본질이 아버지다. 모든 철학적 탐구에 대한 해답이 아버지로 귀결된다.

6) 예수의 신학

진리는 두 종류로 나눌 수 있다. 개체적인 진리와 보편적인 진리다.

철학에서는 본질이나, 실체나, 일자나, 아르케를 개념화하여 ‘진리’라고 말한다. 이는 보편적인 진리다. 이런 진리를 탐구해 나가는 것이 철학이다 종교적인 용어로 신학이라고도 알 수 있다.

일반적으로 철학은 개념을 통해 신과 이 세계의 본질과 진리를 표현한다. 종교는 진리를 인격적으로, 비유적으로, 그리고 상징적으로 표상을 통해 표현한다.

사람들은 철학과 신학이 대비되는 것으로 생각하지만 실제로는 그렇지 않다. 철학은 세계의 본질을 개념화하여 '진리', '실체', 'Arche', '일자' 등으로 불렀지만 종교에서는 그것을 '신'이라고 불렀을 뿐이다. 미국에서 Sun을, 한국에서 태양이라고 부르는 것처럼 표현 방식의 차이일 뿐, 철학과 종교는 둘 다 이 세계의 근본 원리를 탐구한다는 점에서 같은 목적을 가졌다고 할 수 있다.

그런 의미에서 헤겔은 "철학이 인식에 참여한다는 점에서 신학이고, 신학은 종교의 이성(로고스)적 내용을 드러낸다는 점에서 철학"이라고 했다.

그래서 헤겔은 "신에 관한 지성적 학문으로서의 철학은 그 자체가 신학이며, 신학(근본)에 몰두하는 철학은 그 자체가 신과의 화해를 추구하는 예배"라고 했다. 그것이 진리의 실체다. 그래서 종교적인 표현으로 진리(truth)는 신이 된다.

종교적으로 신은 만유의 시작이자 끝이다. 신으로부터 시작된 만물이 그 신으로 복귀한다는 의미다.

철학의 관심은 신에게 몰두하는 것이고, 신 안에서 만유를 이해하는 것이며, 만유를 신으로 귀속시키는 것일 뿐 아니라, 특수한(개별적) 만유를 신에게로 되돌리는 것이고, 만유가 오직 신에게서 비롯됐음을 입증하는 것이다. 그것이 바로 개체적 선(Good)이고, 의(Righteousness)다.

'선'은 탁월한 것, 좋은 것, 행복한 것, 성스러운 것, 진리, 본질, 등이다. 그리고 '그것이 더 큰 그것'을 향해 움직이는 것이 바로 철학과 종교이고, 예술이다.

헤겔은 그것을 총칭하여 '진. 선. 미'라고 불렀다. 반대 개념으로는 불교에서 말하는 '탐. 진. 치'가 있다. 탐욕, 분노, 어리석음을 말한다.

본질에 대한 모든 해답이기도 했던 예수는 신학 그 자체이면서 철학이었고, 신의 진리와 의와 뜻이었다. 그래서 그분의 철학은 신학이다.

철학은 곧 신학이며, 신학에 대한 몰두다. 신학에 몰두하는 철학은 그 자체가 예배다. 그런 의미에서 그리스도의 가르침은 신학이고, 철학이다. 그래서 신학과 철학은 예배다.

7) 예배의 철학적의미 - 그리스도의 예배학

철학에서 독일어 '화해' '벌 – 소늉(Ver- Sohnung)'이라는 단어는 '아들 삼기'라는 뜻이 있다고 한다. 화해라는 것은 나와 충돌했던 것들, 나와 상관이 없는 것이라고 생각했던 것들, 나로부터 소외되어 있던 것들, 분리되어 있던 것들이, 탐구를 통해 나와 다시 하나가 된다는 의미다. 알아 지고, 파악되는 순간, 우리의 지성이 그것을 받아들이게 되니 화해가 되는 것이다.

앎으로서, 파악함으로써, 인식됨으로써, 그동안 몰랐던 우리 지성 밖에 있던 진리가 지성과 일치를 이루게 되니 화해가 이루어진다는 의미리라.

사람들은 종교적 신앙 활동의 일한으로 예배(미사, 예불, 등등)

를 드린다. 종교적으로 예배란 신과의 화해를 이루는 목적에서 유래했다.

신으로부터 소외감을 느낀 인류는 제사를 통해 신과의 화해를 도모했다. 종교에서는 그것을 '화목제'라고 부른다. 그러므로 예배의 목적(이유)이란 신과 인간이 하나 되는 느낌을 얻는 것이다.

따라서 신과 멀리 떨어져 있던 나의 본성이나 이성이, 혹은 영혼이나 정신이, 신과 화합을 이루기 위해 행하는 모든 것을 예배라 할 수 있다.

내가 나와 화해를 하고, 내가 너와 화해를 하고, 그렇게 함으로써 내가 신과 화해를 이루는 것이 예배의 본질이다. "우리가 우리에게 죄지은 자를 사하여준 것 같이 우리의 죄를 사하여 주옵시고."

다양한 예식을 통해서, 기도를 통해서, 신과 내가 직접적으로 하나가 된다든지, 화해를 이룬다든지, 신의 몸으로 상징된 빵과 포도주를 섭취함으로서 신을 내 안에 외화 시킨다든지 하는 것이 예배다. 그런 측면에서 보면 회개도 예배의 한 형식이다.

그래서 예배란 신과 나 사이에서 나(페르소나)를 완전히 부정함으로서 참나, 혹은 신과의 통일을 이루는 예배의 형식이다. 따라서 형제의 발을 닦아주는 것도, 섬기는 것도, 그리고 용서도, 가난한 자를 돌아보는 행위도, 성경을 읽는 것도, 찬양도, 사랑도, 예배가 될 수 있다. 감사도, 자선도, 의를 위해 당하는 고난도, 예배가 될 수 있다. 삶 자체가 예배가 될 수 있다.

하나님의 진리, 그리스도가 가르쳐주신 덕목을 사는 것도 예

배다. 그래서 바울은 그리스도인의 삶을 거룩한 '산제사'라고
했다.

그러나 반대로 천상의 목소리로 부르는 찬양도, 심금을 울리
는 문학적인 기도도, 개천을 흔드는 애국자의 외침도, 성령이
충만한 설교도, 산을 옮길만한 믿음도, 죽은 자를 살리는 능력
의 안수도, 거대한 자선도, 하나님, 혹은 예배와 아무런 상관이
없을 수 있다.

깊은 이해를 위해 예수님의 갈보리 여정을 생각해 보자.

만일 예수님이 유대인들과 로마 군병들에게 모욕과 고통을
당할 때 그들을 미워하고, 분노하고, 원망하고, 욕설과 저주를
뿜어냈다면 어떻게 되었을까?

그분이 가르친 용서와 사랑과 평화는 과연 어떻게 되었을까?

그것들이 살아있는 진리가 될 수 있었을까?

이렇게 했어도 인류의 죄는 탕감이 되었으며 인류의 구속은
완성이 되었을까?

그분의 희생이 만유를 위한 구속의 제사가 되고 화해의 예배
가 될 수 있었을까?

8) 예수 그리스도의 인간론

인간론을 접근하는 데에는 여러 가지가 있고, 그 방법도 학
자들 마다 다르다. 그런데 인간론 하면 빼놓을 수 없는 부제가
있다. 그것은 행복이다. '행복이란 무엇인가?' "인간은 어떻게
해야 행복할 수 있을까?' 등등. 총칭하여 행복론이라고 부른다.

동양에서는 선성설이나 선악설이 인간론을 풀어가는 대표적인 방법이다. 반면에 그리스도는 인간을 산 자와 죽은 자, 그리고 아버지가 다른 자로 나누어서 인간론을 풀어나갔다.

물론 동양의 선성설이나 선악설과 같은 접근법을 통해 인간을 다룬 적도 있다. "너희 천부께서(선성)", "너희의 아비는 마귀라(선악)"같은 것이 그 예다.

초기 신학은 인간을 타락 전과 타락 후로 나누고, 타락 전을 죄가 없는 무죄의 상태, 타락 후를 유죄한 상태로 이야기했다. 이것이 인간론에 대한 일반적인 종교적 흐름이다.

(1) 타락 이전의 인간

이미 고대 그리스 자연 철학자들이 이와 비슷하게 언급한 바 있지만, 창세기를 근거하면 신(God)은 흙으로 인간을 만들었다. 흙에 형상을 입힌 것이 인간이었다.

고대 철학으로 풀면 첫 단계 인간의 질료는 흙이었고, 형상은 본성(혼)이었다고 정의했다. 이 단계에서의 본성은 동물적 본성(혼)이다. 동물적 정신 능력, 동물적 이성 능력, 동물적 마음, 즉 동물적 속성을 상징한다. 따라서 이 단계의 인간은 동물과 같았다. 오스트랄로피테쿠스, 네안데르탈 인, 호모 하빌리스, 호모 샤피언스 등등이 그 예다. 인간이 만일 신의 생기를 받지 못했다면 동물의 한 종류에 불과했을 것이다.

미완성 인간은 두려움과 부끄러운 상태에 있었다. 죽음을 품고 있었기 때문이었다. 신은 자신의 계획대로 이런 "미완성 인간"의 육체에 자신의 호흡을 불어넣어 자신이 계획했던 완벽한 (부족이 없는) 인간이 되게 한다.

인간은 영원한 상태와 거룩한 상태가 되어야 두려움과 부끄러움이 사라진다. 죽음과 부족함이 없는 완성의 단계에는 부족함이나 죽음이 없기 때문이다. 성경은 그 상태를 그리스도와 일체를 이룬 상태라고 해석한다.

신이 창조하려고 했던 상위단계의 인간이란 바로 이런 인간이었다. 하위 단계의 인간(동물의 본성을 지닌 미완성 인간)에서 자신의 생기(영), 즉 형상을 불어넣음 받은 인간이다. 아리스토텔레스 철학을 적용하면 이것이 순수 형상, 즉 흙의 최고 단계의 형상인 완성태다.

그래서 인간이 타락하면 다시 하위 단계인 동물적인 인간(죽음의 지배를 받는 부끄러운 인간) 상태로 떨어지게 되는 것이다. 이 단계의 인간을 '구원'하기 위해 하나님의 아들이 이 세계로 왔다는 것이 기독교다.

(2) 타락 이후의 인간

앞에서 사유했던 것처럼 인간의 육체도 두 단계로 생각해 볼 수 있다. 하나님의 생기를 받은 영혼과 결합 된 육체와 하나님의 생기를 받은 영혼과 결합되기 전의 육체다.

위계적으로 하나님의 생기를 부여받은 영혼과 결합하기 전의 육체는 하위 단계의 육체다. 따라서 타락 후의 인간의 상태란 하나님의 형상, 즉 영원성(eternity)과 거룩성(holiness)을

철학 핸드북 (지성인, 교사, 신학생, 목회자를 위한 가이드)

상실한 인간 상태다.

인간이 영원성과 거룩성을 상실했을 때 나타난 현상은 두려움과 부끄러움이었다. 그것 때문에 신을 피해 숲으로 숨는 일까지 벌어졌다.

보편적으로 두려움은 영원성의 상실에서 오고, 부끄러움은 거룩성의 상실에서 온다. 즉 두려움은 죽음에서, 부끄러움은 미완성에서 온다는 것이다.

미완성이란 "보시기에 좋았더라."의 반대다. 이런 상태를 총칭하여 신학에서는 전적으로 타락한 상태, 조상의 죄가 전이된 상태, 거룩성이 없는 상태, 가증한 상태, 인간이지만 영원성(eternity)이 없는, 저급한 단계에 떨어져 있는 상태, 그리하여 죽을 수밖에 없는 상태, 죽음이 두려워 벌벌 떠는 상태라고 말한다.

이해를 위해 아리스토텔레스의 형상의 위계를 적용하여 두 단계의 영혼을 생각해 보자. 땅에서 온 영혼과 하늘에서 온 영혼이다. 하나님의 생기를 입은 영혼과 하나님의 생기를 입지 못한 영혼이다.

하나님의 생기를 입은 영혼은 하나님의 생기를 부여받지 못한 영혼보다 상위 단계의 영혼이다. 따라서 하나님의 생기를 덧입지 못한 영혼은 하나님의 생기를 덧입은 영혼보다 하위 단계의 영혼이 된다.

그렇다면 나는 어느 단계에 있을까?

우리가 여기서 꼭 주지해야 할 것이 있다. 아리스토텔레스는 모든 존재는 최고 단계의 존재 목적, 즉 순수 형상의 완성태를 향해 '운동'한다고 했다. 그것을 '기능'이라고 한다.

흙에서 시작된 인간이 하나님의 형상을 입은 상위 인간의 경지에까지 오른다는 의미로 해석할 수 있다. "너희 아버지께서 온전하신 것 같이 너희도 온전 하라." 온전함의 경지, 완벽함의 경지, 이것이 순수 형상의 단계다. 신학은 그것을 성화라고 부른다.

참고로 신앙은 높은 단계로 오를수록 세상(악)의 끌어당기는 중력의 힘으로부터 자유로워진다. 거룩성과 영원성이 자신의 중력이 더 강한 곳에 가까이 갔기 때문일 것이다.

하나님께 가까이 갈수록 세상(육적)적 유혹의 힘은 능력을 잃는다. 이런 내용이 단테의 신곡에도 나온다. 이것이 어거스틴 (아우구스티누스)의 성화 교리다.

9) 거듭남의 철학

다른 견해가 있을 수 있지만 그리스도의 가르침 가운데 아주 쉬우면서도 아주 어려운 철학적 난제가 있다. 그것이 바로 그리스도가 율법학자 니고데모와의 야밤 대화중에 언급한 "거듭남"이다.

거듭남(born again)이란 문자적으로 다시 태어난다는 뜻이다. 생물학적으로 거듭남은 현상적인 것이고, 실체적인 것이다. 그러나 예수 그리스도가 말한 거듭남은 그렇게 간단하게 처리할 수 있는 문제가 아니다. 그 바탕과 배경에 현상학, 형이상학,

존재론 등, 철학적 난제들이 수북해서다.

예수님은 밤중에 찾아온 니고데모에게 느닷없이 "사람이 거듭나지 아니하면 하나님 나라에 들어갈 수 없다"고 말한다. 하나님 나라는 낙원을 상징한다. 한쪽 눈을 빼고라도, 한쪽 다리를 잘라 불구가 되고라도, 간을 잘라내고, 위를 잘라내고라도 꼭 가야만 하는 곳, 바로 그곳이 낙원이라고 말씀하셨다. 하나님의 나라란 하나님의 통치를 상징한다. 의역하면 하나님의 통치 아래로 들어간다는 의미다.

어떤 육적, 물질적, 희생(팔다리를 없애고라도)을 치르고라도 그분의 통치(법) 아래로 들어가야 한다는 의미다.

니고데모는 학식이 높은 유대 학자다. 밤을 이용하여 남몰래 예수님을 찾아올 만큼 철학적 진리 탐구에 목말라 있던(메시아를 기다리는) 현자다. 그는 여느 현자들처럼 가능하면 분쟁을 피하려한 모습을 보여준 온유한 성격의 소유자였다.

당시 율법학자가 되려면 율법뿐 아니라 그리스 철학에도 능해야 했다. 그리스 철학은 세상의 모든 지식을 상징한다. 철학, 수학, 논리학, 천문학 등등. 지금의 모든 학문의 뿌리도 그리스 철학이다.

그는 풍부한 지식을 가진 학자였음에도 불구하고 예수 그리스도가 툭 하고 내 던진 '거듭나야 한다.'는 말을 이해하지 못했다. 그래서 그는 물었다.

"사람이 거듭난다는 것은(거듭나려면) 엄마 뱃속에 다시 들어가야 한다는 말인데, 어찌 그것이 가능 하겠습니까?"

니고데모의 대답은 생물학적 지식을 바탕 했다.

철학 핸드북 (지성인, 교사, 신학생, 목회자를 위한 가이드)

예수님이 대답하셨다

"사람이 물과 성령으로 거듭나지 아니하면 결단코 하나님 나라에 들어갈 수 없느니라."

직답도 아니었고 아주 난해한 대답이었다. 이에 대해 니고데모는 더 이상 말을 하지 못했다. 아마도 물과 성령으로 거듭나야 한다는 말을 한 번도 들어보지 못했기 때문이었을 것이다.

중생이란 개념은 당시까지 전승된 철학사에 단 한 번도 등장하지 않았던 "개념"이다. 물론 소크라테스는 자신을 산파로 비유하면서 산고와 새로운 자아를 낳는 것은 인간 자신의 몫이라는 의미의 철학을 펼친 적이 있다. 그러나 소크라테스의 의미는 능동적인 '깨달음'을 상징했다.

예수님이 말씀하신 중생은 수동적이다.(Birth by Water and the Holy Spirit)

그 외에는 그 누구도, 그 어떤 현자도, 중생이란 명제를 탐구 대상으로 삼아본 적이 없고, 그 비슷한 아이디어가 철학의 중심이 된 적도 없었다. 그 어떤 종교도, 철학도, 유대교에서도, 중생이 중심에 선적이 없었다. 거기에는 중요한 의미가 담겨져 있다.

왜 인간이 다시 태어나야만 하느냐는 것이다. 이는 나라는 존재가 내가 알고 있는 존재가 아닐 수 있다는 의미다. 그렇다면 내가 알고 있는 나는 누구며, 주님이 알고 있는 나는 누구일까?

예수님이 니고데모에게 던진 명제는 형이상학이면서 현상학이다. 철학에서는 현상을 통해 형이상학적 존재의 본질을 파악해 가는데 중생이란 '명제'는 그것도 불가능해 보인, 당시까지

철학 핸드북 (지성인, 교사, 신학생, 목회자를 위한 가이드)

현상세계에 존재하지 않던 개념이었다. 그에 대한 이데아도 찾을 수 없었고, 실체도 없었고, 형체도 없었다. 따라서 존재 가치, 존재 이유, 그리고 존재 목적도 찾을 수 없는 미망의 실체였다.

처음 예수님에 의해 현상세계에 드러난 '중생'이란 실체가 더욱더 어려웠던 것은 그 중생이 '물'과 '성령'에 의해 이루어진다고 했기 때문이었을 것이다. 이를 출생의 개념으로 해석하면 아버지와 어머니가 물과 성령이라는 뜻이다. 인간의 출생 개념으로 설명이 불가능한 이론이었다.

산 사람이 다시 태어나려면 생물학적으로 해석을 해도, 그리고 정신적으로 해석을 해도, 일단 죽어야 하는 것이 전제된다. 죽음에는 심판이 따른다. 여기서 언급된 심판이란 우주의 법칙을 상징한다. 자연의 흐름으로 표현할 수 있는 자연의 법칙이 이미 창조되어 우주 안에 설치되어 있다는 의미다. 전생에 대한 평가, 혹은 모든 행위에 대한 정산, 혹은 죄값에 대한 지불 등도 포함한다. 자연의 이치상 죄에 대한 정산을 건너뛰는 것은 불의한 일이고, 불가능한 일이다.

거듭남의 대상이 물질적인 질료(육)든, 아니면 육을 입고 있는 형상(영혼 혹은 정신)이든, 이미 태어나 현존하는 상태에서, 이미 존재하고 있는 인간이 어떻게 다시 태어날 수가 있느냐는 것이다.

혹시, 어떻게든 태어난다고 해도, 그렇게 되면 두 개의 나가 존재하게 되는데 그게 가능 하겠느냐는 것이 니고데모의 생각이었을 것이다.

한편, 새로 태어나려면 먼저 지금 존재하고 있는 나를 어떻게든 처리해야 한다. 이때 제거해야 할 대상이 나의 질료(육체)인지, 아니면 형상(영혼)인지, 아니면 질료와 형상 둘 다가 제거 대상인지, 니고데모는 알 수 없었을 것이다. 더더구나 예수님은 그 문제에 대해 추가적인 설명을 하지 않았다.

그날 밤, 그냥 니고데모에게 툭 던진 그 몇 마디가 전부였다. 아마도 훗날 그것을 기록한 제자들도 그 의미를 몰랐을 수가 있다. 그만큼 중생이란 명제는 어려운 사유 대상이다.

그러나 복음의 핵이라 할 수 있는 그 '중생'의 명제를 해결하지 못한다면 그분의 가르침 전부가 미망의 상태에 빠질 수 있다. 예수님께서 하신 '중생의 진리'가 참이라면 중생이 없이는 구원받을 수 없기 때문이다.

복음서엔 "예수를 믿으면 구원을 얻으리로다."라는 말이 있다. 이 말은 중생이 없어도 예수만 믿으면 구원이 된다는 것으로 들린다. 니고데모에게 한 말과는 상반성이 있다. 중생을 하지 않으면 낙원에 들 수 없고, 예수를 믿지 않아도 낙원에 들 수 없다고 하니 구원론 전체가 흔들릴 수 있다.

물론 둘을 하나로 더빙하여 중생한 사람이 예수를 믿지 않을 수 없고, 예수를 믿는 사람은 이미 중생한 사람일 수밖에 없다는 논리가 있기는 하다.

그러나 그렇다면, 왜, 주님은 그렇게 쉬운 명사나, 접속사절 하나를 덧붙여주지 아니하셨을까?

그리스도의 진리에 대한 탐구는 바로 중생이라는 '명제'부터 시작해야 함을 보여주는 단편적이 예다. 그렇지 않고는 모든 신학과 교리, 그리고 제도가 그냥 학자들이 학문적으로 정리한 신학적 가치, 그 이상이 될 수 없을 수 있기 때문이다.

이제 예수님이 거듭나야 한다고 한 중생을 어떤 식으로 현상화 시켰는지 알아보자.

(1) 중생의 시사현장(Demonstration)

"숨을 내시며 말씀 하시되 성령을 받으라."(요20:22)

아마도 이 장면이 중생을 상징하는 최초의 장면일 것이다.

누가 읽어도 이 장면은 인간의 이성과 본성과 영혼이 거듭나는 장면이라고 할 수 밖에 없다. 창세기에서 하나님의 영을 인간에게 불어 넣으시던 장면과 비슷한 장면이다.

여기서 예수님이 사용하신 성령은 '생기'의 의미다. 문자적으로는 '호흡'으로 되어 있으나 성경이 '생기'를 뜻한다고 주해하고 있다. '생기'란 하나님께 속한 생명이다. 땅에 속한 생명은 영원성이 없으나 하나님께 속한 생명은 영원성이 있는 영원한 생명이다.

구약도 성령이 생기로 상징되어 있다. 창세기를 비롯하여 에스겔서에도 성령이 생기(breath)로 비유됐다. 디모데도 성령을 생기로 비유했다. 생기가 숨결로 상징되어도 상관이 없다.

여기 등장한 '생기'는 존재의 본질이다. 앞에서도 언급했듯이 본질은 속성이다. 질료에 입혀지기 위한 형상(에이도스)이라는 말로도 대신할 수 있다. 그렇다면 신이 자신의 호흡을 넣어줬다는 것은 무엇을 의미할까?

여기서 또 예수님이 제자들의 중생을 이루실 때(displayed), 요란한 이벤트 적으로 하지 않았다는 점에 주목할 필요가 있다. 의료인이 멈춘 호흡을 되살리기 위해 인공호흡을 할 때처럼, 엄마가 아이를 해산할 때처럼, 진지하고, 조용하고, 경건하고, 고요하게 일으켰다는 것이다.

인류의 구세주로 오시면서 예수님이 전혀 사람들의 주목을 받지 못한 말구유에서 태어나실 때처럼, 계시록에 계시된 "여인이 용을 피해 해산하려 할 때처럼," 가만히, 급박하게, 예고도 없이 이 예식을 진행하셨다.

신 내림 굿을 할 때 무당은 방울 소리를 낸다. 도끼 위에서 춤을 추기도 하고, 대나무 잎이 흔들리는 소리를 내기도 하고, 그리고 요즈음 일부 기도원이나 교회에서 행하는 "방언 춤" 같은 춤을 추면서 방울 소리를 내거나 노래를 부르기도 한다. 그 사람이 신 받은 사람이라는 것을 가능하면 널리 알려야 해서일 것이다. 그러나 주님이 성령을 불어넣을 때(breath into)는 아무런 소리를 내지 않았다.

주님은 그 생명의 바람, 즉 생기를 자신의 입속에서 끌어내셨다. 사도행전에서처럼 요란함도 없었다. 불의 혀 같은 것이 갈라지는 것도 없었고, 시끄러운 방언도 없었고, 예언도 없었다. 너무나 진지하고, 경건하게, 마치 어떤 어둡고 사악한 영들을 피하기라도 하시는 것처럼 행하신 것이 특이할만하다. 열매가 열릴 때, 소리 없이, 흔적 없이 열리는 것처럼, 열매가 익을 때,

징조도 없이 익는 것처럼, 주님이 제자들에게 성령을 불어 넣을 때, 요란한 세상의 소리가 없었다.

왜? 없었을까? 성령이 임할 때에는 귀신이 임하는 목적과는 다르게 그 사람이 성령을 받았다는 것을 남에게 보이기 위함이 아니라 그 사람을 경건하고 진지하게 회개시키고, 변화시키기 위해 임하기 때문일 것이다.

만물은 호흡을 해야 산다. 그 개체가 어디에 있든, 어떤 형태를 취했든, 나름대로 호흡을 한다.

성령의 본성은 '거룩함'이다. '거룩한 하나님의 영'이다. 그래서 성령으로 잉태된 생명은 거룩하다. 성령은 어디서든 거룩하게 움직인다.

주님이 알려주신 성령의 존재 목적 중 하나가 인간을 거룩하게 만드는 것이다. 따라서 성령의 현상도 거룩할 수밖에 없다.

거듭난다는 말은 새것이 된다는 말이다. 영국의 철학자 베이컨의 표현으로 백지와 같은 상태다. 모든 것이 새 빵빵이다. 본성도 새 빵빵, 이성도 새 빵빵, 영혼도 새 빵빵, 정신도 새 빵 빵이다. 헌 것을 치웠다는 의미고, 새것을 만들어줬다는 의미다. 하나님의 자녀의 삶은 여기서 시작된다.

바울의 말을 인용해보자. "Since you have taken off your old self with its practice and have put on new self which is being renewed in knowledge in image of its creator"

여기서 '새 자아'는 날마다 새로워지는(being renewed) 자아다. 이는 자연적으로, 외부의 동력 없이 날마다 새롭게 움직인다는 의미다. 이것이 과거의 자아와 새 자아의 차이다. 옛 자아가 영원한 세계에 들어갈 수 있는 하늘에 속한 새 부품으로 바꿔졌다는 의미다.

이성, 지성, 감성, 모두 거룩하게 움직이도록 재생되었고 그 재생이 계속 진행 중이라는 의미다. 우리 안에 있던 생명이 시간과 비 시간의 경계를 넘나들 수 있는 영원한 생명을 덧입었다는 의미다.

이것이 중생을 영원하고 거룩한 생명을 덧입는 것이라고 한 이유다. 중생하는 순간이 영원한 생명을 덧입는 순간이고, 그 순간이 제한된 영에서 영원한 영으로 변화하는 순간이고, 한정된 영혼이 한정되지 아니한 영원한 영혼으로 대체되는 순간이다.

내 영혼이 성령에 의해 거듭났을 뿐만 아니라 성령이 내 영혼의 돌봄이로, 스승으로, 카운셀러로, 생의 안내자로. 어머니처럼, 스승처럼, 친구처럼, 임해계신다는 것이다. 그것을 영적 혹은 거룩한 "중력의 형성, 혹은 거룩한 자유의지"라고도 표현할 수도 있다. 성령이 주의 사랑의 축(본체)이 있는 쪽으로 자연스럽게 움직(운동)이기 때문이다.

정리해보자. 그리스도는 성령의 임함은 바람처럼 임한다고 힌트를 주셨다. 생각하지 않은 때 아무도 예측할 수 없게 자연스럽게 일어난다는 의미다. 그러나 성령이 어떻게 임하든, 성령이 어디에 임하든, 성령의 표징은 거룩함이다.

기쁨은 기쁨인데 거룩한 기쁨, 남에게 해를 입히지 않고 얻

철학 핸드북 (지성인, 교사, 신학생, 목회자를 위한 가이드)

는 기쁨, 남을 비난하지 않고 얻는 기쁨, 평화는 평화인데 남에게 해를 끼치지 않고 얻는 평화, 용서는 용서인데 용서의 마음이 넘쳐서 하는 용서, 사랑은 사랑인데 아무것도 바라지 않고 하는 사랑, 바로 이것이 숨겨질 수 없고 감춰질 수 없는 거룩한 성령의 표징이다.

성령은 영원한 생명을 일으키고, 죽은 영혼을 살리고, 고치고, 새롭게 변화시킨다, 창조와 관련이 있다. 성령이 있는 곳엔 반드시 꽃이 있고, 열매가 있다. 열매를 맺기 위해 성령의 꽃은 계속 피기 시작한다.

이 모든 것은 중생을 시작점으로 해서 진행된다. 이것이 중생이다. 그리고 중생의 실체다.

그렇다면 사람을 다시 태어나게 하는 성령의 본질과 실체, 그리고 물과 물의 실체는 무엇일까?

(2) 성령의 철학적 본질

성령은 형용사 Holy(거룩한)와 명사 Spirit(영)을 합친 말이다. 반대는 악령(Evil Spirit)이다. Evil은 '가증함' 이란 의미를 가지고 있다. 철학적 관점에서 보면 성령은 형이상학적 존재다.

모든 존재는 본질을 가지고 있다. 본질은 현상을 통해 자신을 구현한다. 현상을 봐야 본질을 알 수 있다는 의미고, 본질까지 알아야 존재의 실체를 파악할 수 있다는 의미다. 성령을 수식하는 '성(Holy)'에 따라 영(Spirit)의 실체가 결정된다는 것이다.

본질을 형상이라고 하였을 때 현상은 본질의 실체가 된다. 본질을 신으로 표현한다면 신의 실체는 신의 구현(현상)을 봐야 파악할 수 있다는 의미다. 현상은 속성(본질)의 구현이기 때문이다.

그렇다면 성령의 속성이란 무엇일까? 바로 이 Chapter 에서 그 문제를 집중적으로 탐구하고자 한다.

참고로, 시대마다, 성령의 이름으로 만들었다는 옷을 입고 교회라는 무대에서 한바탕 춤을 추고 사라진 도깨비불 같은 영들이 있어왔음을 알아둘 필요가 있다. 그들은 자칭 하나님의 종, 사도, 빛의 아들, 의(righteousness)의 선지자라는 이름표를 달고 화려하게 등장했었으나 그들이 머물다간 자리는 항상 추한 쓰레기만 무수했었다.

그들은 한 시대, 혹은 시간의 무대 위에서 여러 가지 신비스럽게 보이는 현상을 일으키며 품바 춤 같은 쇼를 펼치기도 했다. 그들은 출처가 불분명한 푸닥거리를 창안하여 성령의 역사(work)라는 이름으로 귀신 쇼를 연출했다.

지금도 하나님과 물리적인 대화를 주고받는 특별한 사람처럼 "하나님이 나에게 말씀하시길 ㅎㅎ" 참 선지자 같은 인상을 뿌리는 이들이 있다. 그리스도도 그들의 출현을 미리 아셨는지 그들을 미혹의 영이라고 규정하며 엄중한 경고를 주셨다. 그러나 가면 속을 볼 수 없는 인간이기에, 우리는 쉽게 가면을 쓴 그들의 유혹을 저항하지 못한다. 그리하여 그들에게 우리의 영혼과 정신을 맡겨버릴 때가 있다. 그 가증한 영들에게 자기 몸을 사용하도록 허용하고, 그것들을 받아들이고, 품는 실수를 저지르기도 한다.

계시록에 따르면 음행은 귀신과의 영적 교미다. 그들의 쇼가 진행되는 순간엔 어쩌면 그들이 성령의 사람이라는 착시현상을 일으킬 수도 있다. 그러나 그 쇼가 끝난 후 시간이 지나면, 아니면 정신과 이성에 해가 떠오르면, 그것들이 실체 없는 귀신들의 한바탕 품바 쇼에 불과했음을 알게 된다. 어리석게도 자신들이 품은 상대가 그리고 함께 춤을 추고, 소리를 지르고, 노래를 불렀던 그가 성령의 사람이 아니라 가증한 악마였다는 사실을 알게 되리라.

성령은 현상세계에 자신을 드러내기 전에는 철학적인 표현으로 'Mythos'와 같다. 복음서를 종합해 보면 성령은 비록 비가시적이고 신화적인 영적 존재지만 하나님의 자녀들과 '함께 혹은 안에' 존재한다는 것을 알 수 있다. 성령은 인간이라는 개체를 힘입어 개체적인 존재로 자신을 드러낸다.

여기서 말한 자신이란 성령의 본성이다. 신학에서 성령을 인격적인 하나님의 영으로 여기는 것도 그런 이유에서일 것이다. 이것이 복음서 여러 곳에 증언되어 있다.

'있다'는 것은 철학적으로 '기능', 혹은 '운동(move)'을 의미한다. 그것을 동사 사역(work)으로 표현할 수도 있다. 주님은 성령의 파송 이유, 목적, 그리고 속성 등, 이성이 성령을 지각할 수 있는 확실한 방법을 알려주셨다. 바울이 말한 성령의 열매도 참고할 수 있는 성령의 현상이다.

철학 핸드북 (지성인, 교사, 신학생, 목회자를 위한 가이드)

그렇다면 주님이 밝혀주신 성령의 실체, 그리고 존재 목적과 존재 이유는 무엇일까? 성령의 현상은 무엇일까? 성령의 속성은 무엇일까?

A. 성결의 영

성령의 속성은 청결이다. 속성은 본질의 구성 요소다. 앞에서 언급했던 것처럼, 거룩 + 영= 성령이다. 만일 성령 앞에서 성령을 수식하는 '거룩함(holiness)'이 사라진다면 영(spirit)은 될 수 있을지는 모르나 더 이상 영들의 최고 존재인 하나님의 성령은 될 수 없다.

성령의 거룩성은 다른 영과 구별 짓는 유일한 속성이다.

우리가 어떤 집을 방문했을 때, 그 집 문 앞에 거미줄이 쳐져 있고, 먼지가 쌓여 있으면 오랫동안 비워져 있는 집이라고 생각한다. 거미줄이나 먼지 같은 것들은 사람이 살지 않았다는 증거다. 거룩한 성령이 거하신 곳에 먼지나 거미줄이 쳐져 있을 수 없다. 그래서 우리의 이성과 영혼이 청결한 상태라면 성령이 내재해 있다는 표징이다.

성령이 공중에 떠도는 혼령처럼 정처 없이 떠다니다가 누군가가 "성령이여 오시옵소서!" 해야 오신다고 믿는 믿음과는 대조를 이룬다.

신학은 성령이 아버지 그리고 주님으로부터 파송된다고 하고 있다. 귀신처럼 누가 불러서 온다고 하지 아니하였다.

예수님은 사람이 물과 성령으로 거듭나야 한다고 말했다.

철학적으로 사람의 이성 능력과 영혼은 형상이다. 따라서 영혼을 청결하게 하는 것은 물질이 아니라 영이어야 한다. 누군가의 정신세계에 미움이나, 분노, 원망, 그리고 거짓의 거미줄이 쳐져 있다면 거기에는 성령이 살지 않는다는 증거다. 반대로 누군가가 맑고 청결한 정신, 청결한 마음을 가졌다면, 그에게 청결한 영이 산다는 증거다. 따라서 그로부터는 항상 청결한 것이 흘러나올 것이다. 거짓이 없는 청결한 생각, 청결한 말, 청결한 행동이 흘러나올 것이다. 현상은 본질의 실체기 때문이다. 그리고 그의 얼굴은 누가 봐도 탐욕과 악의 그림자가 없는 맑은 빛을 띨 것이다.

말과 행동은 철학적인 표현으로 현상이다. 그것을 추적하면 그 현상의 본질을 만날 수 있다. 뿌리가 선이면 나무가 선이라는 말이 여기에 적용된다. 중생한 인간이 부여받은 신성(Divine Nature)은 항상 청결하게 보존되어야 한다는 암시다. 그렇다면 청결한 정신(The Spirit)의 실체는 무엇일까?

그것은 선, 의, 진실, 자비, 절제, 인내, 충성, 겸손, 이해 등이라고 바울은 말한다. 성령은 이런 현상을 통해 자신을 드러낸다는 말이다. 성령은 청결하지 않은 것을 드러낼 수 없다. 성령은 영혼을 청결케 하는 영적 존재이기 때문이다.

어떤 분들은 기도원이나 교회에서 정체성 없는 안수 중에 성령을 받았다면서 곤충이나 짐승처럼 땅바닥에 나 뒹굴어져 지랄하는 장면에 대해 "더러운 인간의 육성에 거룩한 성령이 임하니까 둘이 충돌을 일으켜 그러는 것이고 그것은 더러운 것이 나가는 현상이라"는 아주 관대한 해석을 하기도 한다.

맞을 수도 있고, 틀릴 수도 있다. 성경에도 간질병 걸린 귀신이 주님의 명으로 쫓겨 갈 때 그와 비슷한 짓을 일으킨 장면이 있어서다.

그러나 만일 곤충과 짐승의 행위가 안수 때마다 계속 반복된다면, 즉 그것도 간질병자와는 상관이 없는 이들에게서 오늘도, 내일도, 이번 주도, 다음 주도, 여기서도, 저기서도, 똑 같이 반복된다면 어떻게 이해를 해야 할까?

민감한 영적 문제라 한 마디로 결론지을 수 없는 문제다. 그러나 만약 그런 행위에 대한 판례나 확실한 근거가 성경에 없다면, 그가 박태선보다 더한 능력을 일으켜도, 거대한 산을 옮기고, 죽은 자를 살리고, 하늘에서 불이 내리게 해도, 그것을 성령의 역사로 간주해서는 안 된다. 그들이 일으키는 기적(?)이 온 세상 사람들의 주목을 받고, 거액의 헌금들을 끌어들여도 그것을 성령의 역사로 믿어서는 안 된다. 거룩하지 않는 성령의 역사는 없기 때문이다. 바로 그것이 악마의 올무요, 사탄의 품바 쇼다.

그래도 확신이 들지 않는다면 마음을 비우고, 조용히 그런 일을 일으키는 자와 일으킴을 받는 자의 그늘 속 삶을 한번 들여다보라. 과연 그들의 삶 속에서 거룩함을 찾을 수 있는지?

그리스도의 진리(진실, 회개, 용서 사랑, 평화)가 구현되고 있는지?

그들의 삶에서 성령의 열매가 보이는지?

과연 그들의 인격이나 인성 속에 진실이 있는지?

이것이 주님이 주신 조언이다.

B. 기억의 영

주님은 성령의 속성 가운데는 기억시키는 성질이 있다고 했다. 그래서 성령을 기억시키는 영이라고도 한다. 잃어버린 기억을 생각나게 하는 것이 주님이 알려주신 성령의 존재 목적이다. 육적인 본성으로 기억할 수 없는 영적인 것을 기억하게 한다는 의미다.

우리가 하나님의 자녀가 되었을 때 거기에는 부가적으로 주어지는 너무나 많은 앎들이 있다. 성령이 그것을 상기시켜 주신다는 것이다. 주님은 상기의 대상을 자신의 진리라고 말했다. 우리가 알았으나 잊어버린 진리를 포함하여 아직 알려주지 않은 모든 진리를 포함한다.

한마디로 성령은 육적 기억과 영적 기억을 돕는다. 플라톤의 상기설을 대입해도 무방하다.

이것은 우리가 그리스도의 진리를 잊어버릴 수 있다는 암시이기도 한다. 예를 들어보자. 최후의 만찬 자리에서 죽기까지 주를 부인하지 않겠다는 베드로에게 "네가 닭 울기 전에 나를 3번 부인하리라"라고 말씀하셨다. 실제 닭울음소리에 베드로는 가슴을 쳤다. 성령이 닭울음소리로 예수님이 하셨던 말을 생각나게 했다.

복음서엔 '세상의 근심, 걱정, 염려,'로 인하여 그리스도의 진리가 묻혀 질 것이라고 예고됐다. 어떤 힘이 우리에게 작용해서

철학 핸드북 (지성인, 교사, 신학생, 목회자를 위한 가이드)

그리스도의 진리를 잊게 한다는 의미도 있다. 그리스도가 가르친 진리가 우리 속에 있으나 기억되지 아니한 채로, 없는 것처럼 된다는 의미도 있다. 그런데 필요할 때 성령이 그 진리를 우리의 기억 속에서 일으키신다는 것이다. "보혜사(Counselor)곧 아버지께서 내 이름으로 보내실 성령, 그가 너희에게 모든 것을 가르치시고, 내가 너희에게 말한 모든 것을 생각나게 하시리라. (요14:26)"

C. 인도(운영)의 영

세상에는 너무 많은 길이 있고, 너무 많은 진리가 있다. 그리고 너무 많은 지도자가 있다. 너무 많은 종교가 있고, 너무나 많은 사상이 있다. 그러나 그리스도의 복음이라고 외치는

교회에서까지도 그리스도의 진리를 찾기 힘든 시대가 지금이다.

미혹의 영이 왕성하게 활동하기 때문에 성령의 도움이 없이는 참 진리를 따라가기가 어려운 시대다. 지혜로운 결정과 선택을 요한다.

여기서는, 이것이 그리스도의 진리라고 부른다. 저기서는, 그리스도의 진리가 저기에 있다고 손짓한다.

모두 그리스도 같고, 성령 같고, 그분의 진리 같다. 광야에서도, 산에서도, 바다에서도, 진리가 아닌 진리를 놓고 불러댄다. 모두 가면을 썼다. 이리 봐도, 저리 봐도, 그 정체를 알아보기가 어렵다.

심지어 돌산의 무지한 돌상을 한 돌 같은 사람이, 돌—올 같은

이름을 달고, 돌 위에 앉아, 돌-올 같이 영혼 없는 말(죽은 자의 철학)을 뱉어내며 말 장사를 하기도 한다.

현자의 가면, 학자의 가면, 선생의 가면, 의의 가면, 빛의 가면을 쓰고 남의 과수원에 떨어진 썩은 과일을 주어다가 거창하게 포장을 하여 돈벌이를 하는 장사치가 한두 명이 아니다.

남의 집, 남의 말을 훔치고, 주어서, 썩은 말은 온전하게 보이도록 옷을 입히고, 병든 말은 건강하게 분장시키고, 죽은 말은 산말처럼 변장을 시켜서, 부끄러움도 없이 말을 파는 말 가게, 말 공장, 말 시장이 널려있다.

그리스도의 진리는 본래 하늘에 속한 하늘의 진리다. 그러므로 하나님의 영인 성령만이 그 진리를 알아볼 수가 있다. 성령은 진리가 어디에 있는지 알고 있다.

내가 상상도 하지 못했던 초라한 말구유 같은 교회에서 주의 진리가 우리를 기다리고 있을 수도 있다. 그래서 진리의 인도자는 성령 외에는 아무도 될 수가 없다. 성령만이 우리를 그리스도의 진리가 있는 곳으로 데려갈 수 있다는 의미다.

하늘의 진리, 절대적인 진리, 영원한 진리는 오직 하나다. 순간적인 평화는 하늘의 평화가 아니다. 영원한 것만 하늘의 것이다. 순간적인 기쁨이 아니라 영원한 기쁨, 영원한 생명, 하늘에서 왔고, 그리하여 하늘로 다시 돌아갈 생명, 그 생명이 중생한 생명이다. 성령이 하늘에 속한 거룩한 중력의 축이 되어 진리의 세계로 우리를 인도하실 것이다. "진리의 성령이 오시면 그가 너희를 모든 진리 가운데로 인도하시리니. (요16:13)"

참고로 우리는 성령의 인도하심에 대한 재량권, 혹은 범위(scope)에 대해 사유해 봐야 한다.

다행스럽게도 주님은 성령의 인도하심에 대한 경계를 정해놓지 아니하셨다. 따라서 만일 우리가 완전태, 완성태를 향한 존재 목적에서 벗어나 하위 단계의 인간 세계로 떨어져서 온갖 오물을 묻히며 허우적거릴 때, 채찍을 드실 수도 있다는 추론을 가능하게 한다. 여기서 하나님의 무조건적인 은혜 신학이 다뤄져야 한다.

적어도 그가 선택된 하나님의 자녀라면, 그가 어디에 있든, 자신의 정체성을 깨닫게 하고, 그리고 그곳에서 돌아서서 성령의 인도하심에 순종하게 만들려면 무엇은 못하시겠느냐는 것이 이성적으로 돌출된 결론이다.

개체적으로 내재한 성령의 목적 가운데 하나가 우리를 날마다 거룩하게 움직이도록 하는 것이기 때문이다. 그것을 구원이라고 해도 될 것이다.

따라서 성령의 본래 목적이 우리를 거룩하게 하는 것이고, 우리를 거룩한 진리로 그리고 영원한 세계로 인도하시는 것이라면 성령은 어떤 방법을 써서라도 자신의 존재 목적을 이루실 것이다.

D. 증언의 영

성령은 증언의 속성이 있다. 증언은 영어로 testify이다. 법에서는 어떤 사건에 대해 자신의 개인적 앎(personal knowledge)을 증언하는 것을 testify라고 한다.

철학 핸드북 (지성인, 교사, 신학생, 목회자를 위한 가이드)

예수가 그리스도라는 것을 개인적으로 아시는 분은 성령뿐이다. 하늘에서 왔기 때문이다. 성령이 자신의 개인적 지식으로 그것을 증언해 주실 것이라는 의미다. 성령이 나에게 그리스도를 증거 하신다는 이 말이 바로 그 말이다.

참고로 우리가 꼭, 꼭 주지해야 할 것이 있다. 성령은 타자에게 어떤 영향을 주기 위해 내게 임하는 것이 아니라 나에게 영향을 주기 위해 임한다는 것이다. 나의 생각, 내 감성, 내 지성을 변화시키기 위해 임한다는 것이다.

내가 성령의 힘을 힘입어 '너'를, 혹은 '그'를 어떻게 하는 것이 아니라 나를 어떻게 해야 한다는 뜻이다. 여기서 톨스토이의 '운명'이라는 단편 소설을 참고 하면 이해가 쉬울 것이다.

내가 나에게 그리스도를 증거케 한다는 말은 무슨 뜻일까?

그리스도는 상징적으로 구세주다. 낙원의 상징이고, 낙원의 주인을 상징한다. 인생의 축이라는 말이다.

내 인생의 축이 바뀌졌을 때, 혹은 내 생의 주인이었던 구세주가 다른 것들로 대치되었을 때 '성령은 바로 나의 그리스도가 바뀌져 있다는 것'을, 여러 가지 방법으로 알려주시고, 예수 그리스도가 나의 그리스도라는 것을 상기시키고 입증해 주실 것이다.

여기서도 물리적인 힘이 동원될 수 있다. 물리적인 회초리를 사용할 수 있다는 의미다. 예를 들어 내가 주인으로 삼고 있는 그 우상(주인이 될 수 없는 가짜 주인)을 부서 버린다든가, 없애 버린다든가 한다는 것이다.

이것이 불가항력적인 은혜다. 어거스틴이 그의 참회록에서 "

오호라 복된 죄여!" 했던 것처럼 직접 체험한 분들은 이해될 수 있으리라. "주께서 집을 짓지 아니하시면 건축자의 수고가 헛되고 주께서 성을 지키지 아니하시면 파수꾼의 경성함이 허사로다"

"아버지께서 보내실 성령 그가 오시면 그가 나를 증거 하실 것이요"

E. 기도의 영

성령의 운동(사역)에 대한 불편한 것 하나가 있다. 그것이 성령이 우리를 위해 하신다는 탄식의 기도다. "이와 같이 성령도 우리 연약함을 도우시나니 우리가 마땅히 빌 바를 알지 못하나 말할 수 없는 탄식으로 우리를 위하여 친히 간구 하시느니라."

바울은 왜 무엇 때문에, 성령이 우리를 위한 탄식의 기도를 한다고 하신 것일까?

'탄식'이란 일종의 '한탄하다.'이다. 바울이 의미한 것은 아마도 우리의 잘못을 알려주고 또 알려줘도, 깨닫지 못하는 무지, 그렇게 일으키고, 또 일으켜줘도 앉은뱅이처럼 스스로 일어나지 못하는 상태, 그렇게 가르쳐주고 상기시켜줘도 보지 못하고, 듣지 못하고, 깨닫지 못할 때, 그리하여 반복적으로 과거의 구습으로 되돌아가 버릴 때, 바로 성령이 탄식한다는 것이 아닐까? '제발 한 번만 더, 기회를' 청하는 기도가 탄식의 기도가 아닐까?

철학 핸드북 (지성인, 교사, 신학생, 목회자를 위한 가이드)

그렇다면 성령의 탄식의 기도로 우리의 모든 죄 문제는 해결되는 것일까? 그것은 바울에게 물어볼 문제다.

'기도'란 청원이다. 어떤 사람들은 그것을 방언이라고 말하기도 한다. 전적으로 동의한 바는 아니지만, 실제 방언의 통역능력이 있는 어떤 분이 어느 여신도의 방언 기도를 들은 적이 있었는데, 그 내용이 너무 끔찍하여 통역은 고사하고 듣기도 민망할 정도였다고 한다. 바울의 말을 적용하면 방언하는 자들이 골방이 아닌 공공장소에서 방언하는 것을 지극히 조심해야 할 이유인 것 같다. 방언이 자신도 모르게 혼전 낙태, 사기, 도둑질, 같은 것을 들통 낼 수 있기 때문이다.

성령은 하나님의 영이다. 하나님의 영이 하나님과 소통하는 데 현상적인 도구가 필요할까?

아마도 필요하지 않을 것이다.

성령이 청하는 기도는 무엇일까? 아마도 하나님 아버지의 '인내' 혹은 '기다림' 아니면 '참음'이 아닐까 한다.

뉘우치고, 고백하고, 용서를 받는 것은 우리의 몫이다. 우리가 그렇게 할 때까지 좀 더 참아달라는 요청만 드린다는 의미다. 그 예가 복음서에 나와 있다. 심은 지 3년이 되어도 열매를 맺지 못한 무화과나무가 있었다. 주인이 그 나무를 보면서 당장 그 나무를 찍어버리라고 했다. 그러자 농장지기가 "1년만 더 기다려 주세요. 거름을 더 많이 주고 최선을 다해 보겠습니다. 그래도 열매를 맺지 않으면 그때 찍어 버리겠습니다."라고 대답했다. 농장지기의 말을 성령께서 하신다는 탄식의 기도로 비유될 수 있다.

많은 사람들이 기도할 때 "성령을 주시옵소서!"라고 부르짖는다. 이는 "하물며 너희 천부께서 구하는 자에게 성령을 주시지 않겠느냐 하시니라"(눅11:13)에 기초했을 것이다.

그러나 신앙에도 시간표가 있고 계절이 있다. 존재에는 목적이 있고, 기도에도 분명한 목적이 있다.

"성령이여 불같이 임하시옵소서!"라는 기도는 자신이 중생하지 못했다는 양심선언과 같다. 중생을 위한 기도는 가슴 치는 회개의 기도다.

'불같은 성령' 그 성령을 어디에 사용하시려고?

불타서 죽으려고?

고기를 구워 먹으려고?

자신을 과시하려고?

남을 속이려고?

사기를 치려고?

병을 고치려고?

늙지 않으려고?

그리고 성령이 불같이 임했을 때는 어떻게 될까? 결국 회개와 용서와 사랑과 감사와 평화의 삶을 살게 되는 것이 아닐까?

어떤 곳을 찾아다니며 곤충이나 짐승처럼 부끄러움이나 수치심도 없이 바닥에 자빠져 지랄을 떠는 것이 아니라 평범한 일상으로 돌아가, 가정에서, 자녀에게, 남편에게, 시어머니께, 친척에게, 이웃에게, 거룩함과 정숙과 온유와 겸손으로 그리고 회개와 용서와 사랑과 평화와 감사로 빛이 되고, 소금이 되겠다는 것이 아닐까?

F. 조언의 영

성령은 조언의 속성이 있다. 조언이란 자문이다. 우리 안에 임해 계신다는 성령이 어떻게 나에게 조언을 하신다는 것일까?

한 번 쯤 생각해 볼만한 주제다.

여기서 이 말을 이해하려면 점쟁이나 무당이 어떤 식으로 귀신과 대화하는지를 생각해 보면 쉽게 이해할 수 있다.

무당마다 자신들이 섬기는 신과 소통하는 방법이 있다. 마찬가지로 성령 들린 사람도 성령과 소통하는 방법이 있을 수밖에 없다. 성령은 어떤 식으로든 나에게 조언을 하신다.

환상을 통해서도, 꿈을 통해서도, 바람소리를 통해서도, 물소리를 통해, 목사의 설교를 통해, 아내의 바가지를 통해, 아이의 심통을 통해서도, 심지어 나의 질병을 통해서도, 조언을 하실 수 있다. 그런가하면 우리의 육감을 통해서도 조언을 주실 수가 있다.

문제는 내가 얼마나 알아 들을 수 있느냐이다. 그러나 성령과의 소통 경험이 쌓이게 되면 육감을 통해서 말씀을 하시든, 영감을 통해 말씀을 하시든, 꿈을 통해 말씀을 하시든, 쉽게 알아 들을 수 있다. 소통지식은 귀납적이기 때문이다. 따라서 그때는 '나만의 대화 방법', '우리만의 대화 방법'이 만들어지게 된다.

성령님의 조언은 이렇게 해서 주어진다. 때론 너무 아픈 채찍도 성령의 음성일 때가 있다. 건강이 망가지는 것도, 사업체가 무너지는 것도, 성령의 음성일 때가 있다. "말하는 이는 너희가 아니라 너희 속에서 말씀하시는 자 곧 너희 아버지의 성령이시니라."

참고로 여기서 내가 하려고 한 말과 성령이 하실 말을 비교해 볼 필요가 있다. 나의 말이란 육적 본성이 내는 소리다. 성령이 내는 소리는 영적 본성에서 나오는 소리다. 육적 본성이 내는 소리는 무슨 소리일까? 탐욕, 미움, 분노, 원망, 거짓이 묻어 있고, 그 근원은 땅이다. 사망이라는 의미다.

그러나 영의 본성에서 나오는 소리는 사랑과 용서와 이해가 묻어 있다. 영원함과 거룩함에 뿌리 했기 때문이다. 영혼에 대한 고민, 청결에 대한 고민, 의에 대한 고민, 아버지의 체면에 관한 고민, 예수님의 명예에 대한 고민, 바로 이런 것들이 영적인 고민이다.

"나는 어제보다 얼마나 더 좋아졌는가?" "나는 어제보다 얼마나 더 정직해 졌는가?" "나는 어제보다 얼마나 더 청결해 졌는가?" "나는 어제보다 얼마나 더 거룩해 졌는가?" "나는 내일 어떻게 좋아질 것인가?" "나는 내일 더 좋아지기 위해 무엇을 할 것인가?"

G. 연결의 영

성령은 연결의 속성이 있다. 아이들은 태어나면 자연스럽게 엄마 그리고 그 엄마 주위와 연결고리 갖게 된다. 아이들은 그동안 엄마가 형성해 놓은 모든 세계와 연결되어 엄마의 모든 것을 자연스럽게 흡수한다.

엄마의 친척이 자기의 친척이 되고, 엄마의 친구가 자기 친구가 된다. 엄마가 관계하고 있던 모든 이들과 관계(relation-ship)를 형성한다. 엄마가 가지고 있던 모든 환경이 자기의 환경이 된다. 아버지, 할머니, 이모, 고모가 아기에게 다가와 관심과 사랑을 준다. 이런 사랑을 받으면서 아이는 엄마의 세계 속으로 들어가 엄마의 세계와 하나가 된다.

우리가 성령에 의해 태어난다면 성령이 가지신 그리고 형성해 놓으셨던 세계는 바로 나의 세계가 된다.

하늘의 아버지도, 하늘의 천사도, 모든 존재도, 나와 관계를 갖게 된다. 이것이 중생한 자가 누리는 권리다. 신학자들이 동의할지는 모르지만, 이것이 바울이 말한 상속의 의미일 수 있다.

성령은 영혼의 본성이다. 영혼의 생기이다. 성령은 하나님에 대해, 예수님에 대해, 천국에 대해, 천상의 식구들에 대해 알려주고, 가르쳐 주는 진리의 영이시다. 영은 영과 대화를 한다.

성령은 우리의 영의 지도자다. 그러므로 성령 없이 예수를 믿는 다는 것은 불가능하다. 거듭나야 한다는 이유가 바로 이것이다. 성령은 거룩한 하나님의 영이고, 마음이고, 예수의 정신이다.

육은 영적 세계를 알 수 없다.

천상의 지혜에 속한 예수 정신없이 어떻게 예수를 알고, 믿고, 그 분의 정신을 구현시킬(펼칠) 수 있겠는가?

우리는 성령의 본성을 구현시키는 도구다. 우리의 손가락, 발가락, 눈, 콩, 입, 귀, 등 도구에 성령의 속성이 입혀지면 성령의

철학 핸드북 (지성인, 교사, 신학생, 목회자를 위한 가이드)

실체가 된다. 그래서 주님은 우리를 성령이 거하는 전(Temple)이라고 하셨다. 성령과 하나가 되었다는 말이다. 성령의 속성은 이렇게 다양하다. 성령이 우리 속에서 슬퍼한다는 말이 이런 맥락에서 나왔을 것이다.

성령에 대한 사유작업은 이쯤에서 멈추고 이제 우리는 물에 대한 사유로 들어가 보자.

(3) 물의 철학적 의미

"네가 물과 성령으로 거듭나지 아니하면 하나님의 나라에 들어갈 수 없느니라."

물을 철학적인 명제로 처음 다룬 사람은 탈레스다. 탈레스는 우주에 존재하는 현상을 탐구하여 물이 만물의 제1의 원소라고 했다. 그런데 예수님은 이 물을 인간을 거듭나게 하는 형이상학적 물질로 비유했다.

형이상학적 의미를 넘어 현상적으로 물은 너무나 많은 성질(속성)을 가지고 있다. 그러기 때문에 예수님이 어떤 의미로 물을 사용했는지 알 수가 없다. 그 문제를 풀기 위해 물의 속성에 대해 알아보자.

첫째, 과학은 물을 생명체의 양식으로도 정의한다. 그러나 물이 지닌 생명이란 철학적으로 형상(에이도스)에 해당한다. 그렇다면 물의 질료는 무엇일까? 물은 너무나 많은 질료의 집합체이다. 그러나 여기서는 존재(질료와 형상의 집합)로서의 물이 지닌 총체적 성질에 대해 알아보자.

만물은 본성적으로 양식(food)이 있는 데로 움직이게 되어 있다. 새가 벌레가 있는 곳으로 모이듯이 고대 인류는 강줄기를 따라서 삶의 터전을 마련했다.

수 백 년, 물 한 방울 내리지 않던 사막에 갑자기 폭우가 쏟아졌는데, 그 뒤 온갖 색색의 꽃들과 식물, 그리고 도마뱀을 비롯하여 각종 생명체들의 서식지가 되었다는 기사를 읽은 적이 있다.

수 백 년 동안이나 물 한 방울 내리지 않던 사막에 어떻게 생명의 씨앗들이 남아 있었을까? 그것들이 물줄기를 타고 하늘에서 내려왔을까? 아니면 자연 속에 설정된 법칙에 의해 새롭게 창조가 되었다는 것일까? 추론만 가능하다. 중요한 것은 물이 있는 곳엔 다른 생명체들이 있게 된다는 점이다.

사체가 있는 곳엔 구더기가 일어난다. 탐욕, 미움과 원망, 시기, 질투 그리고 분노가 있는 곳엔 공중의 권세 잡은 자들이 몰려든다. 용서가 있는 곳에 성령이 임하신다. 사랑이 있는 곳엔 하나님이 계신다. 그것이 양식(food)이 가진 중력이다. 그래서 물은 만물의 양식이 된다.

두 번째, 물은 많은 가능태를 가진 질료다. 생물학에서는 인간 육체의 70% 이상이 물이라고 한다.

철학 핸드북 (지성인, 교사, 신학생, 목회자를 위한 가이드)

만물을 아르케로 본 철학자 엠페도클레스도 물을 만물의 생성원리 중 하나라고 주장했다. 그는 만물이 흙과 물과 불과 바람(공기)으로 구성되었다고 주장한 철학자다. 물이 만물의 4대 원소(element)가운데 하나라고 한 것이다.

이 4원소 설은 플라톤, 아리스토텔레스를 거쳐 스토아 철학으로 전수되었고 18세기 뉴턴에까지 이어졌다. 여기서 4대 원소를 개체적인 형태로 분석하면 역시 어느 과정에서든 육체(인간)를 지나가게 된다. 그렇게 되면 물이 인간뿐만이 아니라 모든 만물의 질료가 될 수 있다.

셋째, 물은 실체적으로 정화력을 가지고 있다. 정화란 "걸러내다."라는 의미다. 고대 이집트에서는 종교적으로 물을 정화시키는 물질로 여겼다. 사람의 몸과 정신을 청결케 하는 물질이라는 의미이다. 그래서 이집트 제사장들은 신전에 들기 전 반드시 물로 몸을 정화했다. 이집트인들이 외출하기 전과 외출 후 집에 돌아와 몸을 씻는 관습도 같은 의미다. 이집트 문화와 전통의 영향을 받았던 유대인들도 이집트인과 비슷한 정화 의식이 있었다.

구약에도 물로 몸과 마음을 깨끗하게 했던 기록이 있다. 기원전 경건생활을 위해 외진 들판이나 사막에 모여 살던 에세네파에서는 물로 세례라는 이름의 정화의식을 거행했다. 인도에서도 이와 비슷한 의식이 있었다.

넷째, 물은 종교적으로 수장의 의미가 있다. 수장이란 "물속

철학 핸드북 (지성인, 교사, 신학생, 목회자를 위한 가이드)

에 묻는다."라는 의미다. 세례요한은 물을 회개의 표식으로 사용했다. 여기서 회개란 청결해지겠다는 결심을 상징한다. 죄를 씻는 표증이다. 과거를 씻어버리겠다는 선언이다.

그러나 인간은 그것만 가지고는 완전히 청결해질 수 없다. 진정한 회개는 과거에 대한 가슴 치는 후회와 죄에 대한 고백이 전재 된다.

예수님은 세례를 회개와 수장의 징표로 사용하였던 것 같다. 물 자체가 수장이라는 뜻이 아니라 육을 죽이는 도구가 물이라는 의미다.

때를 씻는 것의 상징에서 육적 본성을 수장하는 의미로 발전된 것이다. 그러나 죽음으로 모든 것이 끝나는 것이 아니다. 그래서 주님은 수장에서 출생(부활)으로 연결했다. 이것이 주님의 세례와 세례요한의 세례의 차이점이다. 그런 의미에서 본다면 인간의 죽음을 물속에 몸을 한 번 담갔다가 나오는 것처럼 즉 세례 의식처럼 이해해도 될 것 같다.

다섯 번째, 예수님은 물을 성령과 묶어 사람을 거듭나게 하는 "부모"로 비유하였다.

부모란 생명을 잉태해 주는 혹은 생명을 넣어 주는 생물학적 실체다. 철학적으로 물이라는 질료에 성령이라는 형상이 입혀진다는 의미로 이해해도 중생을 유추할 수 있다. 그렇게 되면 물은 육체를, 성령은 영을 낳는다는 의미가 된다.

A. 중생 후 일어날 수 있는 현상

만일, 내가 새로 태어났다면 과거의 나는 어떻게 되는 것일까?

과거의 나는 더 이상의 나가 아니어야 한다. 이제 과감하게 미련 없이 죽음의 속성을 지닌 온전하지 않는 나쁜 나를 버리고, 내 생의 정면에서 좋은 나, 새로운 나, 중생한 나로 하여금 나를 살게 해야 할 것이다. 당연히 과거의 나는 더 이상 내가 될 수 없어야 한다.

빛이 들어오면 어둠이 사라지는 것처럼 새로운 내가 태어나는 순간 과거의 나는 사라져야 한다. 과거의 업보도, 부정적인 에너지도, 구습도, 본성도 사라져야 한다. 여기서 '나'란 나를 살고 있던 정신과 영혼을 총칭한다. 구습이란 과거의 나를 대신하던 생각과 사상과 철학과 상식과 나를 행동하게 한 중력이나 동력이다. 불교적 표현으로 업보도 포함한다. 그것들이 이미 사라져 버렸다. 이것이 은혜다.

과거에 나를 알던 친구(죄)가 나를 부르며 '그것' 한번 하러 가자고 할 때 '아니, 그대가 알던 그 나는 지금 죽고 없어. 그대가 보는 나는 그 나가 아니여. 내가 너무 더러워서 새로운 나로 바꿨구먼.'

바울의 말처럼 그것들은 아예 죽었고 십자가와 함께 매장됐다. 그것은 더 이상 나의 형상이 아니다. 과거의 형상일 뿐이다.

나는 새로운 피조물이다. 육체는 물로 씻기어 졌고, 그리하여 모든 죄업은 사라져 버렸고, 내 영은 성령으로 거룩하게 거듭났다. 새로운 질료와 새로운 형상이 바로 현재의 나인 것이다.

과거의 나가 나타나 나를 붙들고 '한 번만, 한 번만 더'하며 유혹을 해도 속지 않아야 한다. 그것은 더 이상 내가 아니다. 그것은 이제 환영(幻影)이 되었다. 그런 과거의 '나(피르소나)'를 불쌍히 여기지 말아야 한다.

나의 과거는 현재의 내가 불쌍히 여겨야 할 대상이 아니다. 그렇지 않으면 나는 다중 인격 장애를 앓게 된다. 과거의 나와 현재의 나가 내 몸을 놓고 충돌하기 때문이다.

정리하면 예수님과 니고데모의 대화에 등장하는 인간은 두 종류다. 하나는 하나님의 나라에 들어갈 수 있는 인간이고 다른 하나는 하나님 나라에 들어갈 수 없는 인간이다. 하나는 중생이 필요한 인간이고, 다른 하나는 중생이 필요하지 않은 인간이다. 인간을 중생시키는 부모는 물과 성령이다. 물은 땅의 본성을 상징하고 성령은 영의 본성을 상징한다.

10) 3 종류의 인간

이 파트에 들어가기 전에는 다음과 간은 이해를 전재하고 싶다. 다음:- 이 세상에는 인간이 헤아릴 수 없을 만큼 수많은 종류의 인간이 각자 다른 환경에서 각자 다르게 살아가고 있다. 그리고 모든 사람은 날마다, 순간마다 변한다. 오늘의 현자가 내일 우매한 자가 될 수 있고, 오늘 우매한 자가 내일 현자가 될 수 있다. 오늘 거룩한 자가 내일 더러운 자가 될 수가 있고, 오늘 더러운 자가 내일 청결한 자가 될 수가 있다. 또한, 현자처럼 보이는 우매한 자가 있고, 거룩해 보이는 더러운 자가 있고,

부자처럼 보이는 빈곤한 자가 있고, 거지처럼 보이는 거부가 있다. 구분할 수도 판단할 수도 없다는 의미다. -

인간 세상에는 양심 바로 곁에 비양심이 있는 것처럼, 곡식이 자라는 밭에 가라지와 잡초가 있는 것처럼, 인간 바로 곁에는 인간형상을 하였으나 차마 인간이라 할 수 없는 인간들이 있다. 공중의 권세 잡은 자의 영으로 인간의 정신세계를 해치고 있는 '가시-인간', '올무-인간'들이라고 명명할 수 있다.

복음서에는 3가지 종류의 인간이 등장한다. 산자, 죽은 자, 그리고 아버지가 다른 자이다. 그렇다면 주님이 말씀하신 '산자', 죽은 자. 그리고 아버지가 다른 자란 누구를 상징할까?

(1) 산자

주님은 산자를 하나님의 자녀로 지칭했다. 하나님의 자녀란 진리 안에서 진리를 사는 자들이다. 산자에게는 4가지 특징이 있다. 앞에서도 언급했듯이 첫째, 그는 질료와 형상이 거룩하고 영원하다. 본질이 영원하고 본성이 영원해졌다는 의미다. 영원한 영혼(Eternal Validity of Soul)을 가졌다는 의미다.

둘째, 모든 질료가 각자 탁월하게 기능하는 특징이 있다. 영혼의 기능이란 순수형상의 단계를 향해 움직인다. 따라서 그는 더 높은 곳을 향하여 날마다 새로워질 것이다.

셋째, 그는 영혼의 양식을 직접 요리하여 먹는다. 영혼의 양식이란 덕목이다. 영혼은 우리가 행하는 의와 덕목에서 영양분을 섭취한다. 죽은 자들은 절대로 알 수 없는 양식이다.

네 번째, 그 사람은 두려움과 부족함이 없다. 죽음이 없고, 그가 주님 안에, 주님이 그 안에 계시기 때문이다.

양식은 살기 위해서 필요하다. 그런데 사는 것에도 순서가 있다. 영혼이 살고 육이 사는 것이 있고, 육이 살고 영혼이 사는 것이 있다. 우선순위가 있다는 의미다. 산자는 영혼이 먼저 살고, 육이 사는 자다. 존재의 우선순위가 육에서 영혼으로 바뀐 사람이다. 영혼을 중심으로 산다는 의미다. 육적인 이익(향락)을 위해 정신을 희생시키지 않는다. 육적인 쾌락을 위해 붉은 악마를 불러들이지 않고, 그 어떤 악과도 거래를 하지 않고, 정신을 팔지 않고, 영혼을 팔지 않는다. 농담으로도 붉은 악마를 불러들이지 않는다.

그렇다면 우리는 어떻게 산 자와 죽은 자를 알 수 있을까?

산 자와 죽은 자의 경계를 가르는 것은 "덕목"이다. 산 자에게는 산자가 자신의 기능을 통해 이루어야 할 덕목이 있다. 그 덕목이 없으면 죽은 자가 되고, 덕목이 있으면 산자가 된다.

"덕목"은 영혼의 기능으로도 간주할 수 있다. 따라서 영적 호흡이란 "덕목"을 행하는 것이다. 그것을 통해 영혼은 호흡을 하고 생기를 내뿜고 들어 마신다.

인간은 덕목을 통해 성화의 완성단계에 이를 수 있다. 이 덕목은 인간이 아버지와 하나(합일)를 이루기 위해 아버지와의 거리를 좁혀가는 운동이다. 따라서 이 덕목은 예배다. 제한된 생이 아니라 영원히 살아야할 생을 가진 인간이 지켜야할 룰이다. 영원성 거룩성을 보존하는 양식인 것이다.

그렇다면 그 덕목이란 무엇일까?

A. 회개

산자의 특징은 날마다 회개를 한다. 날마다 새로워진다는 의미다. 회개는 두 종류로 나눈다. 단회적인 회개와 반복되는 회개다. 중생에 필요한 회개와 중생 후에 필요한 회개다.

중생 전의 회개는 거듭남을 위해 필요하고, 중생 후의 회개는 성화를 위해 필요하다. 주님은 이를 매일 발을 씻는 행위로 비유하셨다. 그것은 '과거의 구습을 벗다' 이다.

영어로 "repent"라고 하는 회개는 "confess"라는 뜻이 있고, "turn-about" (돌아섬) 라는 뜻이 있다.

광야의 소리로 알려진 세례요한의 첫 번째 외침은 회개였다. 그가 외친 회개는 중생을 위한 회개였다. 몇 단계 사유과정을 거친 칼 융이 말한 "shadow work"이다.

회개를 하려면 자기 자신을 알아야 한다. 자신의 내면을 들여다봐야 한다. 현재의 자기와 본래의 자기를 비교하는 행위이다. 철학에서는 그것을 자기 자신을 자기 자신에게 비춰본다는 거울 작용의 의미로 '사변철학'이라고도 한다. 자기 내면의 세계에 뭉쳐져 있는 모든 나쁜 응어리를 녹이고 해체시키기 위해서다. 미움의 구습, 분노의 구습, 원망의 구습, 속이는 구습의 힘을 약화시키고 소멸시키기 위해서다.

자기 자신을 자기 자신에게 비춰본다는 뜻은 실체를 본질에 비춰본다는 의미이기도 하다. 그래야 이데아로부터 멀어져 있는 페르소나가 이데아 즉, 참 자아를 향해 돌아갈 수 있어서다.

둘로 혹은 더 많이 쪼개져 있는 자신을 하나로 일체화시키는 작업을 칼 융은 생(Journey of life)이라고 했다. 이는 변화를 위한 선택과 결심이 선재 한다.

변화는 의지의 산물이다. 이때 사용되는 것이 자유의지다. 자유의지가 있어야 변화를 시작할 수 있다. 그것은 선택에서 비롯된다. 그러나 선택은 그리 단순하지가 않다.

회개란 자신이 살아오던 모든 구습을 벗기로 한 결심에서 시작된다. 성경은 그것을 '선'이라고 했다. '선'은 좋은 것이고, 좋은 것은 '의'다. 선의 속성은 자신에게도 남에게도 해를 끼치지 않는 것이다. 그래서 그것은 좋은 것이다.

먼저 좋은 그림을 그리려면 내 머리 속에 좋은 그림이 있어야 한다. 플라톤의 이데아나, 칸트의 인식의 틀의 개념과는 다르다. 아직 탐구되지 않은 또 다른 형이상학이다. 아마도 경험론적 형이상학일 것이다.

그것이 바로 좋은 생각을 하고, 좋은 상상을 하고, 그리고 좋은 말을 하고(남을 축복하고 위로하고), 좋은 것을 보고, 그리고 그렇게 했던 사람에게는 그가 그동안 듣고, 보고, 그리고 상상하고, 생각했던 것들이 그의 현실 세계에 나타난다는 원리다. ("out of overflow of heart, mouth speaks")

이것은 우리의 무의식이 맡고 있는 역할이다. 빗물이 시내를 따라 강으로 흘러내리는 것 같지만 땅속으로 스며들어가 땅 밑에 있는 강과 일체를 이루다가 수맥을 타고 다시 솟아나는 것과 같이, 우리의 의식을 스쳐지나가는 모든 것들은 시간을 따라 사라지는 것 같지만 우리의 빈 무의식에 스며들어 저장된다. 그리

철학 핸드북 (지성인, 교사, 신학생, 목회자를 위한 가이드)

하여 언젠가 나도 모르는 사이 나의 생의 한복판에 불쑥 나타난다. 누구에게 욕을 하지 않고, 분노하지 않고, 원망하지 않아야 한다는 이유가 바로 이것 때문이다.

사람들은 욕을 하면서 산다. 무심코 혹은 일부로 욕을 한다. 그런데 우리가 뱉은 욕설을 가장 먼저 듣는 이가 누구일까?

우리 자신이다. 우리가 듣고 본 모든 것은 우리의 잠재의식 안에 저장된다. 우리가 한 욕도 마찬가지이다. 그런데 그것들이 우리 자신도 모르는 시간, 우리 자신도 모르게, 부메랑이 되어 우리의 생에서 이루어져 버린다. 그래서 사람은 선한 말을 하고, 선한 소리를 듣고, 좋은 것을 봐야 한다고 말한다.

태교 음악의 효과가 그 좋은 예다. 좋은 상상, 좋은 생각, 좋은 말, 그리고 좋은 음악, 좋은 그림이란 자신과 남에게 해를 끼치지 않는 것이다.

요약하면 사람은 항상 좋은 씨를 자신에게 심어야 한다는 의미다. 그래야 좋은 열매가 열리기 때문이다.

음률의 창시자라고 할 수 있는 피타고라스는 음악이 영혼에게 안식을 주는 것임을 알아냈다. 철학적으로 영혼은 정신을 뜻하기도 하다.

춤도 마찬가지다. 동작 하나하나에 심오한 의미를 담고, 그 의미에 자신의 혼을 불어넣어 무대에 펼쳐놓는 것이 춤이다. 그래서 춤을 예술이라고 한다.

그러나 오늘날의 춤은 어떤가? 표현이 아니라 관심에 목적을 둔다. 목적이 도둑질이 된 것이다. 그래서 사람들의 말초 신경을 자극하고 사람의 정신과 영혼을 구타하고 상처를 입힐 정도

190

로 복잡하고 어지럽고 소란하다. 그러나 모두 속임수다.

고유한 존재 목적을 탈선한 소음(불협화음)과 춤에 음악이라는 가면을 씌워 남의 시간과 돈을 뺏고, 남의 정신을 혼란스럽게 하는 것 같다.

누가 그런 짐승을 닮은 저속한 행위가 인간의 정신이나 영혼에 안식을 준다고 할 수 있겠는가? 그것들을 본질적으로 탐구하면 무엇이 나올까?

적어도 음률을 다루려면 음률의 고유 존재 목적을 비롯하여 어떤 음률이 사람의 영혼을 상하게 하고, 어떤 음률이 치유를 하는지, 그 기본적인 지식이라도 갖춘 후에 음률을 다루어야 하지 않을까?

자신이 알든, 모르든, 소리를 통해 다른 이들의 보배로운 시간과 정신과 관심을 훔치고, 그들의 정신을 흔들고, 파괴하고, 상처 내는 것이 선이 될 수 있겠는가? 좋은 것이 될 수 있겠는가?

짐승의 소리를 닮은 소음을 내지르면서 짐승처럼 몸을 흔들어대는 것이 어찌 정신과 영혼에 이로움을 준다고 할 수 있겠는가?

짐승의 정신이 아니면 어찌 짐승의 행동이 나올 수 있으며 곤충의 정신이 아닌데 어찌 곤충의 행동이 나오겠는가? 그 본질이 선이겠는가, 악이겠는가?

플라톤에게 물어봐야 할 일이지만 짙은 화장을 하고 무대에 올라 야생의 곤충이나 짐승처럼 알아들을 수 없는 소란스런 소음과 소란스런 가락에 맞춰 짐승 떼처럼 이리저리 뛰는 것은 결코 "예술"이 될 수 없을 것이다.

플라톤이 예술 추방론을 주장한 바로 그 배경이다.

곤충이나 짐승은 인간이 흉내 내야 할 대상이 아니다. 플라톤의 예술 추방론을 동원하지 않더라도 음악이 짐승 닮은 감정을 세상에 토해내는 토사물이 되어서는 안 된다는 의미다.

짐승을 흉내 내다 보면 언젠가는 그의 인성이 짐승처럼 되고, 곤충을 흉내 내다 보면 언젠가는 그의 인성이 곤충처럼 될 것이다. 저주를 하다 보면 그 저주가 부메랑이 되어 자신에게서 이루어지고, 축복을 하다 보면 그 축복이 부메랑이 되어 자신에게서 이루어질 것이다. 이것도 주님이 가르쳐주신 진리다.

그래서 슬픈 노래를 부르던 가수는 그 노래대로 슬프게 사라진다고들 말한다. 하얀 나비를 불렀던 김정호, 낙엽 따라 가버린 배호, 그리고 산장의 여인을 불렀던 권혜경이 그 예다.

미성년자들에게 폭력적인 영화를 금하는 것도 이런 연유다. 그래서 나쁜 소리가 들렸을 때는 그 소리에 매달려 있지 말고 서둘러 그 소리를 흘러 보내고, 나쁜 그림이 비췄을 때는 그 그림에 매달려 있지 말고 서둘러 그 그림을 흘러 보내야 한다.

B. 용서

용서는 복수의 반대다. 복수나 보복은 분노와 미움과 원망이 함께 한다. 용서는 활활 타오르는 복수와 분노와 원망을 끄는 물과 같다. 따라서 용서가 있는 곳에 분노와 미움과 원망이 있을 수 없다. 여기서 톨스토이의 단편 "버려진 불꽃이 집을 태운다."를 읽어볼 것을 권해드린다.

예수는 "일흔 번씩 일곱 번이라도 용서하라."고 하셨다. 그러다 보면 용서의 중력이 형성된다. "너희는 재단 앞에 재물을 쌓아놓고 제사를 드리려다가 혹시 형제에게 원망들을 만한 일이 생각나거든 먼저 가서 형제와 화목하라"

용서가 제사보다 중하다는 말은, 용서가 종교보다 귀하고, 용서가 예배보다 귀하고, 용서가 기도보다 귀하다는 의미다. 따라서 용서가 없는 종교는 종교가 아니며, 용서가 없는 예배는 예배가 아니며, 용서가 없는 기도는 기도가 될 수 없다.

예수는 자신을 죽이려는 가룟 유다의 발을 닦아주셨다. 그분은 군병들이 얼굴에 침을 뱉고, 때리고, 머리에 가시관을 씌우고, 홍포를 입히고, 온갖 모욕과 조롱을 할 때도 미움이나 분노로 대항하지 아니하셨다.

미워하지 않을 수 없는 상황, 분노하지 않을 수 없는 상황, 바로 그 상황에서 미워하지 않았고, 분노하지 않았다. 십자가에 못 박혀 죽임을 당하면서도 자신의 힘을 사용하여 응징하지 않았다.

용서할 수 없는 상황에서, 용서할 수 없는 사람들의 용서할 수 없는 잘못을 용서하신 것이었다. 그것이 용서의 형상이고, 용서의 이데아다. 말로는 설명할 수 없고, 이해도 할 수 없는 용서, 그래서 주님이 직접 용서의 본질을 구현해 내신 것이다. "아버지 저들의 죄를 용서하소서."

C. 사랑

예수님이 가르친 진리(복음)를 요약하면 회개와 용서와 사랑과 평화와 감사다. 이 복음을 덕목으로 convert 시키면, 회개의 덕목, 용서의 덕목, 사랑의 덕목, 감사의 덕목, 평화의 덕목이 된다.

이 덕목의 축을 이루고 있는 것이 사랑이다. 사랑이 모든 덕목의 황금 고리다. 이것은 하늘의 진리고 땅의 진리다. 하늘과 땅을 연결 짓는 고리다.

이 진리는 사람들에게 알려지기 위해 있는 것이 아니라, 행하게 하기 위해 있다. 존재 목적이 인식이나 지각이 아니라 현상, 즉 구현이다.

덕목은 수행(Act)를 통해 완성된다. 이 덕목을 하나로 보면 하나의 덕목, 둘로 나누면 둘, 그리고 다시 나누면 회개와 용서와 사랑과 평화와 감사다. 모두 사랑에서 시작하여 사랑을 향해 나가는 것들이다.

이 덕목의 알파가 사랑이고, 이 덕목의 오메가가 사랑이다. 이 덕목은 고대부터 전승된 모든 덕목을 흡수한 덕목이고, 피타고라스, 소크라테스, 플라톤, 아리스토텔레스, 스토아 등 모든 철학에서 찾아낸 덕목들을 완전케 한 덕목이다.

소크라테스, 플라톤, 아리스토텔레스. 제논이 가르친 덕목이 이승의 삶을 위한 것이라고 한다면, 이 덕목은 이승과 저승의 영원한 삶까지 아우르는 덕목이다. 그래서 사랑은 모든 덕목의 구심점이고, 축이고, 영혼이다.

예수 그리스도는 처음부터 사랑의 형상이었고 사랑의 현시였다. 처음부터 사랑의 길이고, 진리고, 생명이었다. 예수 그리스도는 하나님의 사랑 자체였고, 사랑의 다른 실체였다.

사랑은 희생의 본질이고, 형상이다. 그래서 사랑은 신이다. 우리는 사랑의 백성이다. 종교를 초월하여 우리는 사랑과 일체되는 것이 필요하다. 사랑이 내가 되고, 내가 사랑이 되어야 한다. 그리스도의 사랑을 품으면 그 사랑은 어디서든 스스로 살아가기 시작한다. 철학적으로 그것이 구현이다.

일반적으로 사람들은 결과에 대한 보답을 위해서 헌신을 한다. 하지만 종교에서 말하는 사랑은 내가 무엇을 베풀 때, 그 무엇으로도 되돌려 받을 가능성이 전혀 없는, 나보다 훨씬 더 열악한 처지에 있는 사람들에게 베푸는 것을 말한다.

이웃이란 우리로부터 배제된 타자를 말한다. 복음서엔 사랑의 대상을 강도 당한자로 비유했다.

타자의 고통 받는 얼굴을 이야기 했던 사람은 프랑스의 윤리학자 엠마누엘 레디나스라고 한다. 그는 고통 받는 타자의 얼굴(“초월은 사랑을 지향한다.”)이 신의 얼굴이고 신의 목소리라고 하였다. 그 목소리가 우리에게 명령한다고 했다.

따라서 가난한 자, 약한 자, 강도 만난 이웃에 대한 관심 없이 사랑의 덕목은 실현되지 아니하고 구현되지 아니한다.

톨스토이의 단편 “사랑이 있는 곳에 신이 있다.”나 “사람은 무엇으로 사는가.”를 읽는다면 이해가 쉬울 것이다. “너희는 잔치를 열 때에 가난한 자, 병든 자, 아무것도 너희에게 되갚을 수 없는 자를 불러 대접하라.”

철학 핸드북 (지성인, 교사, 신학생, 목회자를 위한 가이드)

D. 평화

평화의 반대는 분쟁이고 다툼이다. 다툼이 있는 곳엔 미움이 있고, 분노가 있다. 여기에 언급된 평화는 그냥 주어지는 것이 아니라 이루는 것이다. 만든다는 의미다. 분쟁을 없애고, 다툼을 없애고, 미움과 분노를 없앤다는 뜻이기도 하다. 아주 쉽게 이간질하지 말고, 분노나 미움을 충동질하지 말라는 의미다.

평화가 없는 곳, 그리고 평화가 돋아날 수 없는 곳, 평화가 자랄 수도 없는 곳에 평화를 심고, 뿌리고, 만들고, 돋아나게 하고, 가꾸는 것이 평화를 만드는 행위이다. 서로 이해시키고 화해시키는 것이 평화를 만드는 행위다.

예수 그리스도는 하나님과 인간과의 평화, 그리고 인간과 인간의 평화를 이루기 위해 오셨다. 그리고 그 평화를 위해 살았고, 그 평화를 위해 돌아가시었다. 하나님 아버지는 그의 부활을 통해 바로 그 평화를 선포하셨다.

E. 감사

감사는 '감사의 법칙'이라 할 수 있을 만큼 심오한 본질을 지니고 있다. "아버지여, 감사하나이다."

회개와 용서와 사랑과 평화가 있는 곳엔 감사가 있다. 감사는 감사를 불러온다. "어머님 감사합니다. 아버님 감사합니다. 선생님 감사합니다."

너에게도 감사, 나에게도 감사, 그에게도 감사, 모두에게 감사하는 그 감사는 또 다른 감사를 잉태하고 출산한다.

아무리 많은 것을 가졌다 할지라도 감사가 없으면 잃게 된다.

아직 철학이 접근하지 않은 영역이고, 논리적으로 혹은 이성적으로 설명되지 아니한 일이지만 감사는 우리가 생각한 것보다 훨씬 큰 능력이 있다.

감사할 수 없는 상태에서, 감사할 수 없는 사람에게 감사하는 것이 주님께 감사하는 것이다.

"네가 있는 것 하나만으로도 감사"가 나오고 "아침을 맞는 것" 만으로도 감사가 나오고, "너를 만날 수 있는 것" 만으로도 감사가 나오고 "너에게 베풀 수 있는 것" 만으로도 감사가 나오는 상태, 감사할 조건이 아닌 것 같은 것들이 감사의 조건으로 보인다면 이는 감사의 영을 가졌다는 증거다.

"원수, 그대를 용서할 수 있어서 감사", "미운 그대, 그대를 사랑할 수 있어서 감사다."

따라서 회개의 열매도 감사고, 용서의 열매도 감사고, 사랑의 열매도 감사고, 평화의 열매도 감사다. 모두 모두가 성령의 열매다.

(2) 산자의 철학

산자의 철학이란 영혼의 덕목을 사는 이들이 사유하는 철학을 말한다. 본질에 대한 생각부터, 다른 모든 철학적 명제나 개념에 이르기까지 산자에게서 나오는 철학사상의 총칭이다.

따라서 산자의 철학이란 산자를 낳는 철학이고, 산자를 기르는 철학이고, 산자를 지키는 철학이다.

철학은 정신적 산물이다. 그리스도의 철학은 산자의 철학이다. 그 철학의 축이 선 중의 선이어서다. "선(Good)한 이는 오직 한 분뿐이니라." 산자의 철학은 빛의 철학이다.

눈은 보기 위해 있고, 귀는 듣기 위해 있다. 빛은 비추기 위해 있다. 육체를 입은 인간 세상엔 산 자들을 넘어지게 할 장애물들이 널려있다. 에덴에도 있었던 장애물이다. 그러나 빛이 비추는 곳에서 장애물은 장애물이 되지 못한다. 그냥 길가에 놓여있는 자연의 흐름이요 자연의 일부요, 사물일 뿐이다. 피해가고, 넘어가고, 돌아갈 수 있어서다.

성경엔 아직 과학이나 철학이 탐구하지 못한 수많은 영역이 있다. 뿐만 아니라 예수님 이후 현대의 학자들이 터득한 것으로 알려진 많은 법칙들도 사실은 성경에 씨앗으로, 종묘로, 들어있었던 것들이다.

성경은 형이상학적, 형이하학적 보고들이 들어있는 거대한 창고다. 대상에 따라, 시대에 따라 문을 열어주고, 닫는, 살아있는 창고다.

고대, 중세, 근대, 현대, 등 시대를 초월하여 모든 철학적 명제들이 넘쳐흐르는 곳이 성경이다. 그곳에 들어가 발만 담그고 있어도, 그곳에 손만 담그고 있어도, 그곳에 마음만 담그고 있어도, 그곳에 정신만 담그고 있어도, 지금까지 현상세계에 나타나지 않았던 명제들이 물고기 떼처럼 많이 지나가고 있는 것을 보고 느낄 것이다.

몇 가지만 나열해 보겠다.

20세기 가장 영향력 있는 학자로 알려진 칼 융의 분석심리학의 축도 성경이다.

철학 핸드북 (지성인, 교사, 신학생, 목회자를 위한 가이드)

요즈음 막 관심을 갖기 시작한 부의 철학의 축도 성경이다. 부메랑의 법칙도 성경에 뿌리하고 있다.(너희의 축복이 너희에게로 돌아오리라.) "말의 법칙"도 그 뿌리가 성경이다. (네 말로 네가 의롭다 함을 받고 네 말로 제가 정죄함을 받으리라.)

죄의식으로부터 자유로워진다는 "죄 사함의 철학"도 성경에 뿌리 해 있다.("네가 땅에서 매면 하늘에서도 매일 것이요.") 요즈음 젊은이들의 정신세계를 파고든 "불가능의 법칙"도 성경이다.("믿는 자는 능치 못할 것이 없느니라.")

그것뿐이 아니다. "인과의 철학"("심는 대로 거두리라")을 비롯하여 우리에게 무한한 창조능력이 있다는 "창조의 철학"도 그 씨앗이 성경이다.("너희는 나보다 더 큰 일을 행하리라".)

이 밖에도 인과에 적용되지 않는 "비인과의 철학"도 성경이다. ("너희는 실로암 망대가 무너져 죽은 사람들이 다른 갈릴리 사람들의 죄보다 중한 줄로 생각지 말라 만일 그들도 회개치 아니하면 그보다 더하게 되리라".)

요약하면 산자의 철학이란 그리스도의 진리(덕목)가 들어있는 철학이다.

(3) 죽은 자

복음서에는 주님이 하신 일 가운데 너무나 매정해 보이는 장면들이 몇 있다. 그중 하나가 제자 중 한 명이 자신의 죽은 아버지 장례를 치르고 오게 해 달라고 청했을 때 "죽은 자의 장례는 죽은 자들이 치르게 하고 너는 나를 따르라." 고한 장면이다. 여기에 두 종류의 죽은 자가 등장한다. '장사 되어야 할 죽은 자'와 '장례 하는 죽은 자'다. 장사 되어야 할 죽은 자는 육이 죽은 자다. 영혼을 위해 할 수 있는 것이 아무것도 없는 육체를 상징한다. 다음은 그 죽은 자를 장사하는 죽은 자다.

인류 최초로 산자를 죽은 자로 구분했다는 점에서 철학적 의미가 크다. 죽은 자란 여러 가지 의미로 탐구될 수 있다.

그렇다면 죽음이란 무엇일까?

죽음이란 존재인가, 비존재인가?

생물학적으로 죽음이란 생명이 끊긴 상태다. 물론 더 깊게 들어가면 brain의 기능이 멈춘 상태, 혹은 심장의 기능이 멈춘 상태로 규정하는 경우도 있다.

한마디로 죽은 자란 생명과 장기의 연결이 끊긴 존재라는 의미다. 종교적으로 죽은 자란 신과의 연결 고리가 끊긴 자다. 그 현상은 탐욕과 분노와 미움과 원망으로 산다. 오직 육의 본성으로 사는 사람들이다.

모든 물체는 생명이 끊기는 순간을 시작점으로 부패하기 시작한다. 이는 자연의 법칙이다. 썩고 부패 되고 소멸되는 과정에 있어서다. 죽음은 썩는 것과 부패가 진행 중이라는 뜻이다.

육체가 죽으면 육체가, 정신이 죽으면 정신이, 마음이 죽으면 마음이, 양심이 죽으면 양심이, 썩기 시작하고 부패가 진행 상태에 있게 된다. 그러나 썩고 부패 되는 기간은 그 죽은 물체가 놓여있는 때와 환경에 따라 달라질 수 있다.

신학에선 신과 연결고리가 끊긴 상태를 죽음이라고 설명한다. 양심이나 정신이 썩고 부패하기 시작했다는 것은 신과 연결 고리가 끊겼다는 의미다. 하나님이 불어 넣어준 호흡(영)이 떠났다는 의미다.

일반적으로 사람의 생과 사는 양심으로 가늠한다고들 한다. 양심이 살아있으면 산자, 양심이 죽어 있으면 죽은 자로 간주한다.

양심이 죽었다는 것은 이성이 죽었다는 의미다. 짐승으로 전락했다는 의미이기도 하다.

한 부자가 있었다. 남의 것을 토색한 적도 누구를 사기 친 것도 없다. 어느 날 이 부자는 말했다. "창고에 몇 년 먹을 것을 쌓아 놨으니 이제는 먹을 것, 입을 것 걱정 없이 좀 즐기면서 쉬리라."

이때 한 소리가 들린다. "어리석은 자여 오늘 밤 네 영혼을 취하면 네 가진 것이 뉘 것이 되겠느냐?"

성경은 죽은 자의 상징으로 이 사람을 들고 있다. 남의 것을 도둑질한 것도, 사기를 친 것도, 남에게 피해를 주면서 산 것도 아닌데 왜 이 사람이 죽은 자의 아이콘이 되었을까?

자기 자신만 위해 살아왔기 때문이었다. 덕목이 없었다는 의미다. 비록 그가 남의 것을 훔치거나 도둑질하지 않았다고 할지라도 그는 거대한 우주의 법칙을 어겼다. 바로 청지기의 법칙이다. 가난한 자를 돌보고, 약한 자를 돌아보고, 강도 만난 이웃을 책임져야 할 암묵적 책임, 즉 암묵적 자연의 흐름을 대적했다는 의미다.

따라서 이는 인간 세상의 그 어떤 누구도 자기가 가진 것을 자기 것이라고 주장할 수 없다는 의미이기도 하다. 비록 그것을 자기가 만들고, 자기가 창조했다 하더라도 자기 것이 될 수 없다.

받아들이기엔 불편할 수 있지만 우리 모두는 우주의 청지기다. 참 주인이 따로 있다는 의미다. 그러므로 축구선수가 공을 받으면 패스를 해야 하는 것처럼 자기가 가진 모든 것은 일단 받으면 다시 보낼 줄 알고, 패스할 줄 알고, 얼른 자연의 흐름 속으로 흘러 보낼 줄 알아야 한다. 이는 부의 법칙에도 나오는 원리다.

축구공의 주인이 개인이 아닌 것처럼, 그 공을 받은 자가 가능하면 빨리 다른 이에게 패스해야 하는 것처럼, 지적 재산이든, 물질적 재산이든, 자기가 쓰고 남은 것을 즉시 우주로 패스해야 한다. 그래야 새로운 부가 다시 흘러올 것이다. 그러나 이 부자는 그렇게 하지 않았다. 흐름을 차단해버린 것이었다.

쉬운 예로 그에게는 덕목이 없었다. 덕목의 대상은 이웃이다. 이웃이란 우리 보다 열악한 처지에 있는 사람, 고통 받는 사람, 아픈 사람, 우리 곁에서, 혹은 우리의 생의 길목 어딘가에서 우리의 도움을 필요로 하는 사람, 신의 위로와 용서, 그리고 우리의 사랑을 필요로 하는 사람들이다.

인간의 양심은 이웃이 있어야 일어나서 소리를 낼 수 있다. 양심이 건강하다면 힘이 있게, 건강하지 않다면 힘이 없게 말을 해 주고 가르침을 준다. 낮은 소리로, 전율로, 괴로움으로, 슬픔으로, 이해로, 우리에게 충동을 준다.

그러나 죽은 자는 양심의 고동이 꺼진 자들이다. 이웃이 없고, 나만 있다. 이웃이 없으니 덕목도 없다. 그래서 죽은 자는 영혼이 없다. 영혼이 없으니 영혼의 양식도 필요하지 않다. 굶어도 허기를 느끼지 않는다.

이 세상을 덕목을 펼치는 장소가 아니라 밀림에서처럼 사냥터로 생각한다. 그래서 덫을 만들고, 올무를 설치한다. 남의 재산과 자유, 정신, 시간, 그리고 마음과 관심을 사냥할 도구를 생산해 내는데 집중한다.

(4) 죽은 자의 철학

죽은 자의 철학이란 죽은 자에게서 나오는 철학이다. 죽은 자의 철학이란 산자를 죽이는 철학이고, 죽은 자를 만드는 철학이고, 죽은 자를 살아나지 못하도록 방해(가스라이팅)하는 철학이다. "어떻게 하면 부자가 될까? 어떻게 하면 성공을 할까? 어떻게 하면 유명해 질까? 어떻게 하면 스타가 될까?" 이런 것들에 대한 모든 탐구가 죽은 자를 만들 죽은 자의 철학이 될 수 있다. 죽은 자의 철학은 시간이 지나면 부패하여 소멸되는 철학이다.

그것이 설교가 되었든, 신학 강의가 되었든, 그리고 그것이 아무리 고상하고 고매한 사상이라고 해도, 그것이 영혼, 혹은 정신, 혹은 양심이 죽은 자에게서 나왔다면 그것은 죽은 자의 철학으로 분류가 된다. 덕목이 없어서다.

"너희는 영혼 하나를 구하기 위해 온 들판을 다니다가 구하면 배나 더한 지옥 자식이 되게 하는 도다."

가장 좋은 예가 영혼이 죽은 사이비 도사들이다. 시대에 거슬린 수염과 의상으로 치장한 귀신의 머슴들이 파멸로 인도될 귀신의 교훈을 낸다. 그들이 내뱉는 모든 말은 죽은 자의 말이다.

고대 그리스는 신화의 나라였다. 모든 것이 신화였다. 한국적인 표현으로 사람들의 길흉화복이 집터, 혹은 조상들의 묘지 터에 의해 결정된다고 생각했다.

그리스에는 많은 신탁이 있었다. 그중 델포이 신탁은 정확도가 90%에 이상에 달할 정도였다. 대부분의 그리스의 식민지가 이런 신탁의 조언으로 개척될 정도였다. 그러나 그런 신탁의 신통력도 시간에 따라 시들어버렸고 그리스도 망했다.

미신이나 신화의 주체도 시대에 따라 변한다. 옛날 실제 도깨비와 씨름을 했던 사람의 이야기를 들었던 기억이 있다. 시대 시대에 따라, 인간의 정신세계에서 그것들을 몰아내거나 그것들에 대한 기대치가 사라지면 신통력으로 보이는 그들의 현상도 사라진다.

그것들은 그들을 불러들이지 않으면 인간 세계에 나타날 수 없다. 인간의 정신세계를 지배하던 포세이돈의 삼지창도, 제우스의 신통력도, 그리고 삼신할머니도 그렇게 해서 사라졌다.

바로 그런 이유로 지금부터 약 2천 6백 년 전 탈레스라는 철학자가 그리스의 정신세계를 미신으로부터 해방시켰는지도 모른다.

그런데 지금이 어느 시대라고 미신을 다시 부활 시켜 수염을 하얗게 기른 귀신의 제사장들이 인간 세계의 정신을 자문한단

철학 핸드북 (지성인, 교사, 신학생, 목회자를 위한 가이드)

말인가! 어떻게 이런 시대를 과학과 문명과 이성의 있는 시대라 할 수 있겠는가!

심지어 그런 미신을 가장 먼저 타파해야 할 종교단체에서까지 부끄러움도 없이 그리고 한 치의 망설임도 없이 "붉은 악마!"를 찬양하고, 붉은 악마에 의지하고, 미신들을 부추기고 있는 추세다.

그런데 도사 가면을 쓴 귀신들을 비롯하여, 2백만 명이 넘는 점쟁이들을 통해 아주 바쁘게 활동하고 있는 귀신의 왕국, 한국이 왜 점점 침몰해가고 있을까?

양심이 화인 맞은 전과자, 정치인을 비롯하여 영혼 없는 종교인들이 일어나 우상이 되어 신의 자리를 차지하고, 마치 거짓의 흑사병 같은 가짜 신앙이 백성들의 정신들을 망치고 있을까?

죽은 자의 말, 죽은 자의 철학 때문이다.

(5) 악한 자

철학에서도 종교에서도 악한 자란 남에게 해를 끼치는 사람으로 지칭해 왔다. 그러나 여기서는 '남' 안에는 자기 자신도 포함하려고 한다. 자기나 남에게 해를 끼치는 모든 행위를 악이라 할 수 있다.

행위에는 주체가 있다. 사람의 정신이다.

'남'이란 보이는 '남'과 보이지 않는 '남'이 있다. 보이지 않는 '남'은 미래의 '남'으로 비유할 수 있다.

그러니까 지금의 남뿐 아니라 미래의 남에게까지, 지금의 정신세계 뿐 아니라 미래의 정신세계까지 해치는 모든 행위자라는 의미다. 그것이 말이 됐든, 행동이 됐든, 문학이 됐든, 예술이 됐든, 노래가 됐든, 춤이 됐든, 어떤 이벤트나 performance가 되었든, 악이라는 의미다.

(6) 악한자의 철학

악한 자의 철학도 세 가지 측면에서 사고해야 한다.

첫째는 악한 자들이 내놓는 철학이다. 예를 들면 유물론, 공산주의 철학이 바로 그것이다.

둘째는 악한 자들을 위한 철학이다. 영혼 없는 자들을 행복하게 하는 이론이나, 논리, 그리고 사상도 여기에 해당한다.

세 번째는 악한 자를 만드는 철학이다. 영혼 없는 자들을 흥분하게 하고, 만족시키는 음악이나, 춤도 여기에 해당한다.

요약하면 악한자의 철학이란 남의 정신과 영혼에 해를 끼치는 철학의 총칭이다. 남을 악마 화시키는 철학이다. 열매가 악하게 열린 모든 철학을 총칭한다.

거짓 철학이라는 말로도 대칭할 수 있다. 모르면서 아는 체, 깨닫지 않았으면서 깨달은 척, 없는데 있는 척, 정말 그것은 아닌데 그런 것처럼, 만들어낸 모든 논리와 이론의 총칭이다.

그 예가 다윈의 진화론이다. 자연현상 가운데 진화가 없는 것은 아니다. 그러나 사물에서 일어나는 진화란 그 범위(scope)가 정해져 있다. 그 종 안에서, 혹은 정해진 경계 안에서만 진화한다. 그러나 흑인이 백인으로 진화하지 못하고 백인이 흑인으로 진화하지 못한다. 돼지가 소가 되지 못하고, 사자가 토끼가 되지 못한다. 그것이 진화론의 한계다.

그러나 다윈은 베이컨이 말한 동굴의 우상에 갇혀서 다른 세상을 보지 못했고, 시장의 우상에 갇혀 언어의 사용에서 큰 오류를 범했다.

다윈은 갈라파고스 제도에만 서식하던 핀치 새 12종류의 부리를 가지고 단 5주 만에 수십억 년의 인류 발생 원인을 찾았다고 코메디 같은 농담을 한 사람이다. 지구에는 그가 태어나가 수 억 년 전에 창조론으로 밖에 해석이 불가능한 생명체의 대폭발이 있었다. 고생대 초기에 있었던 '캄브리아기의 대폭발'이다.

그가 무식해서 그랬는지 아니면 간교해서 그랬는지는 모르나 그의 진화론이 거짓의 토대 위에 세워진 허무맹랑한 소설이라고 한 과학적 증거다. 그리고 실지 인류의 문자가 등장했을 때부터 지금까지 원숭이가 사람이 된 적이 있었으며 닭이 꿩이 되고 오리가 닭이 된 적이 있었던가!

그렇다면 다윈은 왜 인간의 존엄성을 원숭이의 레벨로 떨어뜨리려고 몸부림쳤을까? 소크라테스가, 플라톤이 그리고 아리스토텔레스가 제논 등과 같은 고대 현자들이 그토록 소중히 여기던 인간의 '영혼', 동물과 구별 짓는 그 유일한 영혼을 부인하고자 해서였다. 이것이 악의 음모다.

인간의 존엄성을 상징하는 것은 영혼이다. 인간과 짐승을 구별 짓는 것은 DNA가 아니라 영혼이다. 모든 만물은 땅에서 왔기 때문에 공통적으로 땅의 DNA를 가지고 있다. %는 숫자에 불과하다. 그러나 영혼은 결코, 동물이 가질 수 없고, 악이 복사할 수도 없는 고유한 존재(Divine Spirit)다. 생물학적으로 인간의 육체는 신비의 보고다. 그 예가 인간의 암지에 새겨져 있는 지문이다. 기금까지 지구상에 존재했던 헤아릴 수 없이 많은 사람들은 각자 다른 지문을 가지고 있었다. 그리고 지금 지구상에 존재하는 모래알 같이 많은 사람들도 각자 다른 지문을 가지고 있다. 어떻게 그것이 가능할 수 있을까? 이러한 생명의 신비를 떠나서도 인간의 영혼은 과학의 영역 밖에 있다. 왜냐하면, 영혼은 형이상학적 Being이기 때문이다.

차라리 니체처럼 '루시퍼는 이렇게 말했다'고 노골적으로 말한 편이 낳았을 것이다. 그의 연구대상이 되었던 핀치 새들을 웃길 일이다.

비단 다윈의 진화론만이 아니다. 칸트, 정신질환을 앓았던 니체, 룻소, 칼 마르크스의 유물론과 공산주의, 유아성욕론의 프로이드, 등등. 이런 것들이 바로 악한 자의 철학이다. 인류의 보편적 정신세계와 영혼의 세계를 해쳤기 때문이다.

거짓 철학이란 참이 아닌 철학을 말한다. 본래 진리는 참이고 절대적이다.

진리는 결코 상대적일 수 없다. 변해버리고 변색해 버리면 진리가 아니다.

복음서에 "불법을 행하는 자들"이라는 말이 나온다. 불법을 행했다는 것은 법을 어겼다는 뜻이다. 법을 어겼다는 것은 자연의 흐름을 막거나, 방해하거나, 대적하거나 우주의 존재 질서를 훼방하고, 어지럽혔다는 의미다.

대부분의 사람들은 죽은 자의 철학을 주장한 사람들이 그래

철학 핸드북 (지성인, 교사, 신학생, 목회자를 위한 가이드)

도 학자라는 이유 하나로 선한 자들로 오해하는 경향이 있다. 그러나 학자라는 이름 하나가 이들의 오류와 범법행위를 면책시켜주지는 못한다. 주님이 "악한 자들"이라고 했던 분들이 거창한 성직자들 이었다는 것과 같은 맥락이다.

어디서든, 언제든지, 무엇을 하더라도 인간의 덕목은 존중되고 지켜져야 한다. 그 덕목은 정신의 축이고, 인간이 인간이라는 증거다. 더하여 그것은 죽은 자를 살릴 수 있는 생명이고, 탐욕과 분노와 미움의 불을 끌 수 있는 생명의 물이다.

광야의 음성으로 알려진 세례요한의 가르침을 받기 위해 몰려오는 유대 지도자들에게 요한은 "독사의 자식"이라는 충격적인 단어를 사용하여 책망했다. 그 말은 남에게 독을 먹이는 자들이라는 말이다. 남을 가르치고, 지도하는 것을 생계수단으로 삼은 사람들을 향해 남의 영혼과 정신에 독을 넣는 자들이라고 한 것이다. "그러므로 너희는 스스로 선생이라 칭함을 받지 말라 선생은 오직 한 분 그리스도 뿐이니라."

선생이란 가르치는 직업이다. 남의 것을 가르친다는 의미다. 자기 것이 아니라 남의 것을 가르친다고 봐야 한다. 인간이 알고 있는 모든 것은 우주에 선재해 있던 것들이다. 남의 것을 가르칠 때는 그대로 가르쳐야 한다.

가르침에는 항상 이해상반(conflict of interests)이 일어난다. 배달부에 불과한 자신이 주인행세를 하고픈 욕망이 솟구쳤을 때 그 불을 꺼주는 것이 겸손이다.

주의 진리에 자신을 위하여, 자신의 말을 섞어서, 그것이 마치 진리인냥 가르쳐서는 안 된다는 말이다. "누구든지 이에서 하나라도 더하거나 빼면 저주를 받으리라"

여기서 잠깐 요즈음 교회에서 이슈가 되고 있는 동성연애에 대해 알아보자. 성경은 동성연애를 남색과 여색으로 표현하고 이를 멸망의 가증한 우상숭배로 비유하여 금하고 있다.

그러나 요즈음은 '하나님의 사랑'을 괴상하게 왜곡 하여 이를 허용할 뿐 아니라 이를 거부하는 목사들을 교회에서 파면을 시키는 교단까지 생겨났다. 바울의 말을 빌리면 남색과 여색은 하나님도 버린 자들이다.(롬1장26-27) 그래서 이런 자들과는 상종을 하지 말라고 명했다.(고전5:9) 그러려면 차라리 죽으라고 했다.(You would have to leave this world.) 구약에서는 돌로 쳐 죽이라고 했다.

물론 하나님의 사랑의 개념과 상충 되는 명령일 수 있다. 그러나 우리가 그런 것을 따지려면 바울이나 하나님께 해야 한다. 바울이 하나님의 사랑을 몰라서 이런 명을 내렸을까?

복잡하게 생각할 필요 없다. "살인하지 말라"처럼 성경에서 하지 말라 한 죄악이니 하지 말고, 먹지 말라한 선악과니 먹지 않으면 된다. 정신과 영혼에 해가 되지 않는 명으로 보장된 가르침이니 지키면 된다.

사실 교회에 출석하여 예배를 드리는 교인들 가운데는 가슴에 미움이나 분노나 원망, 더는 거짓을 품었거나 간음, 음행을 한 사람들은 수두룩할 것이다.

그들 중 아무도 공개적으로 고개를 치켜들고, "그래, 나 간음했고, 살인했고, 그리고 그것들을 계속할 것"이라고 선언할 사람은 없을 것이다. 교회는 회개, 혹은 회개한 자들이 모이는 공동체이기 때문이다.

무당이 목사가 될 수 있다. 그러나 무당이 목사가 되려면 무당 짓을 그만둬야 한다.

남색과 여색도 마찬가지다. 그들이 누구랑 무슨 짓을 했든, 자신의 잘못을 회개하고 하나님께 용서받기 위해 기도를 한다면 아무도 그에게 돌을 던질 수 없다.

그러나 그렇지 않다면 교회는 교회의 본질과 순결성과 거룩성을 지키기 위해 그들을 추방해야 하며 바울의 말대로 그들과 음식도 같이 먹지 말아야 한다.

'게이 크리스쳔', '게이 목사'란 말은 교회 내에서 존재할 수 없다. '사탄 크리스쳔', '악마 목사'와 같은 말이다. 교회는 음란 한 곳이 아니고, 음란한 곳이 될 수 없다. 마귀 노릇도 하면서 천사 노릇도 하겠다는 탐욕, 그것이 바로 악이라는 증거다.

목사가 됐다는 것은 무조건 성경을 지키겠다는 것에 서약 된다. 암묵적으로든 표현적으로든 그 서약이 없이는 목사가 될 수 없다. 그것을 계약법에서는 Express or Implied Contract이라고 한다. 계약은 지켜져야 한다.

교회는 음귀의 도전으로부터 순결성을 지켜야 한다. 그렇지 않으면 교회라는 개념 자체가 무너져버릴 것이다.

한 가지 더 유념해야 할 점은 음귀들이 교단의 법까지 바꿔 목사를 하겠다고 우길 수 있다는 점이다. 교회의 순결성을 짓밟는 것이 악마의 일이요, 악마의 존재 목적이기 때문이다. 바로 이들이 악한 자고 이들이 하는 말이 악한 자의 철학, 악한 자의 논리, 악한 자의 이론이다. "They are from the world and therefore speak from the viewpoint of the world, and the world listen to them. we are from God and whoever knows God listens to us but whoever is not from God does not listen to us. This is how we recognize the spirit of truth and the spirit of falsehood"(일요4:5-6)

11) 영들에 대한 현상학적 고찰

철학적 영역을 넘어 일반적으로 사람들은 세상을 영적세계와 물질세계로 나눈다. 종교마다 그 세계에 대한 이해가 다를 수 있지만, 영적 세계란 이 세상과 중첩(overlap) 상태면서도 눈으로는 볼 수 없는 세계다. 그리고 그 영적 세계도 여러 종류가 있을 것으로 짐작된다. 림보, 헬, 하이디스, 에비스를 비롯하여 연옥, 수성천, 목성천, 금성천 등 여러 종류의 천국이다. 총칭하여 그곳을 '영적 세계'라고 부른다.

천사, 악마, 악령, 영, 마귀, 악귀, 붉은 용 등등은 그곳에 거하는 존재들이다. 거기에 얼마나 많은 종류의 영들이 존재하는지는 중요하지 않다. 그곳은 분명한 경계가 있는 다른 세계(dimension)라는 것이 중요하다.

복음서에는 성령 외에 2가지 영이 등장한다. 첫 번째는 악령이다. 두 번째는 그냥 영이다. 성경에 의하면 영들은 영들의 세계에 머물러야 한다. 천국과 지옥에 경계가 있듯이 이 현상의 세계와 영의 세계도 분명한 경계가 있기 때문이다.

또한, 인간이 영들의 일에 관여할 수 없는 것처럼 그들도 인간사에 개입할 수 없다. 인간은 요가나 명상을 통해 영들의 세계에 기웃거려서는 안 되지만, 영들도 인간의 세계에 기웃거려서는 안 된다.

하여튼, 그들이 만일, 이 물질세계에 관심을 갖거나 인간사에 관여하려고 한다면 인간의 몸을 빌려야 할 것이다. 그리고 만일 누군가가 그런 영들에게 자신의 몸을 빌려주려고 한다면, 일단 자신의 의지(정신)를 묶어둬야 할 것이다. 몸의 주인이 정신(영혼)기 때문이다. 그것이 복음서에 들어있다. "집주인을 결박한 후에 그 집을 강탈하리라."

그래서 영들이 인간의 몸을 갈취하려고 할 때는 의지가 가장 약할 때다.

인간에게는 의지가 가장 약한 상태가 될 때는 탐욕, 집착, 분노, 미움, 시기, 질투 등에 사로잡혀 있을 때다. 사실 이는 이 분야의 오랜 전문가들이 연구해낸 것이기도 하다.

물론 이는 불법이다. 그 몸을 빼앗은 영에게도 자신의 몸을 빼앗긴 사람에게도 혹독한 댓가가 따른다. 우주의 흐름, 혹은 질서를 대적했기 때문일 것이다.

그렇다면 인간의 몸을 강탈한 영은 그 몸을 통해 무엇을 하려는 것일까?

그것은 행위(열매)를 봐야 알 수 있다. 아마도 자신의 본성을 드러낼 것이다.

그러나 그가 사람의 몸을 입었음으로 사람들은 그들이 어떤 영인지는 알 수가 없다. 그래서 예수님은 그들이 드러내는 실체를 통해 그들의 정체를 알아내야 한다고 조언하셨다.

아무리 그 영들이 거창한 사람의 가면을 썼고, 그리고 사람 몸에 꼭꼭 숨어있다고 해도 그 사람에게서 나오는 말이나, 행동, 아니면 행동의 열매를 보면 그 정체를 알게 될 수밖에 없다.

그럼 이제 악령에 대해 좀 더 구체적인 탐구를 시작해보자.

(1) 악령(Evil Spirit)

일반적으로 "악령" 하면 "괴물" 아니면 그리스 신화에 나오는 괴물 같은 형상을 한 티탄신이나 귀신을 떠올린다. 그러나 성경은 악령을 정반대로 묘사하고 있다. "광명의 천사"가 좋은 예다. 광명이란 아름다움의 상징이다. 화려함, 호화스러운, 명예로운, 부, 권력, 이런 것들이 모두 광명을 상징한다.

이제 악령이 역사(work)하는 방법에 대한 성경적 경고를 알아보자. "The coming of the lawless one will be in accordance with the work of Satan displayed in all kinds of counterfeit miracles, wonders, and signs and in every part of evil that deceives those who are perish— they perish because they refused to love truth." 살후 2:9-12)

악령에 대한 정의는 많다. 앞에서 언급했듯이 어거스틴은 악이란 선의 결여라고 했다. 선이 결여된 정신이나 사상을 상징했다. 맞을 수도 있고, 맞지 않을 수도 있다. 아마도 철학적으로 정의된 개념일 것이다.

성경은 악을 귀신, 사탄, 마귀, 루시퍼, 타락한 천사, 공중의

철학 핸드북 (지성인, 교사, 신학생, 목회자를 위한 가이드)

권세 잡은 자, 등등이라고 했다. 인간의 영과 육에 해를 입히는 영적 존재의 총칭으로 이해하면 된다.

베드로가 장차 받을 십자가의 죽음을 설명하는 예수님께 절대 그런 일은 일어나지 않게 하겠다고 했을 때 예수님은 곧바로 베드로에게 "사탄아 물러가라"며 책망했다.

세상에서 스승을 지켜내겠다는 말은 칭송받을 만한 말이고, 선하고 의로운 말이다. 그런데 예수님은 그 선의를 '사탄'이라고 직격했다.

여기서 만일 베드로의 말을 현상이라고 가정했을 때, '이 현상 뒤에 무엇이 있었을까?'라는 질문을 가져볼 수 있다. 당연히 현상의 본질이다. 예수님은 그것을 사탄이라고 했다.

예수님의 말을 비유적으로 풀면 아주 아름다운 꽃이 있는데 꽃 속에 독 향기가 들어 있다는 말이고, 먹음직스러운 과일이 있는데 그 과일 속에 사망의 독이 들어 있다는 말이다. 그러나 베드로의 말 자체는 악으로 보이지 않는다. 어거스틴의 철학으로도 악이 될 수 없다. 너무나 정의롭고, 감동적인 위로의 말로 들리기 때문이다. 악의 위장술이란 이렇게 철저하다. 바울이 이를 폭로했다.

예수님은 우리가 보지 못한 말의 본질을 봤다. 그리고 그 본질 뒤에 숨어있는 실체를 봤다. 곧 열매가 될 실체였다. 그 열매는 베드로 자신에게도, 예수님께도, 그리고 인류에게도, 득이 아니라 화였다.

무엇보다도 그것은 하나님의 뜻을 어기는 것이었다. 하나님의 뜻은 섭리고, 자연의 흐름이고, 자연의 법칙이다.

모든 중력에는 축이 있다. 지구의 자전축과 같다. 그래서 모두 자신들의 중력이 당기는 쪽을 향해 움직인다.

어떤 곳에 "본성의 어떤 부분"을 강하게 끌어당기는 힘이 있다고 가정했을 때, 끌어당기는 그 에너지(기운)에 끌려가 보면 그 에너지의 실체(본질)를 알 수 있다. 그곳에 불행이나, 파멸이 있다면 나를 끌어당겼던 힘은 악의 축에서 온 것이고, 반대로 그곳에 기쁨과 행복이 있다면 그 끌어당기는 힘은 선의 축에서 온 것이다. 그것을 숨겨진 실체, 혹은 실체의 본질이라고 부른다.

악한 영은 본성적으로 사람의 영혼에 해를 입힌다. 본질이 악이기 때문이다. 악령의 본성은 사람의 정신이나 영혼이 해를 입는 쪽으로 끌고, 밀고, 당긴다. 그 시작이 아무리 화려해도, 그 현재가 아무리 화려해도, 그 결과는 반드시 불행으로 귀추 된다. 열매는 본질의 구현이기 때문이다.

성경은 악의 본질을 거짓이라고 했다. 본질이 거짓이면 현상도 거짓이다. 나타난 현상이 참이 아니라는 것이다. 속인다는 말 속에는 위장의 의미도 들어있다.

위장이란 가면을 쓰다(masquerade as …)이다. 빛의 가면, 의의 가면, 심지어 천사의 가면도 쓸 수 있다. 상대가 가장 좋아하는 것, 상대가 가장 믿을 만한 사람으로 둔갑한다는 의미다. 그러나 속성은 위장할 수가 없다.

계시록에는 더러운 영, 인간을 더럽게 하는 영으로 설명했다. 그들이 모든 정신과 영혼을 더럽게 하리라고 했다. (Such man are false apostles, deceitful workman masquerading as apostles of Christ. No wonder Satan himself masquerades as an angel of light. It is not surprising, then, if his servant masquerades as servant of righteousness. (고후 11: 14-15)

기독교에는 성령을 받았다는 분들이 하는 안수가 있다. 그러나 그들이 하는 안수는 성경에 등장한 안수와는 다르다.

예를 들어보겠다. 안수라는 이름으로 신도들의 머리에 손을 얹고 뒤로 살짝 밀어뜨려 쓰러지게 한다. 그러면 어떤 분들은 그대로 쓰러져 입신상태에 이르거나 간질병 걸린 사람처럼 바닥에 벌러덩 드러누워 발과 손을 공중으로 치켜들고 죽어가는 짐승처럼 덜덜덜 떨거나, 간질병 걸린 곤충처럼 몸을 뒤틀고, 데굴데굴 구르거나, 바퀴 약을 맞고 뒤집어진 바퀴벌레 같은 행동을 하기도 한다. 그들은 그것을 성령의 역사 혹은 성령이 임한 증거라고 믿는다.

그것의 정체를 떠나, 이런 종류의 안수 행위는 타 종교(인도)에도 있다. 타 종교에서도 그렇게 해서 병을 치유하기도 하고, 신앙심도 고무시키기도 한다.

물론 이들이 일으키는 안수 행위를 거룩한 행위로 규정하거나 이들의 행위에서 성령의 열매를 경험했던 분들은 없을 것이다. 그러나 그들도 신의 능력을 힘입어 기적으로 보이는 안수 행위를 하고 있는 것만은 사실이다.

그것뿐이 아니다. 이글거리는 불구덩이를 만들어 놓고 영성이 높은 것으로 보이는 수행자가 그 불구덩이에 들어가 가부장

철학 핸드북 (지성인, 교사, 신학생, 목회자를 위한 가이드)

을 하고 앉아 있기도 한다.

짝퉁-안수 자들이 흉내도 낼 수 없는 초능력이다. 그러나 본질을 찾아가 보면 그 뿌리를 알 수 있다. 그것이 어떤 영이 일으킨 쇼인지.

영지주의에는 데모도리우스가 창조한 아르콘이라고 부르는 영적 존재들이 있다. 무속종교에서는 귀신, 유대교에서는 부엘세바, 불교에서는 잡귀 등에 해당한다.

일부 교회나 기도원에서는 이런 영을 성령, 계시록에는 이런 영을 붉은 용, 그리고 인간을 거짓의 우상과 교배시키는 음녀, 인간을 우상숭배로 끌고 가는 미혹의 영이라고 명명했다.

악령의 실체는 인간을 음란하게 하고, 우상숭배 혹은 인간숭배를 하게 한다. 영혼을 사고 파는 영혼 시장, 혹은 종교시장에는 '반쪽 이상의 우상', '80%-우상', '90%-우상', 더는 '100% 우상'이 되어 우상처럼 섬김을 받고, 칭송받고, 존경받고, 돈 받고, 숭배 받으려는 자들이 널려있다.

만일 이들에게 부정적인 말을 던지려면, 아주 사나운 말벌 집을 건든다는 각오를 해야 한다.

바울은 우상숭배를 시기, 질투, 미움, 원망, 분노, 방탕, 탐욕 등으로 총칭했다. 음란이란 더러운 행위들의 상징이다.

그러니까 무차별한 말벌들의 공격처럼 악의 속성들이 쏟아져 나온다면 그 사람이 누구라 해도, 어떤 가면을 썼다고 해도, 그 본질이 악령일 것이다.

(2) 다른 영들 (Other Spirits)

신학자들이 동의할지는 모르나 영에도 여러 종류가 있다. 그 중에는 사람에게 해를 입히지 않은 영이 있다. 그 영이 어느 dimension에 속했는지는 모른다.

이상하게 들릴 수 있지만, 사도행전에 등장한 한 영이 예가 될 수 있다. 바울이 전도 여행을 할 때 만났던 노예 점쟁이 소녀 안에 있던 영이다.

그 점쟁이 소녀는 바울 일행을 "높으신 하나님의 종들"이라고 외쳤다. "영생(구원)의 길로 인도하는 하나님의 종들"이라고 외쳤다. 며칠 동안이나 반복하여 외쳤다. 그녀가 세상에 내놓은 말은 천상에 속한 진리였다.

그녀는 그 누구도 공격하지 아니하였다. 바울에게도 그리고 그녀의 말을 듣는 군중에게도 전혀 해가 되는 행동을 하지 아니하였다. 그녀의 말은 천기에 속한 내용이었지만 그 소녀는 주저하지 않고 외쳤다. 마치 바울을 위해 예비 된 소녀 선지자 같았다.

그녀는 상당한 신용도를 가진 점쟁이였다. 그래서 그녀의 말은 많은 사람들이 바울 일행을 하나님의 사람으로 믿게 하는데 도움을 줬을 것이다.

그녀가 귀신의 영을 힘입어 바울 일행을 도왔다. 사람의 미래를 점치는 능력을 바울을 위해 사용했다.

그녀는 사람들을 불행으로 안내하지 않았고, 실패로 인도하지 않았다. 그렇다면 우리는 이 영을 무슨 영이라고 해야 할까?

그녀의 몸과 마음을 지배하고 있던 그 영은 무덤에 거하면서 자신의 몸을 상하게 하고, 지나는 사람들을 괴롭히는 거라사 지방의 악한 영과는 대조를 이룬다.

그녀가 주인을 위해 돈을 받고, 하나님이 절대 금하고, 그리고 천기에 속한 남의 미래를 점치는 일을 한 것은 사실이다.

그러나 그 영은 다른 귀신들처럼, 허락 없이 자기에게 할당되지 아니한 소녀의 몸과 정신을 갈취하여 사용하고 있는 영임에는 틀림이 없었다. 그리고 영들이 감히 간여할 수 없는 인간의 일에 간여했다는 점에서 불법을 저지른 영 임에도 분명했다.

그러나 그것 외에 그 귀신은 그 소녀, 혹은 다른 사람들을 공격하거나 해를 입히지는 아니하였다. 바울도 이 영을 그 소녀에게서 쫓아낼 때 악한 영이라고 하지 아니하였다. 이는 귀신들도 여러 종류가 있다는 것을 보여준다.

어쩌면 인간 세상에 있는 인간이 다양한 것처럼 귀신의 세계에도 더 많은 종류의 귀신이 있을 수 있다. 바울은 이 귀신을 꾸짖어 그 소녀에게서 나올 것을 명했다. 그리고 그 영들은 즉시 떠났다. 귀신에게 인간 세상은 어떤 식으로든 침범할 수 없는 영역임을 보여주는 좋은 예 같다.

12) 철학을 완성시킨 철학

일반적으로 철학은 탐구하는 대상에 대한 개념을 얻음으로서 완성된다. 그리고 대상에 따라 완성된 개념은 보편적 진리가 된다. 신의 아들로 불러지는 예수 그리스도는 3년이란 공생애를 통해 하늘과 땅의 진리들을 가르쳤다. 그분이 가르친 진리는 고대부터 수많은 현자들과 철학자들이 탐구해온 바로 그 탐구에 대한 주옥같은 답이었다. 그분의 입속에서 나온 모든 말은 땅의 이치와 하늘의 이치다. 안타까운 점은 그것들이 암호고 비유적이었다는 점이다.

그분이 가르친 신의 세계와 인간세계에 대한 진리나 이치는 모두 그분의 직계 제자들이나, 비 직계 제자들이 남겨놓은 기록에 남아있다.

지금은 고고학적 가치만을 지닌 고대 유물에 불과할지 모르나 약 3천개가 넘는 기록들을 비롯하여 여러 가지 문서들은 그 시대 주님의 행적을 그대로 증언한다.

문서는 역사다. 비록 우리가 모르는 이유로, 성경으로 편입되지는 못하였다 할지라도 모두 시간 속에 남아있는 역사적 유물임에는 너무나 분명하다.

교리적인 차이는 부차적인 문제다. 하나님의 아들이 인간의 형상을 입고, 인간 세상에 오셨다는 기록이 중요하다. 그리고 그분이 자신이 가르친 진리로 인간 안에 머물고 있다는 것이(내가 그 안에 그가 내 안에) 중요하다. 그분이 가르친 하늘의 진리, 즉 영혼의 덕목이 중요하다.

아직 어떤 철학자도 고대 철학의 완성자로서 예수 그리스도를 말한 적이 없다. 그분 역시 철학자가 아닌 신의 아들, 그리고 인류의 구세주로 자신을 소개했고, 사람들 또한 그렇게 믿었다.

많은 신화와 전설을 지닌 고대 문화도 그렇지만, 인류는 개인적으로 혹은 국가적으로 중요한 역사적 사건이 있을 때마다 신이나, 신의 사자들, 혹은 신의 종들이, 천사로 지칭 받으며 인간 세상에 나타나서 직간접적으로 도움을 줬음이 역사적 사실로 남겨져 있다. 수메르, 고대 이집트, 그리스, 등을 제외하고라도 어느 나라에나 혹은 누구에게나 몇 번씩은 경험되었을 일이다.

그러나 지금 우리는 그 시대를 전체적으로 비이성적인 미개한 시대, 혹은 미신적인 시대로 치부해버렸다. 그 시대 그 개체의 눈으로 보지 않고, 오늘의 눈으로 그리고 나의 가치로, 그 시대와 그의 가치를 평가했다는 의미다.

그러나 혹시 우리가 그렇게 처리한 역사 속에 생매장된 너무나 중요한 '어떤 것'은 있지 않을까? 혹시 아직 탐구되고 설명되어야 할 그 어떤 것이 남아있지 않을까?

사실, 그때는 종교가 곧 철학이었고 철학이 곧 종교였다. 그런 측면에서 오직 신의 아들이라는 이유 때문에 그분을 종교적인 틀 안에 가둬버린 것은 아닌지, 한 번쯤 점검해 봐야 할 시대인 것 같다. 어쩌면 그분이 남기신 진리가 바로 이 시대를 위한 것일 수도 있어서이다.

그분이 만일 그 시대 신의 아들이었다면 지금도 신의 아들임이 분명하다. 만일 그분이 종교적으로 신의 아들이었다면 종교적인 틀 밖에서도 신의 아들임이 분명하다.

그분이 말씀하셨던 모든 진리도, 이치도, 그리고 학문도, 그분에게서 나온 모든 말과 행동도, 신의 것임이 분명하다.

그분이 광활한 우주를 만들고, 그 우주 가운데 존재를 심고, 이치를 설치 하였음으로 그분만이 모든 진리와 이치를 아셨을 것이다. 그래서 그분이 하신 말씀은 곧 진리고, 길이고, 생명이었던 것이다.

만일 세상이 고장 나서 오작동을 하고 있다면 그 고장 난 부분을 고치는 방법도 그분은 아실 것이다. 만일 세상이 썩고, 병들어 죽어가고 있다면, 어디를 어떻게 치유해야 하는지 치유방법도 그분은 아실 것이다.

그러나 만일 그분을 신의 아들로 믿고 싶지 않아도, 그분의 말씀을 신의 말씀으로 믿고 싶지 않는다고 해도, 그분의 가르침은 인류의 빛이고 소금이라는 것을 거부할 사람은 없을 것이다. 회개와 용서와 사랑과 평화 감사가 모든 인간의 축이라는 것을 부인할 사람은 없을 것이다.

모든 만물은 행복하고 싶어 한다. 인간도 행복하고 싶어 한다. 그러나 완전한 행복에 들기 위해서는 알아야 할 너무나 많은 것들이 있다. 그것들을 알지 못하고는 인간은 결코 행복할 수 없다. 가장 쉬운 예가 다음의 질문들에 나타나 있다.

"죽음 앞에서 인간은 행복할 수 있겠는가?"

"매일 순간순간 늙어가는 것을 느끼면서 행복을 느낄 수 있겠는가?"

아무리 우매하고 미개하다고 해도 이런 실체를 파악한다면 인간은 결코 행복할 수 없을 것이다. 행복의 세계를 에워싸고 있는 장애물은 이런 것(노사)뿐이 아니다. 이런 장애물을 처리하지 못한 채 행복을 꿈꾼다는 것은 어불성설이다. 그래서 고대 수메르시대부터 인간을 그토록 목마르게 했던 문제는 죽음을 넘는 방법이었다. 그리고 인간이 조금 더 온전해 지는 것이었다.

그 온전함을 '강함' 혹은'절대적 힘'으로 이해했다. 그것은 최고 행복을 찾기 위한 수단 이어서였을 것이다. 그런데 사람들이 한 가지 간과한 것이 있다. 불안전 상태(미완성)로는 죽음을 넘을 수 없다는 점이다. 죽음을 넘으려면 먼저 온전해져야 한다.

사실, 수메르, 그리고 고대 이집트를 거쳐 그리스 자연철학에 이르기까지 인간이 끊임없이 찾아 헤맨 것은 행복이었다. 인간은 행복하기 위해 전쟁을 하고, 행복하기 위해 철학적 탐구를 시작했다. 행복하기 위해 남의 것을 약탈하고, 행복하기 위해 미워하고, 분노하고, 시기하고, 질투했다.

이 세상에 존재하는 모든 사상이나 철학도 심지어 진화론, 무신론, 유물론, 사회주의, 공산주의까지도 개체적 혹은 보편적 행복에 뿌리 하여 발생했다. 개체적 자기만족이 행복이기 때문이다.

그러나 인간은 행복하지 않았고, 행복의 근처에도 접근하지 못했다. 오히려 무협지에 등장하는 것처럼 탐욕으로 '주화입마' 상태가 되어 그 자신, 그리고 그것을 접한 사람들도 불행의 괴수가 되게 하였다.

그렇다면 인간이 추구해온 행복은 아예 없는 것일까? 아니면 영원히 얻을 수 없는 것일까? 그것도 아니면 인간은 행복에 대한 잘못된 지식을 가지고 있는 것은 아닐까?

그리스도가 바로 그 정답을 가지고 왔다. 그분이 바로 행복의 해답이었다.

'죽음을 넘어서는 방법', '나약한 미완성 인간이 완성되어지는 방법', 그분이 그 방법 그 자체로 오셨다.

그 다음 '만물이 어떻게 있게 되었는지.' '만물의 근저에는 무엇이 있는지',라는 명제는 보너스였다.

이런 답들은 신을 알게 하는 '지적-기구'였다. 그래서 예수는 모든 철학적 탐구에 대한 해답이었다.

"천국이 이미 네게 임했느니라." "천국은 네 안에 있으니.."

이 얼마나 깊고, 높고, 넓은 그리고 오묘하고 신비로운 철학인가!

천국의 속성은 행복이다. 기쁨도, 평화도, 선도, 의도, 진리도 모두 행복의 속성이다. 그런데 이런 것들이 모두 마음에 있다니, 인간이 탐구하는 모든 철학적 진리가 마음에 있다는 것이 아닌가!

전통 철학이 꿈도 꾸지 못한 지식의 영역이 뜻밖에 우리 자아였던 것이다. 이는 인간의 몸이 신선처럼 가벼워지는 방법이었다. 죽음을 넘고, 미약함을 극복하는 방법이었다. 그 방법이 너무나 쉬웠다. "나의 멍에는 쉽고 가벼 우니 내 멍에를 메고 나를 배우라"

그러나 대부분 비유로 가르쳐진 그의 가르침은 신이 아니면 가르칠 수 없고, 신의 세계에서 오지 않았다면 알 수 없는 신들의 논리, 신들의 지식, 신들의 철학이었다. 그래서 그 시대 사람들은 그분을 신의 아들이라 불렀고, 그분의 가르침을 신의 진리로, 그리고 신의 Spirit으로, 영생으로 받아들였다.

문자적으로 보면 그의 가르침은 너무 쉽고 간단했다. 그러나 그 문자들이 이상하게 상황, 상황에 따라, 그리고 개인 개인에 따라 변화무쌍하게 변화고 다르게 보여 지고, 다르게 이해되고, 다르게 해석되는 일이 벌어졌다.

그의 진리에 마술 같은 잠금장치가 달려있는 듯했다. 오직 택한 자들만 보고, 듣고 깨닫게 하기 위한 하늘의 섭리(흐름)라는 것이 그분이 알려주신 이유다. 그래서 그분이 주신 진리는 아무나 들어도 이해할 수 없고, 보아도 인식할 수 없는 지식이다. 돌 같은 죽은 자들은 결코 깨달을 수도, 알 수도 없는 진리라는 의미다.

실제, 그것이 당시 현자들이 그분의 말을 들으면서도, 알아듣지 못하고, 깨닫지 못한 체 어리둥절해 했던 이유이기도 하다.

'회개하라.'는 평범한 한마디 말에 어떤 사람들은 가슴을 치며 눈물을 흘렸고, 어떤 사람들은 눈을 부릅뜨고 분노했다.

'하나님의 아들'이라는 말에 어떤 사람들은 경의를 보냈고, 어떤 사람들은 비웃었다. 죽은 자를 살리고 악한 귀신들린 자를 치유하는 장면 앞에서 어떤 사람들은 하나님의 아들이라 평가하였고, 어떤 사람들은 귀신의 아들(왕자)이라고 평가하였다.

그분이 가르친 철학적 진리, 즉 회개와 용서와 사랑과 평화와 감사를 하늘의 진리를 받아들이는 이들이 있었는가 하면 그것은 인간의 자유를 구속하거나 빼앗는 것이라고 거부하는 이들이 있었다.

물론 미워하는 것도, 분노하는 것도, 원망하는 것도, 시기, 질투, 거짓말을 하는 것도, 자유는 자유다. 그러나 자연의 법, 즉 자연의 흐름상으로 그것은 악이다. 사람들은 자기도 모른 체 악을 행할 자유를 구하고 있었던 것이다. 자신들이 장차 남에게

입일 피해에 대한 합법화를 구하고 있었던 것이다.

만일 그리스도의 덕목을 살았을 때, 사람들은 무엇을 잃게 되는 것일까?

그리스도의 진리를 따랐을 때, 그들이 어떤 손해를 입게 되느냐는 것이다. 아무 것도 없다. 오히려 그들의 생만 빛나게 할 뿐이다. 그렇다면 왜 그들은 그런 사실을 받아들이지 못할까?

예수 그리스도는 자신의 진리는 어느 시대든 선택된 자가 아니면 알 수 없고, 이해 할 수 없고, 깨달을 수 없을 것이라고 하셨다. 불교의 표현방법으로 전생 혹은 금생의 선업에 의해 인연이 닿아야 한다는 말이다.

그런데 죽음 앞에 끌려가는 노년기 개인의 얼굴이 증언하고 있는 것처럼 쌓아놓은 선덕이 없는 죽은 '돌—올' 같은 것들이 어떻게 그분을 이해할 수 있겠는가?

그리스도교는 이런 '이해'를 은혜, 혹은 은총으로 간주한다. 죽은 자에게 그 은총은 보아도 볼 수 없고 들어도 들을 수 없는 신물(things of divine nature)이다. 그것이 그리스도의 진리다.

그리스도는 이 세상을 떠나면서 모든 진리의 주인인 아버지께 부탁하여 한 조력자를 보내주겠다고 말씀하셨다.

그분의 가르침은 자신이 떠난 후 하늘에서 온 조력자의 도움 없이는 깨달을 수 없다는 것을 알았기 때문이었을 것이다.

또한 그분은 이 우주 만물이 바로 그 절대적 존재에 의해 창조됐다는 것을 가르쳐 주셨다. 그리고 그 당시 자신도 그 자리에 있었다는 것을 밝혀주셨다.

그 질료가 무엇이든, 그 과정이 어떻게 되었든, 만물의 근저에는 창조자가 있었고, 그 창조자가 바로 아버지라고 말씀하셨다.

창조 연대나 창조 방법은 지엽적인 문제다. 하나도 중요하지 않다. 시간이나 방법은 인간 세상에 속한 불완전한 표현방법이기 때문이다. 그리고 불완전한 인간이 불완전한 상상 속에서 찾아낸 진리는 그것이 아무리 참이라고 해도 이성의 사유과정을 거치는 순간 오해되거나 왜곡될 수 있고 따라서 불완전한 진리로 변할 수 있다. 그러나 누가 창조주인지가 분명해졌다는 것이 중요하다.

많은 현자들이 목마르게 찾던 것이 바로 그것이었기 때문이다. 그래서 그분 자체가 철학이고, 철학의 형상이고, 그 분 자체가 수많은 철학자들이 탐구해오던 탐구였다. 한마디로 비유로 설명하면 고대부터 전승된 현자들의 철학이 예수라는 신랑을 만나 그 품에 안겨 완성이 되었다고 할 수 있다.

그렇다면 그런 신이 이 우주를 운영하는 방법을 왜 다 설명해주지 않았을까? 아니다. 오늘도 아버지가 일(work)을 하시고 계신다고 했다.

계속적인 섭리, 혹은 창조과정에 있다는 의미일 수도 있다. 모든 우주의 생소멸이 창조과정에서 일어난 현상일 수 있다는 것이다. 물론 세부적인 설명은 omit 되었다. 그러나 세부적인 설명을 해야 할 필요가 있었을까?

목적론적으로 생각하면 주께서 주신 힌트만으로도 우리가 영원한 천국의 덕목을 사는데 아무것도 부족하지 않다.

철학 핸드북 (지성인, 교사, 신학생, 목회자를 위한 가이드)

물론 정한 때가 되었을 때, 그 힌트가 시작을 만들어 세부적인 지식이 펼쳐질 수도 있을 것이다. 아니면, 어쩌면, 그런 설명 또한 암호와 같은 그분의 가르침 안에 이미 들어 있을 수도 있다.

인연이 닿는 자만, 그리하여 꼭 필요한 시대 필요한 자만, 꼭 필요할 때, 보고, 듣고, 깨달을 수 있는 상태로 심어 놓으셨을 수 있다. 비밀의 상자처럼 시간 밑에 머물다가 언젠가, 꼭 필요할 때, 선택된 자에 의해 열릴지, 아니면 지금 열리고 있는지 우리는 알 수가 없다.

감성학, 분석철학, 정신현상학, 심미학 등을 보라. "네 마음에 천국이 이미 임했느니라." 시작도, 끝도, 알파도, 오메가도, 마음에서 찾으라는 말이었다. 모든 것이 마음에 있다는 말이다.

베이컨의 경험론도, 칸트의 관념론도, 프로이트의 정신분석도 주님이 남겨놓으신 진리의 한 파편에 근거 되어 있다는 것을 부정할 사람이 몇이나 있을까?

지식은 지식을 낳고 의심은 의심을 낳는다.

13) 금지된 사유영역

높은 바위 절벽에서 무엇을 따거나 캐려는 사람은 먼저 자심의 몸을 동아줄로 묶고 그 로프를 나무나 다른 바위에 고정한다. 절벽을 타는 사람들도 그렇다.

이것을 학문을 포함해 인간의 행동에 적용해 보자. 여기서 자신의 몸을 묶어야 하는 끈은 철학적으로 존재 목적이고, 보편이고, 이데아다.

묶는다는 것은 어떤 의미로든 자유에 대한 구속이다. 그러나 긍정적으로 그것은 구심점이고 축이다. 종교적으로는 진리 혹은 신앙 아니면 믿음일 수도 있다.

모든 것이 그렇듯이 축이 없는 철학이란 일종의 판도라 상자 같은 우주의 이치를 열어젖히는 것과 같다.

일반적으로 앎(지식)은 좋은 것이다. 그러나 그 앎(지식)에 축이 없고 그리하여 그것을 제대로 관리하지 못할 때 앎은 재앙이 될 수도 있다. 인류에게 재앙을 불러올 수도 있다는 의미다.

지식의 세계, 앎의 세계에도 허락된 것이 있고, 허락 되지 아니한 것이 있다. 타임라인이 설치되어 있는 것도 있다.

우리는 지금도 뱀의 속삭임은 받는다. 예수님께 다가와 천하 만국의 영화로 유혹하던 그 유혹의 영은 지금 우리 곁에도 있다. 그러나 처음이 그랬듯이 뱀은 언제나 실체를 왜곡 하여 유혹을 시작한다.

실체가 왜곡되면 본질이 왜곡되고, 본질이 왜곡되면 결과도 왜곡된다. 그렇다면 뱀은 우리에게 무엇이라고 속삭일까?

"당신이 하나님의 아들이거든 이 돌들로 떡덩이가 되게 하라."

이런 질문이 바로 철학을 오류로 떨어지게 하는 유혹이다.

뱀의 말은 자연의 흐름을 거역하라는 유혹(충동질), 자연의 법칙을 대적하라는 충동질(유혹) 이었다. 개체적, 보편적, 존재 목적, 존재 이유를 이탈하라는 충동질이다.

"네가 만일 나를 경배하면 내가 온 천하 영광을 네게 주리라."

이런 유혹이 철학자로 도둑을 만들고, 목사를 청계천 강도를 만들고, 현자를 우매 자를 만든다. 진리 옆에는 항상 이런 올무와 덫 들이 설치되어 있다.

구세주로 오신 분이 '천하영광을 다 얻어서 무엇을 할 것인가?

그것을 얼마나 누릴 수 있을까?

그 다음은 어떻게 될까?'

영원한 세계를 위한 계획을 버려야만 얻을 수 있는 천하영광이 자신에게 무엇이 유익하랴?

한국 교회에 기복 신앙이 번성해갈 때 "꼬리가 되지 않고 머리가 되게 하여 주옵소서!"라는 기도가 있었다. 어린이들이 있는 가정을 상대로 '기도-팔이'들이 주로 사용하던 기도다. 잠언에 근거 되어 있다.

그러나 이는 자연의 흐름이나 법칙을 정면으로 대적하는 기도다. 만일 그런 목사들의 기도가 이루어져 모든 아이들이 머리가 된다면 세상은 어떻게 될까? 상상만 해도 아찔하다. "누구든지 섬김을 받으려 하면 종이 될 것이요"

인간의 육체는 머리만 중한 것이 아니다. 다리도 중하고, 팔도 중하다. 각자 존재 목적이 다르다는 의미다. 그 목적에서 이탈하지 않고, 그것을 이루어가는 자가 소위 '축복받은 자'다. 이것이 그리스도의 철학이다.

4. 영지주의

영지주의의 발생에 대해서는 여러 가지 학설이 있다. 어떤 학자들은 영지주의가 예수 그리스도가 이 세상을 떠난 후 1세기 후반에 유대교와 초기 기독교 사상을 섞어서 시작한 종교적 사상체계라고 말한다.

다른 학자들은 교회의 보편적 가르침과 교회의 전통, 그리고 교회의 권위에 대항한 개인적인 영적 지식을 강조한 집단이라고 말한다.

어떤 학자들은 영지주의를 일부 철학자들이 고대부터 전해 내려오던 그리스 철학과 이교도의 금욕주의를 혼합하고, 거기에 그리스도의 진리를 차용하여 만든 사상이라고 말한다. 그래서 영지주의는 뚜렷하게 경계를 설정하기가 쉽지 않다.

영지주의에는 성경에 들어있는 사상도 있고, 성경에서 들어있지 않은 사상도 있다. 그렇다고 그리스도교 전통 교리와 다른 몇 가지를 근거로 영지주의 전체를 거부할 수도 없다. 그 안에 들어있는 그리스도의 진리까지 거부하게 될 수 있어서다. 그러나 이들의 핵심 교리로 들어가면 어렵지 않게 구별이 된다.

그러므로 이 Chapter 에서는 영지주의와 기독교의 확실한 차이를 몇 가지 요약하여 정리 하려고 한다.

영지주의가 탄생할 당시 교회는 교리가 확립되지 않은 상태였고, 교회의 가르침도 예수 그리스도의 죽음과 부활에 초점이 맞춰져 있었던 시대였다.

교회라고 불러진 장소, 또한 신전 형태가 아니라 예수 그리스도의 재림을 기다리는 마음으로 성도들이 그분으로부터 마지막 유언 같았던 '사랑'의 계명을 수행(practice)하는 개념의 장소로 사용되고 있었다.

1) 창조론과 창조의 신

영지주의도 그리스도교와 마찬가지로 세계를 영적 세계와 물질세계로 나눈다. 그들은 영적 세계를 플레로마로 부른다. 일종의 낙원이다.

플라톤의 이데아의 세계, 아리스토텔레스의 형상의 세계, 스토아의 로고스의 세계, 기독교의 천국, 불교의 극락에 해당한다. 영지주의의 플레로마는 최고의 신으로 칭하는 '모나드'로부터 발출 된 세계다.

여기서 발출이란 '넘치다.'는 의미다. 뜨거운 유황불이 넘쳐흘러나는 장면을 상상하면 된다. 플레로마는 모나드의 신성이 발출되고 있는 세계다.

그들은 물질세계는 모나드보다 하위 신이 창조했다고 주장한다. 물질세계를 창조한 하위 신의 이름은 '데미우르고스'다.

영지주의는 데미우르고스를 구약에 등장한 창조주 여호와와 동일시한다. 여호와가 발출한 질투와 분노와 복수 때문이었을 수 있다. 스스로 인간을 질투하고, 분노하고, 복수를 한다고 소개했으니 어찌 그 신을 최고의 신이라 할 수 있었겠는가?

물론 인간에게 겁을 주기 위해 그랬겠지만, 나약한 인간에게 겁을 줘서 관심이나 충성심을 얻어낼 만큼 빈곤하거나, 인간의 충성심에 목말라한다는 것은 절대적인 신의 개념과 상충 될 수 있다. 영지주의가 이 점을 파고 들었던 것 같다.

영지주의는 인간을 영과 정신과 물질(육체)등 세 요소로 구성된 존재로 본다. 신학에서 말하는 삼분설과 비슷한 개념이다.

그들은 인간의 영을 스피릿, 또는 프네우마(신성), 또는 로고스(말씀)로 부른다. 그리고 인간의 정신을 누스(영혼), 혹은 mental이라고 한다. 육체를 사이키로 부른다. 그들은 인간의 정신을 영(spirit)이라고 칭하고 그것을 영혼(soul)과 분리했음에 주목할 필요가 있다.

그들은 인간을 영적 상태에 따라 3부류로 구분한다.

첫째, 영적인 인간(Pneumatics), 둘째, 정신적인 인간(Psychics), 셋째, 물질적인 인간(Hylics)이다. 즉 영적으로 높은 경지에 있는 사람은 영적인 사람, 중간 정도에 있는 사람은 정신적인 사람, 그리고 영적인 경지에 이르지 못한 사람은 물질적인 사람이라는 것이다.

그들이 말하는 모나드는 최고의 신, 신 중의 신이다.

만물의 아버지로서, 만물 위에 거주하는 불가시의 존재다. 모나드는 절대로 한계 지을 수 없으니 모나드를 한계 지을 수 있는 그 무엇도 존재하지 않기 때문이란다. 모나드는 순수하고 신성하며 결함이 없는 무한한 빛이라고 주장한다.

모나드는 완전이나 축복, 그리고 신성 속에도 존재하지 않는다고 한다. 그 이유는 모나드가 이것들을 훨씬 뛰어넘은 존재이기 때문이란다.

그들은 "모나드는 유(有: 유형)도 무(無: 무형)도 아니며 큰 것도 작은 것도 아니고 이렇다. 저렇다. 이런 특질이다. 저런 특질이다."라고 말할 수 없다고 주장한다. 모나드가 광대무변(vastness)하기 때문이어서란다.

모나드에 대한 그들의 주장에서 한 가지 모순점을 발견할 수 있다. 그런 광대무변한 모나드에게 누가 모나드라는 이름을 부여했느냐는 것이다.

모나드라는 이름이 누구에게 불러지기 위해, 누구에 의해 이름 지어졌느냐는 것이다. 이름이란 불러지기 위해 존재한다. 존재란 누군가에든 발견되고, 보여지고, 들려지고, 노출되어야만 존재가 되고 이름이 생긴다. 절대자에게 이름을 부여했다는 것은 무엇을 의미할까?

그 이름으로 모나드가 한계 지어졌다는 말이 아닐까?

그들이 말하는 모나드는 무한한 단순성을 가지고 있다. 모나드는 (하급 신, 혹은 영) 아이온들을 낳은 아이온이며, 생명을 주는 생명이며, 축복을 주는 축복이며, 지식을 주는 지식이며, 선을 주는 선이며, 자비와 구원을 주는 자비이며, 은총을 주는 은총이다.

지고한 모나드는 근원 중의 근원이다.

이 모나드(근원)로부터 발출을 통해 나타난 하위의 신적인 존재들이 있는데 그들이 바로 아이온들(영적 존재들)이다.

수메르 신화에 등장하는 아눈나키들을 생각하면 이해가 쉬울 것 같다. 최고의 모나드로부터 나온 아이온들은 신(영)이지만 동시에 그들이 분출(분리)되어 나온 근원인 지고한 신 모나드의 속성들(질료)이다.

영지주의는 이러한 신적인 존재들의 발출은 전체 구조의 하부로 내려갈수록 신성의 구조에 불안정성이 초래된다고 여긴다.

그 존재들이 궁극적인 근원으로부터 점차적으로 멀어졌기 때문이란다.

그들은 모나드로부터 한 단계 멀어져 있는 아이온들을 소피아(Spirit)와 소피아의 배우자 예수라고 했다.

소피아는 지혜의 신이다. 모나드로부터 약간 멀어져 있기 때문에 모나드보다는 약간 불안전한 신(아이온)이다.

모나드보다 약간 불안전한 소피아로부터 데미우르고스가 나왔다. 그래서 데미우르고스는 소피아보다 더 불안전한 신이다.

소피아는 자신의 불안전성 때문에 자신의 배우자 예수도 모르게 창조적인 충동을 참아내지 못하고 즉흥적으로 데미우르고스를 창조했다고 한다. 불안전성 때문에 무엇인가를 창조하고 싶은 충동을 억제하지 못했다는 것이다. 그런데 여기서 지적될 수 있는 것은 '발출(overflow)'이 아니라 '창조(create)'라는 단어다.

소피아로부터 나온 이 존재는 자신하고 있었다고 한다.

소피아가 자신의 충동적인 욕구의 결과물인 데미우르고스를 보았을 때, 데미우르고스는 사자의 얼굴을 한 뱀(lion-faced serpent)의 모습으로 변형되었다고 한다. 그리고 이 존재의 두 눈은 섬광을 발하는 번갯불과 같았다고 한다.

루시퍼를 연상케 하는 묘사다. 소피아는 너무 놀라 데미우르고스를 그녀 자신으로부터 떨어지게끔 플레로마에서 물질세계로 던져버렸다고 한다. 이유는 불멸의 존재들(아이온들) 중 그 누구도 이 존재를 보지 못하게 하기 위해서였다는 것이다.

한편, 플레로마 밖 물질계에 버려진 데미우르고스는 잠시 혼자 있게 된다. 그때까지 물질계는 아무 것도 없는 혼돈하고 공허한 곳이었다.

"그때까지는 무(無)도 없고 유(有)도 없었으며, 공계(空界)도 없고 더욱이 천계(天界)도 없었도다. 활동하는 그 무엇도, 어디에서, 그 무엇의 도움도, 깊고 측량할 수 없는 물(原水)도 없었도다. 그때까지는 죽음도 없고 영원한 생명(不死)도 없었으며, 밤의 징표도 낮의 징표도 없었도다. 유일자(唯一者)만이 완전한 정적 속에서 스스로의 힘으로 호흡하였을 뿐, 그 외에는 아무것도 없었도다." (베다경전)

그는 자신이 버려진 위와 같은 물질계에서 필요한 세상의 사물과 자신의 동료 지배자들을 창조한다.

이 동료 일꾼들을 아르콘들(archons)이라 한다. 다음으로 그는 인간을 창조한다. 그리고 소피아로부터 훔쳐 온 플레로마의 요소(component)를 인간의 인체 속에 가두어 놓았다고 한다.

그래서 그들은 데미우르고스는 그 어머니에게 버림받은 신이고, 하위의 신이며, 열등한 신이고 거짓된 신이라고 주장한다.

데미우르고스는 플라톤 철학에 등장하는 창조의 신이다.

데미우르고스는 그리스어로 '제작자, 공공 작업자'라는 의미를 지니고 있다. 그 외에도 작업 또는 에너지, 숙련된 작업자, 대중의 신, 또는 거짓 신을 뜻하기도 한다. 플라톤은 그의 철학에서 '유에서 유'를 창조한 신의 개념으로 데미우르고스를 등장시켰다.

영지주의자들도 플라톤의 데미우르고스를 차용하여 물질세계를 창조한 신으로 사용하고 있다. 여기서 영지주의가 그리스 철학과 창세기의 천지창조와 섞어서 만들었다는 주장이 발생한 것이다.

한편, 데미우르고스에 의해 창조된 인간이 고통과 죽음에 대한 두려움 속에서 데미우르고스의 노예처럼 사는 것을 알게 된 최고의 신 모나드는 두 명의 구세주 아이온들을 물질세계에 발출시킨다.

그들이 바로 그리스도와 지혜의 아이온 성령이다. 이때 그리스도는 예수라는 사람의 형상으로 화신 한다. 목적은 사람들에게 그노시스(영성)를 성취하는 방법을 가르쳐서 플레로마로 되돌아올 수 있게 하려는 것이었다.

그래서 영지주의 자들은 예수에 대해서도 여러 견해를 가지고 있다.

다수의 영지주의자들은 예수를 지상의 인류를 구원할 수단인 그노시스(Divine Knowledge)를 인류에게 가져다주고 가르치기 위하여, 플레로마(천국)를 떠나 고통이 가득 찬 물질계에 탄생하는 희생을 기꺼이 감수한 지고한 존재로 여기기도 하고, 모나드(하나님)가 데미우르고스에 의해 창조되어 고통당하는 인간을 구원하기 위해 자기 독생자와 같은 그리스도를 인간 세상에 보냈다고 믿는 사람도 있다.

그들은 동정녀 탄생을 부인한다.

그들은 물질세계에 예수라는 사람이 있어서 보니까 그리스도(아이온)가 그 사람의 육체를 힘입는 것이 좋을 것 같아 예수 안으로 "그리스도-아이온"을 내려보냈다는 것이다.(요한한테 세례를 받는 순간) 그렇게 하여 그리스도가 플레로마에서 지상으로 내려와서 3년 동안 구원의 진리, 즉 인간이 플레로마(아이온의 세계)에 이를 수 있는 방법을 가르쳤다는 것이다.

(1) 영지주의의 구원론

그렇다면 그들은 어떻게 하여 인간이 구원에 필수적인 그노시스를 얻을 수 있다는 것일까?

그것은 - 깨달음과 -절제와 극단적인 - 금욕을 통해서다.

그들은 인간의 육체는 악의 상징이기 때문에 육을 괴롭게 하고, 확대해야 영성이 높아진다고 생각했다 따라서 영성을 얻기 위한 최고의 수단이 금욕이라고 생각했다. 그러나 육체는 확대의 대상이 아니고 보호의 대상임을 알아둘 필요가 있다.

그들은 인간이 자신의 영적 정체성, 첫째, 참 자아를 깨닫고(자각하고), 둘째, 자신의 육적인 욕정을 억누르고, 셋째, 금욕과 절재를 통해 몸에 갇혀있는 영혼이 물질 적인 삶의 영역에서 플레로마 세계로 올라가는 길을 닦는다고 믿었다.

그들은 그리스도의 진리도 깨달음, 절제, 금욕을 통해 얻을 수 있다고 주장했다.

이는 그리스도의 진리와 비슷하면서도 틀리고, 틀리면서도 비슷하다. 또한, 다른 종교의 수행 교리와도 비슷하다.

이것은 예수 그리스도가 공생애를 시작하시기 전 시험하는 자의 시험을 받기위해 광야로 나갔을 때 40일 동안의 생활을 토대로 만들어진 사상으로 보인다.

그러나 그 뒤 예수님은 광야가 아니라 사람들이 많이 오가는 갈릴리를 주 무대로, 공적 활동을 전개하셨다. 그리고 먹고 마시는 것을 즐기셨다. 사람이 많이 모이는 곳을 찾아다니며 병자를 고치고 귀신들린 자들을 구해 주셨다.

그리스도의 진리는 광야의 진리가 아니다. 사람이 있는데서 펼치는 시장의 진리고 거리의 진리다. 거리의 덕목이고, 시장의 덕목이다. 광야는 덕목이나 빛이 필요하지 않다. 빛은 사람이 있는 곳에서만 필요하다.

그들은 십자가에 매달려 막 돌아가시기 직전에 예수님이 "엘리엘리 라막사박다니, 즉 나의 하나님 나의 하나님 어찌하여 나를 버리시나이까."라고 기도하였는데 그것은 그의 몸에서 모나드의 독생자 예수(아이온)가 빠져 나가버렸기 때문에 인간 예수가 지른 소리라는 것이다.

정리하면 이들은 물질을 악 하거나 결함이 있다고 보고 영은 선하다고 봤다. 그리고 구원은 신성(프네우마=Divine Spirit)에 관한 지식 혹은 앎이라고 봤다.

이런 지식(구원)을 얻기 위하여 금욕적이고 신비주의적 형태의 명상이나 기도를 해야 한다고 주장했다. 그래서 많은 영지주의 문서는 원죄와 회개라는 개념을 대신하여 환영과 깨달음이라는 개념을 사용한다.

이들이 말하는 금욕주의 전체를 나쁘다고 말하려는 것은 아니다. 그러나 예수님의 광야의 40일처럼, 존재(사람)에 따라, 존재에게 설정되어 있는 계절에 따라, 필요할 때가 있고, 필요하지 않을 때가 있다. 빛은 밝은 데서는 필요하지 않다.

만일 세상에 어둡지 않다면 빛도 필요하지 않을 것이다. 만일 세상에 병이 없다면 의사는 필요하지 않을 것이다. 어둠이 깊을수록 작은 빛도 밝게 빛날 것이다. 이것이 빛의 철학이다. 또한, 인간의 육체는 고귀한 영혼이 거하는 집이다. 고귀하다는 의미다.

초대교회 교부들은 이런 영지주의를 이단이라 규정하며 이들의 문서들을 파괴했다 그럼에도 불구하고 이들의 사상은 약 2세기까지는 지중해 연안 특정 기독교 집단들 사이에서 번성하였다.

특히 발렌티누스 같은 초기 영지주의 교부들은 자신들의 믿음이 정통 기독교의 믿음과 일치한다고 주장하였다.

그들도 인류를 빛으로 인도하기 위해 인간의 모습을 취한 신성한 존재가 그리스도라고 생각했다. 그러나 말은 같은데 본질이 달랐다. 그래서 대부분의 학자들은 영지주의가 유대교, 조로아스터교, 플라톤주의 헬레니즘 등 다양한 철학이나 사상으로부터 영향을 주고받았다고 하고 있다.

(2) 데미우르고스의 회개

앞에서도 언급했지 듯이 영지주의는 종교단체는 아니다. 그럼에도 불구하고 다양한 종교적 신앙체계를 갖추고 있다. 영지주의는 그 특성에 따라 많은 분파로 나눠져 있다.

앞에서 언급했지만 데미우르고스는 종종 유대교의 창조주 신

여호와 (야훼)나 그리스 신화에 등장하는 제우스와 동일한 신으로 취급되며, 최고신으로부터 발출되어 형성된 상위의 세계인 플레로마(천국)나 지고한 존재인 최고신을 뜻하는 모나드와는 대비된다.

데미우르고스에 대한 이런 견해는 분파 사이에 큰 차이를 보였다. 그런데 이런 차이에도 불구하고 그들은 종교단체가 아니기 때문에 그런 차이를 극복하거나 하나의 견해로 통일하기 위해 스스로 분쟁하지 아니하였다

예를 들어 어떤 분파는 데미우르고스가 악의 물질적 화신이라고 주장한 반면, 다른 분파는 최고 신에 비해 선이 조금 결여된 불완전한 신적인 존재일 뿐이라는 견해를 가지고 있었다.

특히, 영지주의 내 바실리데스파는 데미우르고스에 대해 다른 분파들과는 더 뚜렷이 구분되는 견해를 보여주기도 했다.

이 견해에 따르면, 데미우르고스는 예수의 복음에 기뻐하고 이를 받아들여 스스로를 최고신이라 주장했던 이전의 무지를 반성하고 우주의 전 체계 속에서의 진정한 자신의 자리를 찾아가는 겸손한 존재가 되었다고 주장한다. 그러나 이들은 이런 차이를 놓고 분쟁하지 아니하였다.

이것이 영지주의의 주요 사상이다. 그러나 영지주의는 이보다 훨씬 더 복잡하다는 것을 알아둘 필요가 있다.

영지의 32쌍의 아이온, 생명 나무의 메카니즘, 아이온들이 생성되는 과정 등 오랜 시간 동안 연구한 전문가가 아니면 쉽게 이해할 수 없을 만큼 복잡하다. 좀 더 포괄적인 이해를 위해 교부철학 부분에서 조금 더 다루려고 한다.

5. 신플라톤주의

신플라톤주의도 영지주의와 같이 예수 그리스 죽음과 부활, 승천 후, 고대 철학과 유대 사상을 절충하여 창도한 철학사상이다. 그러나 종교적 금욕주의 형태를 가지고 있으나 종교형태는 아니다.

신플라톤주의는 일체 사물의 본원(the root)을 이데아라고 하는 점에서 플라톤주의와 비슷하고 신을 이데아의 창조자라고 한 점에서는 유대교나 기독교 사상과 비슷하다. 그리고 신비적 직관에 의하여 신의 경지를 체험하려고 하는 점에서는 영지주의와 비슷하다.

1) 플로티노스 (AD 205~270)

플로티노스는 신플라톤주의를 창도한 인물 가운데 한 명이다. 그는 오리게네스의 스승인 암모니우스의 수하에 들어가 약 11년 동안 스토아 철학을 수학한 것으로 전해진다.

그는 플라톤철학과 아리스토텔레스의 철학사상을 계승한 철학자로 알려져 있고 플라톤의 제자를 자처했으나 플라톤의 사상과는 여러 측면에서 다른 점이 많다.

그때까지 고대 그리스철학은 스토아 철학에 모여져 있었다. 그러나 그리스도의 등장과 함께 모든 전통 철학이 기독교 사상과 합일이 되어가고 있었다.

그것을 다시 갈라내 플라톤 사상이 포함된 독립적인 철학사

철학 핸드북 (지성인, 교사, 신학생, 목회자를 위한 가이드)

상을 펼치려 했던 인물이 플로티누스다. 철학사적 입장에서 보면 그는 그리스 로마 철학과 중세 철학을 연결한 사람처럼 되어 있다.

신플라톤주의는 기독교의 힘에 밀려 크게 부각되지는 않았다.

플로티노스는 플라톤이 BC 360년경에 쓴 "티마이오스(대화편)"에 심취하여 그 사상을 토대로 자신의 철학사상을 정립했다고 한다.

참고로 플라톤 저술들은 보통 세 시기로 구분하는데, "티마이오스"는 그 가운데 세 번째 시기 작품에 해당한다.

소크라테스와 대화 상대자들인 티마이오스, 크리티아스, 헤르모크라테스, 그리고 익명의 한 사람을 등장시켜 대화형식으로 우주와 인간, 혼과 몸 등에 관한 이야기를 전개한다.

본래 이 책은 플로티노스의 제자 포르피리오스가 스승의 전 작품을 9권씩 묶어서 총 6집으로 편집했다.

제1집 일상적이 주제, 제2집은 대자연, 제3집은 인간의 삶, 제4집은 영혼, 제5집은 정신, 제6집은 하나(궁극적인 선인 존재)에 관하여 다룬 작품들로 구성했다.

"어찌 '하나'에서 다수가 흘러나왔는지?" 하는 당시 새롭게 제기된 이런 물음에 집중하여 사상을 펼쳤다고 한다. 소위 영원한 것이 완전한 채로 머물러 있지 않고, 이 세상의 불완전한 다수로(다양한 것들로) 존재하게 되었는지에 대한 질문에 답변하고자 하였다는 것이다.

포르피리오스는 숫자 9(enneas)가 '완성'의 의미를 띠었다

고 믿고, 그렇게 스승의 가르침이 완전한 것임을 주장하려고
하였다.

그래서 오늘날 그의 작품을 가리켜 "엔네아데스(Enneades)"
라고 칭한다.

학자들은 그 책이 중, 근대 철학사에 많은 영향을 끼쳤다고
한다고 평가한다.

이 책은 어거스틴(아우구스투스)한테도 많은 영향을 준 것으
로 알려져 있고, 기독교가 로마에서 콘스탄티누스 황제에 의해
313년 공인되고, 390년 데오도시우스 황제에 의해 국교로 선포
될 때까지 교회는 합치를 위한 여러 가지 시스템 설치작업에 돌
입했는데 학자들은 그 시스템이 만들어지는 과정에서 플로티노
스 철학이 많이 참고 되었다고 주장한다.

신 플라톤주의자들의 핵심 개념은 다음과 같다.

첫째, 존재에는 위계질서가 있다. 최고 단계는 누스(Nous)
의 단계다. 지성(Intellect) 또는 정신(Spirit)세계를 말한다. 다
음은 영혼 (Soul)의 세계다. 그 다음은 물질의 세계다. 가장 낮
은 단계다.

둘째, 각 단계의 존재는 그보다 상위 단계로부터 파생되었다.
바로 상위존재의 경계를 거쳐서 혹은 지나서 하위 단계가 파생
되었다는 것이다.

셋째, 각각 파생된 존재는 그보다 상위 단계로 귀환하려는 관
상적 욕구가 있다. 그 욕구는 자연스러운 운동 속에서 자신의
실제성을 확립한다. 모든 하위존재는 상위존재로의 귀한 혹은
격상(promotion)하려는 본성을 지녔다는 의미다.

넷째, 각 단계의 존재는 상위존재의 형상 혹은 표현이다. 이는 아리스토텔레스의 질료와 형상의 관계를 생각하면 이해가 쉬울 것이다.

다섯째, 존재의 등급은 단일성의 정도를 보여주는 등급이기도 하다.

여섯째, 최상위의 존재는 '존재 너머의 것'이라고 말할 수 있다. 존재 너머란 시공간 밖을 의미한다.

일곱째, 최상의 원리는 하나의 대상이 아니며 마음이 그것 자체와 직접 합일될 때에만 알 수 있다.

요약하여 설명하면 일자의 충만한 창조 활동으로부터 흘러나온 최초의 창조물이 누스(Nous)다 그것을 "지성"(Intellect) 또는 "정신"(Spirit)이라고도 한다. 누스에서 물질적 세계를 형성하고 질서 짓는 영혼(Soul)이 생긴다. 그러나 산출의 전체 과정은 초시간적이다. 왜냐하면 누스(정신)와 영혼은 영원하지만, 시간은 물리적 세계 속에서 활동하고 있는 영혼의 삶이기 때문이다.

영지주의와 비교검토 할 만한 대목이다.

물질적 우주가 존재하지 않았을 때에는 시간도 존재하지 않았다. 그때 "존재의 단계들"은 분리되어 있지 않고, 그 모두가 모든 곳에, 그리고 모든 것 속에 현존했다. 따라서 혼으로부터 지성을 거쳐, 일자로 상승하는 것은 공간적인 이동이 아니라 비공간적인 영적 이동으로서 그것은 새로운 종류의 앎을 깨쳐가는 과정을 의미한다. 어거스틴의 성화 교리와 비슷하다.

지성은 사유하는 자이자 사유이며, 동시에 사유대상이다.

대상으로서의 지성은 '형상들의 세계'다.

또한, 형상들은 지성과 함께 하나인 것으로서, 단순한 개체들이 아니라 살아서 사유하는 주체들이다.

이러한 형상들은 더 낮은 단계의 불완전한 실재들, 영혼들, 육체(물체)를 그것(육체)이게끔 하는 구조들의 '원형이며, 원인'이다. 따라서 인간이 갖는 최상의 것은 지적 능력이다. 감각, 지각뿐만 아니라, 추론을 넘어 영원한 실재들을 직접 파악할 때, 인간은 자신의 지적 본성을 깨닫게 된다. 칸트가 배워야 할 대목인 것 같아 보인다.

영혼은 지성의 세계와 감각의 세계 사이의 중간단계이다. 지성이 일자에 의해 산출되었듯이, 영혼은 지성에 의해 유출과 귀환의 이중 운동으로 산출되었다.

영혼은 상위에서 물질세계를 형성, 지배하여, 또한 더 낮은 단계, 즉 자연 속에서 생명과 성장의 내재적 원리로 작용하고, 육체와 같은 최하위 형태들을 산출한다. 그 아래로는 물질의 암흑만이 있을 뿐, 아무런 존재도 없으며, 그곳은 우주의 팽창이 끝나는 절대적 한계다.

인간은 자신의 지적 능력을 통해 우주적 영혼의 단계로 상승할 수 있으며, 그 영혼 속에서 지성 자체에 도달할 수 있다. 인간은 또한 경험과 욕망 같은 본능적 관심들(향락, 쾌락, 탐욕)에 몸을 맡김으로써 자신을 더 낮은 동물의 단계에 고립시킬 수도 있다. 일자를 향한 상승의 단초가 되는 철학적 전환은 지적이고, 도덕적인 노력으로 육체의 삶을 벗어나서, '누구나 가지고 있지만 아무도 사용하지 않은 또 다른 인식의 길을 향해' 걸

철학 핸드북 (지성인, 교사, 신학생, 목회자를 위한 가이드)

어갈 때 이루어진다는 주장이다. 창세기 인간 타락 상태를 재구성한 느낌이 드는 주장이다.

4세기말 아테네에서는 아카데미가 다시 문을 열어, 그리스철학의 마지막 형태로서 6세기 후반 (529년) 유스티니아누스 대제에 의한 이교도의 학원폐쇄령과 함께 막을 내렸다. 그러나 그 사상 자체는 중세, 근세의 철학에 커다란 영향을 미치게 된다.

6. 교부철학

교부란 영어로 father다. 예수님의 직계 제자나, 직계 제자의 제자, 그리고 사도 시대의 끝을 전후하여 약 3-400여 년 동안 기독교신학의 정통성을 이어간 교회 지도자들을 말한다.

이분들은 예수 그리스도의 가르침(진리)을 공격해오던 철학과 종교 세력들을 상대로 교회의 진리를 수호했다. 그것을 교부철학이라고 한다.

예수님의 생애가 그랬듯이 교회도 예수 그리스도의 죽음과 부활, 승천 후 많은 공격에 시달리게 된다.

예수님을 향했던 유대인들의 끈질긴 박해가 예수님의 승천 후 고스란히 예수의 가르침을 따르던 제자들에게 옮겨졌고. 그것이 네로 황제에까지 번진다.

당시 로마는 고대 그리스 전통철학보다는 소피스트-쾌락주의-헬레니즘 등, 비전통 철학을 계승한 나라였다. 그리스도의 진리와 충돌할 수밖에 없었다. 그래서 그들은 물리적 박해뿐 아니라 사상적, 철학적 박해까지 동원하여 교회를 대적했다.

그 시대에는 신앙 혹은 믿음의 푯대가 될 수 있는 경전이 만들어지지 아니한 때였기에 교인들의 신앙도 뿌리 둘 곳이 없었다. 더하여 교회는 날마다 급속도로 팽창하였고, 그들을 지도할 지도자는 부족했으나 지도자들을 체계적으로 양성할 마땅한 교육기관도 없었다.

그러다 보니 이들의 기승은 교회에 큰 위험이 될 수밖에 없었다. 제자들이 쓴 서신에서도 그것들이 나타난다. 아차, 하는 순간 그리스도의 진리가 왜곡되거나 바꿔질 수 있는 시대, 잘못된 정신적, 철학적 사상이 그리스도의 가르침으로 오해되거나 대처될 수 있는 상황, 그로 인하여 교회가 분열의 위기를 맞게된 경우도 있었다. 이런 현상은 교회가 커질수록 더해갔고, 그것은 1세기 말을 시작으로 2시기, 3세기에 절정을 이루었다.

외부와 내부에서 일어나는 이런 공격들로부터 교회를 지켜 낸 분들이 바로 교부들이다. 교회사에서는 이분들을 변증교부(Apologists), 헬라교부(Greek Fathers), 라틴교부(Latin Fathers)로 나눠 부르기도 한다. 따라서 이 시대를 교부시대 라고 한다.

그렇다면 어떻게 이런 교부들이 외부의 공격으로부터 교회를 지킬 수 있었을까?

먼저 교부시대 교회를 대적해온 철학사상과 종교사상에 대해 알아보자.

1) 교회를 대적했던 교부 시대의 철학과 종교 사상

원시교회부터 현재까지 그리스도의 진리를 대적한 가장 큰 세력은 주로 외부가 아니라 내부에서 일어났다. 서신서나 계시록에도 나타나 있듯이 그리스도의 진리를 왜곡(distort)하는 일은 주로 교회 안에서 일어났다.

진리의 축을 바꾸거나, 희석시키는 것도 포함한다. 그러나 그들이 교부들에 의해 교회 밖으로 쫓겨났다. 그 세력들은 다음과 같다.

철학 핸드북 (지성인, 교사, 신학생, 목회자를 위한 가이드)

(1) 유대교

초대교회 시절부터 교회를 대적한 대표적인 세력은 유대교다. 유대교는 율법과 장로들의 유전을 가지고 예수님의 진리를 대적했다.

예수님의 진리에 그들의 유전과 율법을 덧씌우고자 했다. 그 중 대표적인 것이 안식일과 할례였다. 예수님의 승천 후, 유대교의 영향을 받은 사상가들이나 철학자들이 유대교의 공격에 합세했다. 다행한 것은 이것을 미리 아신 주님은 "새 술은 새 부대에"라는 on point 축을 남겨놓으셨다. 그러나 그들의 공격은 다양했다.

교회를 괴롭혔던 그들의 사상은 다음과 같다. 그 대표적인 인물 중 한 명이 유대교 영지주의자인 발렌티누스다.

(2) 발렌티누스 (AD 100 – 160 or180)주의

발렌티누스는 시몬 마구스라고도 부른다. 그는 사마리아 사람으로 기원후 1세기에 생존하였던 영지주의(Gnosticism)자들 중 한 명이다. 그는 본래 유대교도였다. 그를 영지주의의 일파인 시몬파의 창시자라고도 한다.

그는 본래 유대교 마술사였고, 점술사였고, 고대 이집트에서부터 전승된 술수(witchcraft)에도 능한 자로 알려져 있다. 그는 사도행전 8:9-24에서 나오는 등장인물로서 베드로가 안수할 때 성령의 임함을 보고 돈을 주고 그 능력을 사려고 했던 인

물로 전해진다.

초기 기독교 교부 중 한 명인 이레네우스에 따르면, 그는 방탕한 삶을 살았고, 예수의 초상화를 소장하고 있었으며, 이 초상화는 예수의 생존 당시 빌라도에 의해 만들어진 예수의 실제 모습을 담은 초상화라고 주장하였다고 한다.

그는 예수의 초상화와 함께 플라톤, 피타고라스, 아리스토텔레스 상들을 만들어 이방인의 풍습과 숭배방식으로 숭배하였다고 한다.

그러나 예수는 숭배받는 존재가 아니다. 스스로 진리가 되어 그 진리를 사는 존재다. 초기 교회를 변호하던 기독교의 저술가 가운데 몇몇은 발렌티누스를 기독교의 모든 이단적 교의의 시원 인물로 여겼다.

그러나 그의 제자들과 지지자들은 그가 일으킨 기적을 토대로 그를 "신의 위대한 화신"으로 여겼다. 그는 많은 이적과 기사를 행했고, 공중부양을 하여 자유로이 하늘을 날아다니는 능력을 갖췄던 것으로 전해진다. 그렇게 함으로써 그 스스로가 그리스도와 함께 숭배의 대상이 되었고, 우상이 되었다.

후대 기독교인들은 이런 그를 인간형상을 입은 악마라고 선언하였다. 그들은 신방의식까지 행했던 것으로 알려지고 있다. 신방의식은 예배 형식으로 행해지는 집단 성행위다.

그는 스스로 그리스도의 제자를 자처했고 그가 일으키는 이적과 기사로 인하여 아무도 그를 의심하지 않았고, 많은 사람들이 미혹되어 그를 믿고 따랐다. 거룩함이 없는 기적의 정체가 바로 이런 것이다.

(3) 카르포크라테스파–케린투스

카르포크라테스파–케린투스 역시 영지주의자 가운데 하나
다. 그는 예수 그리스도의 신성을 부인했다. 그는 예수는 신적
인 존재가 아니라고 주장했다. 그러면서도 그는 예수의 영혼은
‘변함이 없고 순수하기 때문’에 ‘불생의 신의 영역에서 보았던
것들을 기억하고 있었다.’고 말하면서 이 세상에서 자신이 영계
에서 보았던 것들을 펼쳐냈다고 주장했다.

참고로, 예수에 대한 그의 견해는 영지주의의 창조론에 등
장하는 예수 그리스도의 개념과 약간 다른 형태임을 주지했으
면 한다.

그는 예수가 물질적인 힘들로부터 자신을 자유롭게 하는 능
력을 지니고 있었다고 주장했다. 그가 말한 물질적 힘이란 자연
의 흐름이나 법칙이다.

예를 들어 예수께서 물위를 걸어가신 것이나, 오병이어, 그리
고 병을 치유하고, 귀신들을 몰아내던 힘을 말한다. 그들은 예
수가 신적인 존재가 아니라고 믿었기 때문에 자신들도 예수처
럼 물질계를 초월할 수 있다고 믿었다.

여기서 우리는 그의 주장이 그리스도의 가르침과 비슷하다는
것을 발견할 수 있다. 주님도 “믿는 자는 능치 못할 것이 없느니
라.”고 말씀하셨기 때문이다. 그래서 그들은 그 능치 못할 능력
을 얻기 위해 금욕을 하고 명상(초월명상)을 해야 한다고 주장
했다. 그들은 예수님의 신성을 비롯하여 동정녀 탄생, 구원론,
교회의 주요 교리를 왜곡 하였다.

외형적으로는 이들도 예수를 믿고, 예수 이름을 부르고, 기도
(명상)하고, 다른 사람들이 할 수 없는 금욕생활을 하고, 여러
가지 이적을 일으켰기 때문에 당시 교회는 이들의 정체성에 혼
동할 수밖에 없었다.

(4) 케린투스파

케린투스라는 사람도 영지주의의 요소들을 가진 이단 학파의
창시자다. 그리스도를 인간 예수와는 별개인 천상의 영(아이온)
이라고 했던 점, 그리고 영지주의의 창조론에 등장하는 데미우
르고스를 물질 세상을 창조한 존재라고 한 점은 전통 영지주의
자들과 견해를 같이한다. 그들은 기독교인들도 유대교의 전통
과 율법을 지켜야 한다고 주장했다.

그는 데미우르고스(여호와-야훼)는 초기 영지주의에서 말한
하급의 존재가 아니라 신성한 존재였다고 주장했다.

이 점은 초기 영지주의자들과 견해를 달리한 부분이다. 이들
은 딱히 그리스도를 부인하지 않았다. 그러나 그리스도의 진리
를 살짝 왜곡했다. 즉 믿음이 아니라 행위, 즉 율법을 지킴으로
구원을 받는다고 한 것이다.

케린투스는 자신의 영적 지식은 사도 중의 한 명에게서 전수
받은 비밀한 지식이라고 주장하였다. 그러나 그 사도가 누구인
지는 밝히지 않았다. 어떤 학자들은 신약성경의 요한1서가 케린
투스의 주장에 대응하기 위하여 쓰여진 것이라고 했다.

(5) 오피스파 (Ophites: ? – AD 100)

오피스파도 영지주의의 한 분파다. 그들은 구약성경의 창세기에 나오는 뱀을 지식의 전수자로 숭배하였다. 그래서 그들을 오피스, 즉 뱀 파라는 이름을 붙여 불렀다. 어떻게 이들이 금욕을 강요하는 영지주의자라 할 수 있을까?라는 생각을 할 수 있을 것이다.

맞다. 그래서 영지주의란 오늘날의 WCC처럼 다양한 사상의 집합체라는 점을 주지할 필요가 있다.

작은 차이가 얼마나 튼 차이를 만드는지, 겉으로 그럴듯한 논리가 얼마나 엄청난 해악을 생산하는지 오늘날 오피스파를 통해서도 알 수 있다.

사탄은 어디에나 있고, 사탄의 유혹은 언제나 있다. 사탄은 언제나 우리를 보고 듣고 있다.

아무리 좋은 마음, 좋은 사상, 좋은 정신, 좋은 논리가 있다고 해도 사탄은 그 논리를 이용하여 그리스도의 진리를 무너뜨릴 기회를 노리고 있다.

(6) 보르보로스파

보르보로스파도 자유 분방주의 영지주의파로 니골라당(Nicolaitans)의 후예인 것으로 언급되고 있다. 니골라오파는 계시록에 등장하는 니골라당과 같다.

니골라당은 발람의 교훈을 가르친 자들을 대칭 한다. 발람의 교훈이란 뇌물을 받고 축복을 파는데서 시작한다.

　신학은 그것을 기복신앙(거래신앙)이라고 정의하고, 성경은 그것을 음행이라고 주해했다.

　하나님이 주시지 않는 뇌물을 받는 것을 음행이라고 한 것이다. 그리고 절대로 편을 들어서는 안 되는 자들의 청함을 받고 당연히 거절해야할 상황에서 하나님의 뜻을 묻기 위해 기도를 한 것도 "불의의 선지자", 즉 축복하지 않아야 할 무리들을 위해, 저주하지 않아야 할 무리에게 저주하려는 선지자를 총칭한다. 여기서 불의한 뇌물은 하나님이 주지 아니한 선지자들의 모든 부의 총칭이다. "신의 섭리에 끼어드는 자"의 총칭이 니골라당이라 할 수 있다.

　이 사상을 교회에 적용할 수도 있다.

　"내가 머리가 되기 위해 남을 꼬리로 만드는 행위" "자신의 이익을 위해, 하나님의 이름, 주님의 이름, 성령님의 이름과 역사를 이용하고, 도용하고, 남용하고, 망령되이 일컫는 행위 등이 그 예일 수 있다.

(7) 마니교(Manichaeism)

　마니교도 교회를 대적했던 종교형태를 한 영지주의다. 예언자 마니(210-276)에 의해 창시된 종교다.

　기독교보다 상당히 늦게 탄생했다고 보면 된다. 시리아, 이집트의 영지주의, 세트파(Sethians) 또는 세트주의(Sethianism)라고도 말 한다.

이 종교 역시 금욕주의 사상을 가지고 있다. 물질을 악하다고 보기 때문이어서 일 것이다. 그러나 초기 기독교의 교부 아우구스투스(어거스틴)가 그리스도인이 되기 전 이 종교의 신도였다.

2) 영지주의와 이교 사상으로부터 기독교를 지켜낸 교부들

교부들을 높이 평가해야되는 이유는 이분들은 부족한 무기로 그리스도의 진리를 지켜낸 분들이기 때문이다.

이때는 성경도 없었고, 그리스도의 진리가 교리적으로 확립되지 않은 때였고, 전승된 복음도 예수님의 죽음과 부활, 재림, 그리고 구원에 집중되어 있는 시대였다. 그러나 이분들은 그리스도의 진리가 교리적으로 확립되지 아니한 상태에서 그리스도의 진리를 지켜냈고 그러면서 그리스도의 진리를 교리적으로 확립해 냈다.

중요한 것은 그때 이분들에 의해 확립되거나 터를 잡은 교리가 성경이 만들어진 후, 그 성경에 전혀 위배 되지 않았다는 것이다. 바로 이것이 기적이다. 그중 대표적인 몇 분만 소개하도록 하겠다.

(1) 유스티노스(AD 100-165)

유스티누스는 순교자다. 그는 그리스인과 로마인 양친 사이에서 태어났고 초기 기독교 변증가로서 2세기 로고스 이론의 최초 해석가로 알려져 있다.

그는 진리의 철학적 편력자로서 스토아학파, 페리파토스학파
(소요학파), 피타고라스학파 등의 철학과 사상을 편력하면서 스
승을 찾아 여러 곳을 방랑했다고 한다. 그러다가 마지막으로 플
라톤주의에 진리가 있다고 믿고, 플라톤이 가르친 이데아에 대
한 관상(명상)으로 하나님을 만나보기 원하여 관상 생활에 들
어섰다고 한다.

그러던 중 그는 우연히 그리스도교인 한 노인을 만나 인간이
신(이데아)을 알기 위해서는 명상이나, 이성적인 탐구만으로는
불충분하고, 그에 따른 실천적 덕목(영혼을 위한)이 있어야 한
다는 가르침을 받게 됐다고 한다.

그는 이 노인의 가르침대로 자신의 신앙을 실천하는 가운데
신의 계시를 보게 되었다고 한다.

그는 로마에서 그리스도교 철학을 가르쳤다.

그에게 있어서 그리스도의 가르침은 최고의 "참된, 철학"이
었다. 신앙은 수행(덕행)을 통해서만 완성되고, 그리스도의 가
르침을 수행하는 장소는 자기가 살고 있는 곳이 가장 좋은 장소
라고 했다. 그는 로마에서 순교하였다.

(2) 이레네우스(130- 202)

교부 이레네우스 또는 이레네오는 로마 제국의 영토였던 갈
리아 지방 루그두눔 (오늘날의 프랑스 리옹)의 주교이자 초대교
회 신학 사상을 구축한 교부다. 그는 현재 기독교계에서 존경
받는 유명한 신학자로 알려져 있고, 로마 가톨릭교회, 동방정교

회, 성공회에서 성인으로 공경하는 인물이다.

그는 기독교의 교부이자 변증가로서 초기 그리스도교 신학을 발전시키는데 지대한 공헌을 하였다. 그는 사도 요한의 제자였던 폴리갑(폴리카르포스)의 문하생으로 알려져 있다.

(3) 클레멘스(AD 150- 211(~215?)

클레멘스도 초대교회 순교자다. 그는 알렉산드리아 교리문답 학교의 2번째 지도 교사였다. 본래 그의 부모는 아테네의 이교도였다.

그는 학생시절에 이탈리아와 지중해 동부 지역들에 있는 학문의 중심지들을 두루 여행했고, 마지막 판타이누스(과거에 유명한 스토아 철학자이자 기록상 최초의 알렉산드리아 교리문답 학교 교장)의 영향으로 그리스도교로 개종한 다음 AD 180년경 스승을 이어 그 학교의 교장이 된다.

클레멘스는 믿음이 구원의 기초라고 생각했다. 그가 생각했던 믿음은 '그노시스', 즉 영적이고 신비스러운 지식의 기초이기도 하다.

신자들의 두 차원의 믿음(규율을 통해서 반응하고 율법의 수준에서 사는 것을 믿음이라고 하는 그리스도교도들과 규율과 사랑을 통해 반응하고 복음의 수준에서 사는 그리스도교)을 구분함으로써 그가 죽은 뒤, 약 반 세기 후, 이집트에서 수도원 제도가 꽃피는 토대를 마련했다고 전해진다.

클레멘스는 사람들로 하여금 그리스도교 복음(덕목을 구현하면서)에 따라 살도록 하는 데 많은 관심을 기울였다.

그는 그리스도인들은 로고스 아래에서 하늘의 시민답게 살아야 하며, 그 다음에는 노모스 아래서 땅의 시민답게 살아야 한다고 주장했다. 즉 천상의 법인 그리스도의 덕목과 땅의 법인 자연의 흐름과 세상의 법을 지키며 살아야 한다고 조언한 것이다. 이것이 그의 "로고스 – 노모스 사상"이다.

(4) 오리겐(AD 185년 경 – 253)

오리겐은 알렉산드리아학파를 대표하는 원시 기독교 교부이다. 알렉산드리아 학파란 원시교회의 지도자인 판타이누스, 클레멘스, 오리겐의 사상을 일컫는다. 그는 매우 독창적인 신학 체계를 세워 이단과 논쟁하였고, 교회와도 마찰을 일으켰다.

그는 금욕주의에 따라 스스로 고환을 자른 것으로 유명하다.

이 학파는 알레고리(풍자–비유)적 성서해석 방법의 시작이기도 하다.

그들은 그리스 문화와 그리스도교 신앙을 절충하는 사상을 따랐으며, 교리의 변화가 심한 시기에 이단적인 주장들에 맞서 정통 그리스의 가르침을 철학으로 확립하려고 애썼다.

알렉산드리아학파에 대해 반대 입장을 취한 학파는 안티오크학파로서 이 학파는 성서의 문자적 해석을 주장했다.

세베루스 황제의 박해 때 수사학자인 그의 아버지 레오니데스가 순교하였다. 아버지의 모든 재산이 몰수당하자 오리겐과 그의 가족들은 가난에 시달렸다.

그는 가족 생계를 위해 헬라어 문학과 철학을 가르쳤다.

그는 18살 나이에 문답 교사가 되었다. 학업을 계속해 알렉산드리아에서 신도들을 가르치고, 알렉산드리아의 클레멘스가 세상을 떠나자 문법학교를 다시 세웠다.

다양한 여행과 신학적 주제의 저술을 폈고, 40대 즈음에 성직자로 활동하였다. 알렉산드리아 주교는 스스로 거세한 것을 문제 삼아 그에 대한 성직 서품–안수를 거부하면서 알렉산드리아 교회에서 그를 추방했다.

그는 이후 데키우스 황제의 박해로 심한 고초를 당했고, 254년경에서 255년 사이 두로에서 세상을 떠났다.

그는 그리스도교를 신을 향해 올라가는 사다리로 보았다. 초신자들도 성인들과 함께 끊임없이 사다리를 오르는 법을 배워야 한다고 했다.

그는 하나님은 만물 위에 초월해 있는 모든 존재의 원천이며, 선하고 의로우며 전능하다고 했다.

하나님은 넘치는 사랑으로 '로고스'(말씀)를 통해서 이성과 영혼을 지닌 존재들을 창조했다고 주장했다.

오리게네스는 영혼들이 각기 다른 차원에 떨어졌으며, 그리하여 어떤 것은 천사가 되고, 어떤 것은 인간의 육체 속에 떨어졌고, 또한 가장 악한 영혼들은 마귀가 됐다고 생각했다.

구원의 절정은 창조 이전부터 존재했던 성자가 강생한 사건이라고 생각했다. 그리스도 안에서 하나님과 사람이 연합하는 것은 그리스도와 신자 사이에서 이루어지는 연합의 전형이라고 생각했다.

철학 핸드북 (지성인, 교사, 신학생, 목회자를 위한 가이드)

(5) 히포의 어거스틴(AD 354- 430)

어거스틴으로 불리는 아우구스투스는 고대와 중세를 아우르는 철학자요 신학자로 알려진 인물이다. 그는 신의 존재, 인간의 원죄, 자유의지, 섭리(Providence), 예수 그리스도의 신성과 인성, 삼위일체론 등 플라톤 철학을 기초로 기독교 사상체계의 토대를 마련한 인물로 알려져 있다.

앞에서 언급했던 것처럼 플라톤은 4가지 덕을 강조했다. 첫째 이성의 기능을 잘 발휘하게 하는 지혜의 덕. 둘째, 기개의 부분에서 생겨나는 용기의 덕. 셋째, 욕망부터 생겨나는 절제의 덕. 넷째, 이 모든 것이 잘 조화되면서 생겨나는 정의의 덕이다.

어거스틴(아우구스투스)은 이 4가지 덕목 외에 추가적으로 덕 하나를 더 제시했다. 그것이 사랑의 덕목이다.

그는 지혜, 용기, 절제, 정의의 덕목도 사랑의 덕목으로 커버된다고 했다.

그는 사랑의 덕목 외에도 믿음과 소망과 같은 종교적인 덕목들을 곁들였다. 아우구스투스는 그동안 고대 철학에서부터 전승되어온 지혜, 용기, 절제, 정의, 사랑, 믿음, 소망을 덕목으로 이야기했고, 여기서 가장 중요한 것이 사랑이라고 하였다. 그는 사랑 중에서도 신에 대한 완전한 사랑이 바로 최고의 덕목이라고 주장했다.

어거스틴(아우구스투스)은 '질서정연한 사랑'은 신에게 가까우면 가까울수록 우리가 더 사랑받는 존재, 사랑하는 존재가 되게 한다고 주장했다.

반대로 신에게 멀어지면 멀어질수록 덜 사랑받는 대상, 그리고 덜 사랑해야 할 대상이 된다고 했다. 여기서 그가 말한 질서 정연한 사랑에 주목할 필요가 있다.

그는 신과 멀리 떨어져 있는 것을 일반적으로 이 세계를 구성하고 있는 땅의 본질들로 보았다. 스토아 철학 사상과 같다.

그렇다면 땅의 본질(물질)들 보다 신과 조금 더 가까운 것은 무엇일까?

바로 인간의 육체다. 이 또한 스토아 사상과 비슷하다. 그리고 육체보다 조금 더 가까운 것은 인간의 영혼이다.

그래서 질서가 잡힌 사랑이란 우리의 영혼과 가장 가까이에 있는 신에게서부터 시작된다.

그는 인간이 가장 사랑해야 할 대상은 신이라고 했다. 그다음은 영혼, 그다음은 우리의 육체라고 했다. 우리의 육체도 우리가 돌보고 사랑해야 할 대상인 것이다. 그 다음은 물질이다. 물질은 우리 곁에 우리와 어울려 사는 모든 것을 상징한다. 그러니까 인간은 만물을 사랑하고 돌봐야 한다는 것이다.

어거스틴은 신의 존재성을 빛으로 비유하였다. 그는 신의 빛, 혹은 진리의 빛은 우리가 직접 쬐여야 알 수 있다고 했다. 즉 신의 존재는 마치 빛과 같고, 그 빛을 직접 쬐지 않는다면 그 빛이 있는지, 없는지, 알 수조차 없다는 것이다.

예를 들어보자. 어둠 속에서 살고 있는 사람이 있다. 그러면 그 사람은 빛이 있는지 없는지, 빛이 실제 존재하는지, 존재하지 않는지, 알 수가 없다. 상상으로도, 이성의 능력으로도, 파악도, 증명도, 불가하다. 빛을 모르기 때문이다.

선험적, 후험적을 떠나 빛은 빛이 켜져야만 알 수 있다. 즉 신이란 존재는 우리가 아무리 궁구하려 해도 파악할 수 있는 존재가 아니라는 것이다. 너무 거대하고, 너무 밝고, 너무 거룩하고, 너무 무한해서 볼 수가 없다는 의미다. 볼 수가 없는데, 어떻게 알 수가 있겠느냐는 것이다.

한계를 가진 유한이 이해하기엔 '이해-성능'이 턱없이 모자라다는 것이다. 그래서 신을 알 수 있는 유일한 방법은 믿음이라고 하면서 그는 신을 믿어서 알고, 그리고 믿어서 듣고, 믿어서 만날 수 있다고 했다.

그래서 그는 신앙이 이성보다 더 중요한 기능을 한다고 했다. 즉 오직 믿음으로 빛을 쫴서, 빛을 만나서, 그 존재를 알고, 믿고, 증명할 수가 있다는 것이다.

믿음은 형이상학적 개념(Being)이다. 형이상학적 개념은 현상이 있어야 존재가 된다. 현상을 통해 드러나야 믿음이 완성된다.

그렇다면 믿음은 어떻게 구현(display)될 수 있을까? 바로 그리스도가 가르쳐주신 덕목을 통해서다. 오직 덕목을 통해서만 완성될 수 있다.

그는 은총론, 신학적 인식론, 교회론, 영성 신학 등 많은 분야에서, 많은 이들에게, 많은 영향을 미쳤다.

심지어 종교 개혁 시기의 개신교 선구자로 알려진 루터나, 츠빙글리, 죤 칼빈 등도 그의 은총론에 영향을 받았고, 근대에 들어와 얀센주의자들도 어거스틴의 은총론을 지지하였다.

어거스틴은 '고백록', '신국론', '삼위일체' 등에서 기독교를 플라톤 철학으로 해석했다. 그래서 그는 기독교의 '사랑'과 '자유의지'를 강조한 철학자로 평판 받고 있다. 이 중 자유의지는 기독교 내 철학에서뿐만 아니라 이후 근대철학의 영역에서도 원형 그대로 계승되어 현대까지 이어진다. 이 모두가 그의 삶을 기초에서 형성된 철학이기 때문일 것이다.

7. 중세 철학

약간 다른 견해가 있을 수 있으나 중세는 일반적으로 5세기에서 15세기, 즉 서로마가 망한 476년부터 동로마가 망한 1453년까지를 말한다.

역사적으로 그리고 종교적으로 기독교가 세계의 제국을 상징하던 로마제국의 국교가 된 시기다.

그러나 역사와 철학, 그리고 종교에서는 이 중세 1천년 동안을 암흑시대라고 말한다. 철학적 관점에서는 이성의 자유 정신이 죽었다는 의미고, 종교적인 관점에서는 진리가 죽었다는 의미다.

그렇다면 어떻게, 왜 스스로 빛을 상징하는 그리스도교가 자유를 얻은 시대, 마음껏 빛을 낼 수 있는 시대, 제국의 정신세계를 장악했던 시대를 암흑시대라고 하는 것일까?

1) 교회의 직무유기(Breach of Duty)

교회사에서도, 철학사에서도 그리고 세계사에서도 한 가지 간과된 사실이 있다. 로마가 교회를 자국의 국교로 선포한 것에 대한 배경이다. 속된말로 로마 제국이 교회를 먹은 것인가, 아니면 교회가 로마를 먹은 것이었느냐에 대한 규명이다. 그렇다고 로마의 멸망을 교회의 책임으로 몰아가려는 것은 아니다. 그러나 로마의 역사 속에는 교회가 부인할 수 없는 부끄러운 과거가 있다. 그것은 교회의 관할권 아래 있던 로마제국 사람들의 정신적 타락이다.

물론 로마는 교회를 자국의 국교로 삼기 이전부터 여러 가지 정신적 문제를 안고 있었다. 그들의 부도덕한 향락문화와 잔인성이 그 대표적인 예다. 그러나 교회가 자국의 국교가 되었음에도 변화가 없었다.

따라서 교회의 본질상 교회는 결코 그 시대, 그 사람들의 정신적 타락으로부터 자유로울 수 없다. 그 어떤 변명으로도 교회의 직무 유기를 정당화할 수 없다. 그것이 역사이어서다.

본래 원시 기독교는 의식 같은 것이 없었다. 신전 형태의 교회도 없었다. 위계 제도, 혹은 계급도 없었다. 이때는 이성에 의해 개념화된 신학도 없었다. 그에 따른 어려움이 없었던 것은 아니나 그래도 교회는 성령의 인도하심 속에서 기독교를 탄압해오던 로마가 욕심을 낼 만큼 급속도로 팽창했다.

교회가 313년 공인을 받고 390년 국교로 정해지는 과정에서 신전 형태의 건물이 세워졌고 제도와 계급이 만들어졌고 신학적 혹은 철학적 체계가 만들어졌다.

본래 그리스도의 복음은 어느 한 나라에 독점될 수도, 귀속될 수도 없는 만민의 복음, 만민의 종교였다. 태양이 어느 한 나라에 귀속될 수 없는 것과 같다.

만인을 위한, 만인의 하나님, 그 하나님의 진리가 한 나라에 독점되어 통치도구로 이용되게 된다는 것은 상상도 할 수 없는 일이었다.

더더구나 종교는 인간의 정신세계를 지배하는 형이상학적 실체다. 먼저 정신을 변화시킴으로써 그 변화를 현상세계에 들어나게 한다. 본질, 혹은 속성이 현상을 만들어내기 때문이다. 그래서 철학에서는 구현되지 않는 본질은 존재라 하지 않는다.

철저한 이방의 현자였던 동방 박사를 통해 인류를 대표하여 예수의 탄생을 환영하게 했던 하나님의 의도(purpose)는 무엇이었을까?

그리스도가 온 인류의 정신세계, 그리고 온 영혼의 세계의 그리스도라는 뜻이 아니었을까?

그런데 원시 신앙의 선조들의 열정과 성령의 역사로 거대한 세력으로 자라난 그리스도의 표상을 로마가 탐을 낸 것이었다. 부정적인 표현으로 교회가 한 나라의 종교로 먹혔다는 의미다. 여호와가 유대인에게 점유된 것처럼 교회가 로마에 점유되어 버렸던 것이다.

당시 로마는 세계로 지칭할 만큼 거대한 제국이었다. 한 명의 황제로는 통치가 불가능하여 두 명, 세 명, 네 명, 다섯 명의 황제로 나누어서 통치해야 할 만큼 거대한 제국이었다.

그때까지 로마는 스토아 철학의 정신 아래 있었다. 그러나 스토아 철학 하나 만으로는 거대한 제국의 정신을 통치하는 데는 한계가 있었다.

인간의 정신을 통치하는데 종교보다 더 좋은 것이 없다는 것은 하나의 정치상식이다. 하나의 정신으로 통일이 되어야만 통치가 쉽다는 것을 로마는 너무나 잘 알고 있었다.

그러나 로마는 제국을 대표할 만한 종교가 없었다. 그리스나 이집트로부터 수입을 한 미신이나 신화 같은 잡동사니 같은 종교들은 무수 했지만 그들은 우상, 그 이상도 그 이하도 아니었다. 일시적으로 인간의 종교적 욕구를 충족시키는 일회용 반찬고에 불과했다.

당시 대표적인 종교는 유대교, 힌두교, 불교, 조로아스터교, 마니교 등, 몇몇이 되지 않았다.

그러나 그들 모두는 민족종교였음으로 로마의 종교가 될 수 없었다. 오직 기독교만이 소속 민족이 없는 자유 종교였다. 그래서 로마는 기독교를 탐할 수밖에 없었다. 제국을 통치하는데 정신적 축이 될 수 있다고 생각했기 때문이었다.

당시까지도 기독교는 영지주의나, 유대교, 그리고 다른 종교와 계속해서 대립해 왔다. 그동안 수많은 박해를 받아온 기독교로서는 로마의 제안, 혹은 조치는 보암직도 하고 먹음직도 한 에덴의 과일이었다. 꿈속에서라도 이루고 싶은 로망이었을 수가 있다. 아마도 그리스도의 복음을 땅 끝까지 전할 수 있는 기회가 왔다고 생각했을지도 모른다. 로마의 힘을 업고, 세계로 나간다면 별 어려움 없이 복음을 땅끝까지 전할 수 있을 것라 생각했을 것이다. 오묘한 하나님의 섭리라고 생각했을 것이다. 기적중의 기적이라고 생각했을 수도 있다.

그러나 기독교가 땅 끝, 바다 끝까지 전해진다고 해도 그 분의 진리, 즉 덕목을 살지 않으면 무슨 소용이 있겠는가?

그리스도는 "나의 살을 먹고, 나의 피를 마시지 아니하면"이라는 말씀을 하신 적이 있다. 하나님의 자녀들의 마음과 정신 속에서, 씹혀지고, 녹아서, 그들의 피가 되고, 살이 되고, 정신이 되고, 영혼이 되시겠다는 의미가 아닌가. 그렇게 하여 하나님의 진리를 구현시키겠다는 것이 아닌가. 가라지는 아무리 많아도 가라지다.

아무리 이파리가 무성해도 열매(덕목의 진리)가 없으면 무용하다. 교회는 그것을 망각했던 것 같다.

차곡차곡, 한 걸음 한 걸음, 씨를 뿌리고, 싹을 가꾸고, 빛을 내고, 소금의 맛을 내며 나가야 한다는 것을 잊었던 것 같다.

기독교가 제국에서 공인되고, 그리고 제국의 국교가 된다면 세계를 지배하는 제국의 걸 맞는 종교의 형태를 갖추어야 하는 것은 당연한 일이다. 그러다보니 여러 가지 의식도 필요했고, 교리도 필요했고, 위계질서도 필요했다.

아마도 교회는 그런 것들이 하나님의 위상을 높이는 것이라고 생각했을 수도 있다. 교회는 서둘러서 제국의 종교가 되기 위한 준비에 착수했다.

이 과정에서 교회가 진정으로 하나님의 뜻을 물었다는 증거가 없다. 대신 교회는 서둘러 제국에 어울리는 종교로 탈바꿈하기 위해 신학 원리를 통일하고, 의식을 만들고, 교리를 만들었다.

이때 태양신 숭배의식을 비롯하여 이방 종교의식들이 모조리 사용되었다. 신전 형태의 교회 건물이 선물로 주어졌다. 그런데 그럴싸한 의식과 제도가 만들어지고, 성직자의 화려한 의상과 계급이 만들어지면서 교회의 본질이 변하기 시작한다.

섬김의 형태에서 섬김받는 형태, 즉 다스리는 형태로 변한 것이다.

그리스도는 자신은 섬김을 받으러 온 것이 아니라 섬기기 위해 왔다는 것을 천명 하신바 있다. 그러나 그 말씀은 외곡 되고 무시되어 버렸다.

맨 처음 원시 기독교에서는 민족이라든가, 계급이라든가, 신분이라든가, 이런 건 중요하지 않았다. 세계시민, 만민이 모두 한 하나님의 자녀로서 평등해야 했기 때문이었다.

바울을 비롯하여 대부분의 제자들은 걸인들이 걸치는 누더기 같은 겉옷 한 벌로 일평생을 버티었다.

모든 성도는 세상 국가의 백성이 아니라 천국의 백성으로서 살아갈 것을 명령받은 상태였기 때문에 차별도 없었다. 모두가 형제자매였다. 또한, 그리스도가 가르친 덕목은 제국의 정치 이념과 정면으로 충돌을 일으키는 것들이었다.

세계 정복을 꿈꾸는 자들에게 심는 대로 거두는 자연의 법칙이나, 용서나, 사랑, 평화, "원수를 사랑하고, 겉옷을 가지려는 자에게 속옷까지 주라"는 주의 진리가 수용될 수 있었겠는가?

오히려 장애물, 얼마나 귀찮은 장애물이 되었겠는가?

교회는 이런 문제에 대해 스스로 알아서 했다. 그리하여 이제 그리스도가 가르친 덕목은 교인들의 일상에서 뒷전으로 물러나기 시작하였다. 교회는 스스로 벙어리가 되고, 귀머거리가 되고, 맹인이 되었다.

그 귀중한 덕목들이 신학 원리와 제도와 의식의 그늘 속으로 묻혀지고, 희미해져도 교회는 심각성을 느끼지 못했다.

성직 제도가 생기면서 윗사람이 생기고, 아랫사람이 있게 되었다. 지배하고, 지배 받고, 명령하고, 명령받는 카르텔이 형성된 것이다. 그러면서 그것이 봉건제도 하고 합쳐진다.

또한, 영주들의 토지 헌납으로 인하여 교회는 많은 토지까지 소유하게 된다. 그때는 토지가 전부였던 시대였다. 그러나 교회는 그것들을 나눠주려고 하지 않았다. 덕목을 무시했다는 의미다.

이 모든 것이 교회가 로마 제국에 합병되면서 일어난 변화다. 그러나 아직도 교회는 교회가 로마에 점령당했다는 것을 인정하지 않는다.

그럴 수도 있다. 긍정적인 측면에서 교회가 로마를 점령했다고도 할 수 있어서다. 그러나 드러난 증거는 보라. 오늘날까지도 음행과 음란, 그리고 성적 타락의 상징이 되어버린 그 당시 로마의 정신문화가 생생한 역사가 아닌가.

교회에 의해 로마의 정신세계가 변화되거나 바뀌었다는 흔적을 찾을 수 없는 이유는 무엇인가?

교회에 무한한 자유와 권력과 부를 선사하고 신비한 체험을 하고 제2의 구세주로 추앙받던 콘스탄티누스의 침대 위는 또 어떤가?

향락과 쾌락의 얼룩만 선명하게 남아있을 뿐, 그리스도의 진리를 살았다는 흔적이 없는 건 무슨 연유인가?

그의 부인은 밤마다 그의 잠자리 시중을 들 여자들을 선별하여 들여보내기에 바빴고, 그는 죽어가면서야 겨우 세례를 받았다. 그 사이 제국은 점점 더 성적 타락과 쾌락을 상징하는 왕국으로 변해갔다.

이때 교회가 콘스탄티누스를 위해 한 일은 무엇이었을까?

"축복! 축복!" 외에 교회가 한 일이 무엇이었느냐는 것이다. 그렇다면 교회는 왜 그런 그를 그대로 방치했을까?

철학 핸드북 (지성인, 교사, 신학생, 목회자를 위한 가이드)

왜 헤롯의 잘못을 지적한 세례요한처럼 악은 악이다. 선은 선이라고 말하지 못하고, 그의 정신이 썩어가도록 방치해두었을까? 왜 그리스도의 진리를 가르쳐주지 못했을까?

진리를 가르쳐야 할 대상 앞에서, 악을 책망해야 할 대상 앞에서, 회개를 촉구할 대상 앞에서 왜 교회는 스스로 불을 꺼버리고 벙어리가 되었을까?

무엇을 잃을까봐 그리스도의 가르침을 외면했을까?

그처럼 혹독한 핍박 기를 통과한 교회가 무엇이 두려워 자신의 은인(?)의 영혼이 부패하여 썩고 있는데도 빛과 소금이 되기를 포기했느냐는 것이다.

두려움이 됐든, 의리가 됐든, 그것이 바로 교회가 로마에 점령당했다는 증거다. 쾌락과 향락, 그리고 우상으로 썩어가던 로마의 정신과 영혼을 위해 교회가 한 일이 보이지 않는다.

물론 그런 죄 때문에 로마가 갈라지고, 기독교를 국교화 하자마자 서로마는 망했고, 그 책임의 일부가 교회에 있다고 하려는 것은 아니다. 다만 이런 사실이 결코 지울 수 없고, 지워지지 않는 역사라는 것이다.

주님은 세상의 죄악을 두 가지로 압축하여 정리했다. 우상숭배와 음행이다. 우상숭배는 영혼을 상대로 짓는 죄악이라고 한다면 음행은 몸을 상대로 짓는 죄라고 했다.

로마는 기독교를 자국의 국교로 삼았음에도 불구하고 두 가지 죄에서 벗어나지 못했고, 교회도 이를 방치했다. 로마는 회개하지 않았다. 요나의 경고를 듣고 온 백성이 재를 무릅쓰고 회개하던 이방의 성 니느웨를 보라.

로마엔 목숨을 건 세례요한의 외침 심지어 요나의 외침조차 없었다. 이것이 그 시대의 정신세계를 책임지고 있던 교회의 돌이킬 수 없는 직무유기(Breach of Duty)였다.

2) 스콜라 철학의 태동

중세철학은 크게 후기 교부철학과 스콜라철학으로 나눈다. 천년의 정신세계를 대표했던 철학, 그 축은 그리스도였다. 그리스도는 신의 세계에서 인간 세계로 내려오신 신의 아들이다.

비기독교인들이 받아들이기에 약간 불편할 수도 있겠지만 당시 정신적 문화적 그리고 철학적 정신세계의 분위기에선 형이상학적 Logos가 인간의 형태를 입었다는 것은 하나도 이상한 일이 아니다.

천사들이 인간의 이성과 접촉할 때 일시적이지만 물질적 형태를 갖추고 인간 앞에 나타난 일도 흔히 있던 시대였다. 지금 시대의 눈으로 봐서는 안 된다는 의미다. 예수 그리스도가 철학자들이 반드시 거처가야 할 철학의 정거장이라고 하는 이유도 바로 이래서이다.

따라서 고대에 전승된 철학이 기독교에 흡수되었던 일은 그리 놀랄 일이 아니다. 비유적으로 신부(영혼)가 신랑을 만났다고 할 수 있어서다. 그리스도교에 이런 이해가 없다면 아마도 중세 철학을 이해하는데 힘이 들 것이다.

많은 학자들은 그리스도교는 유일신 사상을 바탕으로 하고 있으며 유대교의 영향을 받았다고 말한다. 맞을 수도 있지만 맞지 않을 수도 있다. 유대교의 예언서에는 유대인들을 구해줄 유대인들의 그리스도(구세주)가 등장한다고 예언되어 있었는데 유대교는 그 구세주가 아직 등장하지 않았다고 주장한다.

어쩌면 그럴 수도 있다. 기독교는 그리스도는 이미 등장했고, 그분이 바로 예수라고 주장한다. 유대교와 기독교의 차이는 그런 지엽적인 차이뿐이 아니다. 종교적 핵심이 다르다.

유대교의 핵심은 '동해보복법'이다. 동해보복법은 바벨론의 함무라비법전에서 유래했다. 유대교가 생겨나기 1천년 이전에 있었던 법이다. '이에는 이, 눈에는 눈' '원수의 목전에서 내게 상을 베푸시고.' 너무나 공평해 보이는 이 법이 유대교의 본질이고 유대교의 심장이다. 심지어 이 사상을 신의 본질로까지 확대했다. "나를 미워하는 자에게는 삼사 대까지 벌을 주고 …"

그러나 기독교의 심장은 사랑이다. 기독교는 사랑의 종교다. 예수 그리스도는 사랑의 성육신, 즉 사랑의 현현이다.

"원수를 사랑하고, 오른뺨을 치면 왼뺨을 내밀고, 겉옷을 가지고자 하면 속옷까지 벗어주고."

이것이 그리스도의 가르침이다. 유대교와 본질이 다르다. 철학적으로 본질이 다르다는 말은 엄청난 의미를 담고 있다.

당시 많은 로마의 지식인들은 그리스도교를 유대교, 혹은 유대교의 한 종파로 오해했다. 그러나 기독교는 유대교의 주요 종교적 교리를 부정하면서 출발했다.

첫째, 하나님이 유대인들만의 하나님이라는 신사상을 부정했고, 둘째, 유대교의 율법주의를 부정했고, 셋째, 유대인들만 선택을 받았다는 유대인의 선민사상을 부정했고, 넷째, 인류 가운데 유대인들만 구원을 받는다는 유대인들의 구원 사상을 부정했다.

반면에 기독교는 유대인들의 율법주의를 거부하면서 은총의 윤리를 펼쳤다. 선민사상을 부정하면서 신의 사랑 안에서, 혹은 사랑 아래서, 모든 민족은 모두 하나님이 자녀라는 것과, 따라서 모든 인간은 보편적으로 다 신의 사랑을 받을 수 있다는 보편적 사랑의 윤리를 펼쳐나갔다. 그러면서 "하나님을 사랑하고 이웃을 네 몸과 같이 사랑하라" "남에게 바라는 대로 남을 대접을 하라."는 무조건, 무기대의 생활 지침을 가르쳤다.

그러나 중세의 시작과 더불어 교회의 덕목은 교회로부터 하나씩 버려지기 시작했다. 그럼에도 불구하고 교회는 급속도로 팽창했다.

콘스탄티누스 황제 등장 이후 막대한 부와 권력을 갖게 된 교회는 제국의 영토 안에 있는 모든 사람들을 교인으로 받아들여야 했다.

그들은 모두 교회의 재산으로 간주 되었다. 발로 뛰지 않고, 입으로 외치지 않고도, 수용이 불가능할 만큼 많은 교인들을 얻게 된 것이다. 그러나 그것을 축복으로 치부할 수 없음이 역사의 증언이다.

중세교회는 죽음 이후의 세계까지도 살아생전에 관리할 것을 주문했다. 그런데 사후 세계에서의 삶에 대한 관리는 당연히 교회에 대한 무 조건적인 순종과 헌신이었다. 교회는 절대적인 권력을 가진 셈이 된 것이다.

가진 자는 현생에서의 축복이라는 이름 아래서, 못가진 자는

철학 핸드북 (지성인, 교사, 신학생, 목회자를 위한 가이드)

내세에서의 축복이라는 이름 아래서 무릎을 꿇게 했다. 사람들은 돈을 바치고, 정신을 바치고, 자유를 바치고, 노동을 바쳤다. 이것이 중세교회였다.

교인들은 반드시 알아야 할 회개나, 용서나, 사랑이나, 평화나, 감사 같은 덕목을 몰랐고, 교회는 더 이상 그런 것에 가치를 부여하지 않았다.

교회는 타락해도 너무 타락해버렸다. 더 이상 나빠질 것이 없을 만큼 나빠진 상태가 되었다.

한편, 이때 정신적 빈곤을 겪던 제국의 귀족이나 도덕적 타락에 염증을 느낀 젊은 지식인들이 좋은 지적 자료들을 가지고 사막이나 수도원으로 들어갔다.

이렇게 하여 수도원은 학문연구와 신앙을 행동으로 옮기는 수행의 장으로 자리를 잡아가기 시작했다.

갑자기 은자들이 부각 되고, 수도원이 부각이 되고, 귀족 자녀들로 인한 부가 수도원에 몰리자 교회는 긴장하기 시작한다.

그것을 억누르기 위해 무력을 사용해 봤으나 효과가 없었다. 교회도 자체적으로 학교를 세운다. 그러나 그것도 뒷북에 불과했다.

그럼에도 불구하고 교회는 점점 더 오만해져 갔다. '신의 대리인' '주의 종' '하나님의 사람', 타락해도 너무 타락해 버린 것이었다. 신학사에서는 이런 중세 천년을 암흑기라고 이야기한다.

암흑은 밝음의 반대다. 암흑이란 빛이 없다는 뜻이다. 기독교는 성도를 빛으로 표현한다. 빛의 근원은 그리스도고, 그리스도는 복음이다. 복음은 진리다.

철학 핸드북 (지성인, 교사, 신학생, 목회자를 위한 가이드)

결국, 중세 1천 년 동안 보편교회에 살아있는 진리가 없었다는 의미가 된다. 1천 년 동안 그리스도가 없었다는 의미다.

그리스도 없는 교회역사가 1천 년이나 지속되었다는 의미다. 철학이 교회와 함께 몰락한 이유다.

이성이 죽으면 철학이 죽고, 대신 미신이 살아난다. 신앙이 죽으면 신학이 죽고, 대신 미신이 살아난다.

그리스도교의 순수 신앙이 부적 신앙, 주문신앙, 촛불 신앙, 중보기도-신앙, 기복신앙으로 변질이 되었고, 그러다 보니 성인들이 죽으면 그들의 시체를 만지기만 해도 병이 치유되고, 기적이 일어난다고 믿어 시체를 훔치거나 시체를 훼손하여 손가락, 발가락, 심지어 손톱까지 절단해가는 일까지 발생했다.

모두 신비나 기적에 미쳐서였다. 교회는 임종을 앞둔 일부 성직자들의 몸을 지키거나 운명한 성직자의 시체를 운반할 때 그 시체를 지킬 군대를 동원해야 할 정도였다.

이 시기에 태동한 것이 스콜라철학이다. 요즈음 우리가 말하고 있는 school 이 바로 스콜라철학에서 나왔다.

이제 교회는 정책을 바꿔 사막이나 동굴 혹은 제도권 밖에서 기도와 묵상으로 살아가던 은자들과 수도원이란 이름 아래서 공동생활을 하던 수도자들을 모두 교회로 불러들여 교회의 한 부분으로 편입시킨다.

이들이 교회라는 제도권 안으로 들어온 데에는 그만한 이유가 있었다. 할 수만 있으면 죽어가는 교회를 살리고자 한 의도였다.

중세의 스콜라철학을 이끌어간 성 안셀무스가 바로 이 수도

원 출신이다.

스콜라는 라틴어로 '학교'라는 뜻을 가지고 있다. 스콜라철학의 가장 중요한 특징은 철학의 목표인 '획득 가능한 진리 전체'에 그리스도교 신앙의 가르침을 포함시키는 것이었다.

스콜라철학의 역사를 크게 3단계로 나눌 수 있다. 초기(800~1200경), 중기, 혹은 전성기(1150~1300경), '후기(1300~1400경)이다.

교부철학 시기와 스콜라철학, 즉 고대와 중세의 다리 역할을 했던 어거스틴이 죽은 후 스콜라철학의 기초를 놓은 대표적인 인물로는 보이티우스와 위(僞)디오니시우스를 들 수 있다.

(1) 보이티우스(480-524)

보이티우스는 5세기 말부터 6세기 초까지 활동한 그리스의 기독교 신학자이자, 신플라톤주의 철학자 출신으로 영성이 높은 교부로 알려져 있다.

그는 로마의 명문가에서 태어나 510년에는 집정관이 되었고, 지배자 동고트인 테오도리쿠스의 신임이 두터웠으나 반역죄에 연루되어 체포된 후 처형된 것으로 알려졌다.

그의 저서는 철학, 신학 그리고 수학이나 음악에까지 미치고 있으나 그 중 대표작은 옥중에서 집필한 '철학의 위안'으로 알려져 있다. 철학의 위안은 보이티우스가 반역죄에 몰려 사형을 받기 전에 옥에서 쓴 작품으로서 총 5권으로 되어 있고 산문체의 논문이다. 그 사이에 39편의 아름다운 시가 섞여 있다고 한다.

어느 날 보이티우스가 감옥 속에서 자신의 불행을 탄식하고 있는데, 그리스 신화에 등장하는 그리스 9여신(천사?)으로 알려진 뮤즈(Muse)들이 그를 둘러쌌다고 한다. 그런데 어느 때에는 보통 인간과 키가 같으나 어느 때에는 머리가 하늘까지 닿는 기괴한 여신이 나타나 그 뮤즈들을 쫓아버린 일도 있었다고 한다.

그는 그런 뮤즈들의 보호 속에서 '철학의 위안'을 완성했다고 한다.

이 책에서 취급된 문제는 오늘날처럼 악인은 성공하고, 선한 사람은 고통을 받는 현실과, 신을 어떻게 조화시키는가 하는 것이었다. 오늘날 교회에서도 설명되어야 할 이슈다.

철학자들이 어떤 이유로든 세상에서 괴로움을 받으면서 불평을 할 때가 있는데 이 책은 그들에게 위안을 주는 책이라고 한다. 곧 철학자가 운명의 부침(sinking and floating)에 번민하는 것은 잘못된 일이며, 외면적인 행복은 아무런 가치도 없고, 진실한 부(wealth)는 정신 속에, 즉 진리 속에 있다고 했다.

그는 이것만(내면이 부)으로 충분하며, 모든 것에 만족을 줄 수 있는 것은 최고의 '선' 뿐이며, 그것은 모든 다양을 조화시키는 위대한 유일 자, 곧 신이라고 했다. 선한 사람은 어떤 환경에서도 영원한 신적 실재에 눈을 돌리고 있는 한 참으로 행복하며, 악인은 참된 존재를 갖지 못하며 참으로 행복할 수는 없다고 했다. 이 책은 유럽의 사상과 문학에 큰 영향을 끼친 것으로 알려지고 있다. 스토아의 세네카 사상과 비슷하다.

그는 "할 수 있는 한 신앙을 이성에 결합하라."고 요구하고 독특한 방식으로 이 요구를 실행했다고 한다.

철학 핸드북 (지성인, 교사, 신학생, 목회자를 위한 가이드)

보이티우스가 선포한 신앙과 이성의 결합원리, 그리고 그 자신이 이 원리를 실행한 방식은, 인간의 자연적 이성 능력에 대한 깊은 확신에 기초했다고 한다. 이성의 이해능력을 넘어서는 것은 계시의 신비까지를 포함한다고 했다.

실제로 스콜라철학의 역사에서 이런 경향이 되풀이해서 나타나기도 했다고 한다. 칸트가 배웠으면 하는 이성에 대한 실체 같다.

다른 한편 합리주의의 위험을 일정한 한계 내에 묶어두려는 경향이 스콜라철학이 출발할 때부터 있었다는 것이 학자들의 평가다.

(2) 위 디오니시우스

출생 년도가 불분명한 위 디오니시우스는 5세기 말부터 6세기 초까지 활동한 그리스의 기독교 신학자로 알려져 있다.

그는 신플라톤주의 철학자 출신으로서 4권의 위서로도 유명한 인물인데 그의 저서로 되어 있는 위서는 '천상의 계급제도에 대하여', '교회의 계급제도에 대하여', '신들의 명칭에 대하여, ' 신학의 신비에 대하여' 등이다.

그는 이 책들을 통해 모든 사물은 신으로부터 나와서 신에게 돌아가는 것이며, 이러한 이중적 운동이 바로 세계의 역사라고 주장했다. 곧 우주의 역사가 신으로부터 시작되어, 신으로 흘러가는 운동임을 명백히 함으로써 이 책은 이후 아리스토텔레스 사상과 그리스도교 신앙을 결합하는 기반을 제공하였다고 학자

철학 핸드북 (지성인, 교사, 신학생, 목회자를 위한 가이드)

들은 평가한다.

그는 부정의 신학이 긍정의 신학 보다 하나님의 특성을 잘 보여주며 이해하기 좋다고 하였다.

그의 진짜 이름이 무엇인지는 알려져 있지 않으나, 대부분의 역사가는 그가 시리아의 신플라톤주의자로서 보이티우스와 같은 시대의 인물이었으리라고 보고 있다. 그의 저술은 1,000년 이상이나 큰 영향력을 행사했고 거의 성서만큼이나 존경을 받았다고 평가한다.

A. 부정신학

부정의 신학은 다른 말로 직관신학(Intuition Theology)이라고 한다. 사람의 이해력으로는 하나님을 완전히 이해할 수 없으며 하나님은 사람의 언어로는 전부 묘사할 수 없는 초월적인 존재이기 때문에 하나님을 부정적인 표현으로 서술해야 한다는 기독교 신학 사상이다.

부정신학은 긍정 신학과 함께 기독교 신학의 주축을 형성하고 있으며 신비주의와 관련이 있다.

위 디오니시우스 아레오파기테스는 부정의 신학이 긍정의 신학 보다 하나님의 특성을 잘 보여주며 이해하기 좋다고 하였다.

그들의 주장에 따르면, 신 자신이 계시하지 않는 한 어떤 이름도 신에게 줄 수 없다. 그러나 계시된 이름마저도 인간의 유한한 오성이 이해할 수 있는 것에 지나지 않으므로 신의 본성에 이르거나 그것을 표현할 수 없다. 따라서 신에 관한 모든 긍정적 진술은 부정이라는 교정 수단을 필요로 한다고 했다.

만일 신의 이름이 있다면, 그 이름은 누가 부여했으며, 감히 누구에 의해 불러지는 것일까?

따라서 신의 이름을 부를 수 있는 존재는 영원부터 없었고, 지금도 없고, 앞으로도 없다는 것이다.

신학자는 신을 '실재' 또는 '존재'라고 부를 수도 없다. 그냥 신이어야 한다는 것이었다. 왜냐하면, 이런 개념들은 신이 실재를 부여해준 사물들에서 이끌어낸 것이기 때문이라는 것이다.

창조자는 그가 창조한 것과 같은 본성을 가질 수 없다는 것이 기초적인 이해다. 그러므로 부정마저도 상대적이어야 한다는 것이다. 왜냐하면, 신은 부정적이든 긍정적이든 인간이 그에 관해 말할 수 있는 어떤 것도 초월하기 때문이라는 것이 위 디오니시우스의 견해였다.

(3) 성 안셀무스 (1033-1109)

안셀무스는 플라톤 철학을 이어받아 이성과 신앙을 종합하려고 했던 철학자다. 플라톤 철학으로 풀면 이성은 에이도스고 신앙은 현상이다.

당시 로마의 정신세계를 지배해 온 철학은 스콜라철학과 에피쿠로스 철학이었다. 스콜라철학은 플라톤 철학의 전승이다.

에피쿠로스 철학은 헬레니즘으로 코팅된 데모크리토스와 소피스트 철학의 전승이다.

기독교 탄생 이후에도 많은 교부들이나 교회 지도자들이 스콜라철학이나 플라톤 철학에 사상적 기초를 한 사상가들이었기 때문에 사회는 그리스도의 가르침을 철학적으로 받아들였다. 그래서 초기 기독교 교부들은 플라톤 철학을 사용하여 교회를 공격해오던 영지주의와 이교 사상들을 상대했다. 이런 상태에서 플라톤 철학은 중세에까지 이르렀고 12세기 십자군 전쟁이 끝나고 아리스토텔레스 철학이 기독교에 들어오게 될 때까지 '정신 사냥꾼들'로부터 중세의 정신세계를 지키는데 사용되었다.

안셀무스는 1054년 있었던 필리오케 논쟁을 했던 사람이고 필리오케를 받아들인 사람이다. 필리오케란 '그리고 성자로부터'라는 뜻이다.

어거스틴이 주초를 놓은 삼위일체, '성자는 성부로부터, 성령은 성부와 성자로부터'의 신학이 이때 완성되었다. 그전에는 성령은 성부로부터였다. 안타까운 것은 이 논쟁으로 인하여 교회가 분열되었다는 점이다.

이때 기독교는 5대 광구로 나눠져 있었다. 첫 번째, 로마시 지역을 관장하는 로마 교구, 두 번째, 동로마 지역을 관장하는 콘스탄틴 노플, 세 번째가 안디옥, 네 번째는 예루살렘, 다섯 번째는 알렉산드리아였다.

이 다섯이 당시 교회의 대 광구였다. 그런데 로마만 필리오케를 넣게 했다. 그러자 동 로마를 주축으로 4광구가 떨어져 나갔다. 그래서 오늘날 우리가 가톨릭이라고 하는 가톨릭이 로마 가톨릭으로 불러지게 된다. 그때가 1054년이었다.

떨어져 나간 4개 교구는 동방 정교회가 되었다. Orthodox Church 로 명명한다. 그들은 지금도 자신들이 정통이라고 부른다.

이때 주도적인 역할을 했던 사람이 스콜라철학의 아버지로 칭함받는 이 안셀무스였다. 그가 스콜라철학을 통해 신을 증명하려 했던 논리가 실재론이다.

A. 실재론

실재론이란 인간이 인식하는 인식의 대상이 지각이나 사고에 관계 없이 독립적으로 존재한다는 철학 사상을 말한다.

플라톤의 이데아와 현상의 관계가 실재론의 예다. 실재론을 쉽게 이해하려면 플라톤의 동굴의 이야기를 상기할 필요가 있다.

동굴에 사람들이 갇혀있다. 이들은 자신들 앞에 비춰지는 그림자들이 모두 실재라고 믿었다. 어느 날 이들이 묶여져 있는 줄을 풀고 일어나 동굴 안을 살펴보니 자신들이 본 사물은 그림자에 불과했고, 그 그림자의 실체가 뒤에서 빛을 받아 그림자를 만들어내고 있었다.

여기서 자신들이 본 사물의 그림자는 현상(현실)이다. 그리고 빛을 받아 그림자를 낸 그림자의 실체는 이데아다. 플라톤이 말한 동굴은 이성의 영역 즉 관념의 세계다. 마음이라고 해도 되고, 영혼이라고 해도 된다.

우리가 보고, 듣고, 지각하는 모든 인식의 대상, 감각의 대상, 지각의 대상은 그림자와 같고, 그 실체, 즉 모든 그림자들의 실체인 이데아는 우리의 관념 속에 초월적으로 존재하는 실체의 모형(원형)이다. 초월적이라는 말은 지각대상과 상관없이, 혹은

철학 핸드북 (지성인, 교사, 신학생, 목회자를 위한 가이드)

시공간 밖(beyond the time and space)이라는 의미다.

이 사람이 다시 빛이 들어오는 동굴 밖을 한번 나가봤다. 그랬더니 거기에는 태양이라는 아주 거대한 빛이 비춰지고 있었다.

이 태양이 보편적 이데아, 즉 이데아 중의 이데아다. 플라톤은 그것을 '최고 선'이라고 표현했다.

안셀무스는 이데아를 보편으로 표현했다. 실재론이란 보편이 실재한다는 이론이다. 실재란 영어로 'Reality', 'Substance', 'Actuality'로 표기하기도 한다.

철학적 관점에서 이는 각각 '실재', '실체', '실제'로 번역되기도 한다. 그러나 상황에 따라 이들 용어들은 각각 다른 의미로 쓰일 때도 있다.

문자적으로 풀면 실재(real)란 '정말로 있다'의 의미다.

예를 들어 '그는 실재한다.' '그는 지금도 살아있다.' '그것은 지금도 거기에 있다.'라는 문장에서는 존재(Being)라는 의미를 갖는다. 반의어는 '허상', 혹은 '가짜' 다.

실체(substance)란 고전 그리스어(ousia)"다. '만물을 이루는 근본적인 것(Origin)'을 뜻한다. 만물 아래서 만물을 존재하게 한 원인이라는 의미다.

실제(actual)는 맥락에 따라서 '현실'과 비슷한 의미로도 쓰인다. 이를테면 양상 논리에서 '실제 세계'나 '현실 세계'는 '가능 세계'와 반의적으로 쓰이기도 한다.

안셀무스가 주장한 실재론이란 만물은 보편(the origin or 이데아)을 독립적으로 가지고 있다는 이론이다.

플라톤의 이데아 사상을 그대로 도입한 논리다. 그래서 철학에서는 실재론을 '실체론' 혹은 '형이상학적 실재론'이라 하기도 한다.

종교적으로 신은 사람의 주관적 인식 작용과는 독립하여 (인식에 구애받지 않고) 초월적인 세계에 존재한다는 의미다. 철학적으로, '참나(영혼)', 그리고 존재하는 만물의 각자의 '참'이 시공간을 초월하여 실제로 존재하며, 그래서 우리는 그 외부의 세계를 인식할 수 있다는 논리다.

훗날 칸트는 이런 사상을 차용하여 혹은 토대로 순수이성비판을 썼다. 그가 순수이성비판에서 말한 인간이 선험적으로 가지고 있다는 관념 속의 '인식의 틀'이 바로 플라톤의 이데아, 안셀무스가 말한 보편에 해당한다고 할 수 있다. 아니면 '물자체'로도 몰아붙일 수도 있다. 그것이 형이상학적 being이기 때문이다.

어떻든, 실제란 현실을 넘어서서, 현실 밖에, 보편적인 어떤 것이, 비록 우리가 현실적으로 느끼지 못해도, 현실보다 더 확실하게, 실제 한다는 의미이다.

플라톤이 동굴의 비유해서 말했듯이 눈에 보이는 이것들이 확실한 것인 줄 알았는데 우리가 보지 못했던 세계, 우리가 봐왔던 세계보다 더 확실한 세계가 있었는데 그것이 참이고, 실재라는 것이다. 그것이 바로 동굴 안에 있으면서 빛을 받아 그림자를 만들어내는 실체, 즉 이데아였다는 것이다. 이것이 실재론이다.

예를 들어 누군가가 빨간 사과를 보고 '저것은 빨갛다.' 라고

철학 핸드북 (지성인, 교사, 신학생, 목회자를 위한 가이드)

했다면, 어떻게 '그 빨간 사과를 보았을 때 빨간 사과인줄 알았을까?'라는 의문이 발생한다.

실재론에서는 이미 우리에게 그 '빨간 사과에 대한 개념이 우리 관념 속에 '실제' 했기 때문이라고 말한다. '빨간 사과에 대한 개념' 즉 이데아가 이미 우리 머리에 선험적으로 형성되어 있어서 우리가 빨간 사과를 보았을 때 '저기 빨간 사과가 있구나.' 라고 생각한다는 것이다.

빨간색의 사과에 대한 개념이 바로 플라톤이 말한 이데아다.

안셀무스는 실재론을 '본성 실재론(=관념)'과 '사물 실재론'으로 나눴다.

본성 실재론에서는 실재를 독립적으로 존재하는 존재(Being), 즉 사물 세계와는 구별되게 존재한다고 말한다.

플라톤은 이 존재가 개별 사물들의 모형, 형상, 또는 개체적 이데아라고 생각했다. 더 쉽게 말하면 이데아에는 두 개의 이데아가 있다. 하나는 동굴 안에 있는 이데아고 다른 하나는 동굴 밖에 있는 이데아다. 본성 실재론은 동굴 밖의 이데아에 해당한다. 그것은 거대한 빛이고, 무한한 빛이고, 빛 중의 빛이다. 종교적 개념으로 우리 아버지다.

실재론도 여러 종류가 있을 수 있다. 상식 실재론은 세계의 외재성을 명백하게 주어진 것으로 생각하는 이론이다.

신(新)실재론은 외적 대상 자체를 마음이 파악하는 유일한 실체로 보는 실재론이다. 비판적 실재론은 대상을 이중화해서 마음이 직접 만나는 것은 외적 대상 자체가 아니라 그 대응물일 뿐이라고 생각하는 실재론이다.

표상적 실재론은 이 대응물(주어진 어떤 관계에 의하여 짝이 되는 사물)이 외적 대상의 표상이라고 여기는 실재론이다.

그렇다면 안셀무스가 자신의 실재론적 관점에서 존재(보편)를 어떻게 증명하고 있는지 알아보자.

안셀무스가 말하는 보편은 신이다. 그는 신을 존재를 통해 설명한다. 그는 존재하는 것은 어떤 것이든 무로부터 존재할 수도 있고, 유로부터 존재할 수도 있다고 했다.

무엇이 존재하려면 두 가지 방법을 통해야 한다.

첫째, 어떤 것으로부터 존재하든지, 아니면 스스로 존재해야 한다. 물론 스스로 존재하는 것은 불가능하다. 내가 지금 있다고 하는 것은 그 이전에는 없었다는 것이 되기 때문에 지금 내가 있다는 것을 설명하려면, 그리고 무로부터 내가 스스로 올수가 없었기 때문에 어떤 원인, 혹은 누군가에 의해야 한다.

모든 존재하는 것들은 어떤 것에 의해서만 존재할 수 있기 때문이다. 즉 존재에는 존재의 원인이 있다는 것인데, 그것은 모든 것을 존재하게 하는 제1의 원인이 될 수밖에 없다는 것이고, 안셀무스는 그것을 신이라고 했다.

둘째로 그는 또 모든 존재에는 존재의 단계가 있다고 했다. 존재의 단계란 존재의 순위다. 즉 존재에는 무생물이 있고, 생물이 있고, 생물에도 종류가 있고, 등급이 있다는 것이다. 무생물보다는 생물이 더 상위존재다. 그냥 바위나 돌 보다는 식물이 더 상위존재이다.

식물보다는 동물이 더 상위존재다. 동물보다는 인간이 더 상위존재다. 그렇다면 인간보다 더 상위존재는 무엇일까?

이렇게 존재의 단계를 쭉 올라가 보면 마지막에는 최상의 존재, 더 이상 올라갈 수 없는 존재가 나온다는 것이다. 그는 더 이상 올라갈 수 없는 그 존재가 바로 신이라고 했다.

선이란 무엇인가?

만일 우리가 무엇을 선하다고 했을 때 그 선은 상대적으로 무엇인가와 비교되어 산출되어야 한다. 아무 것에도 비교되지 않은 선이란 있을 수 없다. 무엇보다 선하거나, 누구보다 선해야 한다.

'악하다'도 마찬가지다. 무엇보다 악하다가 되어야 한다. 이 모두는 상대적이다. 그래서 선을 비교하여 올라가다 보면 어딘가에는 더 이상 비교할 수 없고, 그리고 비교될 수 없는 최고의 선, 절대적인 선이 나오게 된다. 바로 그 선이 선의 실체(Origin)라는 것이다. 그래서 그는 선과 악도 이렇게 상대적으로 경험할 수밖에 없다고 주장했다.

그는 '강하다.' 라는 명제도 마찬가로 봤다.

강하다란 말 속에는 이미 비교되어 있는 무엇이 함축되어 있다. 어떤 사람이 크다고 했을 때 그 말 속에는 이미 비교된 다른 큰 것이 들어있다는 것이다. 그리고 그것은 그 누구보다 크다는 것이지 절대적으로 크다는 것은 아니라는 것이다.

예를 들어 저 대상을 강하다고 했을 때 그가 절대적으로 강하다는 의미가 아니다, 누군가 혹은 무엇인가와 비교해서 강하다는 것이다. 그 말속에는 어딘가에는 절대적으로 강한, 진짜 강한 것이 있다는 의미다.

그러나 만약 어떤 사람이 '무엇보다도 가장 큰 존재인 신'이

철학 핸드북 (지성인, 교사, 신학생, 목회자를 위한 가이드)

라는 말을 이해했다면 이는 우선 그의 머릿속에 그 신이 존재하기 때문이라고 했다.

그러나 그는 '무엇보다도 가장 큰 존재인 신'이라는 개념이 자신의 머릿속에 선험적으로 존재한다고 주장한다면 옳지 않다고 했다. 신은 그 무엇과도 비교될 수 없고, 우리 머리로 한정하거나 가둘 수 없고, 또 무엇보다도 가장 큰 존재는 신임으로 머릿속을 뛰어넘어 어디든지, 즉 현실에도 존재하기 때문이라는 것이다.

그러나 관념의 세계를 너무 강조하다 보면 현실의 개체 적인 것들을 설명하기 힘들어지게 된다.

안젤무스의 입장이 너무 극단적인 논리가 되어 버린 이유다. 사실 그것이 그의 실재론의 한계였다. 그래서 안셀무스의 신의 존재에 대한 존재론적 증명을 신학자들은 수용하지 않았다.

안셀무스는 플라톤의 이상들이 실제 존재한다고 믿고, 여기에서 또 다른 신 존재 증명을 도출해냈다.

그는 하나님의 존재뿐만 아니라 삼위일체도 입증하겠다고 선언했다. 안셀무스는 이성이 신앙에 종속되어야 한다고 생각했으므로 "나는 이해하기 위해 믿는다."고 말했다.

그는 하나님은 의로운 존재가 아니라 의로움 그 자체라고 말하기도 했다. 안셀무스는 1109년 4월 21일 캔터베리에서 죽었다.

(4) 피에르 아벨라르(1079- 1142)

피에르 아벨라르, 혹은 피터 아벨라드를 알아보기 위해서는 먼저 앞에서부터 언급되어 온 '보편'에 대해 좀 더 깊은 이해가 필요하다.

철학 사가들은 중세철학사 전체를 지배한 것이 보편논쟁이었다고 말한다. 보편논쟁에서 안셀무스의 실재론 그리고 아퀴나스의 온건한 실재론 그리고 오컴의 유명론이 나왔다. 피에르 아벨라르도 보편논쟁에서 빠질 수 없는 프랑스 철학자요 신학자다.

사전에서 보편은 보편적인, 전 세계의, 공통의, 우주의, 만유인력 등등의 의미가 있고 철학에서 보편은 본질, 원인, 실재, 이데아 같은 의미가 있다. 그러나 종교에서 보편은 앞에서 언급했던 것처럼 '신'개념이다.

학자들은 보편논쟁에서 보편의 문제는 중세철학 전체를 일관하는 가장 중요한 문제였다고 말한다.

어떤 철학자들이 스콜라철학은 이 문제로부터 시작해서 이 문제로 끝났다고 말을 할 정도다. 그래서 중세 시대에 나타난 보편적 존재에 관한 논쟁. 이 논쟁을 '보편적 논쟁'이라고 불렀다.

유와 종은 실재인가, 또는 관념상의 존재일 뿐인가? 실재한다면 물체인가, 또는 비(invisible)물체인가? 감각적 대상으로부터 분리되어 있는 존재인가? 또는 감각적 대상 자체 안에 있는 존재하는가?

보에티우스는 그의 책 '범주론 주석'에서 실재하는 것은 사물(visible)인가, 또는 단순한 음성인(invisible)가, 하는 형태로 약간 변경시켜 사물이라고 하는 실재론과 음성(existed as name only)이라고 하는 유명론이 분류되는 원인을 제공하는 논쟁을 야기시켰다.

보편논쟁의 양축을 형성했던 유명론과 실재론 사이에서 아벨라르는 자신만의 독특한 인식론과 형이상학 체계를 구축하였다.

아벨라르는 보편 개념은 인간의 오성이 구체적인 사물들에 대한 경험을 토대로 각각의 유사한 속성들을 추려낸, 즉 추상한 결과물이라고 주장했다. 칸트의 지성작용이 참고할 만한 예다. 즉 '인간'이라는 개념은 '철수'와 '영희'를 비롯한 모든 사람들에게서 발견되는 공통된 속성을 통해 성립된다는 것이다.

아벨라르는 실재론과 유명론의 이분법적 논리에서 벗어나 인간 사고의 경험적 측면과 추상적 측면을 모두 중시함으로써 중세 보편논쟁의 한계를 극복하고자 했으나 실패했다고 전해진다. 이러한 그의 입장을 "개념론"이라고도 불린다.

(5) 토마스 아퀴나스(1225-1274)

토마스 아퀴나스가 주장한 실재론은 안셀무스의 실재론과는 약간 차이가 있다. 안셀무스의 실재론은 플라톤의 현상과 이데아 사상이 반영된 보편이 초월적으로 실재한다는 것이고, 아퀴나스의 실재론은 아리스토텔레스의 질료와 형상이 반영된 보편이 현상적으로 실재한다는 실재론이다.

아퀴나스는 명문가의 귀족 출신 도미니코수도회 출신이다. 그는 후대에까지 도미니코수도회 수사신부로서 중세 그리스도

철학 핸드북 (지성인, 교사, 신학생, 목회자를 위한 가이드)

교의 대표적 신학자이자 스콜라 철학자로 불린다.

11세기 이후는 십자군 전쟁이 끝나고 아리스토텔레스의 저작들이 라틴어로 번역되어 서방 교회로 들어오던 시기다.

당시 서방 기독교는 두 파로 나눠져 있었다. 프란치스코파와 도미니쿠스파다. 프란치스코 수도회가 안셀무스의 전통을 이어받아 플라톤 철학을 고수한 학파라고 한다면 도미니코수도회는 아리스토텔레스 철학을 따라간 수도회라고 할 수 있다. 그렇다고 토마스 아퀴나스가 안셀무스의 철학을 반대했다는 것은 결코 아니다. 상당 부분이 같기 때문이다. 다만 안셀무스의 사상을 넓히고 확장시켰다고 보면 된다.

당시 교회는 동방에서 들어오는 지적 유산에 대해 매우 적대적이었다. 그것을 배경으로 쓰여진 최초의 추리소설 '장미의 이름'이 이를 잘 보여준다. 그러나 동방에서 들어오는 그런 지적 유산을 과감하게 받아들인 사람은 도미니코수도회 수사 알베르투스 마그누스였다.

알베르투스는 인간의 이성을 올바르게 사고하는 능력이고, 실재를 파악하는 능력이라고 말했다. 그리고 그는 '신앙과 이성의 결합'이라는 새로운 원리를 내놨다.

토마스 아퀴나스는 알베레르투스의 제자다.

아퀴나스의 필생의 과업은 성서와 아리스토텔레스 철학을 결합하는 것이었다. 스콜라철학을 아리스토텔레스의 철학을 계승한 철학이라고 하는 이유도 바로 이 때문이다. 플라톤이 초월적 이원론을 주장한 철학자라고 한다면 아리스토텔레스는 존재론적 일원론을 주장한 철학자라 할 수 있다.

플라톤은 눈에 보이지 않은 전체적인 이데아로부터 철학적 사고를 이어갔다.

예를 들어 '모든 사람은 죽는다. 그러므로 A는 죽는다. B도 죽는다. C도 죽는다.' 이것이 플라톤식 사상의 논리적 순서다.

그러나 아리스토텔레스는 눈에 보이는 개체에서부터 철학적인 사고를 이어 나갔다. 예를 들어 'A는 죽는다. B도 죽는다. C도 죽는다. 그러므로 모든 인간은 죽는다.' 라는 논리적 순서다.

그는 보편은 언제나 개체를 통해 존재한다고 보았다. 이것이 플라톤 사상을 이어받은 안셀무스 사상과 다른 점 중 하나다.

A. 온건한 실재론

아리스토텔레스는 질료와 형상은 항상 붙어 다닌다고 생각했다. 진료 없는 형상이 없고, 형상 없는 진료가 없다는 것이다.

그러나 플라톤의 논리는 실체가 없어도 형상은 초월적으로 있다는 논리다. 그림자에 해당하는 현상이 없어도 보편적 이데아는 있다는 의미다.

중세 초기에는 이런 플라톤의 논리를 그대로 계승한 실재론이 지배적이었다. 그래서 플라톤 철학을 승계한 안셀무스의 실재론을 중세 철학을 대표하는 스콜라철학의 출발점이라고 한다.

그러나 앞에서도 언급했듯이 거기에는 한계가 있었다. 너무 독단적이라는 것이라는 것이 문제였다. 즉 플라톤의 이런 철학이 만물에 다 적용될 수 없다는 점이었다. 예를 들어 현상이 사라져도 이데아는 존재한다는 것을 인간에게 적용하는 것은 별 무리가 없다. 인간의 영혼은 영원하기 때문이다. 그러나 이것을

철학 핸드북 (지성인, 교사, 신학생, 목회자를 위한 가이드)

인간이 아니라 다른 사물에 적용했을 때는 문제가 된다. 그래서 이런 독단적 한계를 극복하려 한 사람이 토마스 아퀴나스다.

형상이 질료와 함께 있다는 아리스토텔레스의 주장은 이 세상을 이데아와 현상의 세계로 본 플라톤의 사상과 별 차이가 없다.

질료와 영혼으로 구성된 인간 안에 보편이 실재한다는 것도 별 차이가 없다. 플라톤이 말한 시공간 너머에 존재하는 이데아의 세계를 관념의 세계라고 할 수 있기 때문이다.

그러나 여기서 분명히 해야 할 것이 있다. 아리스토텔레스가 이 현상의 세계, 실체의 세계를 그림자의 세계가 아니고 실재의 세계로 이해했다는 점이다. 실체는 그림자를 품어도 그림자는 실체를 품을 수 없다. 같은 존재를 놓고 플라톤은 그림자, 그림자의 실체는 초 시간과 초공간적으로 감각 너머에 존재한다는 것이었고, 아리스토텔레스는 개별 자, 즉 개체에 있다고 했다. 즉 현상이 에이도스(형상)를 가지고 있다는 것이었다.

현상이 그림자가 아니고 실상이라고 했으니 본질이 실상이나 실체에 있다고 한 것이다.

다음의 성경 구절이 이해에 도움을 줄 것이다. '임마누엘 하나님', '너희 안에 내가, 내가 너희 안에' '너희는 성령의 전이니' '천국은 너희 안에 있느니라.'

보편이 선재함(preexisted)으로서 보편의 그림자와 같은 실체가 후제 한다는 플라톤의 주장을 거꾸로 바꿔, 현상이 있음으로서 보편이 있다고 한 것이다. 개체적이고 특별적인 용훈이가 없다면, 보편적이고 일반적인 인간 용훈이도 없다는 논리다.

그것을 아리스토텔레스는 질료와 형상의 관계로 표현했다. 질료는 플라톤의 현상에 해당하고, 형상은 이데아에 해당한다.

이것이 플라톤의 에이도스와 아퀴나스의 에이도스의 다른 점이다. 아퀴나스가 바로 이런 사상을 신학에 접목시킨 것이었다.

소나무 한 그루가 있다고 생각해 보자. 소나무는 솔 씨로부터 존재하게 되었다는 것은 과학적 실험이나 경험이 없이도 모두가 아는 사실이다.

이때 솔 씨의 존재 목적은 소나무다. 소나무의 존재 목적은 목재다. 목재의 존재 목적은 집이다.

따라서 솔 씨의 선은 자신의 기능을 탁월하게 발휘하여 최고 좋은 (쓸모 있는) 소나무가 되는 것이고, 소나무의 최고선은 자신의 기능을 탁월하게 발휘하여 최고 좋은 목재가 되는 것이고, 목재의 최고선은 자신의 기능을 탁월하게 발휘하여 최고 좋은 집이 되는 것이다.

아퀴나스는 인간의 정신 혹은 영혼의 성장 과정의 순차를 이렇게 설명했다 그는 인간의 최고선은 자신이 가진 기능을 탁월하게 잘 발휘하여 최고 좋은(사회에 필요한) 사람이 되는 것이다.

'그리스도의 장성한 분량까지' '아버지의 온전하심 같이' 성경에 적용시켜 인간이 변화해야 할 순수 형상의 단계를 설명했다. 이것이 토마스 아퀴나스의 온건한 실재론이다.

B. 행복 철학

"존재란 무엇인가? 존재가 존재하게 된 목적은 무엇인가? 인간이란 무엇인가? 인간의 존재 목적이란 무엇인가? 선이란 무엇인가? 인간은 무엇을 추구해야 하는가? 인간이 추구하는 세계의 최고 꼭대기에는 무엇이 있을까? 선생의 선은 무엇일까? 성직자의 최고선은 무엇일까? 스님들의 최고선은 무엇일까? 언론의 최고선은 무엇일까? 부모의 최고선은 무엇일까? 자기의 뜻을 아이를 통해 실현하는 것일까?” 대부분의 철학은 바로 위와 같은 종류의 질문에서부터 시작한다. 만물은 있고, 그 만물이 왜 있는지, 만물의 존재 목적이 무엇인지를 알아내는 것을 이성의 주요 과제로 여겼다.

고대의 모든 철학자들은 만물의 존재 목적은 좋음(선)에서 시작된다는 것을 알아냈다. 소크라테스, 플라톤 아리스토텔레스 등 대부분의 철학자들은 그것을 행복이라고 했다. 예를 들어 학생의 선은 무엇일까?

자신의 기능을 탁월하게 발휘하는 것이다. 그것이 행복이다. 왜냐하면 그것이 곧 학생의 존재 이유이기 때문이다.

그렇다면 무엇이 학생의 기능일까?

학생의 기능은 공부하는 것이다. 따라서 학생에게 있어서 최선을 다해 공부에 집중하는 것이 선이고 행복이고 존재 이유다. 행복은 개인이 탁월한 기능을 발휘하는데서 발생한다고 본 것이다.

그러나 철학 밖에서는 행복에 대한 일치된 개념이 없다. 어떤 사람은 부자로 사는 것이, 또 어떤 사람은 권력을 가진 삶이 행복이라고 생각한다.

아리스토텔레스는 그러한 삶은 모두 진정으로 행복한 삶이 될 수 없다고 했다. 그는 약간 우회하여 행복한 삶에는 '덕목'이 필수적으로 요구된다고 했다. 그는 '덕'을 일종의 '훌륭함', '탁월함'이라고 했고, 탁월함과 훌륭함을 드러내는 것이 '기능'이라고 했고, 행복은 거기서 발생한다고 했다.

일을 하든, 운동을 하든, 움직여야 땀이 나듯이, 행복은 땀처럼, 인간이 자신의 최종 존재목적을 향해 움직이는 과정에서 나온다(발출)고 했다.

그러니까 행복은 인간이 직접 창조할 수 있는 창조대상(be-ing)이 아니고 존재 목적을 이루어가는 과정에서 혹은 다른 창조 활동 과정에서 자연발생적으로 생산된다는 것이다. 이렇게 생산된 행복은 일시적인 쾌락이나 일시적인 향락과는 질이 다르다고 했다.

그는 행복에 대해 다음과 같이 말한다. 인간이 지닌 고유한 기능은 이성이다. 그 이성을 잘 발휘하는 것이 선이다. 이성의 기능이 잘 발휘되고 있을 때 바로 거기서 행복은 발생 된다.

따라서 유덕한 인간이 행복한 사람이다. 이성적 기능을 가장 잘 발휘하는 사람이기 때문이다. 그래서 그 사람은 행복할 수밖에 없다. 그런데 이성은 양심과 함께 일을 한다. 그래서 이성 능력에는 양심적인 합리성이 따른다.

그의 말에 따르면 종교적으로 신앙의 기능을 잘 발휘하는 것이 선이 된다. 바로 이렇게 발생하는 행복이 모든 행복의 모델이 될 수 있는 행복이다.

초대교회 시절 순교자들이 사자에게 사지가 찢겨 죽으면서도, 그리고 장작불에 불타 죽으면서도, 행복해했던 사실들이 좋은 예다.

사도행전에도 스데반이 돌에 맞아 죽으면서도 행복해하던 모습이 들어있다. 이는 "신비적-귀납"이라 직접 경험을 하지 않은 사람은 절대 이해할 수 없는 일이지만 이것이 철학을 통해 가르쳐준 행복의 형이상학적 창조원리다.

아리스토텔레스는 인간의 정신(영혼)은 이성적인 부분과 비이성적인 부분으로 구성되어 있다고 봤다. 이에 따라 덕목도 두 가지로 나누었다. 하나는 지성적 덕이고, 다른 하나는 품성적인 덕이다. '이성적인 부분'이 갖게 되는 덕은 '지적인 덕'이다. 선을 알게 되면 선을 행하지 않을 수 없다는 소크라테스의 논리를 사용하면 이해가 쉬울 것이다.

대부분의 한국 남자들은 장어가 정욕에 좋다고 생각한다. 그래서 그것을 아는 스님들은 장어 요리를 피한다. 사람들이 쥐약을 먹으면 죽는다는 것을 안다. 그래서 그것을 아는 사람은 쥐약을 먹지 않는다. 이것이 이성적인 덕의 예다.

품성적인 덕이란 지성적인 덕을 수행하는 실천적 덕을 말한다. 자신이 가진 덕을 행하는 것이 품성적인 덕이다.

예를 들어, 선을 안다면, 선을 행할 수밖에 없는데, 아는 것을 행하는 것이 품성적인 덕이다. 용서가 신의 명이요, 자연의 명이요, 자기 영혼의 간절한 호소라는 것을 안다면 우리는 용서를 할 것이다.

만일 용서에서 로또 같은 엄청난 행복(행운)이 발생한다면 그것을 행하지 않을 사람이 있겠는가? 그것이 품성적인 덕이다. 토마스 아퀴나스는 이같이 아리스토텔레스의 모든 철학을 그리스도의 가르침에 접목시켰던 것이다.

C. 덕목의 철학

그리스도가 이 세상에 오실 때 세상은 공허하고 혼돈한 상태였다. 정신이 공허하고 사상이 혼돈했다. 신에 대해서도 혼돈했고, 인간에 대해서도 혼돈했다.

행복에 대해서도 혼돈한 상태였다. 그리스도는 이렇게 혼돈하고 불행한 세상에 안정과 행복을 주시기 위해 오셨다. 그때 가져오신 것이 덕목이었다.

그러나 중세의 1천 년 동안 그리스도의 가르침에서 왜곡이 일어났다. 사람들로부터 자유정신을 뺏고, 그들을 정신적인 종교-노예로 만들고, 부리던 사람들은 그리스도는 지금 내가 살고 있는 세상에서의 행복이 아니라 사후 다른 세상에서의 행복을 위해 오신 것처럼 왜곡했다.

그리하여 사람들은 이승이 저승의 삶을 얻기 위한 노동의 장소로 오해했다. 중세 1천 년의 시기를 장악했던 어둠의 탓이었다.

사방팔방에 깔린 짙은 어둠 때문에 이 세상, 그 어디서도 행복이나 희망을 찾을 수 없었을 것이다. 예수님에 의해 밀려났던 혼돈과 공허가 사람들의 정신세계로 다시 몰려오기 시작했다.

현대 물리학에서는 과거와 현재, 그리고 미래를 하나로 본다. 오늘이 내일로 연결되어 있다는 말이다. 인간은 순간을 산다.

순간이 모아져 시간이 되고, 시간이 모아져 영원이 된다. 시간의 끝을 지나면 영원의 세계다. 모든 순간순간이 중요하다는

철학 핸드북 (지성인, 교사, 신학생, 목회자를 위한 가이드)

의미다.

다음 순간을 위해, 지금 순간을 포기하는 것을 선이라고 한 사람은 없을 것이다. 내일의 선이 오늘의 선이 될 수 없다. 오늘 선이면 내일도 선이고, 내일 선이면 오늘도 선이어야 한다. 그래야 진리라 할 수 있다.

다음 생을 위해 오늘의 생을 포기한다는 것은 특수한 경우를 제외하고는 고대부터 전승되어온 철학에도 그리스도의 가르침에도 반하는 일이다.

오늘도 거룩하고, 오늘도 영원하고, 내일도 거룩하고, 내일도 영원해야 한다. 그것이 진리고, 그것이 그리스도의 가르침이다.

우리가 그리스도의 나라가 세워질 때 건축자들(제자들)이 겪었던 수고를 따라 하는 것이 미덕이라고 생각하는 것은 오류일 수 있다. 히브리서 6장 1절에서 바울이 그것을 지적했다.

인류를 죄에서 자유하게 해주기 위해 그분이 속죄 제물이 되었다고 믿는다면 더 이상 나는 나의 죄를 속함 받기 위한 제물이 될 필요도, 제물을 드릴 필요도 없어야 한다.

그분의 유언을 따라 그 분이 주고 가신 덕목을 살면 된다. 바울은 그것이 하나님이 기뻐하시는 산 제사라고 했고 주님은 그것이 하나님의 뜻을 이루는 것이라고 했다. 아리스토텔레스의 철학을 그대로 이어받은 토마스 아퀴나스는 인류의 그리스도께서 그랬던 것처럼 인간은 저세상에서도 행복해야 하지만 이 세상에서도 행복해야 한다고 말한다.

그런 행복을 얻으려면 정신을 덮고 있는 혼란과 혼동을 걷어내고 덕목을 살아야 한다고 말한다.

그는 지성적인 덕목과 품성적인 덕목에 더하여 저세상에서까지 인정해주는 종교적 덕목이 있어야 한다고 말하며 그것을 '믿음의 덕', '소망의 덕', '사랑의 덕목'이라고 말했다.

이는 어거스틴의 사상이기도 했다. 아리스토텔레스가 말한 '덕목'이 인간이 이 세상에서 행복할 수 있는 덕목이라고 한다면 아퀴나스가 덧붙인 종교적 덕목은 저 세상에서까지 행복해질 수 있는 덕목이었다.

D. 신의 존재 증명

중세는 교회가 사회를 운영한 시대였다. 거의 모든 사람들이 교회라는 제도권 안에 있었다.

사회가 교회의 영향권 아래 있었음에도 불구하고 사람들의 자유 정신은 신으로부터 멀어져 있는 시대였다, 신학은 있었을지 모르나 신앙이 없었고, 신앙은 있는데, 그 신앙 안에 신이 없었다. 실체는 있는데 본질이 없었다. 그래서 사람들은 본질을 의심했다.

신이 존재한다면, 신이 살아있다면, 결코 허용되지 않고, 용서되지 않을 일들이 신전으로 상징되는 교회에서 자행되었고. 자연이 금하고, 우주가 금하고, 신이 금한 우상숭배가 자행되었다.

신이 금하고 자연이 금한 향락과 쾌락에 젖은 동성애자들이 감히 교회를 드나들었다. 교회에는 거룩함이 사라졌고, 미신(무당)이 득세했다.

칠흑같이 어둡고 캄캄한 혼돈과 혼란 속에 잠겨버린 중세 사

철학 핸드북 (지성인, 교사, 신학생, 목회자를 위한 가이드)

람들의 신앙과 정신을 구해내는 일은 무엇보다도 절실한 상황이 되어버렸다.

그리하여 이제, 신을 잃어버린 시대에 신이 있다고 증명해야 하는 상황에까지 이르고 말았던 것이다. 그런 일들은 교회의 제도권 밖에서 외롭게 진리의 길을 걷고 있던 수도자들의 몫이 되었다.

세상이 아무리 험해도, 의도, 신도, 인이 없어도, 하나님은 계신다는 것만은 알게 해야 하고, 믿게 해야 하는 것은 그리스도인의 보편적 의무다. 그 일을 안셀무스에 이어 토마스 아퀴나스가 대신했다. 그리하여 토마스 아퀴나스는 신의 존재를 5가지로 증명했다. A) 부동의 원동자 B) 제 1의 원인 C) 완전한 존재 D) 비교 E) 목적론적 증명이다.

A) 부동의 원동자(운동의 원인을 통한 증명): 만물은 움직인다. "판타레이", 이는 고대 철학에서부터 사유된 개념이다. 그러나 스스로 움직이는 것은 없다. 모두 무엇에 의지하여 움직인다. 물체가 변하고 움직인다면 그 물체를 변하고 움직이게 하는 무엇인가가 있다는 의미다.

우주 안에서 우주가 변하고, 움직이고, 태양이 변하고, 움직이고, 별들이 변하고, 움직이고, 헤아릴 수 없는 수억의 천체가 변하고 움직인다면 그것들을 그렇게 변하고 움직이게 하는 '무엇'이 있을 것이라는 것이다.

토마스 아퀴나스는 그것을 부동의 원동자로 이름 했다. 'The unmoved mover', 자기는 움직이지도, 변하지 않으면

철학 핸드북 (지성인, 교사, 신학생, 목회자를 위한 가이드)

서, 다른 것들을 변하고, 움직이게 하는 존재, 바로 그것이 신이라고 한 것이다

B) 제 1원인(원인을 통한 증명): 세상에는 원인 없는 결과가 없다. 현재는 과거의 결과로서 있는 것이고, 오늘은 어제의 결과로서 있는 것이다.

이렇듯 만물은 어떤 원인에 의해 움직인다. 스스로 움직이는 것이 아니기 때문에 그 스스로가 스스로의 원인도 될 수 없다.

무엇이 흔들렸다면 거기에는 반드시 그 원인이 있다. 만일 그것이 바람이라면 그 바람을 그렇게 만든 또 다른 원인이 있을 것이다. 예를 들어 나의 원인이 엄마라면 엄마의 원인도 있다. 그리고 나의 엄마의, 엄마의, 원인도 있을 것이다. 그렇게, 그렇게, 쭉 원인의 원인, 원인의 원인을 찾아 올라가다 보면 최초의 원인이 나올 것이다.

이 모든 현상을 있게 한 원인, 그 원인의 원인, 오늘이라는 결과를 만들어낸 원인, 그것의 원인의 원인을 찾고 찾아서 올라가면 제1원인이 등장할 것이다. 그 원인이 바로 신이라고 했다.

C) 완전한 존재(존재 이론을 통한 증명): 존재란 무엇인가? 존재란 있는 것이다. 있는 것이란 무엇인가?

있는 것이란 변하지 않는 것이다. 그러나 이 땅위에는 변하지 않는 것은 없으니 땅위에 있는 것이란 있다고 할 수가 없다. 없다가 있는 것도 있는 것이 아니고, 지금 있는데, 그것이 영원부터 있어왔고, 앞으로도 영원히 있을 것이 아니라면, 바로 이것

도 있는 것이 아니다.

지금 있는 것들이 스스로 있는 것이 아니라면 이것도 있는 것이 아니다. 다 무엇이 있는 데서 만들어졌기 때문이다, 의존적으로 있기 때문이다. 이는 우리가 고대 철학을 다룰 때 간단히 사유한 바 있다.

나무는 흙에 의존한다. 비는 구름에 의존한다. 구름은 물에 의존한다. 동양의 음양오행 사상과 비슷한 논리다. 내가 변하면 네가 변하고, 땅이 변하면 하늘이 변하고, 하늘이 변하면 땅이 변한다. 바다가 변하면 물이 변하고, 그 안의 생물들이 변한다. 이렇게 만물은 의존적이다. 의존적이라는 말은 불안전하다는 말이다. 만물은 이렇게 불안전하다.

우연이 모이고 모이면 필연이 된다. 그러나 그 우연을 찾아가 보면 그 우연이 필연에서 왔음을 알 수 있다. 우연이 필연에 의존했다는 의미다. 그러므로 이 또한 있는 것이 아니다.

본래부터 있었고, 지금도 있고, 영원히 있는 것, 그것이 있는 것이고, 아무것에도 의존적이지 않고, 스스로 있는 존재, 그것이 바로 존재하는 것이다. 아퀴나스는 그것이 바로 신이라고 했다.

D) 비교 기준을 통한 증명: 바위도 시간이 지남에 따라 늙고 부식되고, 소멸되어 흙으로 변한다.

그러나 변한다는 말을 하려면 변하지 않는 어떤 것을 기준 해야 한다. 그래야 변한다가 될 수 있다. 따라서 불안전한 존재를 정의하기 위해서는 필연적으로 안전한 존재가 있어야 한다. 그

철학 핸드북 (지성인, 교사, 신학생, 목회자를 위한 가이드)

것을 측량(measure)하기 위해서는 뭔가 필연적인 완전한 기준 혹은 비교 대상이 있어야 해서다. 완전한 존재가 있어야 그것에 비추어 불안전한 존재라고 이야기할 수 있어서다.

우리는 어떤 사물은 다른 사물보다 더 좋거나 더 나쁘다고 말을 한다. 그러기 위해서는 비교 대상이 있어야 한다. 더 좋은 것과 좋은 것, 더 좋은 것과 더, 더 좋은 것이 있어야 한다.

좀 더 구체적으로 풀어보면 우리가 느낄 수 있는 모든 것들은 불안전하다. 우리가 경험한 모든 것들은 불안전하다. 왜? 우리 자신이 불안전하기 때문이다. 불안전한 것이 불안전한 것을 느끼니까 더욱 불안전하다. 불안전한 것들은 서로 비교되는 것들이다.

저것은 더 불안전하고, 저것은 좀 더 불안전하고, 불안전한 것들로 불안전한 것들을 비교하게 된다. 그러나 우리가 어떤 것들을 비교한다는 것은 비교 대상과 그 대상의 완전(이데아)이 있다는 것이다.

무엇을 진실하다고 했을 때는 완전한 진실의 이데아가 있기 때문이라는 것이다. 그것을 모델로 하여 진실하다고 말한다는 것이다.

이 세상에 비교 대상의 축이 되는 최고의 그것, 아무것도 비교될 수 없는 진실, 진실 중의 진실, 아무것에도 비교될 수 없는 선, 선 중의 선. 그것이 무엇일까? 토마스 아퀴나스는 그것이 바로 신이라는 것이다.

E) 목적론적 증명: 이 세상에는 생명력이 있고, 감정이 있는 고

등 생물들만 있는 것이 아니다. 무생물도 있다. 무생물, 무기물들도 있다.

그리고 이들은 움직인다. 제멋대로 움직이는 것이 아니라 규칙을 가지고 움직인다. 별이 돌고, 달이 돌고, 태양이 돌고, 지구가 돈다. 그런데 절대 부딪치지 아니한다. 너무 신기하다.

중력이고 뭐고, 이런 것들을 떠나서 너무 신기하다. 이것은 우주 안에, 만물 안에 어떤 너무 정교하고 미세한 법이 있다는 증거다. 그 법은 모든 존재의 목적을 위해 움직인다. 그것이 섭리고 바로 목적이다.

모든 만물은 이런 목적을 가지고 움직인다.

예를 들어보자. 모래는 왜 있는가?

벽돌을 만들기 위해서다. 따라서 모래는 벽돌의 질료다. 벽들은 모래의 형상이다. 벽돌은 왜 있는가? 벽을 쌓기 이해서다.

벽은 왜 있는가? 담을 쌓기 위해서다.

그래서 아퀴나스의 다섯 번째 논증을 목적론적 신 존재 증명이라고 부른다. 세계 안에 존재하는 모든 사물은 목적을 가지고 운동, 혹은 존재하기 때문이다. 그런 목적들은 우연적으로 진행되는 것이 아니라 누군가의 섭리 혹은 계획에 따라 필연적으로 진행되는 것이다. 그것들은 마치 화살이 궁수에 의하여 어떤 방향으로 겨누어지고 있듯이 만물은 지성을 가진 어떤 존재에 의하여, 그 목적을 이루기 위해 움직이고 있다.

토마스아퀴나스는 이러한 지성적인 존재가 바로 신이라고 했다.

그는 계시와 이성, 은총과 이성, 보이지 않는 세계와 보이는 세계를 연결시키려고 했다.

그래서 보이는 세계 속에 보이지 않는 세계가 내제되어 있고, 함께 한다고 믿었다. 보이는 질료와 보이지 않는 형상이 붙어 있는 것처럼, 보이는 세계 속에 보이지 않는 보편적인 것이 같이 있다고 믿었다. 이것을 그는 자연신학이라고 했다.

창조질서 안에 창조주의 형상, 창조주의 모습이, 담겨 있다는 것이다. 신의 은총이 여기서 역사하고 있다는 것이다. 보이는 것이 그냥 움직여지는 것이 아니라 보이지 않는 보편적인 것에 의해 움직여지고 있다는 것이었다.

E. 4 종류의 법

플라톤 철학을 계승한 성 아우구스티누스는 신의 의지보다 신의 이성을 강조해 "신의 이성"이야말로 영구불변한 신법의 최고의 원천이라 했다 그리하여 신법, 자연법, 세속법(실정법)이라는 법의 위계를 확립했다.

이러한 '이성'의 우위를 계승해 실정법을 보편적 "선"을 위한 인간 이성의 창조물로 보았으며, 자연법을 위반한(신법을 위반한) 실정법의 효력을 부인했다. 즉 인간이 만든 실정법이 신의 이성이 창조한 자연의 법을 위반하거나 상충한다면 실정법의 효력은 사라진다고 본 것이다. 한마디로 자연의 법이 우위라는 의미다.

그 좋은 예가 동성연애다. 동성연애나 수간이 인간의 법으로 합법화 되었든 아니 되었든 자연의 법과 상충하며 자연의 흐름에 대적하는 것임으로 동성애는 결코 합리화될 수도, 보호될 수도 없다는 것이다. 따라서 아퀴나스는 플라톤의 신법 앞에 영혼 법을 더하여 법을 4가지로 나누었다. 영혼 법, 신법, 자연법, 인간 법(실증법)이다.

A) 영혼 법: 아퀴나스는 세상에는 가장 중요한 진리를 담고 있는 법이 있는데 그 법이 신의 뜻을 담고 있는 '영혼 법'이라고 했다.

아주 쉽게 인간의 영혼은 선험적으로 신의 뜻을 알고 있고, 따라서 신의 법을 선험적, 본성적 지식으로 지니고 있다는 논리다. 일반적으로 그것을 종교성이라고도 부른다. 인간의 본성 안에 신을 찾는 종교적 욕구가 들어있다는 의미다.

아퀴나스는 그 법이 '영혼의 본성'으로 작동하여 자연적(중력에 의해)으로 신의 뜻을 따라가고 있다고 했다.

그 한 가지 비유가 어린아이들의 적성이다. 아이들은 적성검사를 통해 자기에게 가장 맞는 일을 하고자 한다. 여기서 적성이란 본성적으로 지닌 자기에게 가장 잘 어울리는 일을 말한다.

아퀴나스는 이 영혼 법은 바로 신의 뜻이기 때문에 신 그 자체라고 믿었다. 신 그 자체니까 변하지 않는 영원한 법이라고 믿었다. 그 법이 신의 뜻, 그 자체니까 완전한 법이라는 뜻이다. 그래서 신의 뜻은 곧 완전한 법이고, 그 법은 선하고, 선하니까 좋고, 영원하다고 했다.

그렇다면 이 영혼-법을 불안전한 인간이 어떻게 알 수 있을까?

물론 인간은 영혼 법을 100% 알 수 없다. 그래서 영혼-법은 인간이 완벽하게 알 수 없는 법이라고 했다. 이 말은 인간은 인간의 영혼을 완전히 알 수 없다는 의미이기도 하다.

그렇다면 우리가 신의 뜻을 어떻게 살 수 있을까? 혹은 신의 뜻을 알 수 없는 상태에서 어떻게 신의 뜻을 수행할 수 있을까? 라는 질문을 만나게 된다.

신은 질료도 없고, 형체도 없고, 따라서 신의 뜻 또한 질료도 없고, 형체도 없다. 신에게 있어서 질료는 형체고, 형체는 질료다. 그래서 신은 스스로 존재하는 존재다.

신은 사랑이고 사랑 자체다. 신은 또한 선이고, 선 자체다. 선 중의 선, 최고의 선이다. 선은 의다. 최고의 의다. 의는 좋은 것이다. 좋은 것 중에 좋은 것이다. 좋은 것은 사랑이다.

그러므로 인간은 신을 사랑할 때 신을 알 수 있고, 만날 수 있고, 이해할 수 있다. 빛을 쬠으로 빛을 알 수 있다고 한 성 아우구스투스의 조언을 적용하면 된다.

그러므로 토마스 아퀴나스는 선을 이루는 것도, 의를 이루는 것도, 좋은 것을 선택하고, 그것을 행하는 것도, 사랑하는 것도, 이성을 통해야 한다고 했다.

선택에 앞서 인간의 육체의 본성(bodily nature)이 아니라 이성(divine nature)에게 물으라고 했다.

이해를 위해 바울의 말을 인용해보겠다."to put off your old self which is being corrupted by its deceitful desire" 따라서 아퀴나스가 여기에 등장시킨 이성은 신개념이다. 새로운 이성, 즉 교회의 표현방식으로 중생한 이성임을 전재할 필요가 있다.

중생한 이성은 현세적 사랑을 넘어 영원한 사랑, 보편적 사랑을 알 수 있다는 말이다. 이것이 아퀴나스뿐 아니라 그리스도의 가르침이다.

B) 신법: 그렇다면 우리가 대충이라도 알 수 있는 법이 무엇일까? 바로 신법이다. 신법이란 신의 부름 즉 신의 계시를 받아서 알게 된 법을 말한다.

"너희는 서로 사랑하라" "원수를 사랑하고 ..."

예를 들면 성경을 기록할 때 저자들이 신으로부터 특별 영감(축자)을 받았다고 주장한다.

특별히 영감 되어 받은 법이 신법이다. "저 과일은 먹지 말라. 먹는 날에는 정녕 죽으리라." 바로 이것이 신법의 예다.

그러나 아주 특수한 경우가 아니면 신의 부름을 받고, 일일이 신의 계시를 받아 신의 법을 알기란 쉽지가 않다.

거룩한 상태가 아니면 신으로 위장된 거짓의 영이, 거짓의 법을, 신의 법으로 속일 수 있어서다. 그래서 토마스 아퀴나스는 우리는 신법이 아니라 자연법을 통해 신을 알아야 한다고 말한다.

C) 자연법: 자연법이란 무엇일까? 자연에 들어있는 모든 법이다. 자연의 흐름이 자연 법이고, 자연의 질서가 자연의 법이다. 이렇듯 자연에는 사막에 핀 야생화처럼 많은 법이 흐르고 있다.

바울은 이 자연법을 양심이라고 해석한 바 있다. 히브리서에도 하나님이 자기 법을 인간의 가슴에 새겨두셨다고 말한다.

그렇다면 이 자연법은 어떻게 우리가 알게 된 것일까?

아퀴나스는 바로 우리가 가지고 있는 이성의 능력을 바탕으로 알 수 있다고 했다. 이 이성의 능력을 바탕으로 무엇을 알 수 있을까?

바로 신법과 영혼법의 일부를 파악할 수 있다는 것이다. 자연의 흐름을 통해 신의 법을 알고 양심의 법을 통해 신법과 영혼법을 파악할 수 있다는 것이다.

인간은 신이 창조한 존재다. 따라서 우리의 몸과 영혼에는 신의 뜻이 어느 정도 담겨져 있다.

선험적으로 주어진 영적 본성(신성)이 있다는 것이다. 앞에서 언급했듯이 어떤 사람들은 그것을 '양심'이라고도 한다. 이것이 아퀴나스의 생각이었다. 즉 우리는 자연적으로 태어날 때부터 신에 대한 '경향심'을 가지고 있었다는 것이다. 신을 '좋아하고 싶은 마음이' '의를 선택하고 싶은 마음' '어려움에 처한 자를 불쌍히 여기고 싶은 마음' '부모를 귀히 여기고 싶은 마음' '선을 행하고 싶은 마음' 이런 마음들이 우리의 본성에 들어있다는 것이다. 그리고 이런 본성들을 실행하면서 신의 법이나 영혼의 법을 알아가게 된다는 것이다.

심리학에서는 사람은 선험적 본성과 후천적 본성을 가진다고 말한다.

선험적 본성은 태어날 때 가지고 태어난 본성이요, 후천적 본성은 선천적 본성을 살면서 만들어진 본성이다.

후천적 본성이란 물리학적 표현으로는 '중력'이다. '업'으로도 비유할 수 있다. 살면서 형성된 습성이나 관성이 후험적 본성에 해당한다. "바늘 도둑이 소도둑 된다."는 속담이나. "참새가 방앗간을 그냥은 못지나간다."는 속담, 그리고 "수행자가 고기 맛을 보면 빈대가 살아남기 힘들다."는 속담, "선은 선을 낳고, 악은 악을 낳는다."는 말 "순천자역천자" 라는 말 등등이 그 예다.

본성에 반영되어 있는 영혼 법을 다시 이성의 능력을 바탕으로 파악해 낸 그 내용들이 자연법이라고 할 수 있다. 그래서 거듭난 이성은 자연 속에 묻혀서 아직 드러나지 않은 많은 진리를 알아낼 수 있다. 그 진리가 자연의 원리고, 자연의 법칙 이어서다.

선을 행하고 악을 피해야 하는 원리, 그것을 구체화 시키는 것이 자연법의 제1 원리다. 예를 들어, 살인을 저지른 자에게는 반드시 형법이 내려진다는 것은 자연 법으로부터 알게 된다는 것이다.

D) 인간 법: 요약하면 영혼 법에서 나온 법이 신법이고, 신법에서 나온 법이 신법의 하위 단계인 자연법이다. 그리고 자연법보다 더 하위법이 인간이 만든 인간 법이다. 가장 완벽한 영혼 법으로부터 멀어지면 멀어질수록, 그러니까 신으로부터 멀어지면 멀어질수록 불안전함이 증가하고, 올라가면 올라갈수록 완전함이 증가하여 육적 욕구로부터의 자유 함이 더해지고, 완전한 법에 이른다는 논리다.

(6) 윌리엄 오컴(William Ockham, 1285~1349)의 유명론

윌리엄 오컴이 등장할 시기는 성경이 철저하게 제한 된 곳에서, 제한된 사람들에 의해서만 접할 수 있던 시대였다. 이런 시기 성 안셀무스, 그리고 토마스 아퀴나스를 비판하면서 나온 사람이 윌리엄 오컴이다.

그가 성경을 바탕으로 그의 사상을 전개했는지 성경 없이 그의 사상을 전개했는지는 알 수가 없다. 토마스 아퀴나스가 주장한 영원한 세계와 보이는 세계가 서로 연결되어 있고 영원한 세계가 보이는 세계를 만들었다는 것, 그리고 신이 인간을 만들었다는 그것을 증명(설명)할 수 없다는 것이 윌리엄 오컴의 입장이었다. 그래서 그는 형이상학적인 존재와 현상적인 존재를 완전히 나누고 이데아, 본질, 영혼, 등과 같은 형이상학적 존재를 지식의 대상에서 제외시켜버렸다. 성경을 전혀 토대하지 않은 것으로 보이는 근거다.

지식은 두 가지로 나눌 수 있다. 형이상학적 지식과 현상적 지식이다.

어떤 존재가 지식이 되기 위해선 어떤 식으로든 이해(앎)가 선제해야 한다. 그래서 합리론이 나왔고, 경험론이 나왔고, 칸트의 순수이성비판이 나왔다.

헤겔의 현상학도 지식으로의 인식과 관련이 있다. 그러나 이것이 다가 아니다. 그리스 전통철학에서는 현상을 통해 본질을 파악(이해)했다. 그러나 여기에는 한계가 있다.

형이상학적 존재는 오감을 통한 인식이 불가능하다는 것이다. 근대철학에서는 이것 때문에 많은 논쟁을 했다.

예를 들어 '믿음'이나 '신앙' 그리고 '은혜'는 오감을 통한 인식이 불가능하다. 그렇다면 인식의 대상이 인간의 오감으로 인식할 수 없는 이런 형이상학적 대상일 때는 어떻게 할까?

아우구스토스는 '빛을 알기 위해서는 빛을 쫴야한다.'고 말했다. 안셀무스는 '나는 이해하기 위해 믿는다.'고 말했다. 모두 오컴과는 상반된 말이다.

예를 들어보자. '빛을 알기 위해서는 빛을 쬐어야 한다.'는 아우구스투스의 말에서 그가 말한 빛은 하나님의 은총을 상징한다. 은총은 보편적인 것과 개체적인 것이 있다.

그들은 그 은총을 알기 위해서는 혹은 알기 위해서는 그 은총을 쬐어야 한다고 했다. 은총을 쬐어봐야 그 은총이 무엇인지, 어떤 것인지, 이해할 수 있다고 한 것이다. 닭이 먼저냐 달걀이 먼저냐 같은 이론이지만 이는 '알기 위해서 믿는다, 빛을 알기 위해 빛을 쬔다.'와 같은 맥락이다.

위의 두 교부들은 형이상학적 지식의 대상은 오감을 통한 인식이 아니라 믿음을 통해 인식(이해)할 수 있다고 조언한다.

하나님의 세계에 속한 영물에 대한 지식은 육적 오감을 통한 인식이 아니라 영적 오감(믿음)을 통해야만 이해할 수 있게 된다는 의미다. 코페니쿠스적 전회를 적용시킬 만한 역설적 방법이다.

"믿음은 바라는 것의 실상이요, 보지 못한 것들의 증거라" "네가 능히 이 일을 할 줄 믿느냐?" 여기서 한 가지 주지할 것이 있다. 약간 어렵게 생각될 수 있지만, 알기 위해 믿는 믿음

은 성령의 인도함을 받는 믿음이다. "그가 너희를 진리 가운데
로 인도 하시리라"

　윌리엄 오컴은 실재론을 뒤집었다. 그것이 유명론(Nomi-
nalism)이다. 유명론은 눈에 보이는 실체만 실재한다는 논리
이다. 그 외에는 모든 것은 실재가 아니고 이름으로만 존재하
는 실재하지 않은 실체, 즉 관념 속에 이름으로만 존재하는 실
체(허상)라는 것이다. 그래서 그것을 명목론이라고도 부른다.
　현상세계에서는 어떤 대상이나 개념에 대한 실체를 알 수가
없고, 다만 그것에 붙인 그 이름만 알 수 있다는 뜻이다. 보편
세계에 대해서 알 수 있는 건 관념 속 이름에 불과하다는 의미
이다. 이성은 물자체를 알 수 없다는 칸트의 논리와 비슷하다.
　실재론에서는 보이지 않는 관념적인 것(실제)이 보이는 것(
인식대상)보다 먼저 실재해 있었다는 것이었는데, 유명론에서
는 그것이 있기는 있었는데, 상상의 세계, 관념의 세계, 그것도
오직 이름으로만 존재하고, 현실 세계에는 아예 실재하지 않는
다는 주장이다.
　요약하면, 현실 세계에 이데아(실체)란 존재하지 않고, 다만
그 이름만 존재한다는 것이다. 인간은 인간이고 신은 신이라는
것이다. 신과 인간은 하나가 될 수 없고, 신은 인간에게 임할 수
도, 따라서 인간은 신에게 가까이 갈 수도 없다는 것이다. 윌리
엄 오컴은 유한한 것과 무한한 것은 서로 그 성질이 다르기 때
문에 유한한 것이 무한한 것과 연결되거나 섞어져 무엇을 만들
어낼 수 없고, 유한 것 속에 무한이 들어갈 수도 없다고 했다.

왜냐하면, 무한한 것이 유한한 것 속에 들어간다면 유한한 것이 변할 때, 무한한 것도 변해야 하기 때문이라는 것이 이유였다. 그래서 오컴은 개체 안에 보편적이고, 영원한 것이 있을 수 없고, 그래서 이 현실 속에서 사는 우리는 보이지 않는 영원한 세계를 상상도 할 수 없고, 추정할 수도 없다는 것이었다. 질료와 형상은 함께 할 수 없다는 논리다.

안셀무스는 영원한 보편(이데아의 세계)을 강조했다. 그러나 아퀴나스는 보이는 세계와 보이지 않는 세계를 연결시켜 조화를 이야기했다. "나는 포도나무요 너희는 가지니"라는 가르침을 통해 실재가 보편에, 보편이 실재와 함께한다는 철학을 펼쳤다. 그런데 오컴이 나타나 영원한 세계와 이 세계를 연결시키면 안 된다고 한 것이다. 몸통은 몸통이요, 가지는 가지라는 논리다.

더 쉽게 말하면, 진리는 두 가지다. 이중적이다, 영원한 진리, 신앙적인 진리가 하나고, 과학적인 진리, 이성적인 진리가 다른 하나다.

오컴은 이 둘은 서로 하나가 될 수도 없고, 서로서로 하나가 될 필요도 없고, 서로 다른 차원이기 때문에 서로 상충될 수도 없는 별개의 개체적 존재라는 논리다. 그래서 그는 이성은 영원한 진리를 알 수 없고, 영원한 진리도 이성적인 진리 안에 들어올 수 없다는 입장이었다.

영원한 것은 영원한 것이요, 보편적인 것은 보편적인 것이다. 영원한 것은 영원하지 않는 것과 섞여질 수 없다. 그러므로 그들은 관념 속의 이름뿐이라는 것이었다. 이것이 바로 오컴의 이론이다. 그렇다면 그는 인간이 영원한 분에 의해 그리고 그분이 자신의 생기를 불어넣어 창조되었다는 사실은 어떻게 설명하려 했을까?

그는 보편자는 정신적 개념이며, 이 개념은 비록 마음속에 있는 것이긴 하지만 이름으로 실존은 한다고 주장한다.

그러나 보편적 개념은 우리 외부의 세계에 실존하는 실재가 아니라, 이해, 그 자체의 산물인 내부적 표상일 뿐이라고 했다. 따라서 그는 신앙과 사변적 이성을 통합하려는 시도는 쓸데없는 짓이라고 했다.

오컴에 의하면, 개별 사실들만이 '실재적'이고 그것들의 결합성은 실재하지 않는다고 하면서 이 단순한 사실은 계산하거나 연역할 수 없고, 경험할 수 있을 뿐이라고 말한다.

그는 이성이란 구체적 실재가 나타났을 때 만날 수 있는 능력에 불과하다고 이성을 비하했다. 여기서 오컴의 '이중진리설'이 등장한다.

오컴의 이런 토양에서는 오직 '긍정' 신학만 가능했고, 사변적 이성과의 협력은 비신학적인 것으로 거부 되었다.

요약하면 오컴은 신앙과 지식은 완전히 다르고, 둘의 결합은 가능하지도, 바람직하지도 않다는 것이었다. 이로써 1,000년 이상 노력해온 이성과 신앙의 결합은 붕괴되었고, 중세 스콜라철학은 해체되기에 이르렀다. 후에 이 줄기에서 돋아난 철학이 칸트의 철학이다.

8. 르네상스 (14~16세기)

르네상스(Renaissance)는 '재생' 또는 '부활'이라는 뜻을 가진 단어다. 재생이란 거의 쓸모가 없거나 버려진 무엇이 선재 해야 하고, 부활이란 죽음이 선재 해야 한다. 그렇다면 르네상스 시대란 어떤 시대에 대한 재생이고, 어떤 시대에 대한 부활이라는 것일까?

철학에서는 르네상스 철학(Philosophy in Renaissance)을 대략 1400년에서 1600년 사이 유럽에서 발전한 사상을 지칭한다. 그러나 14세기와 15세기에 철학과 자신의 책 '방법서설'을 통해 '나는 생각 한다. 고로 존재한다.'라고 말한 르네 데카르트의 영향권에 놓였던 근대철학과도 겹친다. 따라서 인문학에서는 이 르네상스 시대를 근대 철학기로 소급하여 말하기도 한다.

역사에서는 르네상스를 중세와 근세가 맛 물린 시기라고 말한다. 르네상스 또는 문예부흥이란 구체적으로 14세기에서 시작하여 16세기 말에 유럽에서 일어난 정치, 문화, 예술 전반에 걸친 고대 헬레니즘의 재수용을 의미한다. 그러나 거기에는 약간의 불편함이 들어있다. 외곡과 포장이 덧씌워졌을 수 있다는 의미다.

르네상스는 인간이 만물의 주인이니 주인 마음대로 살아야 한다고 암시다. 얼핏 듣기엔 아주 좋은 주체적인 말같이 들린다. 정말 좋은 말일 수도 있다. 그러나 그 실체로 들어가면 그렇지 않다.

신으로부터도, 그리고 그 어떤 정신적 혹은 영적 중력의 축과의 연결고리로부터도 끊어진 바로 그런 상태를 의미하기 때문이다. 일부 학자들은 그것을 미화시켜 '인간의 시대'라고 말한다. 그러나 르네상스에 주제가 된 인간은 스토아학파에서 사유된 그 고귀한 인간이 아니다.

르네상스에서 주제가 된 인간은 육체적 향락이나 쾌락을 위해서는 무엇이든지 해도 되는 인간, 양심의 존재순위가 없는 인간, 영원성과 아무런 상관이 없는 인간, 아니 영원성 그 자체를 부인하고 거부한 인간, 인간의 존재 목적이나 이유가 없고 오직 땅위에서의 육적 쾌락과 향락만을 생의 목표로 삼은 인간, 그러면서도 한계에 묶이고, 어항속의 고기처럼 스스로에게 갇힌 인간, 그리하여 제한성을 가진, 스스로는 아무것도 이룰 수도, 알 수도 없는 그런 인간이었다. 그러면서도 스스로 신으로부터 자유하다고 선언하고, 형이상학적 보편이나 실체로부터 독립된 개체라며 어리석고 모순적인 주장을 펼쳤던 것이 르네상스였다.

인간은 신으로부터 자유하면 탐욕(sinful desire)과 쾌락의 노예가 되고 탐욕으로부터 자유하면 '신'의 자녀가 된다. 여기서 말한 '신'은 선과 양심과 영혼과 영생에 대한 상징이다.

양심은 인간의 모든 생각과 행동을 조언하고 간섭한다. 나쁜 표현으로 시어머니와 같다. 사람에게 부모가 있다는 것은 결코 수치가 아니다. 부모는 오히려 든든한 백이고, 힘이 될 수 있다. 물론 잔소리나 훈육도 받아야 하는 부담이 있기는 하다.

마찬가지로 인간이 보편이나, 이데아 즉 신을 인정하는 것은 결코 미개한 일이 아니고 존재론적으로 월등한 상위적인 일

철학 핸드북 (지성인, 교사, 신학생, 목회자를 위한 가이드)

이다.

그것은 수치가 아니고 구속도 아니다. 그러나 르네상스 시대에는 그렇지 아니하였다.

자신의 존재를 신으로부터 분리시켜 마치 조롱이라도 하듯이 자신이 조합한 자신의 이성, 속성, 본성까지 그 시대 전체에 전시해 놓고, 쳐다보고, 바라보고, 그리고 그것이 스스로라고 스스로를 비판하던 어이없는 일까지 벌어졌던 시대가 바로 르네상스다.

영혼이 고통을 하고 있는데도, 양심이 통곡을 하고 있는데도, 그것을 진정한 인간의 행복이요 자유로 오해했던 것이다. 고대부터 인간 정신의 축이 됐던 신, 혹은 이데아, 혹은 보편, 일자, 부동의 원동자, 야훼, 그런 신 중심적인 시대, 계시 중심적인 시대, 영혼 중심적인 시대가 막을 내리고, 인간의 육체 중심, 하위 인간의 본성 중심적인 시대가 도래 했던 것이다.

비유적으로 르네상스 시대는 자신을 숭배하고, 자신을 우상으로 만들어가던 시대라 할 수 있다.

그것이 그 시대 사람들의 정신을 대변했던 것처럼 후에 등장한 칸트의 순수이성비판이 르네상스, 계몽, 근대, 포스트모던이즘의 정신세계의 실상과 허상을 대변한다.

기독교는 언제나 신 중심 윤리, 보편적인 사랑의 윤리를 강조했다. 그러나 이때부터 이런 종류의 형태는 미신, 혹은 비과학적이라는 이유로 사유세계에서 쫓겨났다.

그 세계는 무지한 자, 덜 현명한 자, 아직 깨지 못한 자나 탐구하는 것으로 취급되었다.

물론 부끄러운 교회의 역사도 일조를 했다. 인간사에서 신이 배제를 당하거나 인간의 관심으로부터 망각의 섬으로 유배를 당해야 할 만큼 신의 대리자들의 타락상이 컸다는 의미다.

그러나 탐구에서 만물의 본질이나 이데아 같은 만물의 원질이 빠진다면 어떻게 철학을 철학이라 할 수 있겠는가? 본질과 보편을 건너뛰어 무엇을 다룰 수 있겠는가? 약간만 돌아가 보자, 아랍권으로부터 예루살렘 성전을 되찾기 위해 시작된 십자군 전쟁(1096년 - 1270)은 실패로 끝났다.

전쟁에서의 실패뿐 아니라 사람들의 신앙도 붕괴되기 시작했다. 원인이 있으면 결과가 있다. 이 시대에 발생한 신에 대한 의심은 당연한 결과였는지도 모른다. 기다렸다는 듯이 그동안 신앙에 의해 절제되고 제어되어온 육적 욕망이 고개를 들기 시작했다.

계몽의 씨앗이 움트기 시작했다는 의미다.

거기에 맞물려 동방에서만 발달 되었던 동방의 문화들이 들어오기 시작했다. 그 문화들을 처음 맞이한 곳은 피렌체였다. 르네상스가 시작된 것이다.

피렌체는 메디치가 1430년 무렵부터 예술가들을 보호하면서 지원을 해 주었던 도시다. 그리고 기독교권에서 받아들인 교황청 돈을 관리한 곳이기도 했다. 피렌체에서 시작된 르네상스는 로마를 거쳐 다시 베네치아로 옮겨진다.

이렇게 100년 이상 르네상스 운동이 진행된다. 베네치아는 엄청나게 부자가 된다. 물질적 부는 정신적 빈곤을 만든다는 것은 고대부터 전승된 현자들의 교훈이다. 또한, 청지기 정신이 결여된 부는 인간의 고귀한 양심과 영혼을 타락시키는 치명적인 바이러스라는 것도 역사의 목소리다.

본래 베네치아는 물만 많은 몹쓸 땅이었다. 476년 서로마가 멸망할 때 사람들이 베네치아로 피난을 갔고 그곳에 마을을 세웠다. 물 위에 집을 지은 것이다. 그래서 지금까지도 피렌체는 물의 도시다. 그런 이곳이 중개무역으로 부자가 된 것이다. 황무지 같은 곳에 부의 꽃이 핀 것이다.

이때는 지중해를 벗어나면 죽는 줄로 알았던 시기다. 그래서 동방에서 물건을 가져와 홍해를 거쳐 이집트로 땅으로 옮겨져 나일 강으로 해서 베네치아로 옮겨졌다. 그리고 베네치아를 통해 물건이 공급되었다. 모든 돈이 베네치아로 몰린 것이다. "너희는 두 주인을 섬길 수 없나니 하나님과 재물을 함께 섬기지 못하리라"

한편, 거부가 된 교회에선 영적 긴장이 사라졌다. 점점 더 사치와 허영에 빠진다. 성직자들은 첩들을 거느렸고, 자신의 자녀들에게 교회를 세습했다.

또한, 첩들의 자녀들에게도 신전(교회)을 물려주기 위해 물려줄 교회를 지어 나갔다. 역사의 무덤 속에서 미라같이 잠들어 있는 교회 세습, 기복 설교, 성직(목사, 장로, 권사 직) 매매 등을 부활시켜 열정적으로 답습하고 있는 오늘의 한국 교회로 비유될 수 있다.

베드로 성당 건축에 따른 면죄부 판매 같은 것들은 미풍양식에 불과할 정도다. 그러나 이런 것들은 모두 외형적인 것에 불과했다. 문제는 그들의 정신이었다. 그들 안에 신에 대한 경애

함이 없어졌고 따라서 그들을 지배하고 있는 탐욕이 경배의 대상이 되어갔다.

진리는 왜곡되고, 변색 되고, 원시교회의 모든 가르침은 자신들의 탐욕을 호위하는 호위업무를 하게 했다. '누가 감히 주의 종에게' '누가 감히 기름 부은 하나님의 대리인에게' '주의 사자에게' 교회의 이런 타락상을 더 이상 볼 수 없었던 일부 수도사들과 은자들이 회개를 촉구하게 된다.

오늘날 동성 목사가 교권을 장악하고 그들을 거부하는 목사를 파면하고 있는 것처럼 교회는 교회의 잘못을 지적하는 수도사들이나 은자들을 화형 시키거나, 살해하거나, 격리시켜 버린다.

보편교회는 그들을 처단하기 위해 종교 재판소까지 설치한다. 수도원까지 통제하기 시작한 것이다.

교회의 폭정을 참을 수 없었던 루터가 1517년 종교 개혁을 일으킨다. 그리고 1530년에는 존 칼빈(칼뱅)이 종교 개혁을 일으킨다. 그동안 신의 처분만을 기다리던 사람들이 더 이상 참지를 못하고 직접 나선 것이다.

시대가 변하면 사람도 변한다. 그러나 그 변화의 동의가 무엇이었느냐가 중요하다. 그 동의에 따라 인간의 정신이 변하기 때문이다. 종교 개혁은 중세 천년 동안 왜곡되고 변형된 그리스도의 가르침을 되돌려놓으라는 것이었다.

참고로 이때는 약 1천 5백 년 동안 금지되었던 성경이 막 번역되어 일반 대중에게 보급되기 시작한지 얼마 되지 아니한 때이기도 했다. 그들은 성경을 통해 당시 교회가 성경과 얼마나 많이 멀어져 있는지를 알게 되었다.

종교 개혁은 어쩌면, 1천 년 전의 정신으로 돌아가 그때 그 정신, 그때 그 마음, 그때 그 철학으로 살아보자는 것이 아니었겠는가? 그렇다면 왜 사람들은 그 정신으로 돌아가야 한다고 생각했을까?

인간이 원초적으로 갈구하던 행복을 얻을 수 없었기 때문이 아니었겠는가? 바로 그것이 사람이 살아야 할 길이요 진리였기 때문이 아니었겠는가?

여기서 약간만 더 과거로 거슬러 올라가서 살펴보자.

476년 서로마가 망한 뒤에 이탈리아는 도시 국가로 전락했다. 그런데 이탈리아에는 교황이 있었다. 그러니까 스페인이나 프랑스 같은 힘센 부족들이 걸핏하면 이탈리아로 쳐들어왔다. 그래서 이탈리아는 옛날 로마 제국의 영광을 항상 그리워하고 있었는데 그것들이 아득한 옛날이 되고 말았다. 작은 국가가 되어 항상 시달렸다.

이때 등장한 것이 마키아벨리가 1532년에 쓴 '군주론'이다. 마키아벨리는 피렌체의 관리였다. 그는 구조조정으로 일자리를 잃었다. 낮에는 돌아다니며 먹고 살 일을 하고 밤에는 관리였을 때 입었던 옷을 입고 앉아서 책을 썼다고 한다. 책을 쓴 이유는 그 책을 통해 한자리 얻어 보고자 함이었다.

'어떻게 하면 옛날 로마 제국의 영광을 재현할 수 있을까?'

이는 당시 사람들의 염원이었다. 그러려면 통일을 해야 했다. 통일을 위해서는 강대한 힘을 가진 군주가 필요하다.

이것은 어쩌면 당시 사람들의 염원이었는지도 모른다. 그리고 그리스도를 유혹하던 사탄의 유혹이었는지도 모른다. 왜냐하면, 그 책을 쓴 동기가 개인적인 이익에서 비롯되었기 때문이었다. 그는 시대적 염원을 이용하여 자신의 지위를 얻어 보려고 했다. 이게 바로 군주론이다.

군주론은 단순히 성경 내용만 뺀 것만이 아니다. 고대부터 전승된 정치의 철학과 목적, 그리고 존재 이유를 뺀 것이었다.

그 전에는 정치하면 '정치의 덕'과 '정치의 도덕' '정치윤리'라는 정치의 본질과 연결해서 철학적으로 이야기했다.

우리나라 유교처럼. 그런데 마키아벨리가 처음으로 정치에서 그런 것들을 쏙 뽑아내 버렸다. 도덕이 없고, 윤리가 없고, 철학이 없어도 '힘'만 있으면 된다는 논리였다.

'강력한 힘', 이것이 군주론이 나오게 된 배경이다. 그러나 로마는 힘이 없어서 망한 것이 아니었다. 타락하여 멸망한 것이었다.

중세 천년이 아무리 암흑시대라고 해도 교회의 세력권 아래서 이런 책이 나왔다는 것은 무엇을 의미할까?

교회가 이런 책이 나왔어도 관심을 갖지 않았다는 것이 아닐까?

교회의 문제점을 지적하는 은자들에 대해서는 그토록 예민하고 잔악하게 대처하던 교회가 신이 없는 정치사상이 담긴 책이 나와도 관심을 갖지 않았다는 것은 무엇을 의미할까?

교회가 집중하고 있는 것이 따로 있었다는 의미가 아닐까?

'법가'에서 중국의 한비자는 세 개의 법술을 이야기했다. 첫째, 세력이 있어야 한다. 둘째, 법률이 있어야 한다. 셋째, 사람

철학 핸드북 (지성인, 교사, 신학생, 목회자를 위한 가이드)

을 다루는 기술이 있어야 한다. 그리고 쓰던, 안 쓰던 무력은 항상 가지고 있어야 한다. 그래서 마키아벨리는 무력을 가지고 있지 않으면 예언자는 멸망한다고 했다. '술'이라는 것은 신하를 다스리는 기술인데 신하들한테는 가르쳐 줘서는 안 된다고 했다. 그리고 절대로 신하를 믿어서는 안 된다고 했다.

군신 간에 믿음이 사라지면 나라가 망한다는 말이 있다. 오늘 있다가 내일 소멸되는 하루살이의 정치철학이 나온 것이다.

물론 꼭 그런 책만 나온 것은 아니다. 피렌체의 참상을 간접적으로 경고한 단테(1265-1321)의 신곡도 신학서적 못지않게 중요한 서적이다. 오죽하면 그는 죽음 후 인간들이 가게 될 지옥에 대한 책을 썼겠는가.

그리고 르네상스 시대의 철학자 토마스 모어(1478.-1535)가 쓴 유토피아가 있다. 영국의 성공회를 만든 인물이 헨리 8세다. 헨리 8세의 형의 부인이 케서린이다. 형이 죽자 헨리 8세는 죽은 형의 부인을 자기의 부인으로 만든다.

형사취우제를 사용했다. 형사취우제란 형을 대신 아들을 낳아서 형의 대를 잇게 하는 제도다. 그런데 헨리 8세가 또 케서린 하고 이혼을 한다. 딸만 하나 낳았는데 이름이 메리다. 이혼을 하고 자기 시녀인 엔 볼로인 하고 다시 결혼을 한다. 엔 한테서 엘리자베스 여왕을 낳는다. 엔하고 결혼을 할 때 토마스 모어가 반대를 했다.

토마스 모어는 단순히 작가가 아니라 당시 대법관이었다. 그리고 또 영국의 총리이었다. 그러나 그도 처형 된다.

르네상스 시대의 철학자 에라스무스는 1511년에 "우신 예찬"

철학 핸드북 (지성인, 교사, 신학생, 목회자를 위한 가이드)

(어리석은 신을 예찬한다.)을 썼다. 교회 타락을 맹렬하게 비판한 것이다. 그러나 그는 고대 그리스 문화에 대한 조상들의 향수를 가진 사람이다. 에라스무스는 인간의 평등을 주장했던 사람이다. 그는 계급, 지역, 인종, 민족, 이런 것으로 차별을 해서는 안 된다고 주장했다. 이것이 르네상스시대를 열었던 정신세계고, 르네상스 시대를 대표했던 정신세계였다. 바로 이것이 르네상스 시대에 철학이 처형된 상황의 예다.

9. 계몽주의

계몽주의(Illuminism)는 르네상스의 운동을 계승한 운동이다. 구시대의 묵은 사상을 타파하려고 16-18세기에 유럽 전역에 일어난 혁신적 철학 운동이라는 것이 사전적 의미다.

계몽주의에는 주류와 비주류가 있다. '유신론적-무신론계몽주의'와 '유신론 계몽주의'다. 전자가 주류 계몽주의고, 후자가 비주류 계몽주다.

유신론적-무신론이란 이성에서 영혼이나 영혼의 축인 신을 제외시킨 것이고, 유신론적 계몽주의란 이성에서 영혼과 신을 축으로 삼고 있는 경우다. 중세 1천년의 신 중심 사상이 비로소 쪼개져 비주류로 전락한 것이다.

계몽주의의 핵심은 이성이다.

그러나 계몽주의에서 말하는 '이성'은 전통적인 철학에서 다루어온 이성과는 다른 이성이다. 신성(divinity)이 없는 이성이다.

신성이 없으니 신성에 대한 이데아도 없다. 따라서 영혼 없는 이성과 같은 상태의 이성이다. 칸트가 바로 이런 계몽주의 이성-개념'을 계승했다.

신이나 보편으로부터 완전히 분리된 개체적 이성의 힘에 의해 인간은 우주를 이해하고, 자신의 상황을 개선할 수 있다는 것이 계몽주의의 중심 사상이다. 그러나 그 이성의 축이 되는 신이 빠졌다.

계몽주의에서도 인간의 자유나 행복을 합리적인 탐구의 목표로 삼았다. 자유의 개념이 정리되지 아니하였고, 행복에 대한 개념도 정리되지 아니한 상태에서 어떻게 자유와 행복을 추구할 수 있다는 것이었는지는 모른다. 그래서 모든 철학이 우왕좌왕 했다.

본래 이성 중심 사상은 고대 그리스 철학에서 시작되었다. 그러나 이때 이성은 축이 있었다. 바로 영혼이었다.

이때 이성은 신으로부터 독립되지 않았고 오히려 종교적인 표현으로 신개념에 가까웠다. 그리고 가능하면 신과 가까워지려고 했고, 하나가 되려고 했다. 따라서 인간의 '선'을 삶의 최고 목표로 삼았다. 그것을 위해 철학을 했다. 그리고 또 그때는 순수 이성이 보편, 즉 신과 직접적으로 연결되어 있는 것으로 보았다.

그리스도교가 유럽에 자리 잡는 과정에서 이성은 신앙에 병합(merge)되었다. 불행하게도 교회의 타락으로 인하여 중세 유럽에서 진리로 여겨졌던 그리스도교의 지적, 정치적 체계는 의심을 받게 됐고, 따라서 인간중심주의 운동인 르네상스의 태동의 빌미를 제공하고 말았다.

이렇게 태어난 것이 인간중심주의 사상이다. 그러나 그것은 시작에 불과했다. 결국 교회에서도 신과 분리된 이성을 수입하도록 강요받게 된 것이다. 여기서 태어난 것이 '유신론적 무신론 계몽주의'다.

계몽주의는 처음으로 종교에서 떨어져 나온 심리학 · 윤리학을 탄생시켰고, 더 나아가 개혁과 혁명을 지향하게 되었다. 물론 비주류로 쳐졌던 유신론적 계몽주의는 중세, 르네상스에서도 그랬던 것처럼, 문학이나 음악 미술 등을 통해 인간의 정신 세계에서 신을 지키는 파수꾼의 직무를 성실히 수행했다.

단테의 신곡이 그 대표적인 예다. 특히 1660년경 나온 밀턴의 실낙원 그리고 1800년도 말과 1900년도 초 러시아 문학을 이끌었던 레프 톨스토이 같은 분은 문학작품을 통해 그리스도의 사상과 진리가 그 시대 정신세계에서 꺼지지 않도록 지켜냈다.

철학에서는 영국의 로크, 프랑스의 볼테르를 계몽주의의 운동가로 보았고 미국의 제퍼슨은 이에 기초하여 정치적 민주주의 국가의 청사진을 그려냈다고 하기도 한다. 그러나 견해에 따라 다를 수 있지만, 제퍼슨이 그려낸 미국의 설계도는 계몽주의가 아니라 청교도 사상인 신중심주의였다.

신중심주의에 들어야만 인간은 참 자신의 가치를 알 수 있고, 따라서 자신의 자유가 무엇인지 깨달을 수 있고, 그리고 어떻게 살아야 할지, 어떻게 살아야 행복을 얻을 수 있는지를 알 수 있다. 자유와 행복에 대한 참지식을 얻을 수 있다는 말이다.

참 아이러니한 일이 하나 있다. 인간이 신으로부터 자유한 상태가 되면 자유하고 행복할 것 같고 반대로 인간이 신 안에 있으면 자유가 없고 덜 행복할 것 같지만 그 결과가 정 반대라는 것이다. 이것이 인류 역사의 설교다. 그러나 사람들은 그 보배로운 역사의 설교를 외면한다.

긍정적인 측면에서 그리스도 이후 인간을 창조적 동물로 인식하는 계기를 제공한 것이 계몽주의다.

철학사가들은 베이컨 · 데카르트와 마찬가지로 루터 역시 계몽주의 영향을 받아 진리에 이르는 길은 인간의 이성을 적용하는데 있다고 보았다. 그 이성은 그리스도 안에 있는 이성이다. 그러나 교회는 영적인 문제에서 교회가 지녔던 권위를 잃었고, 신으로부터 해방된 인간으로가 검토대상이 되었다.

계몽주의에서는 어떤 문제에 이성을 적절히 적용했는가는 그것이 정확한 적용인가, 즉 타당성을 보장하는 추론 방법론이 어느 정도 발전되어 있는가에 달려 있다고 한다.

이러한 방법론은 과학과 수학에서 두드러지게 발전했으며 이 분야에서 이루어진 귀납, 연역 논법을 바탕으로 새로운 우주관이 탄생했다고 하고 있다.

특히 뉴턴이 행성의 운동 법칙을 몇 가지 수학 공식으로 정리하는 데 성공함으로써 인간의 지식획득 능력에 대해 커져가고 있던 믿음은 더욱 굳어졌고, 우주를 몇 가지 간단한, 그리고 발견 가능한 법칙에 지배받는 장치로 이해하는 우주관이 기독교의 중심 사상인 인격 신과 개인의 구원이라는 개념에 충격적인 영향을 끼친다.

결국, 이성에 근거하여 사물을 보는 움직임은 종교에도 적용되었다. 자연적, 즉 합리적 종교를 찾으려는 노력의 결과로 이신론이 나왔다.

이신론은 약 2세기 동안 특히 영국과 프랑스에서 그리스도교와 충돌했다. 이신론자들은 어떤 종교적 진리도 만족하지 않았고 신을 인격적인 존재로 인정하지 않았다.

그들은 진리는 모든 합리적 존재에 분명히 드러난다고 생각했다. 계몽주의에서 이성을 종교에 적용한 결과 회의론, 무신론, 유물론 등 이신론자들의 자연종교를 넘어서는 급진적인 사

철학 핸드북 (지성인, 교사, 신학생, 목회자를 위한 가이드)

상이 나오게 된다.

계몽주의는 처음으로 종교에서 떨어져 나온 심리학, 윤리학이라는 근대적인 이론을 탄생시켰다. 사회계약론도 그중 하나다.

존 로크는 태어날 때 인간의 마음은 백지상태(tabula rasa)이기 때문에 각 개인의 세계에 대한 경험에 따라 빈 곳이 채워지고 개성이 창조된다고 했다. 따라서 선, 악, 원죄 등 원래부터 존재한다고 여겨져 왔던 속성은 현실성이 없다고 보았다.

심지어 토머스 홉스는 인간은 오로지 자신의 쾌락과 고통에만 관심이 있고 여기에 의해서만 움직인다고 했다.

인간은 선하지도 악 하지도 않으며, 다만 생존과 쾌락의 극대화와 향락적인 생존에만 관심이 있다는 생각은 급진적인 정치이론을 낳았다.

과거에는 인간이 세운 국가는 신의 나라를 본뜬 것이며 영원한 질서를 지상에서 실현하고 있다고 생각했으나, 이제 그것은 자연권과 각자의 이익을 주장하는 사람들 사이에 맺어진 상호 유익한 계약관계로 여겨졌다. 그러나 인간의 실제상황이 사회를 사회계약으로 보는 견해와는 너무 달랐으므로 계몽주의는 비판과 개혁, 그리고 마침내는 혁명을 지향하게 되었다.

이것이 유신론적 무신론 계몽주의의 좋은 예다.

영국의 로크와 벤덤, 프랑스의 몽테스키외와 볼테르, 미국의 토머스 제퍼슨은 모두 독단적이고 권위주의적인 국가를 비판하면서 자연권에 기초를 두고 정치적 민주주의 기능을 하는 좀 더 높은 형태의 사회조직이라는 국가의 청사진을 그렸다고 전해진다. 그러나 토마스 제퍼슨의 국가관은 어거스틴의 신국론을 모델로 한 유신론적 계몽주의의 산물이다. 홈스나 로크의 그리고 룻소의 사상의 줄기가 아니다.

이런 강력한 사상은 영국에서 개혁을, 프랑스와 미국에서는 혁명을 일으키는 원동력이 되기도 했다. 그러나 계몽주의 운동이 진행될수록 그 자체에 쇠퇴 요인이 있음이 분명해졌다.

이신론은 점차 위안과 구원을 찾는 사람들을 만족시키지 못하게 되었다. 또 추상적인 이성을 너무 강조함에 따라 반대되는 정신이 부각 되었고 사람들은 뒤에 낭만주의로 알려진 문화 운동에서 보여지듯이 흥분과 감동의 세계를 찾았다.

유신론적 무신론 주의자들의 사상을 토대로 일어났던 프랑스 혁명, 그리고 뒤이은 공포시대는 과연 인간이 자신을 다스릴 수 있는가에 대해 심각한 의문을 갖게 했다. 그러나 인간의 역사는 일반적으로 진보의 역사라고 하는 계몽주의 특유의 낙관론은 계속 살아남아 계몽주의의 가장 지속적인 유산이 되었다.

10. 근대 철학

　어떤 철학을 어느 시대의 대표적인 철학이라고 특정하기는 쉽지가 않다. 서로 서로 맞물려 있어서다. 철학사에서는 르네상스 이후 계몽주의 철학을 근대철학이라고 한다. 그러나 근대철학을 이야기할 때 현대철학을 포함하는 경우도 있다. 상당히 많은 철학이 전 시대와 그 이후 시대로 이어져 있기 때문에서다. 그래서 철학사에서는 사조별로 철학을 나누는 경우가 있고, 그에 따라 어떤 철학자는 근대 철학자이면서 현대의 철학자로 평가되기도 한다.

　일반적으로 근대 철학은 17세기에 서유럽에서 시작한 철학을 총칭한다. 철학사에서는 근대 철학을 두 줄기로 본다. 합리론과 경험론이다. 합리론은 대륙을 중심으로 일어났고, 경험론은 영국을 중심으로 일어났다.

1) 프랜시스 베이컨 (1561-1626)

　베이컨은 영국의 경험론의 문을 연 인물이다. 그는 "아는 것이 힘이다."라는 말로도 잘 알려져 있다. 유명론을 다룰 때 잠깐 스쳤던 베이컨이 바로 이 베이컨이다.

　베이컨은 지식을 얻는 데는 3가지 방법이 있다고 했다. 귀납법, 연역법, 선험적(A Priori)이다.

(1) 귀납법

귀납법은 경험을 통해 지식을 얻는 것을 말한다. 여러번 경험을 하거나, 여러번 반복한 실험 결과 똑같은 결과가 나온다면 그것이 참이라는 주장이다.

자연과학에서 실험을 통해 얻어지는 지식이 바로 그 예다. 그러나 귀납법에는 한계가 있다.

사람이 아무리 많은 실험을 한다고 해도 그것을 전부라고 할 수 없기 때문이다. 경험론의 결정적인 약점이기도 한 그 문제점은 아무리 많은 경험을 가졌다고 해도 그것이 전부가 아니라는 점이다.

사람은 세상의 모든 것을 다 실험할 수 없기 때문이다. 10번 실험하여 얻은 지식이라고 해도 100번 실험하면 달라질 수 있다. 빛이 파동인지 입자인지 알기 위해 실험을 할 경우, 실험하는 도구, 실험할 때의 빛의 상태에 따라 입자도 되었다가 파동도 되는 경우와 같다. 그러나 귀납법의 장점은 계속 지식을 확장할 수가 있다는 점이다.

(2) 연역법

연역적 추론(deductive reasoning)은 이미 알고 있는 판단을 근거로 새로운 판단을 유도하는 추론이다. 여기서 이미 알고 있는 판단은 전제가 되고, 새로운 판단은 결론이 된다.

진리가 될 수 있는 가능성을 따지는 귀납 추론과는 달리, 명

철학 핸드북 (지성인, 교사, 신학생, 목회자를 위한 가이드)

제들 간의 관계와 논리적 타당성을 따진다.

연역 추론은 전제들로부터 절대적인 필연성을 가진 결론을 이끌어 낼 수 있는 점이 장점이다.

연역법은 대전제가 있고, 소전제가 있다. 대 전제와 소전제를 연결해서 새로운 지식을 만들어낸다.

'앞으로 이런 추세로 가면, 경제가 어떻게, 어떻게 될 것이다. 앞으로 주가가 어떻게, 어떻게 될 것이다.' 이런 것은 모두 연역법에 해당한다.

미래를 말하는데, 과거를 사용하고, 현재를 사용한다. 과거의 통계를 사용하고, 현재의 데이터를 사용한다. 그렇게 해서 나온 결과가 참이라는 주장이다. 그러나 여기에도 한계가 있다.

역시 통계는 통계일 뿐이라는 것이다. 아무리 정확한 통계라고 해도 절대적인 것이 될 수 없기 때문이다. 절대적인 것이 아니라면 불안전한 것이다. 불안전한 데이터를 사용했다면 그 결과 역시 불안전한 것으로 봐야 한다.

연역법의 한계는 그것으로 끝이 아니다. 논리적으로는 맞는데, 실제적으로는 맞지 않을 수도 있다.

흰 돌을 손으로 만지면 딱딱한 것을 알 수 있는데 그 안은 알 수 없다. 눈으로 만지면 흰색인 것은 알 수 있는데 그것이 딱딱한지는 알 수 없다. 그러면 흰 돌과 딱딱한 돌은 같은 돌이면서도 같은 돌이 아닐 수 있게 된다.

따라서 베이컨은 우상과 편견을 버리는 가장 적극적 방법이 귀납법이라고 말한다. 그는 진리를 탐구하고 발견하기 위해서는 오직 직접적인 감각이나 추상성의 정도가 낮은 개념에서 출발해야 한다고 했다.

그는 관찰과 실험이 가장 중요하다고 하면서 관찰과 고찰을 벗어나서는 인식을 향한 확실한 방법을 찾을 길이 없다고 했다. 그는 인상과 관념은 일–방향의 관계라고 했다. 그래서 어떤 아이에게 주홍이나 오렌지 색깔 또는 단맛이나 쓴맛의 관념을 주려면, 그에게 대상을 직접 보여줘야 한다고 말한다.

곧바로 색깔 또는 맛의 인상을 전해야 한다는 것이다. 그것도 없이 관념부터 불러일으킴으로써 인상을 만들어내려고 애쓰는 것처럼 어리석은 행동이 없다고 했다. 관념은 인상이 제공한 정보를 대상으로 작업할 수 있을 뿐이기 때문이라는 것이다.

(3) A Priori (선험 법칙)

라틴어 a priori는 후험적이라는 말의 반대다. 경험의 반대라는 말이다. 어떤 지식이나 어떤 지식 혹은 능력을 선천적으로 가지고 나왔다는 말이다.

태어날 때 공간적 지각능력, 시간적 지각능력, 인과관계에 대한 지각능력 등은 가지고 태어났다는 뜻이며 그것을 라틴어로 a priori 라고 한다는 것이다.

이 a priori는 컴퓨터 운영 체제와 똑같다. 재료는 경험을 통해 얻는 것이다. 컴퓨터 운영 체계는 태어날 때 이미 가지고 난다. 이런 능력을 a priori 라고 한다. 베이컨은 인간이 자연의 사용자이자 해석자로서 자연을 알기 위해서는 무엇보다도 관찰이 우선되어야 한다고 주장한다. 그는 자연의 질서에 대해 실제로 관찰하고, 고찰한 것만큼만 '무엇인가'를 할 수 있으며 그만큼만 '이해'할 수 있다. 그 이상은 알 수도 없고, 할 수도 없다고 말한다.

베이컨의 이런 사상은 다음과 같은 주장을 통해 잘 나타난다. "학문은 전혀 존재하지 않는 것을 창안하지 못하고, 관찰을 통해 발견한 것만 정교하게 배열할 뿐이다."

베이컨은 이미 발견된 성과조차도 학문의 공로라기보다는 우연과 경험 덕분에 얻은 것이라고 말한다.

그는 관찰을 통한 경험이 인식의 출발이라면, 추상적 개념에 의존한 학문은 순서가 완전히 뒤바뀐 작업이어서 성과를 낼 수 없다고 주장한다. 필연적으로 거짓과 오류에 빠진다는 것이다. 그래서 그는 정신을 사로잡아 인식을 오류로 이끄는 네 종류의 우상, 즉 종족의 우상, 동굴의 우상, 시장의 우상, 극장의 우상을 비판한다.

첫째, 종족의 우상

베이컨이 말한 종족의 우상이란 무엇일까?

'인간이 만물의 척도'라고 말한 프로타고라스의 주장에서 벗어나야 한다는 의미다. 종족의 우상이란 모든 것을 인간의 입장에서(차원에서) 생각하고 판단한다는 의미다. 인간이 중심이 되고, 인간이 척도가 되어서, 그것이 무엇이든지, 모든 인식과 감성의 대상, 사유의 대상을 인간으로 의인화시켜 생각한다는 의미다.

심지어 절대적인 신, 그리고 절대자의 세계까지도 인간의 입장에서 이해한다는 것이다. 플라톤의 동굴에 갇힌 사람처럼 사물을 인식할 때 혹은 지각할 때 인간 전체의 공통적 측면에서 보고, 듣고, 생각한다는 것이다.

그래서 '하나님의 형상'을 '사람의 외형'으로 의인화하고 이해한다는 것이다. 하나님을 인간으로 의인화해서 질투, 시기, 보복 같은 용어까지 신에게 적용시킨다는 것이다. 베이컨은 인간이 이런 종족의 우상에 갇혀있기 때문에 인식의 오류가 발생할 수밖에 없다고 했다.

한마디로 베이컨의 종족의 우상은, 종족 자체에 뿌리박고 있는 인간 중심의 사고방식에서 오류가 비롯된다는 사상이다. 결론적으로 인간은 신과 다르며 인간은 자연과 다르며, 따라서 인간의 사고와 신의 사유 그리고 자연의 사유가 다르다는 것이다.

예) '꽃이 나를 보고 방긋 웃는다.'

'꾀꼬리가 봄을 찬미하여 노래를 부른다.'

베이컨은 종족의 우상에서 벗어나 사고의 중심을 인간 혹은 인간에 대한 집착이 아니라 자연 관찰과 실험에 두어야 한다고 말했다. 그래서 인간이 신을 이해하려고 할 때 인간의 이성으로 이해할 수 없다는 것이다.

이해의 기준이 인간이기 때문이라는 것이다. 오직 신의 이성, 즉 신성을 얻어야만 이해가 가능하다는 것이다.

그는 자연에 대한 더 나은 해석은 오직 사례에 의해, 그리고 적절하고 타당한 실험에 의해 얻을 수 있다고 말한다. 감각은 실험을 판단할 수 있을 뿐, 오직 실험만이 자연과 사물 자체를 판단할 수 있다고 했다.

이를 위해 형상이 아니라 개별 사물에 속한 질료를 탐구해야 하며, 질료의 구조와 변화, 활동, 운동법칙 등을 탐구해야 한다고 말한다.

둘째, 동굴의 우상

'우물 안 개구리'라는 속담이 있다. 평생 우물 속에서 살아온 개구리는 우물 밖의 세계에 대해 알 수 없다.

동굴의 우상은 평생을 동굴에서 살던 사람이 세상에 나왔을 때 그 동굴에서 형성된 개인의 주관이나 선입견 및 편견을 가지고 눈 앞에 펼쳐진 사물을 판단함으로써 넓은 세계를 제대로 파악하지 못하게 되는 폐단을 말한다. 즉 개인 각자의 특수한 남녀의 벽, 성격의 벽, 교육의 벽, 교양, 습관, 환경, 좋고 싫은 것, 걱정 등으로 인해 공정한 견해와 판단을 그르친다는 것이다.

베이컨에 따르면 모든 사람은 각자의 동굴에 갇혀있다. 사상과 고집의 동굴이다. 그것이 자기 자신이 만든, 그리고 자신을 가두고 있는 동굴이다. 그래서 사람들은 남을 인정하지 않는다. 자기가 기준이다. 자기가 최고고, 자기 것이 최고다. 자기가 만물의 척도다.

요약하면 동굴의 우상이란 사람에게 형성되어 있는 각종 선입견을 말한다. 선입견이란 사람에게 이미 형성되고 있는 사물들에 대한 입장이다. 따라서 베이컨은 여러 사람들과 협동하고 상호비판을 통하여 이 우상을 극복할 것을 제안한다.

셋째, 시장의 우상

'평화를 위한 전쟁'이란 말이 있다. 평화와 전쟁은 서로 일치할 수 없는 성질을 가졌다. 그러나 사람들은 전쟁을 정당화하기 위한 목적으로 서로 성질이 다른 평화를 갔다 댄다.

시장의 우상이란 사람이 서로 교역하며 관련을 짓는 시장에서 사물들에게 적합 치 못한 단어나 이름을 붙여 사용함으로써 생기는 관습을 말한다. 방금 사용한 평화를 위한 전쟁처럼 말이다.

'행복한 비명' '호박미인' 등등. 특히 잘못된 언어를 사용함으로써 사물의 이해를 방해한다는 것이다. 기독교의 방언이 그 한 예다.

언어는 소통 수단이다. 소통을 위해 만들어졌고, 소통을 위해 사용되었다. 그것이 고대부터 있었던 언어의 존재 목적이다. 그러나 교회에는 사용되지 못한 언어가 있다. 장식용으로도 부적절하다.

사용하지 못한다는 것은 전혀 쓸모가 없다는 말이다. 그것을 방언이라고 한다. 방언의 역사를 살펴보면 방언은 한 사람의 입술서 나온 하나의 진리가 각각 언어가 다른 수 천 명의 사람들에게 이해되었던 것에서 이름 지어졌다. 일반 언어보다 훨씬 소통 능력이 좋은 언어, 오늘날의 번역기와 같은 힘을 가진 언어를 지칭 했다.

사도 베드로가 군중들 앞에서 그리스도의 죽음과 부활에 대해 간증을 할 때 그가 사용한 말은 당시 유대인의 공용어인 아람어(혹은 헬라어)였다. 그런데 그때 모인 사람들은 유대 언어와 상관이 없는 사람들이었다. 그런데 이들의 귀에 베드로의 말이 각각 그들의 언어로 들린 것이었다. 이것을 일반 언어와 차별화해서 방언이라고 이름 했다.

엄청난 소통 능력을 가진 언어였기 때문이었다.

그런데 그 뒤 다른 소리가 등장했다. 이 정체불명의 소리에도 사도들은 단순하게 방언이라고 이름했다. 이 소리에 붙일 마땅한 이름이 없어서였다. 그런데 그 소리는 아무도 알아듣지 못한 소리였다.

그 소리는 소통용이 아니었다. 통역의 필요를 강조한 적은 있으나 실제 통역이 되었다는 기록은 없는 언어였다. 언어가 아니었다는 의미다. 성령의 능력의 징표로 알려진 최초의 방언과는 차원이 달랐다. 그러나 그 둘을 구별할 언어가 없었다. 그런데 하필 그것이 성령을 따라 다녔다. 그래서 사도들은 그것을 성령이 임한 현상가운데 하나로 해석했고, 별생각 없이 그 소리에 방언이라는 이름을 하사했다.

앞에서도 언급한 바 있지만, 일반적으로 언어란 사람과 사람 사이의 소통 수단이다. 영은 영의 언어가 있고, 물질은 물질의 언어가 있다. 새는 새의 언어, 식물은 식물의 언어가 있다. 그들도 서로 소통하면서 살기 때문이다.

그러나 그 정체불명의 방언은 인간과 인간의 소통용으로도, 인간과 식물과 소통용으로도, 인간과 동물과의 소통용으로도, 그리고 인간과 영과의 소통용으로도, 적절하지가 않다.

영이란 물체를 입지 않았기 때문에 소통시 물체를 사용하지 않을 것이라는 것은 자명하다. 그러나 왜, 무엇 때문에, 그리고

철학 핸드북 (지성인, 교사, 신학생, 목회자를 위한 가이드)

누구에 의해 소통 능력이 전혀 없는 소음을 방언으로 이름하게
했는지?

그래서 결국 우리는 그 소음의 실체를 파악하기 위해 그 소
리의 열매를 찾는 복잡함을 거쳐야 하게 된 것이다. 그것을 인
간의 영이 기도하는 언어라고 말하는 분들도 있다. 영성의 품위
유지용이라는 말이다.

우리의 영, 혹은 성령님과 하나님과의 소통 수단이라는 뜻에
서일 것이다. 뱀이 미소를 지을 것 같다. 이는 언어와 실재를 혼
동하는 데서 오는 오류일 수 있어서다. 존재 이유나, 의미 없는
존재의 실체는 허상이다. 그렇다면 허상의 본질은 무엇인가?

베이컨은 실제 물체와 현상에 접근하기 위해서는 언어나 말
대신에, 실험이나 사물 자체의 관찰을 통해 이런 오류를 극복할
것을 주문한다. 여기서 실험이나 관찰은 열매다.

넷째, 극장의 우상

극장은 무대가 있는 곳이다. 무대가 있는 곳엔 배우가 있다.
배우란 자기 자신이 아니라 극본 속에 들어있는 주인공을 역할
을 하는 사람들이다.

무대 위에선 자기주장이 있을 수 없다. 자기를 살지 않기 때
문이다. 그러나 사람들은 배우가 펼쳐내는 연기를 진짜 그 사람
으로 생각한다. 그 사람의 Character인 것처럼 생각한다. 그러
나 그것은 수많은 연습으로 만들어진 연극일 뿐이다.

그가 흘리는 눈물도, 그가 보인 미소도 모두가 가짜다. 그런
데 사람들은 그것을 진짜로 받아들이고 울고 웃는다.

철학 핸드북 (지성인, 교사, 신학생, 목회자를 위한 가이드)

따라서 극장의 우상이란 배우가 대본 속의 인물을 흉내 내는 것처럼 주체적이지 않고, 명확한 자기 주관이 없고, 게으르고, 나태하고, 무책임한 우유부단함을 상징한다.

자신의 사색이나 경험에 따라 판단하여 옳고, 그름을 명백히 함이 없이, 학문적 패러다임의 지배를 받아 무비판적으로 무대 위의 사물을 받아들인다.

정리하면 극장의 우상이란 권위나 전통을 지닌 어떤 사람의 학설이나 주장을 무비판적으로 받아들여 그것에 의지하려는 경향을 말한다.

우리가 일상생활에서 권위 있는 사람의 이름을 빌어서 '누구누구는 뭐라고 말했다'는 등으로 자신의 주장을 뒷받침하거나, 그 사람이 한 말이 참인지 거짓인지 이성적이고 독립적으로 검증하지 않고 그대로 옳다고 믿는 것을 말한다.

이는 마치 배우가 극장에서 작가의 대본을 연출하는 연극 속의 주인공과 같이 흉내 내는 것에 불과함을 말하는 것이다.

(예) "니체가 신은 죽었다"라고 했으므로 "신은 없어." "그와 같은 위대한 철학자가 거짓말을 하겠어."

극장의 우상은 역사적 전통이나 권위를 무비판적으로 수용할 때 발생한다. 다른 한편으로 경험이 중요하지만 어떤 실험에서 얻은 경험을 비슷하다고 생각되는 다른 사례에까지 무분별하게 적용할 경우, 그릇된 결과를 가져온다.

특히 무대에 선 사람(진리 논증 주장 포함)을 평가함에 있어서 더욱 그러하다. 누구를 갑자기 높이 평가하는 습성이 극장의 우상에 속한다. 어떤 역할을 위해 무대에 선 인간이 실제가 아니라는 것은 상식이다.

참 자아와 아무런 상관이 없는 연출이라는 것이다. 사실 대부분의 사람들은 어쩌면 연출을 하고 있을 수도 있다. 그 말은 인간이란 실체는 높일 것도 낮출 것도 없다는 의미 아닐까?

2) 홉스(Hobbes,T. 1588~1679)의 사회 계약론

어떻게 해야 모든 사람들이 다 공평하게 평화를 누리며 살 수 있을까?

바로 이런 것들에 대한 탐구가 사회학이고, 사회 계약론이다.

사회 계약론은 계몽주의 아래서 근대에 등장한 철학이다. 플라톤도 국가론에서 사회계약에 대한 견해를 펼친 적이 있으나 그는 참주정과 민주정이 아닌 왕정형태의 국가론을 이상적인 국가형태로 제시했다.

아마도 민주정의 부조리와 참주정의 모순을 친히 몸으로 경험했기 때문이었을 것으로 짐작된다.

그 뒤 어거스틴이 신국론에서 이상적인 국가의 형태를 이야기한 바 있다. 다음으로 앞에서 언급했듯이 군주론이 또 있다. 그러나 일부 학자들은 왕정이나 사회 제도에 대한 탐구가 제기된 것은 근대의 철학자 홉스로부터라고 한다.

모든 사람은 보편적이고 개체적인 고유권한을 가지고 있다. 그것은 생명과 자유, 사유 재산에 대한 권리다. 그것을 홉스는 '자연 상태'라고 했다. 그는 사유 재산에 대한 권리를 생명에 대한 권리에 부속시킬 수 있다고 했다. 그러나 그런 권리는 너도

철학 핸드북 (지성인, 교사, 신학생, 목회자를 위한 가이드)

있고 나도 있어서 서로 충돌할 수밖에 없다는 것이 홉스의 견해다.

참고로 톨스토이의 '씨앗'이란 단편소설 마지막 부분을 읽어주실 것을 권하고 싶다.

생명권이란 생명을 지키기 위한 권리와 생명을 유지하기 위한 권리다. 생명을 유지하기 위해서는 생명 유지에 필요한 것들은 찾고, 구하고, 얻어야 한다. 너도 너의 생명 유지를 위해, 나도 나의 생명 유지를 위해 양식을 구하고, 의복을 구해야 한다. 그러기 때문에 사람은 자연 상태에서는 어느 한 사람도 안전할 수가 없게 된다. 서로 싸워야하기 때문이라는 것이 그 이유다.

내가 수많은 '너들'과 필연적으로 충돌할 수밖에 없다는 것이다. 그는 그것을 '자연 상태에서의 필연적 충돌'이라는 말로 표현한다. 그렇다면 이런 충돌을 피하거나 해결할 수 있는 방법은 없을까?

홉스는 바로 그것을 사회 계약론을 통해서 해결하고자 한다.

다른 견해가 있을 수 있지만 태초에 인간 사회는 한 가족에서 시작되었다. '가족'이라는 말은 충돌 보다는 협력, 경쟁 보다는 양보와 사랑이 우선되는 집단을 말한다.

남편은 자신의 양식보다는 아내의 양식을, 부모는 자신의 양식보다는 자녀들의 양식을 먼저, 즉 힘이 있는 자는 힘이 없는 자를 먼저 챙기고, 우선 적으로 돌보는 것이 가족이다.

가족 안에도 위계와 가정의 화목을 위한 룰이 있다. 모두 가족의 안정과 평화를 위해서다. 그것들이 표현화 되지 아니하였을 때는 암묵적(implied), 그것이 표현되고 동의되었을 때는 표현된(express)계약이 된다. 사회계약과 같은 의미다. 국가도 가정의 확대 형이 될 수 있다.

(1) 사회 계약론

플라톤은 국가론에서 3가지 형태의 정부형태를 소개했다.

첫 번째는 군주의 형태다. 군주란 왕이나 황제, 즉 전제군주 같은 사람을 상징한다. 고대 사람들이 그랬듯이 한 사람의 군주가 전체의 이익을 위해 일을 하는 국가 형태다. 왕정시대가 여기에 해당한다.

이런 정치제도 아래서는 법이나 제도가 왕을 중심으로 만들어진다. 그러나 이런 군주 제도는 '단순함' 이라는 장점이 있으나 왕만 자유하다는 폐단이 있다.

한 사람의 군주가 타락하면 전 백성이 고통을 겪거나 아예 나라 전체가 망한다는 것도 큰 단점이다. 한 군주가 전 백성을 자신의 노예처럼 부리는 경우도 있다.

그렇다면 이 군주가 전체의 이익을 위해 일을 하지 않고, 오직 자신의 이익만을 위해 전 백성을 종으로 부린다고 했을 때 이것을 바로잡을 방법은 없을까?

사회계약론에서는 왕을 바꾸거나 제도를 바꿔야 한다고 한다. 그러나 그것은 그리 쉽지가 않다. 이것이 왕정의 또 다른 폐단 중 하나다. 인류는 이런 왕정의 폐단을 극복하기 위해 다른 체제를 개발하였다.

두 번째의 귀족정이다. 귀족정이란 일종의 민주주의 형태이나 사람들이 자신의 종족들 가운데서 대표자들을 뽑아 그들로 하여금 공동의 이익을 위해 일을 하게 하는 것을 말한다.

같은 핏줄의 대표들이나 가족, 혹은 부족의 대표들이 모여 나라를 운영하게 하는 것이다.

그러나 이들도 타락하여 자신들의 부족의 이익이 아니라 자신들의 사적 이익만을 위해 일을 할 수 있다.

플라톤이 이를 몸으로 체험했다. 귀족정이 타락한 상태를 금권정치라고 말한다. 금권정치란 이권이 어우러진 정치라는 말이다.

자신들의 이권과 결부된 사람들끼리 모여 자신들의 이권을 위해 하는 정치다. 이때는 귀족들만 자유하다. 그들만이 법을 만들 수 있기 때문이다. 그렇다면 여기에는 폐단을 극복할 방법은 없을까?

사회계약론에서는 이때 각 부족들이 할 수 있는 것은 자신들의 대표자들을 바꾸는 것이라고 말한다. 그러나 그것 또한 쉽지가 않다.

세 번째는 민주 정이다. 민주정이란 군주정치와 귀족정의 폐단을 극복하기 위해 창안된 사회제도다.

민주정이란 자신들이 뽑은 대표자들에게 자신들을 위해 일을 하게 하는 것을 말한다. 자신을 선출해준 사람들을 위해 법을 만들고, 법을 집행하게 하는 정치체제다.

그렇다면 이런 민주정은 폐단이 없을까? 오늘날 한국을 보면 민주정의 폐단을 볼 수 있다. 속임수와 조작의 산실이 민주정이다. 그리스 철학의 정신으로 상징되던 소크라테스는 타락한 민주 정에서 무고하게 살해되었다.

그렇다면 만일 이들이 자신들을 대리인으로 내세워준 시민들을 위해 일을 하지 않고 자신들의 이익만을 위해 일을 한다면 어떻게 될까?

홉스는 투쟁의 상태로 되돌아가야 한다고 했다. 그리고 투쟁의 강도와 질은 민주정의 타락 상태에 비래 한다고 했다. 즉 타락상이 심하면 심할수록 투쟁의 상태도 심화되어야 한다고 했다. 그러나 요즈음은 이런 투쟁이 쿠테타의 도구로 전락했음을 주지할 필요가 있다.

홉스는 인간은 나면서부터 평등하다는 것을 전재로 인간의 본성은 자기 이익을 추구하는 데 있다고 봤다. 문제는 각자의 이익 추구가 반드시 충돌한다는 점이라고 하면서 '두 사람이 같은 것을 의욕하고, 그럼에도 불구하고 둘 다 그것을 향유할 수 없다면, 그들은 적이 될 수밖에 없다'는 것이라고 했다.

그러나 홉스가 간과한 사실이 있다.

인간에게는 부정적이고 충동적인 것도 제어할 수 있는 의지가 있다는 점이다. 그 의지가 강하면 강할수록 인간은 어느 환경에서든 이해와 양보와 용서와 사랑도 왕성해진다.

그러나 인간의 삶에서 덕목이 사라지면 바로 이런 비참한 결과가 도출된다. 이해도, 용서도, 사랑이 없게 된 사회는 그 어떤 고귀한 체제를 갖추었다고 하더라도 지속될 수 없다. 이는 역사다.

홉스는 자기 이익을 주장하는 평등에서 불신이 생긴다고 말한다.

'상호불신으로부터 자신을 지키는 데는 선수를 치는 것만큼 적절한 방법은 없다.' 그래서 불신에서는 전쟁이 일어날 수밖에 없다는 것이다. 그는 타인에게 해를 끼쳐서라도 자기 이익을 추구하는 이기적 본성에 비추어볼 때, 본성이 그대로 발휘되는 자연 상태에서는 '항상 모든 사람에 대한 모든 사람의 전쟁이 존재한다.'고 말한다.

룻소의 '자연으로 돌아가라'의 상태가 전쟁으로 돌아가라는 상태로 해석되는 견해다.

홉스는 모든 인간을 이기적이며 평등한 존재로 보았다. 그리고 자연 상태, 즉 무정부 상태는 '만인에 대한 만인의 투쟁' 상태라고 생각했다.

자연 상태에서 인간은 행복할 것 같지만 항상 죽음의 공포에 시달리고, 외롭고 비참하다고 했다. 맞을 수도 있고 맞지 않을 수도 있는 말이다.

따라서 자연 상태에서 벗어나기 위하여 모든 개인은 자신의 자연권을 제3의 주권자에게 전부 양도해야 하고, 개인의 주권을 양도받은 그 주권자, 즉 국가 혹은 정부는 개개인에게서 양도받은 권리를 균등하고 강력하게 행사하여 사회를 평화로운 상태로 이끌어 나가야 한다고 했다.

홉스는 절대 군주의 주권은 국민의 동의(계약)로부터 온다고 했다. 왕권이 신으로부터 주어졌다고 주장한 기존의 절대 왕정과는 주권의 소재에서 명확한 차이가 있다. 홉스는 사회계약에는 몇 가지 사고실험을 통한 전제가 필요하다고 말한다. 그것은 첫째 인간은 모두 평등하다는 것이다. 둘째, 인간은 모두 이기적이라는 것, 셋째, 인간은 자신의 생명과 재산의 보호를 최우선으로 한다는 것이다. 넷째는 모든 인간은 합리적이라는 것이다.

그의 말은 스스로를 짐승과 같은 하급의 인간 상태로 만들어 놓고 사회계약을 시작해야 한다는 의미다.

그는 자연 상태에서는 협력이나 복종을 강제할 수 있는 권한이 존재하지 않았음으로 인간에게는 자기 욕구 충족 및 보호를 위해 서로서로 빼앗고, 죽이는 공멸만이 존재하는 '만인의 만인에 대한 투쟁 상태'가 필연적으로 발생했다고 했다.

그러나 다행히 인간은 합리적이므로 이것을 막을 방법을 찾게 되고, 그로 인해서 사람들은 특정한 사람 혹은 집단(assembly)에게 권력을 몰아주게 되는데, 그가 바로 왕, 혹은 귀족, 혹은 민주정이 되는 것이라고 했다. 참고로 홉스는 민주정을 모델화 하지는 않았다.

그는 사회계약의 목적을 달성하기 위해서 권력은 절대적이어야만 한다고 했다. 그리고 왕은 신에 대해서만 책임을 지게 된다고 했다. 즉, 분란을 일으키더라도 자연 상태로 돌아가는 것보다는 사회 계약을 이루고 있는 상태가 더 낫기 때문에 지도자를 함부로 바꾼다던지 하는 것은 용납되지 않는다고 했다.

그러나 백성을 보호할 의무를 수행하지 못하는 지도자는 교체돼야 한다는 단서를 두었다. 이것이 룻소와 다른 홈스의 사회계약론이다.

3) 데카르트(René Descartes, 1596~1650년)

"나는 생각 한다 고로 존재한다."(고끼토 에고 섬 Cogito ergo, sum)이라는 말로 더 잘 알려진 데카르트는 모든 것을 주체와 개체로 나누면서 나는 '세계 안'에 포함 되어 있는 것이 아니고 '세계 밖'에서 세계를 관찰하는 관찰자의 입장이 된다는 극한의 관념론을 펼쳤다.

이것이 주체와 개체의 관계에 대한 그의 견해다.

데카르트 때부터 서양 철학은 주체와 개체로 나눠졌다. 데카르트는 '나라고 하는 존재가 진짜 여기 있는지, 아니면 없는지, 없는데도 있는 것으로 착각하고 있는지 어떻게 알 수 있는가?' 라는 질문을 던진 후 '생각하고 있는 나' 이것이 바로 나의 존재를 입증하는 것이라는 매혹적인 주장을 펼쳐냈다.

그가 신에 기대하지 않고 철학을 펼쳤다고 해서 근대철학의 아버지로 평가하고 있다. 그래서 일부 신학자들은 그런 그를 두고 무실론 자라는 말까지 한다. 그러나 그의 철학에선 그가 신을 부정했다는 근거가 없다. 물론 신 개념은 다를 수 있다.

그는 실체를 크게 셋으로 나눴는데 첫째, 무한실체(신) 둘째, 유한 실체(정신) 셋째, 유한 실체(물질)이다.

인간을 혼(신), 영(정신), 육체로 구성됐다고 본 삼분설과 비슷한 논리다. 그의 신 개념이 특정 종교가 짜놓은 틀 속에 맞지 않을 수 있기 때문에 여러 가지 오해가 일어났을 수 있으나 신이 인간이 짜놓은 개념의 틀 속에 꽉 들어맞아야 한다는 주장은 너무 독선적일 수도 있다.

그렇다고 아무나 부정한 동기와 생각으로 신을 있으나 마나 한 존재, 혹은 우스깡스런 존재로 비하시켜도 된다는 것은 아니다.

철학적으로 그런 류의 철학자를 총칭하여 '유신론적-무신론자'라 이름 할 수 있다. 자칭 유신론자라 하면서 실체적으로 신을 무시하거나, 신을 부정하는 사상이나 철학을 펼치는 자들의 상징이다.

칸트가 여기에 속할 수 있다. 신의 이름을 망령되이 일컬으며 자신을 마치 신과 특별한 관계인 것처럼 보이게 하는 부정한-성직자들도 '유신론적 무신론자'부류다.

데카르트를 포함한 합리론 자들은 인간의 영혼, 내지 이성에는 선험적으로 주어진 수학적, 합리적, 질서가 부여되어 있다고 보았다.

모두 고대에 개념화된 이슈다. 데까르트는 수학이나 과학적 문제를 설명하기 위해 '선험적 지식'이라는 개념을 도입했다.

그는 이것을 선험적으로 주어졌다고 해서 '선험적 본유관념'으로 불렀다. 인간에게는 태어날 때 가지고 온 지식, 혹은 지식의 틀이 있다는 것이다. 참고로 인식의 '틀'은 플라톤의 개체적 이데아의 다른 이름에 해당한다.

그는 이러한 선험적 본유관념(수학적 합리적 질서)과 그에 기반 한 연역적 추론을 통해 인간은 보편적이고 절대적인 앎을 얻을 수 있다고 보았다. 그러나 로크는 이런 '생득주의자'의 입장에 동의하지 않았다.

로크는 또 기하학과 같은 수학적 관념, 그리고 본질 등의 형이상학적 관념을 부정하면서 경험이 없는 것은 무와 같다고 했다. 처음부터 인간에게는 그 어떤 선험적 유산도 없었다는 것이다.

그래서 경험론 자들은 인간에게 선천적인 보편적 질서가 있다는 것을 부정하며 합리론 자들이 주장하는 본유관념을 일종의 독단으로 간주했다.

만일 우리의 영혼에 본유관념이 있다면 누구나 그런 관념들, 즉 논리적 관념, 수학적 관념, 또는 신의 관념 등을 알고 있어야 하는데, 어린 아이나 백치를 보면 그렇지 않다는 것이 그 이유였다.

철학에서는 이것을 합리론의 한계라고 말한다. 그러나 여기에 문제가 없는 것은 아니다. 본유관념을 씨앗으로 비유했을 때, 싹이 돋아나고 꽃이 피는 기다림의 시간과 기다림의 계절이 있기 때문이다.

합리론이건, 경험론이건, 인간에 대한 공통적인 견해가 있다. 그것은 인간은 불안전하다는 것이다.

모든 것을 다 경험할 수 없음도 문제지만 불완전한 인간이 경험하는 것이기에 완전할 수 없다는 것도 문제다. 그리고 불안전한 인간이기에 선험적 지식 또한 안전할 수 없다는 것, 즉 완전한 지식도 불안전과 하나가 되면 불완전한 것이 될 수밖에 없다는 것이 문제라는 것이다.

요약하면 어떻게 시시각각 변화는 인간이 시시각각 변화의 과정 한 가운데 있는 사물을 다 경험할 수 있겠느냐는 것이다. 이것들이 합리론과 경험론의 한계로 결론 된다.

따라서 감각적 경험은 시공간적인 제한성을 갖고 있고, 귀납으로 얻어낸 일반 명제는 100% 확실성을 보장할 수 없기 때문에 경험주의는 곧 회의주의로 빠지고 만다. 이렇게 해서 합리론은 독단으로 귀결되고, 경험론은 회의론으로 귀결되게 된다.

데카르트는 노골적으로 스콜라 철학을 반대한 사람이다.

스콜라철학을 반대했다는 것은 모든 사유의 축이 영혼이어야 함을 반대했다는 것이고, 그것은 곧 플라톤이나 아리스토텔레스 철학을 반대했다는 것이 된다.

그런 그가 근대 철학의 아버지로 알려졌다는 것은 무엇을 의미할까?

데카르트는 정신과 육체는 송과선(a pineal gland.)에서 상호작용하는 서로 다른 두 실체라고 주장했다. 이것이 심신 이원론이다.

그는 마음과 육체를 나누고 마음과 정신은 영원한 것이고, 육체는 변하는 것이라고 했다. 그러려면 인간의 육체와 정신은 서로 연결이 되어 있어야 한다. 그래야 몸을 움직이든지, 멈추든지 할 수 있다. 그 연결기관이 송과선이다.

그는 이것을 항해사와 배로 비유한다. 항해사와 배를 연결하는 것은 운전대다. 따라서 우리의 정신과 육체를 연결하는 것은 머릿속에 있는 '송과 선'이다. 요가나 명상을 하는 사람들에게 익숙한 단어다. 그는 여기서부터 합리론을 시작한다.

합리론은 이성론이다. 데카르트는 송과선은 두뇌의 기관으로는 쌍을 이루지 않은 유일한 기관임으로 정신과 육체의 합일점임이 틀림없다고 주장했다.

그의 주장에 따르면 감각기관에 미치는 작용 하나하나가 신경관을 통해 미세한 물질을 송과선에 전달하여 독특한 진동을 일으키고, 이 진동이 감정과 격정을 유발하여 육체의 작용을 야기한다.

그는 그것을 '자극반응학습'이라고 이름 했다.

예를 들어 어떤 병사가 적을 보고 두려움을 느껴 도망치는 경우처럼, 외부 자극에서 시작하는 반사궁(reflex arc)은 우선 내부반응을 거친 뒤 육체의 작용이라는 최종 결과에 이른다는 것이다.

정신은 육체의 반응을 직접 변화시킬 수 없고, 송과선의 진동은 두려움과 도망을 유발하는 상태에서 용기와 싸움을 유발하는 상태로 변화시킬 수 있을 뿐이라고 했다. 여기서 우리가 참고로 알아야 할 점은 데가르트가 언급한 정신은 신 개념이 아니라는 점이다.

데카르트는 인간이 특수한 감정적 반응을 일으키는 것은 경험이라는 조건에 좌우될 수 있다고 주장했다. 이것이 프로이드가 사용한 '조건반사'다.

예를 들어 데카르트는 어린 시절 사팔뜨기 소꿉동무를 사랑해 한동안 사팔뜨기 여인만 보면 마음이 끌린 적이 있었는데, 나중에 어릴 적 일을 기억해 내고는 비로소 자신의 감정을 제거할 수 있었다고 한다.

그러나 엄밀하게 따지면 이 송과선의 학설은 그가 발견한 것이 아니고 고대 이집트에서부터 이미 있어왔던 것이다. 그 역시 고대의 철학적 유산으로 그의 철학의 성을 쌓았다고 봐야 한다.

데카르트의 도덕관은 반 그리스도교적이다.

그러나 그는 오히려 진리를 발견하고 그에 따라 행동하는데 최선을 다할 때 비로소 덕이 쌓여 구원을 받을 수 있다고 암시했다.

인간의 이성과 의지를 통해 진리를 발견하고 그래서 인간은 구원에 이르는 능력을 갖고 있다는 것이 데카르트의 낙관적 견해다. 그러나 그가 말한 구원이 무엇을 의미했는지는 모른다.

4) 존 로크 (Locke, J.: 1632~1704)

로크는 홉스에 이어 사회 계약론을 주장한 사상가다. 사회 계약론을 주장한 인물로는 루소가 또 있다.

로크는 인간을 선천적으로 자유롭고, 평등하며, 독립적인 존재로 보았다. 따라서 인간은 자신의 의지와 관계없이 다른 사람에게 복종해서는 안 된다는 점을 강조하였고 그것을 사회계약론에 적용하였다.

로크는 인간이 자연 상태에 놓이게 되면 자유롭고 평화로울 수 있지만, 옳고 그름을 구별하는 법이 없고, 다툼을 해결해 주는 재판관도 없으며, 법을 집행할 수 있는 합법적인 권력도 없기 때문에 불안정한 상태가 된다고 보았다.

이 점에 있어서는 홈스의 견해와는 약간 차이가 있고 룻소와도 다르다. 그는 모든 인간은 이성적이고 자연법(양심)을 따라가기에 그러한 분쟁에 대해 판단을 할 수 있지만, 감정과 이해관계, 편견 등의 영향으로 완전히 공정하게 판결을 못 한다는 불편이 존재한다고 봤다.

그래서 인간은 자신의 재산(생명, 신체, 재물 등)을 더욱 잘 보호받기 위하여 적당하다고 판단되는 존재에게 자신들의 자연적인 권리와 분쟁을 판결할 권리까지 위임하게 되는데 그것이 정부라고 했다.

이것이 로크가 주장한 인간이 자연 상태를 벗어나 사회를 이루게 되는 계약이다. 따라서 개인들의 자연적인 권리를 위임받은 정부는 그 구성원들의 재산을 지키고 그것을 이롭게 하기 위하여 존재하므로 국가는 사회의 불안정한 상태를 미리 예방하고, 모든 개인의 자유와 평등을 안전하게 해야 한다고 했다.

로크는 그것을 사회 구성원의 계약이라고 했다.

인간은 상호 계약을 통해 만들어진 국가의 보호 속에서 자유와 평등을 안전하게 누릴 수 있는데, 로크는 자연 상태의 권리 일부만 국가에 양도해야 한다고 보았다. 이것이 홉스의 사회계약론과 다른 점이다.

당연해 보일 수 있는 말이지만 그는 사람에게는 제3 자에게 양도가 가능한 권리가 있지만 양도가 가능하지 않는 권리도 있고, 그는 그것이 '생명, 자유, 재산' 등이라고 했다.

로크는 홉스와 달리 국민 주권론에 근거한 국가 계약을 주장하였다. 그것은 국가의 주권이 국민에게 있다는 것이다. 때문에 국가가 계약을 위반하고 개인의 고유한 인권을 침해한다면 시민은 그에 대해 저항권을 행사할 수 있다고 했다.

일단 계약이 이루어지면 구성원은 그 사회의 규칙과 법률에 복종해야 하지만, 그것에 무조건적으로 복종하는 것은 아니고

철학 핸드북 (지성인, 교사, 신학생, 목회자를 위한 가이드)

정부가 구성원의 재산을 지키지 않고 그것을 잘못 사용하게 되면 그 정부는 해체될 수 있다고 했다.

또한, 그는 간접 민주제가 가장 이상적인 정치 형태라고 보았다. 이에 대해 사학자들은 로크가 명예혁명 이전 망명을 떠났다가 명예혁명으로 복귀한 것에서 기인하게 된 것이라고 말한다.

그는 자신의 저서인 '시민 정부론'에서 개인의 동의에 기반을 두는 '제한 정부론'을 이야기하였다.

로크는 자연권 중에서 사적 소유권(재산권)을 가장 중요시하였는데, '자연 상태에서는 소유권의 완전한 확보에 어려움이 있다. 따라서 생명과 자유, 재산에 대한 권리를 확고히 보장받기 위하여 사람들이 사회계약에 동의하여 정치-사회를 구성해야 한다'고 주장했다.

따라서 개인의 권력을 위임받은 정부가 구성되었는데도, 만일 그 정부가 본래의 기능과 의무를 다하지 못할 경우 사회 구성원의 의사에 따라 새로운 정부가 구성될 수도 있어야 한다고 주장했다.

바로 이것을 로크의 "저항 사상"이라고 부른다.

(1) 로크의 경험론

로크의 경험론을 이해하려면 먼저 빈 백지 한 장을 생각하면 된다. 인간은 처음 백지와 같이 태어난다. 막 태어난 인간은 아무것도 없는 상태다.

선험적으로 아무것도 가지고 온 것이 없다는 의미다. 따라서

철학 핸드북 (지성인, 교사, 신학생, 목회자를 위한 가이드)

모든 지식은 경험 없이 얻어질 수 없다. 경험 없이 얻어지는 모든 것들은 말장난이라는 것이다.

기하학과 같은 수학적 관념, 본질 등의 형이상학적 관념, 등 어떤 것도 무로부터 생길 수 없다고 주장한 그는 영원한 진리에 대한 관념은 선험적 산물이라고 주장한 데카르트를 비판했다. 처음부터 인간은 그 어떤 선험적인 유산도 없었다는 것이다. 그리하여 그는 비판 과정에서 인간 백지설로 알려진 백지-주장을 펼친 것이다.

그는 "인간의 마음이 백지라고 가정한다면, 오직 경험에 의해서만 백지를 채울 수 있다. 모든 지식은 경험에서 비롯된다.

스스로에 의해 지각되고, 내적 작용에 의해서 사용된 사고의 모든 재료만 오성(five sense)에 공급된다. 경험에 의한 감각과 반성이 지식의 원천이고 모든 관념은 여기서 발생한다."고 말한다

모든 인식은 경험에서 유래한다.

관념(concept)은 감각 대상에서 오는 감관과 마음 작용이라는 감관(sensible tube)이 원천이다. 그래서 그는 다음과 같이 말한다.

"어린아이는 점차적으로 관념을 갖는다. 우리 주위는 많은 물체로 둘러싸여 있다. 그렇기 때문에 어느 사물에 대한 여러 가지 관념이 어린아이 마음에 새겨질 수 있다. 하지만 경험하지 못한 관념을 가질 수는 없다."

버클리는 "영혼은 나눌 수 없고, 비물질적이며, 비연장적이고, 따라서 부패 될 수 없다"고 주장한다.

운동과 변화, 부패 그리고 우리가 매순간 보고 있는 자연적 물체에서 일어나는 소멸이, 능동적이고, 단일하며, 비 복합적 실체에는 결코 일어날 수가 없다는 것보다 더 분명한 사실은 없다고 주장한다.

따라서 "그러한 존재는 자연의 힘에 의해 소멸될 수 없다. 영혼은 본질적으로 불멸한다. 영혼은 연장이나 소멸과 무관하다는 점에서 독립적 존재일 뿐만 아니라 본질적으로 불멸한다."며 영혼의 독자성을 논증하기 위해 개별 사물과 분리된 경험적 지식을 강조했다.

로크는 개별 사물에 나타나는 연장 속에서 어떤 공통점이나 차이점을 관찰한 후, 이로부터 개별자 자체는 제외하고 공통적인 것을 분리하여 고찰함으로써 최고의 추상 관념을 만들어낸다. 각각의 사람에게서 공통 요소를 추출하여 '인간'이라는 추상 관념을, 또한 개별조류, 포유류, 어류, 곤충 등에서 공통 요소를 추출하여 '동물'이라는 추상 관념을 형성한다고 말한다.

그는 집, 산, 강, 등의 개념도 이러한 과정을 거쳐서 만들어졌다고 주장한다. 그러나 버클리는 이러한 추상 관념 이론이야말로 '지각 대상의 외적 현존과 더불어 관념적 지식에 관련된 무수한 오류와 어려움의 원천'이라고 비판한다.

'존재하는 것은 지각되는 것'이라는 명제에서도 나타나듯이 관념은 지각 속에 존재한다고 말한다. 여러 감각이나 감관에 각인된 관념을 우리가 서로 혼합하고 결합시킬 때, 모든 작업은 오직 지각하는 정신 속에서만 가능하다는 것이다.

관념적 결합물이 지각되지 않고도 존재한다는 것은 명백한 모순이기 때문이라는 것이다. 그러므로 사물은 마음이나 사유와 무관한 상태로는 의미 있는 존재일 수 없다는 것이다.

그는 "동물도 인간과 마찬가지로 감각을 가지고 있음을 부정할 수 없다. 또한, 인간이나 고양이나 먹는 음식이 그리 다르지 않다. 잠을 자거나 성행위를 통한 번식도 마찬가지다. 만약 외적으로 드러나는 활동과 감각 작용이 비슷하다면 당연히 동물 내에도 사유 활동이 있다고 판단해야 한다.

동물의 외부 활동이 인간과 유사한 데서, 동물과 인간의 내부 작용이 유사하다고 판단해야 한다. 이러한 판단이 정신 활동에 관한 철학의 모든 체계를 검토해 볼 수 있는 시금석을 제공한다."고 말한다. 이것이 로크의 사상이다,

5) 스피노자(1632-1677년)

"내일 지구의 종말이 올지라도 나는 한 그루의 사과나무를 심겠다."는 말로 잘 알려진 스피노자는 1632년 네덜란드의 암스테르담에서 부유한 상인의 아들로 태어났다. 그의 선조는 스페인에서 이민 온 유대인이었다.

그는 14세 때 모라틸라의 유대인 율법 학교에 입학했다. 이듬해에 우리엘이라는 청년이 내세의 신앙을 의심하는 논문을 발표하여 유대교회로부터 파문을 당하는 일이 있었다.

유대교회는 그 청년을 교회당 입구에 엎드리게 한 다음, 신자들로 하여금 그를 짓밟고 들어가게 했다.

육체적인 고통보다도 인격 모독에 더욱 치를 떨었던 그 청년

철학 핸드북 (지성인, 교사, 신학생, 목회자를 위한 가이드)

은 집으로 돌아간 즉시 그 박해자들에게 준열한 비난 편지를 써서 유서로 남긴 채 자살했다. 이 사건은 감수성이 예민한 스피노자에게 커다란 충격을 주었다.

그는 이후 유대교에 의문을 품고 '탈무드'와 중세 유대주의를 대표하는 지식인 마이모니데스의 저서를 읽다가 구약성경의 모순을 발견하게 된다.

20세 때에는 기독교 사상을 연구하기 위해 라틴어 학교에 입학한다. 여기서 그는 스승의 딸과 사랑에 빠진다.

그러나 얼마 후 그녀는 다른 구혼자가 값비싼 선물을 보내주자 스피노자를 배신해 버린다. 그러나 그는 "우리는 신을 사랑하지만, 신으로부터 보상을 기대하지 않는다."는 자신의 말처럼, 그녀를 원망하지는 않았지만 대단한 충격을 받았다.

이 때문인지는 몰라도 그는 한평생 결혼하지 않고 고독한 생애를 보냈다. 또한, 그가 철학을 본격적으로 연구하기 시작한 것도 실연의 충격을 받은 후부터라고 전한다.

22세 되던 해에 아버지가 죽자, 스피노자는 이미 죽은 형을 대신해 가업을 이어받는다. 그는 '스피노자 상회'의 주인이 되어 사업에 종사하지만 사업보다는 학문에 마음이 쏠려 결국 사업을 정리하고 만다.

24세 되던 해에 스피노자는 유대교 장로들 앞에 불려가 심문을 받는다. 결국, 그는 유대인 교회에서 온갖 저주를 받고 추방령을 선고받는다.

독일의 철학자 라이프니츠는 스피노자의 저서 중 한 권을 "견딜 수 없을 정도로 건방진 저술"이라고 평가했고, 프랑스의 사상가 볼테르는 그의 체계를 두고 "형이상학을 가장 추악하게 잘못 사용하여 만들어진 것"이라고 악평했다.

칸트의 친구였던 하만은 스피노자를 "건전한 이성과 학문을 해친 노상강도요 살인자"라고 비난했다. "신을 모독한 대표적인 유대인이자 완전한 무신론자" "저주받은 직관으로 꽉 차 있는 사람" "천부적으로 커다란 재앙을 갖고 타고난 사기꾼"이라는 등의 스피노자에 대한 비난과 모욕은 그가 살아있는 동안 내내 계속되었고, 책에 대한 비판도 마찬가지였다.

신에 대한 모독, 무신론으로 꽉 차 있어 정말로 지옥의 어둠 속에나 던져버려야 할 것으로서 "지구가 존립해 온 이래, 지금까지 그처럼 신앙심 없는 책은 출판된 적이 없었다."는 등의 비판을 받았다. 그렇다면 그는 무엇 때문에 여러 철학자로부터 이런 혹독한 비판을 받아야 했을까?

기존의 스콜라 철학자들은 세상 모든 것의 원인을 거슬러 올라가다 보면, 제일 첫 번째 원인이 있다고 생각했고 그 첫 번째 원인은 '신'이라고 했다. 이를 스콜라 철학자들은 실체라고도 불렀다.

그렇다면 '신의 원인'은 무엇인가? '신의 원인'도 '신'이 되므로, 세상의 '제일 첫 번째 원인'이 신이 될 수 있다는 것 스콜라 철학자들의 결론이다. "스스로 있는 자"

그런데 '신'이 '신'의 원인이라는 것을 좀 더 생각해보면, '신'은 동일한데 단지 변화했을 뿐이라는 것을 알 수 있다. 이것을 스피노자는 양태와 변용으로 개념화 하고 웃음을 비유로 설명했다.

예를 들어, 웃음은 얼굴을 필요로 함으로 양태이다. 얼굴의 변화한 모습이 바로 웃음이기 때문이다. 그렇다면 얼굴이 실체 인가? 그렇지 않다. 얼굴은 몸을 필요로 한다. 따라서 얼굴 역 시 양태이다. 그렇다면 몸이 실체인가? 그렇지 않다. 몸은 또다 시 자신의 존재를 위해 다른 여러 것들을 필요로 한다. 이렇게 계속해서 거슬러 올라가다보면 최초의 근본적인 것이 '(존재하 고) 있다'는 사실을 알게 된다.

그것이 바로 '실체'이다. 이 실체는 '자기가 자기 존재의 원 인' (Causa Sui)이 될 수밖에 없으므로, 스피노자는 기존 스콜 라 철학자들이 논의한 바와 같이, 이 유일한 실체를 '신'이라고 부른다.

따라서 유일한 실체는 신뿐이고, 나머지는 모두 이 실체의 무 한한 변용으로부터 무한한 양태들이 산출된 것, 곧 '세상 만물' 이라는 것이다. 그런데 이렇게 되려면 앞서 말했듯이 신이 '첫 번째 원인'이 되기 위해서는 '신'은 "동일한데 단지 변화했을 뿐" 이어야 한다. 여기서 스피노자는 한 가지 문제점을 발견한다.

신은 동일한데 단지 변화했을 뿐이고, 이러한 신의 변용이 결 국 '세상'이 된다면, '신은 곧 세상'이 아닌가? 그게 아니라 첫 번 째 원인(실체)은 나머지 결과들로부터 '독립'되어 있다면, 애초 에 인과관계를 거슬러 올라가 첫 번째 원인을 찾아가는 논리 자 체가 붕괴되지 않는가? 즉, 기원을 찾아가는 최초의 질문이 무 의미해지므로, '실체가 독립되어 있다'는 명제는 논리적으로 모 순이다. 이는 마치 '둥근 사각형'을 말하는 것과 같아서 애초에 성립이 불가능하다.

철학 핸드북 (지성인, 교사, 신학생, 목회자를 위한 가이드)

그러므로 신과 세상 만물의 관계과의 있어서의 '신'은, 세상과 독립된 '초월적 원인'이 아니라 세상과 합쳐지는 '내재적 im-manent' 원인으로 정의되어야 한다. 따라서 기독교의 세계관처럼, 독립된 존재로서 인간 세상에 개입하는 초월적이고 인격적인 신을 믿는 것은 단지 '미신'에 불과하다고 스피노자는 주장한다.

조금 어려운 말 같지만, 스피노자는 세상의 내재적 원인으로서 끊임없이 양태들을 낳는 이 '실체'를 '능산적 자연(생산하는 자연)'으로 이해한다. 이 실체가 무한히 변용되어 나타나는 수많은 양태들, 즉 세상의 모든 자연 만물들은 '소산적 자연(생산된 자연)'이다. 그러나 궁극적으로 본다면 능산적 자연과 소산적 자연이라는 구분은 임의적인 것이다. 왜냐하면, 소산적 자연인 양태 또한 그 자신의 내재적인 힘에 의해서 끊임없이 또 다른 양태들을 산출하기 때문이다. 즉, 실체는 자연 만물이라는 수만 가지의 다양한 양태들로 표현되면서도, 그들 양태 각각 모두는 다른 양태들을 산출할 수 있는 내재적 원인을 가지고 있으므로, 실체인 신과 (그 신의 양태인) 자연은 서로 분리된 것이 아니다. 신은 자연 만물을 산출하는 원인이면서 동시에 산출된 결과이므로, "신은 곧 자연" (Deus sive Natura)이라는 것이다.

그래서 스피노자는 실체를 "모든 사물의 근저나 배후에 자리하고 있으면서, 모든 존재를 자체 안에 융합하거나 포괄하는 일자 또는 무한자"로 이해했다. 여기에서 "실체=신=자연"이라는 등식이 성립하게 된다.

참고로 스피노자는 영적 세계와 물질적 세계 즉 신의 세계와

철학 핸드북 (지성인, 교사, 신학생, 목회자를 위한 가이드)

인간의 세계를 하나의 복합 형태로 사유한 것 같다는 것이다. 신의 세계의 존재형식, 존재 방법을 피조물인 인간의 차원에서 인간의 이성으로 이해하려 했다는 점이다. 바로 이것 때문에 이런 엄청난 오류에 빠졌을 수가 있다.

6) 라이프니츠(1646-1716)

라이프니치는 형이 상학자이자 논리학자로서 미분, 적분의 독창적 발명으로 유명하다. 그는 독실한 그리스도교도(가톨릭)였다.

그럼에도 불구하고 그는 주역을 독일어로 번역해 냈고, 주역을 토대로 이진법을 창안해낸 철학자다. 1661년 부활절 학기에 라이프치히대학교에 들어가 법학을 공부하면서 갈릴레오, 프랜시스 베이컨, 홉스, 데카르트 등 과학과 철학을 발전시킨 사람들의 사상을 접하게 된다.

1673년 계산기를 발명했으며, 1675년 말 적분과 미분의 기초를 세웠다.

모든 방면에서 "쓸모 있는 사람"이 되고자 노력한 라이프니츠는 교육이 더욱 실용적이어야 하고 아카데미를 설립해야 한다고 제안했다. 수력압착기, 풍차, 램프, 잠수함, 시계, 등 갖가지 기계장치들을 연구했고, 완벽한 수송수단을 고안하여 실험을 하기도 했다.

서양철학사가들은 합리론을 정립한 대표적 사상가로는 라이프니츠를 비롯하여 프랑스의 데카르트(Descartes, 596~1650),

철학 핸드북 (지성인, 교사, 신학생, 목회자를 위한 가이드)

네덜란드의 스피노자(Spinoza, 1632~1677) 등을 들곤 한다.

라이프니츠는 희랍철학과 기독교 사상을 계승했다. 그는 신을 절대적이고 완전한 존재로 믿었다.

그는 신에 대해 "우리는 많은 것을 알 수는 없지만, 분명히 알 수 있는 것이 있다. 그것은 신이 최선(최고)을 실현한다는 것이다."라는 말을 남겼다.

이 세계는 신이 무한히 많은 세계들 가운데 최선의 것을 선택하여 만들었으므로 가장 효율적인 세계라고 했고, 완전성을 최종 등급을 설정할 수 있는 것으로 정의했다는 점에서 라이프니츠는 전형적인 서양 철학자다. 그는 가장 엄밀한 학문인 수학의 규칙성보다도 신의 법칙이 더 규칙적이라고 했다.

7) 루소 (1712-1778 프랑스)

무신론자로 알려진 루소는 마르크스의 유물론, 그리고 공산주의 태동에 산파 역할을 했던 사상가다. 어떤 사람들은 그를 자연주의, 그리고 낭만주의 아버지라는 장신구를 달아 부르기도 하는데, 부정적인 측면에서 보면 그는 프랑스의 정신세계를 망친 암흑의 사도요, 분쟁과 분노와 피의 생산업자라고 불러져야 할 사상가이기도 하다. 그는 오래 동안 정신질환을 앓았다. 그러나 그가 언제부터 정신병자였는지는 알려지지 않고 있다.

한때 전 프랑스를 열광시킨 그의 사상에서 어떻게 그런 부정적인 열매가 맺혔는지 그가 살았던 시대적 배경을 살펴볼 필요가 있다. 그가 내뱉은 아름다운 구호 '자연으로 돌아가라.'는 말

철학 핸드북 (지성인, 교사, 신학생, 목회자를 위한 가이드)

도 사실은 정부 이전 시대, 홉스가 말한 투쟁의 상태로 돌아가라는 의미다. 즉 개인이 사유 재산을 갖기 전으로 돌아가라는 뜻이 암시되어 있다.

그의 이해와는 다르게 자연은 그 전체가 흐름이고, 섭리고, 따라서 법이다. 그러므로 자연으로 돌아가라는 말은 자연의 흐름과 섭리 그리고 법칙에 순종하라는 의미여야 한다. 인간은 인간으로, 동물은 동물로, 아버지는 아버지로, 자녀는 자녀로, 식물은 식물로 살아야 한다는 의미여야 한다는 것이다. 그러나 그는 그런 본질적인 자연의 흐름을 대적하라는 암시였고 실제 그가 그랬다.

신이 없고, 덕목이 없고, 영혼의 축이 제거된 그의 사상은 아이러니하게도 자연의 질서와 흐름의 반대편에 서 있었다.

그의 모든 것은 인본주의적이었다. 그는 그의 말대로 프랑스에서 피의 혁명이 일어나게 했다.

그것을 통해 프랑스라는 나라가 무엇을 얻고 무엇을 잃었는지를 객관적으로 계산하면 과연 그 피의 혁명이 잉태한 자유가 프랑스 사람들을 진정 자유하게 하였는지는 오늘날 프랑스 사회를 바라보면 쉽게 알 수 있을 것이다.

그의 사상의 부산물인 노동운동은 프랑스 노동자들을 하루 2교대, 3교대로 뛰어다녀야만 겨우 먹고 살 수 있게 만들었고, 프랑스의 미래를 불신과 가난이 충만하게 하였다.

어떻게 그의 아름다운 구호에서 이런 비극적인 결과가 결과될 수 있었을까?

그렇다고 프랑스 혁명 자체가 잘못이라는 말은 아니다. 그러나 덕목이 없는 혁명은 그 사상이 아무리 고상해 보여도 혁명의 주체도, 혁명의 대상도, 모두 짐승처럼 변형시킨다는 것을 잘 보여주고 있다.

덕목과 종교적인 정신을 내팽개친, 그것도 건강한 정신을 갖지 못한 한 사상가의 아름다운 구호에 현혹되고, 선동될 때 어린 아이들까지 짐승이 되어버렸던 일은 벌써 심판받았어야 했는지 모른다.

홉스, 로크에 이어 사회계약론을 주장한 그는 다음과 같이 말한다.

"정부를 세우는 일은 가난한 자 보다 부자가 더 얻는 것이 많으니 어떤 의미에서는 사회 계약은 너무 불의한 계약이다. 그렇지만 사회 속의 인간은 결코 만족을 모르기 때문에 가난한 자 못지않게 부자도 행복하지는 않다"

전적으로 동의한 것은 아니지만 사회 속에서 사람은 각자의 이해관계 때문에 끊임없이 갈등하며, 적개심을 친절이라는 가면 뒤에 숨긴 채 서로 미워한다고 하면서 루소는 인간 불평등을 별개의 독자적 문제로 보지 않고 인간이 자연과 순진무구함으로부터 소외되어 온 오랜 역사 과정의 부산물로 보았다.

그러나 실제 헤겔의 말처럼 역사는 신의 섭리와 현자들의 가르침을 받으면서 흘러왔다.

물론 부작용이 없었던 것은 아니나 부작용은 부작용일 뿐이다. 아무리 잘 가꿔진 밭에도 잡풀은 돋아나기 때문이다. 아마도 인간 자체가 완전하지 않기 때문이었을 것이다. 그러나 그것은 인간의 절제와 이해와 사랑의 덕으로 메꿀 수 있다. 모든 것은 흘러가고 흘러온다.

만물은 변한다. 아무리 캄캄한 밤도 시간이 지나면 물러간다. 인간의 마음도 정신도 그랬다. 세상은 이렇게 하여 지금까지 유지가 되어 왔다. 헤겔의 말대로 아무것도 없었던 것 같은 역사의 장에 거대한 섭리가 있어서 였다.

그는 인간이 남녀 공동생활을 용이하게 하기 위해 처음으로 거주지를 만들면서 가정이 형성되고 이웃이 형성되고 사회가 형성된 것이라고 말한다. 그는 이러한 사회계약 이전, 즉 '초기의 미숙한 사회.'가 인간에게는 '황금시기'라 할 만큼 좋았다고 주장한다.

그러나 역사 어디에도 그런 증거가 없다. 역사는 좋았던 추억도 나쁜 추억도 함께 지니고 있어서다.

그는 그 황금 시기는 오래갈 수 없었으니 사랑의 감정과 함께 질투의 파괴적 감정이 일어나고, 사람들은 자신의 능력과 성취물을 다른 이와 비교하기 시작했고 이것이 "불평등을 향한 첫걸음이자 악을 향한 첫 걸음이었다."고 주장했다.

사유 재산의 출현으로 재산을 보호하기 위한 법과 정부를 만드는 일이 필요해짐에 따라 불평등은 더욱 심해졌다고 주장했다.

그러나 법이 없어 보이는 자연의 흐름 속에도 법은 있고 자유와 평화로만 가득해 보이는 숲속에도 불평등은 있다. 네에게는 좋은 것이 나에게는 나쁘고, 나에게 좋은 것이 너에게는 나쁠 수 있어서다. 그것은 "너 때문이 아니라 바로 나" 때문이다. 그가 말한 불평등은 본질상 상대적이다.

루소는 토지가 누구에게도 속하지 않은 상태를 벗어나 "끔찍한 사태"를 초래했다고 하면서 그것이 재산이라는 '치명적인' 것이 생겨난 배경이라고 했다.

그러나 본질적으로 재산이란 생존에 필요한 양식이다. 철학적으로 일용할 양식 이상을 재산이라고 할 수 있다.

예를 들어 가을에 겨울을 위해 양식을 저장해 놓은 것을 말한다. 이것은 인간의 본성이다. 철학이 없는 사상은 공허하다는 말이 바로 여기에 해당할 것 같다.

시민사회는 2가지 목적, 즉 모든 사람에게 평화를 제공하는 한편 재산에 대한 권리를 보장하기 위해 등장한다는 것이 그의 주장이다.

그러나 그는 시민사회는 모든 사람에게 이익을 주지만 주로 부자에게 이익을 준다. 왜냐하면 기존의 소유권을 적법한 것으로 정착시킴으로써 가난한 자를 계속 무소유상태로 만들기 때문이라는 것이다. 그러나 이 역시 빈곤한 논리와 저급한 사상이라고 할 수 있다.

루소는 인간 불평등의 원인에 대해 이렇게 말한다.

'자연 상태에서는 약자가 생길 여지가 없고, 꾸밈없는 덕이 지배할 뿐이었다. 그런데 느닷없이 어떤 사람이 일정한 땅에 울타리를 쳐놓고 자기의 것이라고 주장하기 시작했다.

한 번 땅을 손안에 넣은 뒤로 주인과 노예가 생겨나고, 폭력과 약탈이 자행되었다. 여기서 부자인 부르조아는 "약자가 억압받는 것을 막기 위해, 모든 구성원들을 보호하기 위해 뭉치자'고 주장했고, 순진한 사람들이 이 제안에 동의해주었다. 이렇게 국가와 법률이 생겨났고, 약자에게 새로운 올가미가 씌워졌다. 반대로 부자들이 법적인 지배권을 자의적인 것으로 변질시킴으로써 인간 불평등이 영속화되기에 이르렀다고 말한다.

그렇다면 이런 문제를 극복하기 위해 만들어진 공산주의는 어쨌는가?

그는 유혹의 천사처럼 계속 말한다. 부자와 빈자를 갈라놓은 재산의 발생이 인간 불평등을 가져온 최초의 화근이었다면, 지배자와 피지배자를 갈라놓은 주종 관계가 제2의 화근이었다. 그리고 주인과 노예를 제도적으로 대립시켜 놓은 권력의 자의성이 제3의 화근이다.

이상의 것들이 모든 불평등의 근본 원인인 것이다. 그리하여 어린이가 어른에게 명령을 내리고, 미련한 자가 현명한 자를 다스리며, 대중은 헐벗고 굶주리는데 부자들은 호의호식하며 지나친 풍요를 누리게 되었다. 그러나 만물은 각자 계절이 있고, 보편적, 개체적, 존재이유와 목적이 있다. 육체에 힘이 센 사람에게는 노를 젓는 것이 공평한 것이다. 힘이 약한 여자는 가정일을 책임지는 것이 훨씬 좋을 것이다.

그런 차원에서 보면 지배자와 피 지배자가 없다. 각자가 지배자고 피 지배자다. 배 안에서는 노를 젓는 사공이 지배자다. 가정에서는 가정 일을 책임지는 아내가 지배자다. 인간이 인간을 노예로 삼는 것은 제도적인 문제가 아니라 인간 정신의 문제다.

그가 만일 세네카의 철학을 알았더라면 이런 무지한 억지는 부리지는 않았을 것이다. 만일 누군가가 어떤 철학적 혹은 정신적 이유로 모두를 형제자매로 생각한다면 그런 정신 아래서

철학 핸드북 (지성인, 교사, 신학생, 목회자를 위한 가이드)

는 노예가 존재하지 않을 것이다. 제도가 문제가 아니라 정신이 문제라는 예다.

루소는 인간의 자유와 국가권력을 조화시킬 수 있다고 주장했다. 정당한 권력을 가능하게 하는 기초는 전체의 합의, 즉 구성원들의 자유로운 동의라고 하면서 이 합의에 따라 바로 사회계약이 성립한다고 했다.

이 계약에 의해 공동체로서의 국가가 세워지고, 구성원으로서의 국민이 생겨난다고 하면서 국가의 주인은 국민이고, 따라서 국민만이 주권의 유일한 담당자가 된다고 했다. 그러나 여기서 인간이 먹을 것을 찾자 짐승처럼 배회하던 원시시대가 어떠했는지에 대한 고찰이 없어 보인다,

그는 '사회계약론(1762)' 등으로 프랑스혁명 사상에 합류했다.

그의 이런 비평적 경향은 공상적 사회주의를 시작한 마르크스의 혁명적 사회주의 사상에 많은 영향을 준 것이라고 평가한다. 그가 얼마나 냉혈적인 인간이었는지는 자신의 3자녀들을 고아원에 버린 일로 입증된다.

그의 보편적 아니면 개체적 존재 목적을 버린 것이다. 가난해서 자신의 아이들을 버린 것이 아니라 자신의 연구에 방해가 된다는 이유 때문이었다. 그것도 3명의 아이들 모두를 버려버린 것이었다.

현대사회에서는 그 어떤 이유로도 미화될 수 없고, 변명 될 수 없는 비정한 일이었지만 그는 아랑곳하지 않았다. 그는 자연의 흐름을 거역하였고, 자연의 섭리와 자연의 법칙을 대적하

철학 핸드북 (지성인, 교사, 신학생, 목회자를 위한 가이드)

였다. 그의 입술에서 어떤 말이 나왔는지는 모르나 그의 행동은 그의 말과 정면으로 상충 된다.

루소에게는 루소가 되게 한 두 개의 작품이 있다. 그 하나는 '예술과 학문의 부흥이 도덕의 개선에 어떠한 기여를 했는가?'에 대한 현상 논문이다.

당시는 오늘날의 백일장처럼 공개적인 현상 논문 제도가 있었던 것 같다. 그는 참회록에서 37세 때 무신론과 유물론을 주장하다가 붙들려 감금된 디드로라는 친구를 만나기 위해 가던 길목에서 영감을 받아 이 논문을 쓴 것이라고 말한다.

다른 하나는 '에밀'이라는 교육소설이다.

자신의 친자까지 갔다버릴 만큼 비정하고 아이를 길러본 적이 없는 그가 어떻게 아이들의 교육소설을 쓸 수 있었는지, 그리고 사람들이 어떻게 앙꼬 없는 빵 같은 그의 책 내용에 매료되었는지 참으로 아이러니 한 일이 아닐 수 없다.

아이를 가진 적은 3번이나 있었으나 기른 적이 전혀 없는 아버지, 특히 자신의 아이를 고아원에 내버린 비정한 아버지가 아이들의 교육문제를 다루었다는 것은 정말, 정말 아이러니한 일이지만 정신적 축을 잃은 프랑스의 혁명 사회는 그의 책에 열광하였다.

자연 중심의 교육 이념을 제시하여 당시 프랑스 사회에 커다란 반향을 불러일으켰다는 그 책은 당시 루이 16세의 왕비 마리 앙투아네트가 이 책을 읽은 후 농사를 짓고 우유 짜는 부인네의 흉내를 냈다는 일화에서 그 영향력을 짐작하게 한다. 교육론에서 루소는 이렇게 주장한다.

철학 핸드북 (지성인, 교사, 신학생, 목회자를 위한 가이드)

"어린이는 자유롭게, 오직 자기의 소질에 따라서, 자연스럽게 성장해야 한다. 이를 위해 모든 반(反)자연, 이른바 관습과 규칙 등은 거부해도 좋다. 자녀 교육에 대한 아이들의 저항력을 심은 것이었다. 교육의 과제는 인간의 정상적 발달을 방해하는 모든 사회생활로부터 그 영향을 제거하는 데 있다."고 말 한다

그러나 아이들에 대한 교육이란 교과서가 없고 교과서가 있을 수도 없다는 것은 아이들을 길러본 사람만이 알 수 있는 진리다.

그의 아이들 교육론이 얼마나 추상적이었는지 짐작할 만하다.

아이의 교육이란 시대의 환경과 개인의 환경을 따라 너무도 다를 수 있기 때문에 그 누구도 교과서적으로 "-- 을 하라. -- 을 하다"라고 말할 수가 없다.

그래서 그랬는지 당시 파리 고등법원은 종교적 이유로 루소의 교육소설 '에밀'을 불태워버리라는 판결을 내렸으며, 루소에게 체포 명령을 발부하기도 했다. 루소는 비밀리에 도망하여, 우연히 영국의 철학자 흄을 만났는데 흄은 그를 불쌍히 여기고 동정하여 영국으로 불러 은신처를 제공하기까지 했다.

루소는 당시 피해망상증을 앓고 있었다. 루소는 흄이 자신을 중상 모략했다는 피해망상에 시달렸다.

루소는 결국 흄에게 절교 선언을 한다. 유럽 각지를 유랑하다가 1770년 여름 파리로 되돌아왔다고 한다. 루소는 "나는 지금까지 내가 보아왔던 그 누구와도 닮지 않았다. 나는 현재 존재하고 있는 그 어느 누구와도 다르다고 믿고 있다. 내가 남보

다 나은 인간이 아니라 할지라도, 적어도 나는 남들과 다르다"
고 말했는데, 자신의 말대로 그는 특이한 인간이었다. 정신질환
을 앓고 있던 그의 사상적 열매를 살펴보면 그는 철학으로 프
랑스 정신세계에 무신론이라는 악이 자리 잡게 했다는 평가를
받기도 한다.

8) David 흄 (1711- 1776)

경험주의를 그대로 계승한 흄은 모든 앎은 강렬함(생생함)으
로 느껴지는 감정적 '인상'에 불과하며, 이성적으로 얻어지는 것
으로 보이는 관념조차 사실은 인상에서 왔기 때문에 지식은 이
성적 추론에 의해서 얻어지는 것이 아니라 경험적인 개연성에
서 얻어지는 것이라고 주장하였다.

일부 철학자들은 이런 흄의 경험론은 독단적인 경험론이라
고 부르기도 한다. 어떻든, 경험론은 경험론이다. 그렇다면 그
는 선험적으로 주어지는 지식에 대해서는 무엇이라고 했을까?

아주 기본적인 수학적 이성, 즉 수학적 지식 같은 것에 대해
무엇이라 했을까?

곧 칸트가 등장하기 때문에 칸트와 비교해가며 흄의 입장을
알아보도록 하겠다.

흄은 아주 기본적인 수학적 명제와 기학적 명제는 선험적이
면서 분석적(경험)인 명제라고 했다. 선험이라는 개념에 분석적
이라는 개념 하나를 덧붙였다. 흄은 수학적 명제와 기학적 명
제는 선험적이기 때문에 필연적으로 참이라는 칸트의 주장에

동의한다. 그렇게 될 수밖에 없는 명제여서다. 그러면서도 그 것은 분석적(경험)이기 때문에 아무런 지식을 담고 있지 않다고 했다.

예컨대 "3+2=5다"라는 명제는 필연적으로 참이지만 3+2=5 라는 것 외에 다른 지식이 없다는 것이다.

두 점간의 최 단거리는 직선이라는 기하학적 명제도 필연적으로 참이지만 아무런 지식을 담고 있지 않다고 했다. 왜냐하면, 두 점간의 최 단거리를 직선이라고 정의했을 때 그것은 직선이라는 필연적인 지식 외에 얻을 수 있는 것이 없기 때문이란다. 그래서 수학적 명제나 기하학적 명제는 아무런 지식이 없고, 정의상 필연적으로 참인 명제일 뿐이라는 것이 그의 견해였다.

흄은 물리학적 명제도 후험적(경험)이면서 '종합적 명제'라고 했다.

물리학적 명제는 종합적이기 때문에 지식을 담고 있기는 하지만 후험적이기 때문에 '우연히 참'인 지식일 뿐이라는 것이다. 사실이 사실로 확인되었기 때문이란다. 즉 물체를 허공에 놓으면 중력에 의해 가속도로 땅에 떨어진다는 명제는 지식을 담고 있지만 '우연히 참인명제'라는 것이다.

위에 있는 물체가 '떨어지는 것은 필연적'이기 때문에서란다. 그러나 흄은 우리가 물체를 허공에 놓았을 때 그것이 땅에 떨어지는 것은 수천만 번 실험(경험)해 보았다고 해서 반드시 '필연적'인 것만은 아니라고 했다.

왜? 필연이라는 것은 경험(실험) 없이도 이루어지는 것이기 때문에서다. 따라서 물리학적 명제는 필연적인 참은 아니라는 것이다. 그래서 흄은 수학적 명제와 기하학적 명제는 아무런 정보가 없는 명제고, 물리학적 명제는 우연히 참 명제일 뿐이라고 했다.

따라서 그는 수학, 기하학 물리학은 진짜 학문이 아니라는 주장을 펼쳤다. 경험을 통해 얻어지는 것이 아니라 경험 없이 발견되는 것이어서다. 흄은 수학과 기하학은 선험적이면서 분석적이고, 물리학은 선험적이면서 종합적이라고 생각했던 것이다.

그러나 칸트의 견해는 달랐다. 칸트는 수학, 기하학, 물리학을 진짜 학문을 탐구하는 학문으로 봤다. 또한, 그는 도덕의 선악 판단은 그 도덕이 얼마나 감정적으로 유용한가에 달려있다고 주장하여, 이후 공리주의 사상에 큰 영향을 끼쳤다.

참고로, 공리주의(Utilitarianism)란 공리성(utility)을 가치판단의 기준으로 하는 사상이다. 곧 어떤 행위의 옳고 그름은 그 행위가 인간의 이익과 행복을 늘리는 데 얼마나 기여 하는가에 대한 유용성의 결과에 따라 결정된다는 것이다.

넓은 의미에서 공리주의는 효용, 쾌락에 최대의 가치를 두는 철학적 경향을 통칭한다. 자기 자신에게 이익을 주면 선, 손해를 입히면 악이라는 소피스트와 에피쿠로스의 후손쯤으로 이해하면 될 것이다.

흄은 존 로크와 버클리로부터 물려받은 경험주의를 충실히 계승하여 발전시킨다. 흄은 마음속에 떠오르는 지각을 다음 두 가지 유형으로 나눈다.

'인상'과 '관념'이다. 인상(impression)은 수동적으로 받아들이는 원초적 지각이다. 이는 밖으로부터(감각) 혹은 안으로부터(반성) 생겨날 수 있다. 예를 들자면 지금 당신이 보고 있는 컴퓨터 혹은 모바일 기기의 화면의 모습은 인상이다. 이렇듯 인상은 '지금 느끼고 있는' 인상을 말한다.

그러나 관념(idea)은 인상이 사라지고 난 후에 회상 또는 상상을 통해 생성된 지각이다.

예를 들어 당신이 눈을 감고 방금 전까지 보고 있던 스크린의 모습을 떠올려보라. 그게 관념이다. 즉 머릿속에서 '재현해 보았을 때, 재현되는 것, 떠오르는 것'을 말한다.

우리가 창문을 열고 창밖을 바라보면 산이나 바다가 보일 것이다. 아니면 들판이 보일 수도 있다. 다시 창문을 닫고 침대에 눕거나 책상에 앉았을 때 내가 방금 창문을 열고 보았던 정경은 볼 수 없을 것이다. 대신 그 정경들에 대한 인상은 떠올릴 수 있을 것이다. 그것이 바로 관념이다.

그러니까 흄이 말한 관념이란 그 인상이 사라지고 난 후에 회상 또는 상상을 통해 생성된 지각을 말한다. 머릿속에 재현된 인상, 그것을 흄은 관념이라고 했다.

흄의 설명에 따르면 인상과 관념의 구분은 강렬함과 그 강렬한 느낌에 대한 감정의 차이에서 비롯될 뿐이라는 것이다.

인상은 '강렬한 느낌'으로 다가와서 나의 감정을 뒤흔드는 것이고, 관념은 그 인상을 다시 생각했을 때 떠오르는 희미한 혹은 건조한 회상이라 할 수 있다. 따라서 지식은 인상에서부터 시작되어 관념이 된다는 원리이다. 그러니까 관념이란 인상

철학 핸드북 (지성인, 교사, 신학생, 목회자를 위한 가이드)

의 복사물이라는 것이다. 그래서 흄의 인상과 관념을 복사원리 (copy thesis)라고 한다.

흄은 "인간은 상이한 지각들의 다발이거나 묶음에 불과하며, 이 지각들은 상상할 수 없이 빠른 속도로 서로 연결되어 영속 적인 흐름과 운동을 만들어 낸다."고 주장한다. 흄에게 있어서 '자아'는 생각과 감정과 감각을 가진 존재가 아니었다. 그저 인 상과 인상에서 만들어진 관념들이 정연하게 모여 있는 '집합(네 트워크)'이었다.

흄은 인상이라는 것과 관념, 그리고 그다음에 단순 관념과 복 합 관념, 기억과 상상, 그러니까 우리가 어떤 경험을 통해 어떤 것을 알아갈 때 거치는 과정을 단계적으로 정리를 한 것이다.

이렇게 했을 때 인상과 관념을 통해서 첫째 어떤 경험을 하 는 것을 얻는(느낀)다고 했다. 누가 안경을 썼다면 그것은 누구 나 쉽게 지각할 수 있다. 그러나 누가 무엇을 떨어뜨릴 때 나는 소리는 지각할 수가 없다. 정신(지각)으로는 알 수가 없는 것이 다. 아마도 물체가 떨어져서 소리가 났을 것이다.

그러나 그것은 지각(인식)이 안 된다. 이때 우리가 정신적으 로 그것은 분명 물체가 떨어졌을 것이라고 느낀다면 그것은 습 관 때문이라는 것이다. 그것을 그는 '조건반사'라고 했다.

예를 들어 어떤 사람이 개한테 밥을 줄 때마다 종을 울렸는 데 그것을 약 3개월 동안 계속했다고 가정해보자. 그런데 만일 종만 흔들고 밥을 주지 않았다면 그 개는 어떤 반응을 보일까? 아마도 개는 여느 때처럼 종이 울리면 침을 흘릴 것이다. 이것 을 보고 흄은 '조건반사'라고 한다. '밥과 침 흘리는 것'은 '무조건 반사'라고 하고 종소리는 조건반사라고 한다.

왜냐하면, 이것은 개가 침을 흘리는 것과 종소리는 전혀 인과관계가 없기 때문이다. 그런데 개는 인과관계가 있는 것처럼 착각한 것이다. 바로 습관 때문이라는 것이다.

'까마귀가 날자 배 떨어진다.' '아침에 까치가 울면 반가운 손님이 찾아온다.'라는 말이 있다. 이는 징조를 이야기한다.

그러나 실제로는 까마귀가 날아가는 것과 배가 떨어지는 것, 까치가 우는 것과 반가운 손님이 오는 것에는 아무런 인과관계가 없다.

David 흄이 바로 이것을 지적한 것이다. 이런 인과관계는 우리가 지각할 수 없다는 것이다. 교실에서 분필이 떨어지면서 소리를 냈음에도 불구하고 그것이 분필이 떨어지면서 내는 소리라는 것을 무엇으로 증명할 것이냐? 는 것이다.

까마귀가 배를 떨어뜨렸다는 것을 무엇으로 증명할 것이냐는 것이다. 아침에 까치가 울면 반가운 손님이 온다는 것을 무엇으로 증명 할 것이냐는 것이다. '까마귀 나니까 배 떨어진다.' '아침에 까치가 울면 반가운 손님이 올 것'이라는 것은 어디까지나 하나의 사회적 습관(조건반사)일 뿐이라는 것이다.

인과관계가 있는지, 없는지는 알 수 없으나 습관을 통해 알 뿐이라는 것이다. 그래서 흄은 어떤 사건에 인과를 적용시키는 것은 넌 센스라고 주장한다.

흄의 주장에 따르면, 우리는 사실 인과의 작용을 관찰한 적이 한 번도 없다. 우리가 본 것이라고는 하나의 사건 후에 일어난 다른 사건뿐이다. 이른바 인과를 구성하는 두 사건 사이의 '

필연적 연관성, 즉 인과를 작용시키는 힘 자체'는 절대로 볼 수 없다는 것이다.

흄은 인과가 '착각'에 불과하다고 주장하며 이는 인간의 이성으로 증명할 수 있는 것이 아니라고 주장한다.

그렇다고 인과가 틀렸다고 주장하거나 이성의 효용성 자체를 믿지 않는 것은 아니다. 인과는 직관을 통해 가장 그럴듯한 이론임을 말하지만 논리적으로 증명될 수 있는 것은 아니라는 것이다.

이것은 이성을 전부 부정하는 것은 아니지만, 이성은 완벽하지는 않다는 전제하에서 우리는 이성을 사용해야 된다는 얘기이기도 하다.

그래서 흄을 '온건한 회의주의'라고 부른다.

따라서 우리는 '보다 더 그럴듯해 보이는 합리적인' 지식을 얻을 수 있는 것이지, '완전히 합리적인' 지식은 얻을 수 없으니 이성만으로 지식의 토대를 세울 수 있다는 희망은 포기해야 한다는 것이다. 따라서 지식은 '논리적이고 절대적인 이성'을 통해 얻어지는 것이 아니라, 불완전한 이성을 전제한 귀납법을 통해서 얻어지는 것이라고 했다.

귀납법이란, 수많은 사건으로부터 인과적 법칙을 추론해 내는 법칙을 말한다. 그래서 흄은 인간의 이성이 모든 것을 이해하고 증명할 수 있다는 독단에서 벗어나야 된다고 주장했다.

그렇다고 인간의 이성 전체를 부정하는 것은 아니다. 다만 데카르트가 말한 이성의 '확신'은 경험론자인 흄에 있어서 불가능한 것이기 때문에, 어떤 것이건 자신의 생각이 틀렸을 가능성에

철학 핸드북 (지성인, 교사, 신학생, 목회자를 위한 가이드)

대해 개방적인 태도를 가져야 한다고 한 것이다.

흄은 선악에 대해서도 경험주의식으로 풀이했다. 타인의 비겁함, 불의, 자만은 우리에게 해를 끼치는 경향이 있기 때문에 우리는 그러한 성질을 보이는 이들에게 반감을 느끼고 그들을 악하다고 생각한다.

타인의 용기, 정의, 겸손은 사람들에게 이득이 되므로 우리는 그러한 성질을 보이는 이들에게 호의를 느끼고 그들을 선하다고 생각하게 된다는 것이다.

9) 칸트(1724-1804)

신앙은 두 가지 방법으로 형성된다. 이성적인 방법과 비이성적인 방법이다. 전자를 진리를 거쳐 회개에 이른 신앙, 후자를 체험신앙이라 한다.

후자의 예가 바울이다. 바울은 유대인으로서 그리스도인들을 잡아들이기 위해 다메섹으로 가던 중 눈을 멀게 할 정도의 밝은 빛으로 나타난 그리스도를 체험하고 회개하여 신앙인이 되었다.

바울의 체험은 자연의 흐름 밖에서 일어난 초자연적인 사건이다. 이런 초자연적인 역사는 비단 기독교에만 있는 것은 아니다. 인간이 있는 곳이라면 어디나 있을 수 있다.

칸트는 독실한 루터교회 부모에게서 태어난 모태 신앙의 소유자다. 그는 기독교로부터 많은 혜택을 받았음에도 불구하고 기독교 도그마와 상반된 사상을 펼친 사람이다.

철학 핸드북 (지성인, 교사, 신학생, 목회자를 위한 가이드)

그는 어릴 적 목사의 도움으로 경건주의 학교에 입학하였다. 여느 종교 학교가 그렇듯이 그 학교도 기도로 수업을 시작하고, 기도로 수업을 끝내는 학교였다. 그러나 칸트는 그런 학교제도를 '소년 노예제도'라고 비판하였다.

그 짧은 기도시간 때문에 그가 무슨 자유를 잃었고, 무엇을 빼앗겼는지는 모른다. 달 밝은 밤도, 잠 못 이루는 사람에겐 고통스러운 '자연의 흐름'일 수 있기에 그를 이해하지 못하는 것은 아니다.

그러나 칸트가 그의 유년기를 별빛 초롱하고 달 밝은 밤보다 더 밝고 아름답게 가꿀 수 있던 기도시간을 '노예제도'로 비하하면서 반항아처럼 기독교에 대한 적대심을 나타냈다는 것은 결코 우연한 일이 아닐 것이다.

칸트가 등장할 당시 서방은 인식의 기반에 대한 상반된 사상 체계를 가지고 있었다. 하나는 인식의 기반을 이성적 사유로 본 합리론이었고, 다른 하나는 인식의 기반을 감각적 경험과 귀납으로 본 경험주의였다.

인식의 기반을 이성적 사유로 본 합리론은 대륙의 철학자 데카르트에서 시작되었고, 인식의 기반을 감각적 경험과 귀납으로 본 경험주의는 영국의 철학자 베이컨으로부터 시작되어 로크, 라이프니치, 흄으로 이어져 칸트에게 도달했다.

(1) 칸트의 철학이란 무엇인가?

"내용이 없는 사고는 공허하고 개념이 없는 직관은 맹목적

철학 핸드북 (지성인, 교사, 신학생, 목회자를 위한 가이드)

이다.”

철학사에서 칸트는 합리론과 경험론 둘 다를 받아들여 새로운 인식론을 펼친 철학자로 평가되고 있다. 여기서 그가 말한 사고의 내용은 경험주의자들이 말한 경험에 해당하고, ‘개념’은 합리론 자들이 말한 ‘사유 틀’에 해당한다.

그는 경험과 ‘인식의 틀’ 둘 다가 있어야 지식을 얻을 수 있다고 주장한다. 그렇다면 그가 말한 인식의 틀이란 무엇일까?

그는 인간에게는 선험적으로 갖춰진 고유한 형이상학적 유산이 있는데 그것은 인간이 외부 사물을 지식으로 만드는데 사용하는 일종의 빵 만드는 빵틀과 같은 것이라고 했다. 그는 그것을 ‘인식의 틀’, 그리고 ‘시간과 공간이라는 형식’이라고 하면서 그것(빵틀)으로 인간은 외부 사물을 지식으로 만든다고 했다.

그는 이성 대신 ‘시간과 공간의 형식’ 그리고 외부에서 들어온 사물을 조합할 때 사용하는‘12 범주’라는 말로 대처했다.

이것이 칸트 철학을 이성주의와 경험주의를 종합한 철학이라고 하는 이유다. 칸트의 인식론에 들어가기 전에 먼저 그가 사용하고 있는 주요 용어들에 대해 알아보도록 하겠다.

(2) 칸트 철학에 등장하는 주요 용어들

A. 선험적 명제

선험적 지식이란 경험 없이, 혹은 경험 이전에 우리에게 선천적으로 들어와 있는 지식을 말한다. 앞에서 다룬 바 있듯이 합리론 자들은 그 예로 3+2= 5와 수학적 지식을 들고 있다. 1이라는 숫자나 3+2=5라는 지식은 우리가 경험을 통해 얻어낸 지식이 아니다. 그러나 그것은 경험과 상관없는 참 명제다.

칸트는 그것을 절대적 명제, 참 명제라고 불렀다. '두 점 간의 최단 거리는 직선이다.'라는 명제도 참이다. 왜 이 명제가 참일까? 이 명제가 참이라는 것을 알기 위해 두 점 간의 거리를 측정해 볼 필요가 없어서다.

처음부터(인간에게 발견되기 전부터) 참이었음으로 실험이나 경험이 필요하지 않는 명제라는 것이다. 그는 이런 수학적 명제를 참이라고 했다.

그는 이런 선험적 명제를 통합하여 필연적으로 참 명제라고 이름 했다.

'필연'이란 경험을 초월한다는 뜻이다. 경험을 거치지 않아도 처음부터 참 명제였다는 것이다. 여기에는 한 가지 풀어야 할 숙제가 있다.

바로 로크가 지적한대로 이 선험적 명제 논리를 보편적으로 모든 개체에게 적용할 수가 없는 경우 어떻게 되느냐는 것이다.

로크는 아직 숫자의 개념이 싹트지 않은 어린 아이들과 지능지수가 아주 낮은 사람의 경우를 예로 들었다. 사람의 지능지수가 시대에 따라, 환경에 따라, 진화하고, 달라지고 있는 것도 칸트가 극복할 수 없는 변수로 보았다.

B. 후험적 명제

후험적이라는 말은 경험을 통해 얻어지는 지식(앎)을 말한다.

예를 들어 '창밖에 비가 온다.'라는 명제가 있다고 가정해보자.

이 명제가 참인지 거짓인지 알려면 창문을 열고 밖을 봐야 한다, 직접 확인(경험)을 해야 참인지, 거짓인지 알 수 있다. 이러한 명제를 '후험적 명제'라고 한다. 후험적 명제는 이중성을 가지고 있다. 참일 수도 있고 거짓일 수도 있어서다. 그래서 그는 '창밖에 비가 온다.'와 같은 명제는 '우연히 참인 명제'라고 불렀다.

그는 이런 명제를 다시 '분석적 명제냐' '종합적 명제냐'로도 구분했다. 일단 실험해 봐야 참인지 알 수 있어서다.

C. 분석적 명제

분석적 명제란 주어 속에 술어의 의미가 이미 들어가 있는 명제를 말한다.

'총각은 남자다.'라는 말이 있다. 총각은 문자적으로 해석하면 결혼하지 않은 남자다. 총각이라는 주어 속에 남자라는 의미가 들어가 있다. 이런 명제를 분석적 명제라고 한다.

분석적 명제는 아무런 지식을 담고 있지 않다. 여기서 말한 지식이란 경험이나 실험을 통해 얻어지는 새로운 정보(지식)를 말한다. 왜냐하면, 그냥 주어를 풀어서 술어로 기술한 것이기 때문이다. 마치 2+3=5와 같다.

그렇다면 "남철희는 기자이다."라는 명제는 어떨까? 이런 명제는 분석적 명제가 될 수 없다. 주어인 남철희를 아무리 분석해 봐야 기자라는 지식을 얻을 수 없어서다. 주어 남철희에, 술어 기자가 합쳐져야 남철희가 기자라는 지식을 얻을 수 있다.

이런 명제를 '종합적 명제'라고 한다. 선험과 경험이 합쳐져서 참이 된 경우여서다.

D. 종합 판단

종합 판단은 전통 경험주의 철학과 관련이 있는 개념이다. 경험을 통해 정보를 얻는 경우다. 그러나 앞에서 언급했듯이 이것은 보편적인 진리가 되는 데 한계가 있다. 늘 옳고, 언제, 어디서나, 옳다고는 할 수가 없기 때문이다. 그래서 경험을 통해 얻는 이런 지식은 선험적 판단 즉 분석판단보다는 불안전하다고 봤다. 반대사례가 얼마든지 경험을 통해 나올 수 있어서였다. 그래서 분석판단은 이성주의 철학 전통과 관련이 있고, 종합 판단은 경험주의 철학 전통과 관련이 있다.

E. 선험적 종합판단

일반적으로 칸트는 선험적 종합 판단의 영역을 과학으로 제한했다. 과학적 영역에는 선험적으로 주어진 여러 가지 지식을 경험(실험)을 통해 확인할 수 있기 때문이다. 그래서 칸트는 순수이성은 바로 이 영역 안에서만 정상 작동을 할 수 있다고 했다. 그래서 그는 형이상학도 그 안에만 머물러야 한다고 봤다. 이것이 순수이성의 한계이자 우리가 추구할 수 있는 전부라고 했다.

F. 초월

초월이란 경험을 거치지 않는다는 의미다. 인식의 틀이 선험적으로 주어져 있는데 그 틀의 영양을 받지 않는다는 의미다.

칸트 철학 시작점에서 언급한 '체험신앙'을 생각하면 이해에 도움이 될 수 있다.

G. 코페르니쿠스의 전환

코페르니쿠스가 등장하기 전까지 세계는 천동설을 믿었다. 태양이 지구를 중심으로 돈다는 학설이다. 그러나 코페르니쿠스가 지동설을 내놓고 죽었다. 그리고 지동설이 참이 됐다.

지동설의 충격 효과 때문인지 그때부터 충격적인 발상의 전환을 상징하는 관용어로 '코페르니쿠스적'이 라는 이름이 사용되었다.

(3) 칸트의 인식론

칸트는 우리가 인식한 대상이 지식이 되는 과정을 3단계로 나눠 설명한다. 첫째 '감성 활동', 둘째 '구상 활동', 셋째 '지성 활동'이다. '감성'은 '인식대상'을 받아들이는 '능력'이다. 다시 말해 무엇을 보고, 무엇을 들을 수 있는 능력이다. 그래서 칸트는 우리가 무엇을 인식하는 대상에 '감각 자료' 라는 이름을 붙였다.

감각 자료는 시간과 공간 속에 있는 것들이다. 칸트는 우리에게도 시간과 공간의 형식이 있기 때문에 우리가 인식대상을 받아들일 때 '시간이라는 형식'과 '공간이라는 형식'으로 정리하면서 받아들인다고 했다.

칸트는 '이 시간과 공간의 형식'이 선천적으로 주어져 있다고 했다. 이것이 칸트의 시간과 공간에 대한 이해다.

뉴턴은 시간과 공간을 절대적으로 봤다. 아마도 칸트가 이런 뉴턴의 시공간 개념을 기초로 인식의 "틀"을 짰을 것이다. 그러나 뉴턴 후 아인슈타인은 그때까지 지배해오던 시공간 개념을 뒤집었다. 시간과 공간을 상대적으로 본 것이다. 그리고 시공간 개념에 대한 아인스타인의 이런 입장이 현대물리학의 입장이 되었다.

"중력이 강한 데서는 공간은 휘어지고 시간은 천천히 흐른다."

이것이 아인슈타인이 발견한 상대성 이론이다. 아인스타인은 우주에는 시간도 빠져나가기 힘들만큼 중력이 강한 블랙홀이 존재한다고 믿었다. 실제로 몇 년 전 그것에 대한 발견이 발표된 적도 있다.

고대 그리스에도 시간에 대한 두 가지 관념이 있었다. 흐로노스(Chrons)와 크로노스(Kronos)의 시간에 대한 관념, 즉 절대적인 것과 상대적인 시간에 대한 두 관념이다. 어떤 사람에게는 1초가 1시간처럼 길게 느껴지는 경우가 있고, 어떤 사람에게는 하루가 1분처럼 느껴질 때가 있다. 고통당하는 사람에게는 아무리 짧은 시간도 길게 느껴지고, 행복한 시간에는 아무리 긴 시간도 짧게 느껴진다. 시간은 결코 절대적이지 않다는 얘기다.

칸트 철학의 가장 기본적인 '시공간의 개념'을 과학이 허물어 버린 것이었다. 그런데도 아직껏 많은 칸트의 옹호자들이 일편단심 칸트 철학을 품고 있는 이유는 무엇일까?

어쩌면 칸트의 철학에서 너무나 많은 줄기 철학이 파생됐다는 것이 그 이유일 수도 있다. 어쩌면 그럴 수도 있다. 그의 철학의 줄기에서 마르크스의 유물론, 공산주의가 발생했고, 니체의 무신론이 발생했다.

칸트는 이렇게 인식의 방향을 뒤집었다. 참이란 무엇인가?

참이란 대상이 나의 '인식의 형식(선험적으로 주어져 있는 인식의 틀)'에 일치하면 참이고, 대상이 나의 인식의 형식과 일치하지 않으면 거짓이라는 것이다. 칸트가 말한 구상력도 동시적으로 여러 가지 감각 자료를 모으는 능력이다. 개인이 본 감각 자료를 기억하였다가 순차적으로 떠 올리는 능력이다.

우리는 이 구상력이 있기 때문에 우리가 인식한 어떤 것(사과)을 빨갛고 동그랗고 단단하고 매끄럽다는 것을 동시에 알 수가 있다는 것이다. 이것을 고대 스토아 철학에서는 '신호 개념'으로 처리했다.

내면의 대화를 말한다. 나와 나의 대화다. '이렇게 했으니 저것이다. 저렇게 했으니 이것이다.' 스토아철학에서는 바로 이런 신호 개념 때문에 내면의 대화가 가능하다고 했다.

그 신호 개념은 경험에 의해 만들어지기도 하고 선천적으로 주어지기도 한다고 했다. 칸트처럼 strict한 경계를 설치해 놓지 아니하였다.

그는 지성의 역할은 외부에서 들어온 감각 자료가 시간과 공간의 형식으로 정리가 되면 그 정리된 지식을 종합하여 개념을 만들어내는 일을 한다고 했다. 이것이 그가 말한 지식을 만드는 마지막 단계다

다시 정리하여 설명하면 첫째, 감성에 의해서 감각 자료가 시

간과 공간의 형식으로 들어오면 둘째, 감각 자료는 구상력에 의해서 종합이 된다. 그러면 어떤 이미지를 얻는다. 예를 들어 빨간 사과면 빨간 사과, 노란 배면 노한 배, 이런 이미지를 얻는다. 그러면 이 빨간색 사물로부터, 혹은 노란 사물로부터 그 배경에 있는 색깔들을 분리한다. 그리고 지성은 여기에다 사과에 '빨갛다', 배에는 '노랗다.' 라는 개념을 붙인다.

그렇다면 이 과정에서 지성은 어떤 방법으로 필요한 판단을 진행할까? 거기에는 일정한 규칙이 있다.

그 규칙을 '12 범주'라고 한다. 지성(오성)의 선험적 12 범주는 다음과 같다.

1. 양	2. 성질	3. 관계	4. 양상
전체성	실제성	실제성	기능성
다수성	부정성	인과성	현존성
단일성	제한성	상호성	필연성

우리에게 인식되어 들어온 모든 사물을 위의 12범주를 가지고 이것이 무엇인지를 판단한다. 즉 '지식의 형식'인 12범주를 통해 스캔을 시작하고 그 스캔작업이 끝나면 개념을 붙여 지식으로 쌓아놓는다는 것이다.

그래서 감성이 없이는 어떤 대상도 우리에게 주어질 수 없고, 구성이 없이는 어떤 대상도 구성될 수 없고, 지성 없이는 어떤 대상도 사유될 수 없다는 것이다. 그래서 칸트는 "내용 없는 사고는 공허하며 개념 없는 직관은 맹목적이다"라고 했다. 앞에서도 언급했듯이 내용은 경험이며 개념은 인식의 틀이다. 이것이 칸트의 인식론 요약이다. 이제 이런 칸트 철학의 허와 실이 무엇인지 탐구해보도록 하겠다.

(4) 이성은 칸트에게 비판받아야 할 만큼 유약한가?

고대부터 전승된 철학에서는 이성을 '정신', '보편', '이데아', '일자', '로고스', '본질', '실재' 등의 개념으로 말해왔다.

칸트 철학의 주제는 이성이다. 이성이 그의 철학의 전부다. 칸트는 이성이 상상력을 일으킨다고 말한다. 상상력이란 생각하는 능력이다. 그의 논리를 적용하면 상상하는 이성, 생각하는 이성을 비판한다는 것이다.

'순수이성비판'이란 책 이름이 말해주듯이 그는 자신의 이성으로 자신의 순수 이성을 비판한다. 그런데 왜 순수이성은 그에게 비판을 받아야만 할까?

칸트는 이성이 할 수 있는 것과 할 수 없는 것, 알 수 있는 것과 알 수 없는 것을 확연하게 구별 지었다. 이성의 능력, 즉 이성의 한계를 규정 지었다. 그러나 왜 그가 그렇게 이성을 그렇게 규정 지었는지에 대한 설명이 없다. 그러면서도 마치 그가 이성의 주인 혹은 이성을 창조하거나 인간에게 이성을 넣어준 것처럼 너무나 자세하게 이성의 '능력-미터'를 설정했다. '너는 이것은 할 수 있어. 그러나 저것은 할 수 없어.'

오늘날 존재하는 모든 학문은 철학적 물음으로부터 출발했다. 사실, 칸트가 칸트의 순수이성비판이란 이름으로 책을 쓴 것도 바로 조상들의 이런 탐구에서 얻어낸 지식을 바탕 했을 것이다.

만일 플라톤의 이성의 산물인 이데아 개념이 없었다면 과연 칸트가 그의 철학에서 선험적으로 주어졌다는 '인식의 틀'을 창안해 낼 수 있었을까?

시공간의 개념을 창안해냈을까? 그리고 전통철학에서 이성의 업적으로 전승된 이데아, 로고스, 일자, 실재, 본질, 이런 개념이 없었다면 그가 '물자체'라는 개념을 창안해 낼 수 있었을까?

그런데 칸트는 '인간의 이성은 이런 문제에 대해 대답할 수 없다. 알려고 해도 안 된다.'며 조상들이 이성을 통해 이루어냈던 값비싼 지적 유산을 누리면서도 그것을 부인해 버렸다.

그의 주장이 얼마나 우매한 것인지는 다음의 예를 통해서도 알 수 있다.

눈은 보는 것을, 코는 냄새를, 입은 맛을, 귀는 소리를, 피부는 차고 더운 것을 감지한다. 그러나 인간에게는 또 다른 감각 기관이 있다. 아직 개념화 내지 않은 기관이다. 흔히 급박한 위기에 처했을 때 위기를 감지하거나 느끼는 기관이다. 사람들은 그것을 위기 본능이라고 한다.

그것을 초자연적인 본능, 혹은 초자연적으로 들어오는 느낌이라고도 말할 수 있다, 이 본능을 초자연적이라고 하는 것은 이성 밖에서 불어오는 기적 같은 신호들을 이성적으로가 아니라 본능적으로 느끼기 때문이어서 일 것이다. 그것은 논리적 사고가 적용이 안 되고, 따라서 이성적으로도 설명을 붙일 수 없다. 그런 초자연적인 경험은 누구나 한 번쯤은 해 봤을 것이다.

칸트는 '순수이성비판'을 통해 인간의 이성의 능력, 혹은 힘을 제한한다. 그는 여기서 이성은 방금 언급했듯이 '감성', '지성', '협의의 이성'을 포괄하는 광의의 이성으로서 인식능력 전체를 뜻한다고 한다. 그러나 그것으로는 이성을 설명하기엔 턱없이 부실하다. 이성은 그 이상이기 때문이다.

이 세상은 광활하다. 그 광활한 세상에 역시 광활한 이론과 법칙들이 깔려있다. 사람이 세상을 다 경험할 수 없는 것처럼 인간은 모든 법칙을 다 알 수가 없다. 내가 모른다고 없는 것이 아니며, 내가 안다고 다 안 것이 아니다. 고대의 철학자 퓌논의 말처럼 '내가 주장하는 이것이 참이라는 것을 어떻게 알 수 있는가?' 묻고 또 물어야 한다는 의미다.

앞에서 이미 검토했듯이 거울에 무엇이 비쳤다고 했을 때, 그것은 거울에 비친 대상물일 뿐이다. 그것이 무엇인지에 대한 이해는 지성 작용이 있어야 가능해진다. 이것이 칸트의 논리다. 나는 무엇을 알 수 있는가? 나는 무엇을 행해야 하는가? 나는 무엇을 바래야 하는가? 라는 이 세 가지의 질문은 한 가지 물음, 곧 인간이란 무엇인가? 로 집약된다.

순수이성비판은 이 중 첫 번째 물음을 다루며 그 효과에 기반을 두고 실천이성비판, 판단력 비판이 쓰여졌다고 한다.

간접적인 표현 방식으로 칸트의 주장은 인간은 만물의 영장이 아니며 신 안에서 무엇이든지 할 수 있다는 말도 참이 아니라는 암시다. 인간의 이성으로는 신이 있는지 없는지, 심지어 우주가 무한한지 유한한지, 영혼이 있는지 없는지, 그런 것을 알 수 없다고 했다.

그런 것들에 대한 '사유 틀'이 인간에게는 선험적으로 주어지지 않았다는 것이 이유다. 그런 것들은 시 공간 속에 존재하지 않는 것들이 아니라는 것도 이유다. 그래서 인간의 이성이 이런 문제에 대해 대답하려고 하는 그 자체가 월권이라는 것이었다.

그는 그 예로 3가지를 들고 있다. 그는 '신', '영혼', '세계자체'를 '물자체(the thing-in-itself)' 라고 이름 했다. 전통적인 철학에서는 그것을 아르케, 일자, 최초의 근원, 시작과 끝, 로고스, 이데아, 보편, 그리고 종교에서는 신으로 표현한다.

칸트는 우리에게는 이러한 것을 인식할 인식의 틀이 없다는 것이다. 선험적으로 주어지지 않았다는 것이 그 이유다. 그리하여 이것들은 인간의 인식의 원리에 기초한 인식의 틀을 통해 알 수 있는 현상 밖에 있는, 그 너머에 있는 것들이라는 주장이다. 그는 인간의 종교적 본성과 종교적 욕구, 모두를 부인한 것이다. 중력이 없이는 만물은 그 어디로도 움직이지 않는다는 가장 기본적인 자연의 법칙을 간과한 것이다.

그렇다면 지금까지 수많은 철학자들이 그 인식 너머의 존재를 알아내고, 개념화시켰던 문제는 어떻게 설명해야 할까?

그가 믿든, 믿지 않든, 있는 것은 있는 것이다. 그보다 훨씬 이전의 현자들이 그가 비하시킨 신, 즉 '물자체'라는 존재를 알았고, 만났고, 비록 그것들이 완전한 것은 아니었으나 그것들을 개념화시켜 후대로 전승시켰다.

그렇다면 그는 왜 신이나, 영혼, 그리고 세계자체에 대한 인식의 틀이 우리에게 주어지지 않았다고 생각했던 것일까?

그것은 고대부터 많은 형이상학자들이 그런 문제를 추구해

왔으나 그에 대한 확실한 대답이 나오지 않았다는 것이 이유다.

칸트는 이성이 다른 dimension과 연결될 수 있는 채널을 가졌다는 사실을 간과했다. 그래서 그의 철학을 아주 쉽게 Wi-Fi를 끊긴 철학이라는 말로도 대신할 수 있다.

Wi-Fi가 끊겼으니 정신의 세계, 영혼의 세계, 신의 세계, 이데아의 세계, 일자의 세계를 알 수 없는 것은 당연한 일이다. 그 세계는 현상 세계와 하나이면서도 다르고 다르면서도 연관이 있는 세계이기 때문이다.

플라톤은 인간의 영혼은 3개의 영역이 있다고 말한다. 머리로 대표되는 이성과 지성의 영역, 심장으로 대표되는 의지와 도덕의 영역, 그리고 위장으로 대표되는 욕구와 욕망의 영역이다.

플라톤은 인간의 이성과 지성과 욕망을 삼의1체라고 말하면서 이런 3개의 영역에서 인간의 정신 활동의 결과물인 종교, 학문, 문화, 예술이 산출된다고 했다. 즉 학문은 이성과 지성의 결과물이고, 종교는 도덕과 의지의 결과물이며, 예술은 욕구와 욕망의 결과물이라는 것이다.

그는 이런 인간 정신 활동의 결과물을 진, 선, 미로 표현하기도 했다. 그리고 또 '진'의 영역에서는 참인가, 거짓인가를 판단하고, '선'의 영역에서는 선이냐, 악이냐를 판단하고, '미'의 영역에서는 나쁘냐, 좋으냐를 판단한다고 했다.

칸트의 대표적인 책들도 바로 이렇게 분류된다는 분들도 있다. 진의 영역을 다루는 책이 순수이성비판이고, 선의 영역을 다루는 책이 실천이성비판이고, 미의 영역을 다루는 책이 판단력 비판이라는 것이다. 그의 논리가 그 책 자체에 의해 모순성을 폭로한 셈이다.

시계를 만든 시계공이 시계를 만든 목적은 정확한 시간을 나타내기 위해서였을 것이다. 그러므로 시계의 존재 목적은 정확한 시간을 나타내는 것이라 할 수 있다. 만일 시계가 정확한 시간을 나타내지 못한다면, 즉 늦거나 빠르다면 그 시계는 존재 목적에서 벗어난 시계가 될 것이고, 따라서 그 시계는 좋은 시계라고 할 수 없을 것이다.

그 시계에 금이나 옥이나 다이아몬드가 박혀 있느냐 없느냐는 그다음의 문제이다. 일단 시계의 존재 목적은 정확한 시간이다. 시간이 정확하지 않다면 그 몸통이 그 어떤 화려한 것으로 호화롭게 꾸며졌다고 해도 그 시계는 존재 목적에서 벗어난 시계다. 시계로서 가치가 없다는 의미다. 인간도 마찬가지이다.

생을 화려한 황금과 루비와 영광과 보석으로 장식을 했다고 해도 인간의 괘도(존재목적)를 벗어났다면 그 인간은 좋은 인간이라 할 수 없다. 물론 존재 목적도 보편적인 것이 있고 개체 적인 것이 있다. 그러나 보편적이든 개체적이든 모든 존재들의 존재 목적은 좋은 것이다.

그렇다면 만일 어떤 존재가 그 존재 목적에서 멀리 떨어졌을 때는 어떻게 될까? 존재가 그 존재 목적에서 벗어나면 자신에게도 타 에게도 해를 끼치게 된다.

예를 들어 과수원에 심어진 무화과나무가 열매를 맺지 않는다면 그 무화과나무는 이미 존재 목적에서 벗어난 것이 된다. 그리고 그것은 무가치한 것을 넘어 주인에게도, 자신에게도, 타에게도 해를 끼치는 존재다. 땅만 차지하고 다른 나무들이 섭취

철학 핸드북 (지성인, 교사, 신학생, 목회자를 위한 가이드)

할 영양분만 축내는 존재이기 때문이다.

이것을 사람에게 적용하면 '자신에게도 해를 입히지 않고, 남에게 해를 입히지 않는 것이 좋은 것이다.' 이것이 모든 존재에 주어진 보편적 존재 목적이다.

칸트가 이런 고대의 철학적 잠언들 밖에서, 그리고 이런 값비싼 전승을 무시한 채, 아니면 이런 잠언들에 대해 무지해서, 그런 책들을 썼는지는 모른다.

존재론적으로 그의 책들에서 보편적 존재 목적을 찾기 어렵다는 의미다. 칸트가 순수이성비판에서 말하는 방식과 실천이성비판에서 말하는 방식도 다르다. 그리고 그에 따른 결과도 다르다. 순수이성비판과 실천이성비판 사이에 일관성이 없기 때문에 칸트는 그 간격을 메꾸기 위해서 판단력 비판을 썼다는 학자도 있다. 미학이 그 간격을 메꿀 수 있다고 생각했던 것 같다.

그래서 이미 허물어져 버린 칸트의 철학을 온전히 이해하기 위해서는 값비싼 시간을 축내고서라도 순수이성비판, 실천이성비판, 판단력 비판을 모두 읽어야 한다고 식으로 말하는 사람들도 있다.

시작이 잘못되면 과정이 잘못되고, 과정이 잘못되면 결과도 잘못된다. 이것은 법칙이고 진리다.

우리는 여기서 피타고라스의 이야기를 잠깐 알아볼 필요가 있다. 피타고라스가 이집트를 여행하던 중 어느 웅장한 사원에서 잠시 쉬고 있었다. 무심코 바닥에 깔려 있는 대리석에 새겨진 아름다운 무늬를 보다가 직각삼각형의 세 변을 각각 한 변으로 하는 정사각형을 주목 하게 되었는데, 여기서 작은 두 정사각형의 넓이의 합이 나머지 한 개의 큰 정사각형의 넓이와 똑같다는 것을 발견하게 되었다. 피타고라스는 직각삼각형의 세 변의 길이 사이에 특별한 관계가 있다는 사실을 발견한 것이다.

그는 이 정리를 발견했을 때 너무 기쁜 나머지 "이것은 나 혼자만의 힘으로 된 것이 아니고, 오로지 신의 도움으로 가능했다"라며 황소 100마리를 잡아 신에게 공물로 바쳤다고 전해진다.

그 당시에는 그의 행동을 너무 종교적 혹은 너무 미신적이라고 해석하였을 수도 있다.

그러나 대략 2600여 년이 흐른 지금 아무도, 그 어떤 과학도, 그리고 그 어떤 현자도, 그 어떤 AI도, 피타고라스의 발견이 인류사에 해를 끼쳤다고 말할 수 없을 것이다. 그리고 틀린 것이라고도 말할 수 없을 것이다. 그것을 신으로부터 받은 계시라고 하든, 아니하든, 그가 신의 도움으로 알게 됐다는 수학은 진리고, 또 그것이 선하고 아주 좋은 진리임이 모든 분야에서 증명되고 있다.

그를 수학자라 하든, 철학자라 하든, 사이비 종교 교주라 하든, 선지자라 하든, 아니면 예언자라 하든 그가 신으로부터 받은 계시, 혹은 발견은 진리고, 그 계시는 이루어졌고, 그리고 지금도 이루어지고 있다. 그리고 온 인류사에 풍성한 도움을 주었고, 지금도 주고 있고, 앞으로도 줄 것이다.

실제, 그에게 이런 지식을 계시해준 신이 참 신이든 아니든, 그 신이 그리스의 제우스든, 유대교의 여호와든, 영지주의의 모

철학 핸드북 (지성인, 교사, 신학생, 목회자를 위한 가이드)

나드건, 기독교의 하나님 아버지든 상관이 없다. 그가 신으로부터 받았다는 계시가 모든 인류사에 엄청난 득을 이미 주었고, 지금도 주고 있고, 앞으로도 줄 것이라는 점이다. 존재론적으로 그의 계시는 좋은 것이고 선이었다. 그리고 모든 열매는 시 공간 너머에 있는 정체성의 구현이다.

이런 일은 비단 피타고라스에 국한 되지 아니한다. 우리가 잘 아는 베토벤은 청각이 막혔을 때 하늘로부터 소리를 들었고, 그 소리를 옮겨 놓은 것이 천지 창조다. 오감이 작동하지 않을 때 그리하여 감성적으로 아무것도 인식할 수 없을 때도 하늘의 소리는 인간의 오감의 작용과 상관없이 인간에게 들어올 수 있었다는 것이다.

그렇다면 이렇듯 초자연적으로 주어지는 하늘의 계시 혹은 초자연적으로 발견하는 자연의 법칙, 이것을 영접하는 우리의 내적 기관은 어디인가? 바로 순수이성이다. 피타고라스에게 내려온 직삼각형의 계시(영감)를 진심으로 영접한 것은 순수 이성이었다.

하늘의 귀가 막힌 베토벤에게 찾아온 천상의 소리를 영접한 것도 순수이성이었다.

이것이 인간 순수이성의 능력이다. 만일 피타고라스가 신의 능력으로 이런 수학적 계시를 받았다면 인간의 순수이성은 신의 계시를 받을 수 있을 만큼 보배로운 능력을 지녔다는 증거다.

혹은 피타고라스의 순수이성은 아직 발견되지 아니한, 그리하여 신의 세계에나 있을 법한 보배로운 수학적 진리를 신의 세계에서 알아 왔다면, 그의 순수이성은 신의 영역에 있는 지식까지 가져올 만큼 능력이 있다는 증거다. 칸트가 '물자체'로 쓸어 담아 버려버린 신성(Divine Nature)이 바로 순수이성 안에 있다는 증거다.

인간은 사유의 12 범주와 사유의 틀에서만 존재를 이해할 만큼 한계적이고 하찮은 존재가 아니라는 사실을 피타고라스가 말해준다. 물론 그가 만들어낸 12 범주도 아이들의 레고 게임 같은 것이지만 말이다. 결론은 인간은 칸트가 생각한 것보다 훨씬 더 위대하고 신비로운 잠재적 능력을 지닌 영적 존재라는 것이다.

(5) 칸트의 이원론

플라톤은 세계를 이데아의 세계와 현실의 세계로 쪼갰다 이데아의 세계는 진짜 세계이고 현실의 세계는 상징적으로 가짜 세계(그림자)라고 했다. 이것이 플라톤의 이원론이다. 칸트는 플라톤의 이원론을 약간 변형시켜 세계를 물자체와 현상세계로 쪼갰다.

플라톤은 물자체의 세계가 진짜고 현상 세계는 그림자의 세계라고 이야기했다. 그러나 칸트는 인간은 '물자체'를 알 수 없을뿐더러 이성은 현상계를 벗어날 수 없기 때문에 현상계가 가짜인지 진짜인지 알 수 없고, 따라서 그것이 가짜라고 말할 수 없다고 했다. 인간에게 있어서 현상계야 말로 실재하는 세계이므로 진짜 세계라고 했다. 그러나 칸트는 플라톤이 말한 '가짜

철학 핸드북 (지성인, 교사, 신학생, 목회자를 위한 가이드)

의 세계'라는 철학적 개념을 이해하지 못했고, 그것을 문자적으로 해석함으로써 그런 오류가 발생했을 것으로 보인다.

쇼펜하우어는 칸트가 말한 현상, 즉 표상을 본질의 구현으로 봤다. 겉으로 드러난 현상을 인식하면서 그 현상을 통해 본질을 파악할 수 있다는 것이다. 그것도 헤겔과 같은 사변적 인식이 아니라 아주 직관적인 경험을 통해서 본질(물자체)이 무엇인지를 이해할 수 있다고 본것이다.

그러면서도 쇼펜하우어는 세계를 물자체 세계와 현상계로 나눈 칸트의 이원론 자체에는 손을 대지 아니하였고 그것에 대해서는 칸트를 그대로 받아들인다. 그러나 칸트가 플라톤의 이데아의 세계를 물자체의 세계로 대체했던 것처럼 쇼펜하우어는 칸트가 말한 물자체를 의지로 재해석하고 현상계를 표상으로 재해석한다.

훗날 니체는 쇼펜하우어의 의지를 그대로 받아들이고 프로이드는 쇼펜하우어의 의지를 욕망으로 대체한다. 그리고 이들의 철학은 푸군, - 들뢰조,- 데리다, 등 포스트 모더니즘으로 이어진다. 이것이 철학사의 평가다.

헤겔, 쇼펜하우어, 등 칸트의 이원론을 비판적으로 계승한 철학자들이 또 있다. 피터다. 피터는 칸트의 철학에 큰 오류(문제)가 있다고 봤다. 왜 세계를 물자체와 현상계로 나누어 버렸느냐는 것이다. 그래서 피터는 이 전체를 다시 "자아" 속에 집어 넣어버리는 주관적 관념론을 제시한다. 즉 자아(이성) 속엔 물자체와 형상(영혼) 둘 다가 들어있다고 한 것이다. 이는 아리스토텔레스 사상과 비슷하다.

철학 핸드북 (지성인, 교사, 신학생, 목회자를 위한 가이드)

그러나 여기에서 또 셸링이라는 사람이 나타난다. 그의 생각으로 피터의 생각은 억지 같았던 것 같다. 그는 왜 절대자와 현상을 자아 속에 몽땅 집어 넣어버렸느냐는 것이었다. 그래서 피터가 다시 이걸 뒤집어버린다. 그는 다시 이 물자체와 현상 전체를 "자연의 전체 속"에 넣어버린다. 그것을 셸링의 "객관적 관념론"이라고 한다.

헤겔도 피트나 셸링과 마찬가지로 칸트가 물자체와 현상계를 나누어 버리는 것이 마음에 들지는 않았다. 그렇다고 해서 피터와 셸링의 해법에 만족한 것도 아니었다, 그래서 헤겔은 피터의 변증법과 셸링의 절대자 개념을 받아들여 자신의 절대적 관념론을 완성시켰다.

말하자면 칸트가 세계를 물자체와 현상 세계로 나눈 문제를 해결하기 위해서 피터가 주관적 관념론을 내놓고, 이에 대한 반발로 셸링이 객관적 관념론을 내놓고, 헤겔은 피터로부터 변증법을, 셸링으로부터 절대정신을 받아들여 절대적 관념론을 완성시킨 것이다.

이때 철학의 이단아로 불리는 막스(마르크스)가 나타나 다시 헤겔을 뒤집어버린다. 절대자나 물자체 같은 것은 아예 없다는 것이다. 그런 것은 존재하지 않고 모든 것이 다 물질이라는 것이었다. 이것의 막스의 유물론이다. 그리고 그는 여기서 공산주의를 창도해 낸다. 아마도 고대 그리스 자연 철학자 데모크리토스의 영향이 컸을 것으로 짐작된다.

10) 헤겔(1770 -1831)

헤겔은 1788년 목사가 되기 위해 튀빙겐 신학교에 입학하였다. 그러나 그는 2년간 철학과 고전을 배우고 1790년 졸업했을 뿐 목사가 되지는 못했다.

그는 프랑스 혁명의 영향을 받았고 철학자의 길을 가기 위해 선배 철학자들처럼 가정교사를 했으며, 박봉에 시달려 문교부 장관인 괴테에게 보조금을 신청하기도 했다.

하숙집 부인과 불륜에 빠져 아들을 하나 두었고, 그 때문에 그렇게 염원하던 철학 교수직이 박탈된 때도 있었다. 쇼펜하우어와 슐라이어마허와는 개와 고양이 같은 견원지간이었다.

그는 모든 세계는 끊임없이 변화, 발전하는데, 이는 정-반-합의 변증법적 전개로 설명할 수 있다고 주장했다. 이것이 그 유명한 헤겔의 변증법이다.

그의 주요한 친구는 동년배로 범신론적 시인 횔덜린과 5세 아래인 자연 철학자 셸링이었다. 그는 하이텔베르크대학교의 교수가 되어 그의 철학체계인 '철학 강요'를 저술했다.

이후 베를린대학교로 옮겼고, 미학, 종교철학, 역사철학을 연구했다. 헤겔은 '사랑'을 대립물(conflicting matter)의 통일체, 즉 무한자(신)와 유한자(인간)의 모순을 포괄하고 종합하는 통일체고, 정신의 원형으로 보았다. 이런 그의 사상을 가장 잘 표현한 사람이 톨스토이다. 톨스토이 그의 단편 '사람은 무엇으로 사는가?'를 통해 사랑의 본질을 풀어냈다.

(1) 헤겔의 역사철학

역사란 무엇인가? 역사란 어떻게 이루어지는가? 역사의 본질은 무엇인가? 역사의 근저에는 무엇인 있는가?

헤겔은 세계의 역사를 사람의 성장 과정으로 비유했다. 유아기, 청년기, 장년기, 그리고 노년기다. 그는 다시 유아기를 동양에 비유했고, 성년기를 그리스, 청년기를 로마, 노년기를 게르만 사회에 비유했다.

역사란 현상이다. 모든 현상은 본질을 가지고 있다. 역사의 본질이란 역사를 이루고 있는 역사의 배후다. 따라서 헤겔은 역사 자체 보다는 역사의 배후, 그러니까 역사적 사건들을 주도해 나간 역사의 본질을 탐구 대상으로 삼았고 그는 그것을 섭리라 부르기도 했다.

그는 역사에 드러나 사건들 속에서 신의 섭리를 탐구해 나갔다. 헤겔은 현실 세계에 드러난 모든 역사적 현상은 본질의 구현이라는 점을 전제로 현상이 없이는 본질을 찾을 수 없고, 본질이 없으면 법칙을 찾을 수 없다는 주장을 펼쳤다. 현상 세계에 나타난 사건을 통해 본질을 추구하는 것은 현상학이다.

현상학은 현상으로부터 법칙을 추론하고, 이런 추론과 검증의 순환적 과정, 그 과정을 통해서 본질과 현상이 더 이상 불일치하지 않는 단계까지 인식을 고양시켜 나아가고, 그것을 헤겔은 현상학이라고 했다. 그러면서 그는 그것을 '자기 대화의 과정'이라는 의미에서 변증법이라고 했고, 그런 변증법적 철학을 총칭해서 '사변철학'이라고도 했다.

철학 핸드북 (지성인, 교사, 신학생, 목회자를 위한 가이드)

헤겔이 역사를 인간의 생과 비교하며, 인간은 처음부터 자유로운 존재였다는 것을 전혀 알지 못하고 누군가가 만들어놓은 법 아래서 맹아적으로 무지하게 살아가는 시대를 시작으로, 청년기를 거치면서 자아를 찾고, 성년기를 거치면서 보편과 대립하고, 노년기에 이르러서야 비로소 안정을 찾는 인간의 여정으로 비유한 것이다.

그는 그가 비유한 인간의 유년기를 다시 동양의 세계로 비유하고, 그것을 세계사적 유년기라고 주석했다.

개별과 보편이 구별되지 아니한 맹아적 단계, 그는 이 시대를 개인이라는 '개념' 자체가 확립되지 아니한 시대로 봤다, 따라서 모든 개체들이 자신들이 개별자라는 것을 잊고 전체를 위해 집단적으로 살아가던 시대, 개인이 공동체에 흡수되어버린 시대로 봤다.

모두가 공동체의 지배 아래서 공동체의 노예로 살았다는 의미다. 헤겔은 이런 노예 상태를 부자유의 상태로 표현했다.

사람이 자신이 자유 하다는 것을 모른다면 구속이나 억압도 부자유하다고 느끼지를 못한다. 그것이 아주 당연한 것으로 받아들인다. 인간의 유아기가 바로 그렇다는 것이다.

이때는 오직 전제군주만 법을 만들 수 있고, 따라서 전제군주만 자유 할 수 있다. 그러나 청년기의 단계는 점점 그 맹아적 단계에서 벗어나는 단계다, 자유의식이 깨어난다는 의미다. 그래서 헤겔은 이것을 그리스-단계라고 했다. 이 시기는 개별과 보편이 구별되기 시작한 시기다. 개별의 의식이 깨어나니 당연히 집단과 나눠질 수밖에 없다. 그러나 개별의 의식이 깨어난

철학 핸드북 (지성인, 교사, 신학생, 목회자를 위한 가이드)

다고 해서 보편과 적이 된다는 의미는 아니다. 상호협력 관계로 접어든다는 의미다. 이것을 헤겔은 '아름다운 인륜적 개체성'이라고 말한다.

그는 개별과 보편이 분리되어 있지만, 개체의 이익과 보편의 이익을 위해 상호 협력하는 것을 '아름다운 화해로 본 것이었다. 공동체의 이익을 위해 자신의 이익을 포기하고 공동체를 위해 기꺼이 헌신을 바치던 시대라 할 수 있다.

그 다음은 로마 세계로 비유한 성년기다. 로마 세계는 소수만 자유로운 세계였다. 그 시대를 지배하던 정치체제는 귀족정이었고, 그것이 타락하여 과두정이 되었다. 소수만의 자유를 위해 다수의 자유가 억압받고 강탈당하던 시대였다. 개별과 보편이 대립하고, 어쩔 수 없이 서로 분열하는 단계다.

개별정신이 공동체 정신에서 이탈해 버린 시대라는 의미다. 그것을 헤겔은 '객관-세계'라고 불렀다. 보편은 개별을 필요로 하고 개별은 보편으로부터 멀어지려고 하는 세계, 그리하여 서로 끊임없이 대립하는 세계, 헤겔은 그 세계를 성년기로 비유했다.

다음은 노년기에 해당하는 게르만의 세계다. 이때는 입헌 공화제가 그 사회를 대변했다. 모든 사람이 법을 만들 수 있고, 모든 사람들이 그 법 아래서 자유를 느끼는 사회, 이는 만민이 자유로워졌다는 의미다. 개별과 보편이 분열의 단계를 거쳐 다시 통일을 이루는 단계다.

이 통일은 청년기를 상징하는 그리스 시대의 통일과는 다르다. 자각적, 성찰적, 의식의 통일을 이루는 단계이기 때문이다.

정신이 스스로 내면의 진리와 구체적인 본질을 받아들임과 동시에 세계 속에서 평안히 둥지를 틀고 있는 시대, 헤겔은 이것을 자유정신이 완성되는 단계라고 말한다.

그는 인간 의식의 통일을 이룬 분을 그리스도로 봤다. 기독교는 모든 인간이 신의 자녀이기 때문에 그 누구도 다른 누구를 차별할 수 없다는 평등과 자유 이념이 바탕이었기 때문이었을 것이다.

그렇다면 역사를 진동시키고, 진보해 나가는 과정은 어떻게 이루어질까? 그것을 설명함에 있어서 헤겔은 '역사적 개인'이라는 개념을 통해 설명했다. 철학은 정신을 지탱하는 법의 토대 같은 것들을 '제1의 보편자'라고 부른다. 우리는 그런 보편적 의지 아래서 한 민족을 지탱해주는 법률이라든가, 전통이라든가, 관습이라든가, 그것들이 서로 섞이는 그런 토대 위에서 살아간다. 그러나 자유를 위한다는 그런 법률도 시대가 변하면 사람들을 억압하는 도구로 변질된다. 한마디로 진리는 영원불변하게 존재하는 것이 아니라 시대에 따라 제 구성된다고 보았다.

헤겔은 그것이 역사라고 정의했다. 그러나 역사의 진보 과정에서 제1의 보편자(역사적 영웅)가 자신의 생명을 다하고, 역사의 진보 과정에서 더 이상 새로운 역사적 정당성을 보유하지 못했을 때, 제2의 보편자가 등장하여 모두가 염원하지만, 아무도 들고 나오지 못한 새로운 이념으로 시대를 이끌었을 때 그 사람이 '세계사적 개인'이 된다고 말한다.

헤겔은 그를 세계사적 영웅이라고 했다. 그러나 누가 새로운 가치를 들고 나왔다고 해서 그가 세계사적 영웅이 되는 것은 아

철학 핸드북 (지성인, 교사, 신학생, 목회자를 위한 가이드)

니다. 그가 들고 온 이념이 새롭고, 보편적이고, 동시적이고, 공시적인 파급력이 있어야 하고, 역사와 사회에서 보편성을 인정받아야 하고, 다음 세대에 변화를 이끌어 낼 수 있어야 세계사적 개인이 될 수 있다고 했다.

그는 그중 한분이 예수님이라고 했다. 예수 그리스도에 대해 종교적인 관점이 아닌 역사적 관점에서 조명한 것이었다.

그래서 헤겔은 세계사 속에서 발견한 신의 섭리를 '자유'라고 말한다. '자연 세계의 본질이 중력'이라면 인간 세계의 본질은 '자유'라고 말한다. 자연 세계의 모든 운동은 중력 안에서 일어나고 인간 세계의 모든 운동은 자유를 향해 진보했다고 봤다. 그래서 헤겔은 '역사의 의식을 자유세계의 진보' 혹은 '자유 이념의 발전 과정' 이라고 특징한다.

그러나 헤겔은 도덕적 딜레마(moral delema) 때문에 인간은 선하게 살 수 없다고 주장한다. 아무리 선에 대한 의지가 강해도 선과 선이 충돌할 때는 필연적으로 한쪽은 악이 될 수밖에 없다고 했다.

이것이 인간의 유한성이고, 그래서 인간은 죄인이라고 하고 죄인일 수밖에 없다고 한다. 다시 말하면 선과 선이 충돌할 때 어쩔 수 없이 하나의 선을 선택하기 위해 다른 선을 버려야 하는데 이것이 악이라는 것이다. 그래서 그는 정의란 존재하지 않는다고 하였다. 그래서 정의의 이데아란 초월적으로 존재하는 것이 아니라 토론과 합의를 통해 그 시대, 그 상황에 맞게 정해져야 한다고 주장했다. 이것을 헤겔의 '정의 합의설'이라고 한다.

(2) 헤겔의 현상학

헤겔은 "미네르바의 올빼미는 황혼이 깃든 연후에야 날개 짓을 시작 한다."는 말로 더 알려진 철학자다.

미네르바는 지혜의 여신이다. 올빼미도 지혜를 상징한다. 미네르바의 올빼미는 철학자를 의미한다.

철학자란 황혼이 깃든 연휴에야(연극이나 역사가 종치고 막을 내린 다음에야) 비로소 그 최초의 목적을 이해하기 시작한다는 의미다.

헤겔은 정신현상학에서 진리는 전체다. 전체는 본질이 스스로 전개되어 완성된 것이다. 결과가 시초와 동일해 지는 것은 시초가 곧 목적이기 때문이라고 말한다. 약간 어려운 개념 이지만 시작만 가지고도 끝을 볼 수 있고, 끝만 가지고도 시작을 볼 수 있다는 의미다.

그렇다. 진리는 일반적으로 그 과정 전체를 통해서 온전히 드러난다. 그것을 헤겔은 '개념의 자기전개과정'으로 설명했다.

역사의 목적 같은 것은 끝에 생겨난 것이 아니다. 맨 처음, 시초에 이미 있었으나 시초에는 그것을 알 수 없었을 뿐이다. 때문에 그것이 펼쳐진 현상들을 통해서, 그리고 끝에 가서야, 눈에 보이지 않던 그 목적과 본질을 비로소 알 수 있게 된다는 것이다. 그래서 헤겔은 '시초가 곧 끝이다.'라고 말한다. 끝이 곧 시작이라는 말이다. 철학자들은 이것을 '역진적인 원환운동'이라고 말한다. 이 말은 앞으로 나아갔지만 사실은 시초로 돌아왔다는 뜻이다. 알파와 오메가의 개념과 비슷하다. 이러한 현상에서 본질을 발견하는 것은 철저히 사변적인 경험에 의해서 이루어진다는 것이 헤겔의 견해였다.

역사 철학에서 그는 역사적인 지식은 우리가 역사적이고 객관적인 지식으로부터 하나의 본질을 추론해서 얻어야 한다고 한다. 그리고 추론한 어떤 본질로부터 그 역사적 과정을 모조리 설명할 수 있다면, 그 본질은 독단적인 이론-형이상학이 아니라 객관성을 담보하고 있는, 과학 형이상학이라고 말한다. 즉 객관으로부터 출발해서 다시 객관을 증거 해 내는 그런 의미에서의 과학적인 형이상학이라는 것이다.

예를 들어서 역사적 사건으로부터 본질을 추론하고 그 본질로 다시 역사적 사건들을 설명해 나갈 때 내가 가진 지식과 내가 발견한 법칙이 일치하게 된다는 것이다. 만일 일치하지 않는다면, 일치점까지 다시, 다시 수정해서 그 현상들을 설명해 나가야 한다고 한다. 다시 말하면 본질과 현상이 불일치할 때, 우리는 그 본질을 현상이 일치할 때까지 우리의 앎과 인식을 수정해 나가는 자기 대화의 과정을 거친다는 것이다. 그래서 이 둘이 내가 찾는 본질과 역사적 현상들 사이에 어떤 대립도 생기지 않게 하는 것, 그것을 헤겔은 '절대적 인식' 이라고 불렀다.

우리가 이 절대적 인식이라고 할 때 어떤 절대 자신을 이야기하는 것이 아니라 더 이상 하나의 보편적인 본질과 복잡 다양한 현상들 사이에 불일치가 생기지 않는 것, 한 마디로 내가 발견한 법칙이 모든 것을 설명할 수 있으며 그 법칙이 객관적이라는 것을 입증할 수 있게 된다는 의미다.

이것을 헤겔은 즉자 존재(Ansichsein)와 대자 존재(Fureinanderssein)를 비교하여 말한다.

즉자 존재라는 것은 그 법칙 자체를 말하고, 대자 존재는 내가 생각한 그 법칙을 말한다.

한마디로 내가 추론한 그 법칙이 진정한 법칙인지, 끝임 없이 자기검증을 해 나아가는 과정, 한마디로 즉자 존재와 대자 존재의 끊임없는 '비교 과정', 그러면서 자기의 앎을 끊임없이 수정해 나가는 과정, 그것을 헤겔은 '변증법적 과정'이라고 불렀다.

예를 들어, 그리스도교를 보여주는 현상이란 무엇일까? 라는 질문을 던져 보자. 그것은 아마도 우리에게 남아 있는 성경의 내용일 것이다.

그 많은 성서의 내용들, 그 내용 자체가 아니라 그 내용을 통해서 그리스도교가 말하려고 하는 그 어떤 본질과 핵심을 찾아가는 것이 바로 종교고 철학이다. 많은 사건들, 역사적인 기록들, 그것들을 아우르고 있는 그것은 무엇인가? 라는 물음 아래서 헤겔은 그 안에서 삼위일체가 바로 그리스도교의 핵심이라고 말한다. 그 삼위일체를 가지고 그리스도교의 성서를 해석해 나간 것이 헤겔이다.

성부로부터 성자가 이 세상에 내려오고, 그리고 이 성자가 어떤 신적인 삶을 구현함으로써 다시 신이 되는 과정, 한마디로 신이 자기를 인간으로 내려보내면서 그 인간이 다시 신이 되는 과정을 보여준 그것이 바로 삼위일체요 그리스도교의 핵심이라고 헤겔은 말한다. 그 핵심에 담겨 있는 내용이 이런 것이겠지 하는 것. 그는 인간은 신의 아들이다. 따라서 인간 안에는 신적인 본성이 깃들어 있다. 그 삶을 통해서 그 신적인 본성을 살아갈 때 우리는 비로소 한 개체적 인간이, 신이 되어간다는 그런 이야기가 역사의 본질이라고 말한다. 따라서 '적인 주체성', 그것이 바로 그리스도교의 핵심이라고 말한다. 그는 이러한 즉자 존재와 대자 존재의 비교는 우리의 인식 안에서 이루어지는 '사변적인 경험'이라고 했다. 그래서 헤겔은 사변철학이라는 말을 많이 사용한다.

그렇다면 도대체 '사변'이라는 말은 무엇일까?

사변이란 영어로는 speculation이다. 거울이란 뜻이다. 그래서 우리의 의식 안에서 이루어지고 있는 본질과 현상의 비교 과정을 사변철학이라고 한다. 일종의 의식의 거울 작용이다. 본질과 현상의 비교 운동은 우리 의식 안에서 이루어진다는 것이다. 우리 의식에 주어진 현상들과 그것을 통해서 주어진 본질을 통해 드러난 현상을 보고 현상이 본질로부터 얼마나 멀리 떨어져 나와 버렸는지를 알아낸다는 것이다. 그래서 대상과 관상에서 의식을 바라보고, 의식의 관점에서 대상을 바라본 이 과정이 우리의 의식 안에서 일어나는 의식의 작용이라고 했다. '거울 작용', 이편을 통해서 저편을 인식하고, 저편을 통해서 이편을 인식하고 서로가 비교 작용을 하는 것, 이 비교가 우리의 의식 안에서 앎을 발견해 나가는 '사변적인 인식방법'이라고 그는 말한다.

즉자 존재의 관점에서 대자 존재를 검증하고, 대자 존재의 관점에서 즉자 존재를 검증하면서 자기의 그릇된 앎을 스스로 수정해 나가는 자기 대화의 과정, 이것이 사변적 인식의 과정, 자기 대화의 과정, 더 이상 수정할 필요가 없을 만큼, 의식과 대

철학 핸드북 (지성인, 교사, 신학생, 목회자를 위한 가이드)

상이 아니면 존재와 인식이 완벽하게 일치할 때까지 이 과정이 계속된다는 것이다. 이것은 칼 융의 분석심리학을 통해 더 쉽게 이해하리라 믿는다.

당시 독일 전역 그리고 베를린 대학에서 헤겔과 쌍벽을 이루던 철학자는 쇼펜하우어가 아니라 베를린 대학 신학부에 있던 슐라이마이어였다고 한다. 모든 것을 '무'로 여기는 불교 철학의 완성의 경지에 있었던 쇼펜하우어는 헤겔을 아주 우습게 여겼다고 한다. 그러나 쇼펜하우어의 강의시간과 헤겔이 강의시간이 중복된 일이 있었는데 헤겔의 강의실은 사람이 터져 나가고 쇼펜하우어의 강의실에서는 2명의 학생만 왔다고 한다.

당시까지만 해도 지극히 관념적인 불교사상이 먹혀들어가지 않던 사회였다는 증거다. 또한, 세속적인 것을 무가치하게 여기는 그의 높고 깊은 정신세계를 이해하지 못한 시대적 배경이 그대로 반영된 사건일 수도 있다.

여기서 우리는 여기서 슐라이마이허의 해석학적 순환에 대해 잠깐 알아볼 필요가 있다. 해석학적 순환이란 어떤 개념의 올바른 해석을 하기 위해서는 부분들을 읽으면서 전체 핵심을 파악하고 전제 핵심으로부터 부분 부분을 다 완벽하게 이해해 나간다는 의미다.

전체에서 부분으로, 부분에서 전체로, 이 과정을 계속해서 반복해 나가면서 전체와 부분이 더 이상 어긋나지 않는 그 단계가 완벽한 해석이라고 보는 것이다. 이것은 헤겔이 봤던 그 현상으로부터 본질을 파악하고 본질로부터 현상을 설명하는 그 현상학적 방법과 완벽하게 일치하는 해석학이다.

철학 핸드북 (지성인, 교사, 신학생, 목회자를 위한 가이드)

그리고 우리가 알아야 할 슐라이마이허의 또 다른 개념이 있다 마치 권총을 쏘면 총알이 과녁에 박히듯이 단번에 순식간에 인식에 이르는 것이 아니라, 아주 진한한 자기 대화의 과정을 통해서 서서히 인식에 이르게 해야 한다는 것이다. 그는 그것을 "모든 이해는 오해로부터 시작된다."는 말로 표현했다.

오해를 풀어나감으로서 인식에 이르게 된다는 의미다. 인식의 자기 능력을 슐라이마이허는 자기 해석학의 핵심으로 삼았다. 바로 이런 부분과 전체의 변증법이라든가, 그리고 오해로부터 이해가 시작된다는 말로, 그리고 확신으로부터 진리에 이른다는 헤겔의 이야기와 똑 같은 논리를 서로 다른 버전으로 이야기 하고 있는 것이다.

11) 쇼펜하우어(1788-1860)

다른 서양 철학자와는 다르게 고대 힌두교 교리나 티베트 불교의 고대 전승들을 계승한 쇼펜하우어는 '염세주의 철학자'로 불리는 철학자다. 모든 것을 허무하게 여겼다. 그렇다면 그는 허무한 세상을 통해 무엇을 하고, 무엇을 남기려 했을까?

그는 칸트와 헤겔의 관념론을 반대했을 뿐만 아니라 정면으로 반대되는 그 유명한 '의지의 형이상학'을 주창했다. 그의 사상이 실존철학과 프로이트 심리학에도 영향을 끼쳤다고 평가한다. 그러나 그의 철학의 어떤 부분이 어떻게 영향을 주었는지는 알 수가 없다.

그는 1811-13년 베를린 대학을 다녔고 1813년 여름 동안에

루돌슈타트에서 박사학위 논문을 완성하여 예나대학에서 철학 박사학위를 받았다. 이후 바이마르에 있으면서 괴테와 함께 여러 가지 철학적 주제를 놓고 토론도 했다고 한다. 그는 1819년에 그의 주저 그 유명한 '의지와 표상으로서의 세계'를 저술했다.

쇼펜하우어가 자신의 책 제목으로 사용한 '의지와 표상'에서 '의지'는 칸트가 사용한 물자체에 대비대고, '표상'은 칸트가 말한 지각 '대상'에 해당한다.

칸트는 인간은 물자체를 인식할 수 없다고 했다. 인간에게는 물자체를 사유할만한 인식의 틀이 없다는 것이었다. 그래서 거울에 비친 표상만 봐야 한다는 것이었다. 그는 그것을 '물자체 인식불가론'이라고 불렀다.

하지만 쇼펜하우어는 표상을 본질의 구현으로 봤다. 플라톤이 말한 이데아와 현상으로도 대신할 수 있다.

그는 본질을 겉으로 들어난 현상으로 인식하면서 그 현상을 통해 본질을 파악할 수 있다고 봤다. 그것도 헤겔과 같은 사변적(신호개념에 의한) 인식이 아니라 아주 직관적인 체험을 통해서 본질(물자체)이 무엇인지를 이해 할 수 있다고 했다.

쇼펜하우어에게 있어서 이 세계는 표상이었다. 인간은 그 표상을 만들어내는 주체다. 그는 세계를 '표상'으로서 그리고 그 표상의 주체를 '의지'로 '체험'할 수 있다고 말한다. 아리스토텔레스의 질료와 형상과 비슷한 개념이다.

그는 세계에 대한 표상을 통해서 그 세계의 물자체가 바로 '의지'라는 것을 체험할 수 있다고 한 것이다.

육체적 활동이 의지의 표현이듯이 세계의 표현도 거대한 의지의 표현이라는 것이 쇼펜하우어의 주장이었다. 인간은 그저 표상의 세계에만 머물러 있는 것이 아니라 그 표상의 원인과 그 동기를 밝혀 낼 수 있고, 체험할 수 있다고 했다. 여기서 의지는 생명의 원리, 혹은 생명의 에너지 같은 것들이다. 인간의 육체를 통해 들어나는 행위는 언제나 우리 안에 있는 본능과 욕망과 의지의 표현이다. 그래서 의지는 보편적인 의미에서 원리다.

신체는 의지의 객관성이자 비가시적인 의지의 현상이다. 의지로부터 모든 표상, 모든 현상, 가시성, 객관성이 생겨난다. 그래서 쇼펜하우어는 물자체를 의지의 세계라고 표현한다. 이 세계에서 일어나는 현상들은 우주적 의지의 외화다.

이것을 전통 형이상학으로 환원하면 만물의 본질로서의 우주적 의지라는 것은 바로 이 세계와 인간을 움직이게 하고 존재하게 하는 신으로 대신할 수 있다. 그러한 신적 의지, 우주적 의지에 개별적인 외화가 바로 세계와 인간이라는 표상의 영역이 될 것이다. 그러니까 신은 의지고, 세계와 우주는 그 의지의 표상이라는 것이다. 이러한 존재론적 이원성, 이것이 쇼펜하우어의 사상의 핵심이다.

그러니까 우리가 아는 세계라는 것은 단순한 표상이 아니라 바로 그 물자체의 외화 즉 물자체의 표상이라는 것이다. 현존하는 세계는 오로지 의지의 작용을 통한 의지의 외화이거나 의지의 현상이기 때문에 표상으로서의 세계란 의지의 객관화, 즉 의지의 현상이고, 의지의 표현이며, 그런 의미에서 의지의 거울이라고 말한다. 여기서 의지는 신개념이다.

보편이 구체적으로 드러난 것이 개별이다. 그는 만일 사람들이 우리 모두를 우주의 의지적 현상, 즉 우주의 의지를 실현하는 대리인으로 이해하지 못하고, 각자가 상호 이기적이고 배타적으로 자신의 생명과 욕구, 즉 개별적 의지만을 추구하며 살아간다면 고통과 악이 발생할 수밖에 없다고 주장한다.

쇼펜하우어는 우리가 살아가는 개별화의 원리가 물자체로서의 전 세계에 인륜적인 의지, 혹은 전 세계의 통일적 의지를 숨긴다는 점에서 그 개별화의 원리를 '마야의 베일'이라든가 '미망의 베일'이라고 이름하기도 한다.

인간이 자신의 욕망에 빠져서 세계 생명과 세계적 욕망 같은 것들을 알지 못한다는 의미다.

쇼펜하우어는 인간은 3가지 근본 원리에 뿌리를 두고 행동한다고 했다.

첫째 이기심. 둘째 타인의 불행을 바라는 마음. 셋째, 동정심이다. 그러면 1번과 2번에 머물러 있던 우리가 어떻게 동정심의 단계로 나아가갈 수 있는가?

이런 변화는 어디에서 생겨나는가?

쇼펜하우어는 이런 깨달음을 얻으려면 우리에게 인식의 변화가 일어나야 된다고 했다. 그리고 이런 변화는 우리 모두가 배타적으로 경쟁하고 싸움을 해야 하는 적이 아니라 우리 모두는 보편적 하나의 생명의 구성원이라는 것을 깨달음에서 비롯될 수 있다고 했다.

그는 그것을 '범아 인류 사상'이라고 말한다. '모든 것은 하나.'라는 말이다. 이런 깨달음이 바로 이런 이타적 변화를 일으

철학 핸드북 (지성인, 교사, 신학생, 목회자를 위한 가이드)

킨다고 말한다. 그리고 이런 깨달음을 주기에 가장 훌륭한 체험이라는 것은 성스러운 삶을 살다간 위대한 사람들의 일화를 보는 것이라고 이야기한다.

훌륭한 일화나 훌륭한 작품들을 보면서 자라난 아이들은 그런 사회를 동경하게 되고, 또 그런 삶에 매력을 느끼게 되고, 또 그런 인간으로 변화하게 된다는 것이다.

그는 이성 보다는 체험과 직관이 인간을 변화시키는 결정적인 힘이 된다고 주장한다.

그 예로 세네카의 제자 네로 황제를 든다. 네로는 인륜이라는 것을 머리로는 배웠지만 몸소 체험을 하지 못했다. 그래서 그는 인륜적으로 살지 못하고, 짐승처럼 살았다. 그래서 쇼펜하우어는 이성적인 사유와 생각보다 깨달음 같은 것들을 훨씬 더 강조했다. 신플라톤주의의 깨달음-절제-금욕 사상과 비슷해 보이는 사상이다.

그렇다면 그러한 체험적 깨달음을 주는 탁월한 매체(thing)는 무엇인가?

그는 그것을 힌두교와 불교의 경전을 예로 들었다. 그는 힌두교의 전신은 바라문교 경전인 베다경을 사용하여 인간이 이기심과 남의 불행을 자신의 행복으로 여기는 마음에서 벗어나 자비와 동정심으로 살아가는 방법을 설명해 놨다고 했다.

'범아일여', 나와 너의 구별이 없고 개체적 의지에서 보편적 의지로 살아가는 단계로 들어가는 길은 우주에 존재하는 모든 존재들이 유기적 전체라는 것을 깨닫는 의식, 하나의 생명이 세분화 된 것일 뿐이라는 일체의 의식에서 비롯된다고 했다. 쇼펜하우어는 그것을 베다경에 등장한 아트만(Atman), 즉 우주적 자아의 실현이라고 설명했다.

아트만은 이기적인 욕망이라든가 그런 것들로부터 완전히 해방된 자아, 보편적 의지를 체험한 개별 자를 의미한다. 그는 진리의 불로 이기심과 타인의 불행에서 행복해 하던 속성을 태워버린 사람을 의미한다고 했다.

육체적 이기심으로부터 벗어난 경지, 그 경지를 힌두교는 해탈의 경지라고 말한다. 이것이 "범마 일여"의 세계다. 그런 깨달음을 통해서 그리고 이기주의적인 욕망으로부터 벗어나 금욕주의적인 고행으로 이행하게 된다는 것이 그의 설명이다.

자기 보존의 식욕이 잘 억제된 '소식의 덕'으로 나아가게 되고, 종족 보존의 욕망이라 할 수 있는 성욕이 잘 억제되어 '정결이라는 덕'으로 나아가고, 쾌락을 추구하는 탐욕이 잘 억제된 '청빈이라는 길'로 나아가게 된다는 것이다.

힌두교와 불교는 이 세 가지 덕을 수행하는 자를 성자라고 부른다. 살려는 의지를 부정함으로서 도리어 생을 향한 의지의 고통과 그 억압으로부터 해방될 수 있다는 것을 힌두교, 불교에서는 진정한 자유, 해탈의 경지라고 말한다.

더 이상 육체의 노예가 아니라 육체성을 완전히 벗어난 순수 영혼의 상태로 고양되어진 상태다. 순수 영혼은 불에도 타지 않고, 칼로 자를 수도 없다. 물론 그림자도 없다.

쇼펜하우어는 이렇게 말한다. '우리가 무엇을 원하는 욕망 자체가 고통이다. 고통은 욕망 자체에서 오는 것이지 욕망의 대상에서 오는 것이 아니다. 결핍이 고통의 원인이 아니라 욕망

철학 핸드북 (지성인, 교사, 신학생, 목회자를 위한 가이드)

이 고통의 원인이다' 스토아 철학자 세네카의 말과 비슷하다.

욕망이 결핍을 낳고 결핍이 고통을 낳는다. 우리는 욕망의 대상이 우리를 괴롭힌다고 생각하지만 우리를 괴롭히는 것은 욕망의 대상이 아니라 대상에 대한 욕망이다.

욕망의 대상이 우리를 만족 시키리라 믿지만 사실은 욕망을 끊을 때에만 진정한 지복에 이를 수 있다 그것이 힌두교와 불교에서 말하는 고뇌의 세계에서 벗어나는 해탈의 경지다.

12) 실존주의

실존주의란 개인의 실존을 철학의 중심에 두는 사상이다. 실존주의도 계몽주의의 산물이다.

실존주의의 반대는 본질주의다.

고대 그리스의 자연철학에서부터 철학의 역사는 본질을 탐구하는 여정이었다. 우주의 본질은 무엇인가? 인간의 본질은 무엇인가?

이런 본질들을 마련하는 것이 철학의 임무였다. 그래서 오랜 세월 동안 철학은 개념을 규정하는 작업에 집중했고 모든 개념들은 이렇게 해서 만들어졌다. 일단 이런 개념이 마련되면 그것은 보편이 되고, 다른 개념이 나올 때까지 개별 자들은 그러한 보편을 산다. 그래서 철학은 보편적인 것을 우선시한다.

이런 보편주의에 저항한 것이 실존주의다. 인간은 각자가 다른 환경에서 태어나 다른 성격, 다른 능력, 다른 재능, 다른 조건들을 가졌다는 것이 그 이유다. 그럴듯해 보이는 말이다. 때문에 모두에게 하나의 보편적인 이념을 적용하는 것은 정당하지 못하다고 것이다. 그렇게 해서는 인간은 자유로울 수도 행복할 수도 없다는 것이다.

그러나 절제되지 않는 자유는 오히려 자신에게도 남에게도 독이 되고 해가 된다는 것은 전통 철학이 밝혀낸 사실이다. 그리고 그것은 우주의 잠언이다.

실존주의는 이런 현자들의 잠언을 정면으로 거부한다. 인간은 자유하기 때문에 불안할 수 있고, 불행할 수 있다. 어떤 사람이 높은 절벽에 앉아 있다고 해보자. 분명 그는 절벽 아래로 뛰어내릴 자유가 있다. 그러나 그 자유 때문에 그는 늘 불안해야 한다. 이것이 자유의 허와 실이다.

(1) 실존주의의 분화 배경

학자들은 중세 철학을 플라톤 사상과 기독교 사상의 결합이라고 말한다. 플라톤의 이데아의 세계는 하늘나라가 되고, 현실 세계는 땅의 세계가 됐다. 칸트는 이 system 을 그대로 차용한다. 그러나 칸트는 이데아의 세계를 '물자체'의 세계로 비하하여 탐구의 영역에서 추방하면서 현실 세계를 현상의 세계로 바꾼다.

헤겔은 칸트의 이런 발상에 반대한다. 그리하여 그는 물자체의 세계와 현상 세계를 종합하여 '절대정신'이라는 걸로 통일을 시킨다.

앞에서 잠깐 언급했듯이, 쇼펜하우어는 헤겔의 '절대 정신'의 원리를 다시 물자체의 세계와 현상의 세계로 나누고 '물'에다는 '의지'라는 이름을 붙이고 '현상'에는 '표상'라는 이름을 붙인다.

의지의 세계와 현상의 세계로 이름을 붙여 칸트의 물자체와 현상을 대신한다.

그러나 키에르케고르는 쇼펜하우어와 헤겔 둘 다에게 문제가 있다고 생각했다. 헤겔은 이성을 이야기 했고, 쇼펜하우어는 보편적 의지를 말했는데, 보편적인 것은 하나도 중요한 것이 아니라는 것이 그의 견해였고 중요한 것은 그냥 '나' 라고 하는 개체적 개별 자로서의 인간이라는 것이었다.

그래서 키에르케고르어는 쇼펜하우어의 의지의 세계를 '무한한 세계'로 주해하고, 현상의 세계를 '유한한 세계'로 간주하여 무한한 세계는 시간을 벗어난 영원한 세계이고, 유한한 세계는 시간 속에 갇힌 필연의 세계라는 주석했다. 그리고 그는 개별자로서의 인간은 보편이라는 무한성과 현상으로서의 유한성을 동시에 가지고 있다고 했다. 즉 인간은 무한성과 유한성 둘 다를 소유하고 있다는 것이다.

현상, 즉 육체를 가진 인간은 육체로서의 유한성을 가진 필연의 존재다. 하지만 의지, 즉 영혼을 가진 인간이기에 무한한 가능성을 꿈꾼다는 것이다. 그는 인간에게는 무한성과 유한성, 가능성과 필연성과 같은 모순적인 것이 모두 들어있기 때문에 절망할 수밖에 없다고 했다.

키에르케고어는 이 절망을 죽음에 이르는 병이라고 이름했다. 그러나 어떤 인간은 자신이 절망에 빠져 있는지조차 모른다고 했다.

철학 핸드북 (지성인, 교사, 신학생, 목회자를 위한 가이드)

이들은 자신의 외부에 있는 아름다운 것들을 탐구 하지만 이 탐구의 대상은 끊임없이 바뀐다는 것을 모를 뿐만 아니라 탐닉에 빠져 있어서 바뀌는 것조차 느끼지 못한다고 했다. 이렇듯 탐닉에는 끝이 없다고 하면서 이것을 '무지의 절망'이라고 했다.

그러나 그는 어떤 사람은 자신이 절망의 상태에 있는 것을 알고, 그래서 필연적으로 자신을 부정하고, 현재의 자기 자신을 받아들이지 못한다고 했다. 그는 이러한 절망을 '취약함의 절망'이라고 불렀다.

그는 또 다른 어떤 사람은 자신이 절망의 상태에 빠진 것을 알고, 그 절망의 상태를 벗어나기 위해서 삶의 의미가 무엇인지, 살아갈 가치가 어디에 있는지 끊임없이 생각한다고 했다. 하지만 이들은 절망에서 벗어나지 못하고 아무 희망도 없음에 좌절하여 자살하기도 한다고도 했다. 그는 이러한 절망을 '반항의 절망'이라고 했다.

그렇다면 인간은 이러한 절망에서 벗어날 수 있을까? "없다. 하지만 절망을 견딜 수 있는 방법은 있다는데 그는 신을 통해야 한다고 했다. 그래서 그는 절망의 반대말은 희망이 아니라 신앙이라고 했다.

학자들은 그의 이러한 철학적 사상을 '유신론적-실존주의'라고 부른다. 이러한 유신론적 실존주의는 키에르케고르어에서 야스퍼스로 이어지고, 무신론적 실존주의는 니체에서 하이데거, 사르트르로 이어진다.

(2) 유신론적 실존주의

유신론적 실존주의는 신의 명령을 자신의 삶의 근원으로 삼는 사상이다. 이들은 법이 보편적이고 이성적인 것이라면 그런 것들을 초월해서 직관적, 혹은 결정적으로 주어지는 명령 같은 것들이 "나를 나"로 살게 하는 어떤 힘이라고 믿는다.

따라서 그들은 신의 명령은 주어지는 것이고, 믿음도 신의 명령이고, 사랑도 신의 명령이라면서 신의 명령은 항상 의라고 말한다. 그래서 그들은 양심의 소리도 의라고 했다.

사람은 그 의를 선택하기 위해 세상적 가치와 보편과 윤리를 버려야 할 때가 있고, 의를 선택하기 위해 자신의 이로움을 버려야 할 때가 있으니 그것이 종교적 실존의 최고 단계인 '신앙의 기사'라고 했다.

진리란 객관적이다. '너에게도 진리고 나에게도 진리다.' 그래서 진리는 보편이고 또 객관적이다.

그러나 키에르케고어는 주관적 진리에 대해서도 말을 한다. 예컨대 신이 존재한다는 것은 주관적 진리라고도 할 수 있다는 것이다.

약간 어려워 보이지만 주관적 진리는 외적으로 주어지는 것이 아니라 내적으로 주어지는 것, 즉 믿어지는 것이다. 이러한 진리가 증명 가능하다거나 확실하다고는 말할 수 없으나 이런 주관적 진리를 진리라고 말할 수 있는 이유는 내가 그것을 진리로 믿기 때문이라고 말한다.

간단히 말해서 객관적 진리는 참이라는 것이 확실하기 때문에 내가 믿지만, 주관적 진리는 내가 믿기 때문에 참이라는 것이다. 참고로 여기서 말한 그의 주관적 진리는 "신앙, 혹은 믿음"을 의미한다.

보편적으로 미워할 수밖에 없는 상황에서 미워하지 않는 것은 우연도, 그 사람의 인격 때문만도 아니고 주어진 사랑이 있어서 가능하다는 것이다. 이때 사랑이 주어진 진리다. 주관적 진리라는 것이다.

A. 키에르케고어

키에르케고어 (Soren Aabye Kierkegaard 1813-1855)는 유신론적 실존주의의 대표주자다. '이것이냐, 저것이냐?' '공포와 전율', '죽음에 이르는 병' 등 우리에게 아주 익숙한 책들이 바로 키에르케고어의 작품들이다.

학자들은 키에르케고르를 19세기 말 실존주의 사상을 최초로 선포했던 대표적인 철학자로 간주한다.

키에르케고의 사상을 이해하려면 먼저 그의 철학의 중심이 되고 있는 아케다 이야기를 알아야 한다. 아케다 이야기는 창세기 28장에 나오는 아브라함의 스토리를 분석하여 자기 자신에게 적용시킨 데칼로그다. '아케다'란 '묶다', '밧줄로 꽁꽁 묶다' 의뜻이다.

A) 아케다 이야기: 아브라함에게는 1백 세에 얻은 아들이 있었다. 이름은 이스마엘이다. 첫째 아들은 첩에게서 낳은 아들이었다는 이유로 유대인들은 그를 자신들의 조상으로 받아들이

기를 거부한다.

어느 날 아들을 낳게 해 주시겠다고 약속했던 신이 아브라함에게 나타나 자신이 낳게 해 준 둘째 아들 이삭을 모리아 산에 가서 제물로 바치라고 명령한다. 아브라함은 이삭을 데리고 번제에 쓸 나무를 쪼개 가지고 여호와가 제사 드리라고 한 장소를 향해 3일 길을 나선다.

그리고 여호와가 지정해준 장소에 도착하여 이삭을 밧줄로 묶고, 칼을 들어 죽이려는 순간, 여호와의 사자가 이삭을 죽이지 말라고 하면서 그동안 이삭을 바치라고 한 것은 아브라함이 자신을 얼마나 사랑하는지 알아보기 위해 테스트를 해 본 것이라고 말한다.(창 22: 1~ 14)

아브라함이 이삭을 데리고 모리아 산으로 가는 3일 길은 길고 긴 고통의 여정이었다. 공포와 전율―너무나 두렵고 떨리는 갈등의 길이고, 절망의 길이었을 것이다. 눈에서 피가 흐르는 길이었을 것이다. 그는 그 3일 동안 별별 생각을 다 했을 것이다.

키에르케고어는 신앙의 여정을 아브라함이 모리아 산을 향해 가는 3일 길로 비유했다. 준엄한 신의 명령 아래서, 두렵고 떨림으로, 절망과 비통함을 안고, 자신의 아들을 죽여서 바치기 위해 모리아 산을 향해 가는 길이 어찌 행복의 길이고, 기쁨의 길이고, 감사의 길이었겠는가?

물론 그에게는 자유가 있었다, 모리아 산을 가지 않을 자유가 있었다. 모리아 산을 가다가 중도에 포기할 수 있는 자유가 있었다. 여호와 하나님께 재고를 요청할 수 있는 자유도 있었다. 이삭은 어디까지나 독립적인 개체라서 자신은 그 생명을 뺏을

철학 핸드북 (지성인, 교사, 신학생, 목회자를 위한 가이드)

권리가 없다는 윤리적이고, 도덕적인 논리도 있었다. 그의 이런 권리와 자유는 여호와의 명령과 3일 동안이나 충돌했을 것이다. 키에르케고어는 그것을 바로 '공포와 전율',로 표현했다.

아브라함이, 이삭을 바치라고 한 여호와의 명령을 순종하면 더 좋은 축복을 주실 것이라는 바램과 믿음으로 여호와의 명령을 따랐다는 말을 서슴없이 내뱉는 사람들도 있다. 글쎄, 그것이야 아브라함에게 직접 물어봐야 할 문제지만 설령 그것이 사실이라 해도 100세에 얻어 12년 동안 기른 정으로 묶어진 자식을 자기 좋겠다고 부자 관계와 바꿀 만큼 더 좋은 것(축복)이 과연 있었을까?

아브라함을 그렇게 저속하고, 이기적이고. 계산적인 속물로 볼 수는 없을 것이다. 아마도 아브라함이 3일 동안 모리아 산의 여정에서 겪었던 고통은 그가 일평생 살아오면서 겪은 그 어떤 고통보다 더하면 더했지 못하지는 않았을 것이다. 억만금을 얻는다 해도 보상될 수 없는 고통, 절망에 이르는 병, 두렵고 떨리는 마음, 그것을 통해 여호와는 아브라함의 순종을 확인하고자 했다는 것이 구약의 기록이다. 이것이 키에르케고어의 아케다 이야기다.

그는 아브라함이 가졌을 공포와 전율을 상상해 보라고 말한다.

아브라함이 아들을 바칠 모리아 산으로 가는 3일 동안 온갖 의심이 다 들었을 것이다. 자신이 들은 목소리가 정말 신의 목소리가 맞는지? 아니면 악령이 나를 속이고 있는 것은 아닌지? 아니면 신이 정말로 존재하는지? 신의 명령을 따르는 것이 맞

철학 핸드북 (지성인, 교사, 신학생, 목회자를 위한 가이드)

는지?

아마 이런 잡다한 생각이 거대한 파도처럼 밀려왔을 것이다. 그리고 그는 절망에 빠졌을 것이다. 하지만 아브라함은 이삭을 제물로 바치기로 한 결단을 바꾸지 않았다. 아무런 계산 없이 그냥 순종했다. 그리고 칼을 뽑아 들고 아들의 목숨을 끊으려고 한다. 그 순간 천사가 나타나 그를 만류한다.

그는 신이 존재한다는 진리는 목숨을 건 개체적, 주관적, 결단을 통해서만 얻어진다고 했다. 그래서 그는 심미적 실존, 윤리적 실존, 종교적 실존을 이야기 했고, 절망에 이르는 병을 극복하기 위해 '무지의 절망'과 '위약의 절망'을 넘어 신에 대한 믿음을 가져야 한다고 했다. 그는 신에 대한 믿음은 모리아 산의 결단을 통해서만 주어지고 완성된다고 했다.

인간은 결단을 통해서 신에 대한 믿음을 가질 수 있고 그러한 믿음을 통해서 절망을 대면할 수 있다고 했다. 그것이 케에르케고어가 말하는 유신론적 실존이다. 그는 우리는 자유가 있기 때문에 결단을 내릴 수 있고, 결단을 내림으로써 신을 믿을 수 있다고 했다. 그것이 바로 종교적 실존이다.

그는 또 자유가 있기 때문에 결단을 내릴 수 있고, 자유가 있기 때문에 불안과 공포가 있고, 그러기에 불안과 공포는 악이 아니고 축복이 될 수 있다고 했다. 따라서 키에르케고어는 자신이 살아온 삶을 경험삼아 실존을 3가지로 비유하여 이야기 했다. 심미적 실존, 윤리적 실존, 종교적 실존이다.

(A) 심미적 실존: 심미'의 사전적 의미는 '아름다움을 찾아내

다.'라는 뜻이다. 따라서 심미적 실존이란 좋은 마음으로(Aesthetic) 좋게 살아가는 것을 뜻한다.

실존적 의미로 쾌락이다. 감성적인 삶을 살아가는 사람들이란 뜻이다. 쾌락을 위해 산다는 의미다.

키에르케고어는 코펜하겐 대학 시절 신을 버리고 한동안 방탕한 생활을 했다고 고백한다. 그는 이 시기를 토대로 심미적 실존의 단계라는 개념을 창출했다. 그가 경험했던 것처럼 심미적 실존의 단계는 아름답고 쾌락적인 것을 찾아다니는 단계지만 수가성의 여인처럼 항상 만족이 없는 단계라고 말한다.

키에르케고어는 심미적 실존을 직접적인 심미주의와 반성적 심미주의로 나누었다. 직접적 심미주의는 쾌락적인 삶, 관능적인 삶을 의미한다. 육체적 쾌락만을 위해 살아가는 바람둥이들이 그 예다. 부모를 잘 만난 금수저들이 부모들의 재산을 사용하여 육적 쾌락을 누리는 것의 상징이다.

반성적 심미주의란 노력파 쾌락주의를 뜻한다. 작전을 짜고, 머리를 써서 쾌락을 얻는 사람들이다. 일종의 노력파 바람둥이다. 예를 든다면 육적인 쾌락을 위해, 가수가 되고, 배우가 되고, 그리고 스타가 되기 위해 몸을 팔고, 정신을 팔고, 영혼을 팔고, 속옷, 속살까지 보이며 음란한 광기를 방출하여 쾌락적 관심을 주고받는 사람, 그리고 또 그런 사람들을 우러러보고, 그들을 흉내 내고 인간으로서의 품위와 존엄성이 결여된 춤과 동작으로 악의 정신을 구현해내는 사람들의 상징이다.

(B) 윤리적 실존: 윤리적 실존이란 심미적 실존보다 상위단

계의 실존이다. 여기에 있는 실존은 인간이 만들어놓은 윤리 체계를 잘 준수한다. 그 총체적인 예가 바리새인들과 사두개인들이다.

키에르케고어는 방탕한 생활 가운데 한 여인을 만나게 된다. 그는 그녀와 결혼을 약속한다. 그는 방탕한 생활을 청산하고 윤리적으로 살기 위해 노력한다. 그는 이때를 그가 윤리적 실존의 단계에 있었을 때라고 고백했다. 하지만 그는 윤리적 실존의 단계에 있을 때도 늘 불안했다고 고백한다.

그는 자신이 가족력 때문에 신의 형벌에 노출되어 있다고 생각했다. 그의 말대로 키에르케고어는 비극적인 가족력을 가지고 있었다. 그의 아버지는 젊은 시절 너무 가난해서 신을 저주한 적이 있었다. 예나 지금이나 신을 저주한다는 것은 곧 천벌을 각오해야만 하는 일이다. 그것뿐이 아니었다. 그의 아버지는 자신의 부인이 사망하자 당시 교회법을 어기고 집에서 일한 하녀와 재혼을 했다.

키에르케고어는 재혼한 하녀와의 사이에서 태어난 7남매 중막내였다. 그의 아버지는 자신이 지은 죄 때문에 자신의 자식들이 예수님이 죽은 나이인 33살을 넘기지 못할 것이라 생각했다.

실제로 자신의 7남매 형제 중 5명이 33살을 넘기지 못하고 죽었다. 그래서 집안 분위기가 늘 우울과 불안 그리고 공포로 가득했고 케에르케고어 자신도 저주 받은 몸이라고 생각했다.

그런 와중에 그는 윤리적 갈등을 겪는다. 그는 자신이 윤리적인 사람이 되려고 하면 할수록 자신이 윤리적이지 못하다는 것을 깨달았기 때문이었다. 신의 저주에 노출되어 있는 상태에

435

서 사랑하는 사람과 결혼을 한다는 것도 너무나 이기적이고 비윤리적이라고 생각했다. 그렇다고 약혼을 파기하는 것도 비윤리적이었다.

그는 자신이 '이로움'과 '의로움' 사이에서 늘 불안해 떨고 있고, 따라서 그것 때문에 행복을 얻지 못하고 있다는 것을 깨달았다. 결국, 케에르케고어는 자신은 그녀를 행복하게 해 줄 수 없다고 생각하고 일방적으로 파혼을 선언한다.

그는 자신이 빛이 있고 공적인 시선이 있는 곳에서는 대단히 윤리적인 사람인데, 빛이 꺼지고 공적인 시선이 닫히면 또 다른 모습에 자신을 내어주는 이중적인 사람의 상징이라고 생각했다.

(C) 종교적 실존: 종교적 실존은 윤리적 실존 위에 있는 실존이다. 종교적 실존이란 종교적 의를 추구하는 실존이다. 윤리적 실존이 법에 따라 살아가는 실존을 총칭한다면, 종교적 실존은 법을 넘어 의를 추구하는 사람들을 일컫는다.

법률이 정의에 위반될 때, 법을 어기고라도 의를 향해서 나아갈 수 있는 결단, 신앙, 그는 이런 실존을 종교적 실존이라고 불렀다.

파혼 후, 키에르케고어는 베를린 대학으로 간다. 그는 윤리적 실존 때문에 사랑하는 여인과 파혼을 하였으나 일평생 그녀를 잊지 못했고 그 여인이 다른 사람과 결혼을 하였음에도 불구하고 일평생 그녀의 주위를 맴돈다.

결국, 키에르케고어는 기독교에 헌신하겠다고 결심을 하게 되는데, 그는 이때부터 자신의 생이 종교적 실존의 단계에 들었다고 생각했다. 그는 본래 교회 목사가 되려고 했었다. 그러나 당시 덴마크 교회는 원시교회의 모습과 멀어져 있었다. 교회는 형식적인 의식에 치중하고 기복적 신앙을 강조하고 있었다. 그가 그런 교회를 비판하는 기사를 쓰고 잡지를 발간해야 할 정도였다. 그러던 중 거리에서 쓰러져 한 달 만에 죽는다. 그때 그의 나이 42세였다.

종교와 윤리는 서로 대립관계는 아니다. 윤리와 법의 이념이 바로 종교고 종교적인 이념을 실행하기 위한 구체적인 현실적 수단이 법률이기 때문이다. 아케다 이야기에 등장하는 것처럼 이삭을 죽여야 하는 상황에서 아브라함은 여러 가지 법적, 윤리적 문제에 직면했다. 그럼에도 불구하고 그는 두렵고 떨림으로 여호와의 명령을 따랐다. 이처럼 법과 정의가 일치하지 않을 때가 있다. 그때 법, 즉 윤리를 추구하기보다도 의를 추구하는 양심 같은 것들을 키에르케고어는 종교적 실존으로 불렀다.

그러나 여기에도 3가지 단계가 있다. 키에르케고어는 종교적 실존 3가지 단계를 첫째, 비극적 영웅 둘째, 무한한 체념의 기사 셋째, 신앙의 기사로 나누었다.

첫째, 비극적 영웅: 비극적인 영웅은 인륜적인 덕을 수행하는 사람들이다. 그들은 윤리적 단계에 머물러 윤리적으로 살아가는 사람들이다. 하지만 혼탁한 세상에서 그들은 영웅적이다. 그러나 신앙의 관점에서 볼 때 여전히 비극적인 단계에 머물러 있는 사람이다.

비극적 영웅은 여전히 윤리적인 범위 안에 머물러 있다. 자신들이 윤리적으로 흠이 없으면 된다고 믿는다. 만일 아브라함이 이삭을 데리고 모리아 산으로 갈 때에 윤리적으로, 도덕적으로, 종교적으로 옳기 때문에 간 것이라면 그것은 비극적 영웅의 길이 된다고 말했다.

둘째, 무한한 체념의 기사: 이는 옳은 것을 위해서 행동하는 존재다. 그는 의를 위해 행동한다. 하지만 늘 자기가 원해서, 자기 믿음에 따라, 정말 의로운 마음이 동해서 행동하는 것이 아니라 명령에 어쩔 수 없어서 복종하며 살아가니까 이 사람은 무한한 체념의 기사다. 멋지게 신앙을 살아가기는 하지만 그 내면에서는 언제나 그것과는 반대되는 마음으로 늘 자기 자신을 체념해야 한다.

만일 아브라함이 이삭을 데리고 모리아 산으로 갈 때 정말 자기는 그러기 싫은데 여호와의 명령이 무서워서 혹은 그 명을 따르지 않으면 큰 벌을 받을 것 같아서 간 것이라면 그는 무한한 체념의 기사가 된다. 자기의 이익을 체념하고 억지로 강제적으로 자신의 의지와 반하여 여호와의 명을 쫓았기 때문이다.

셋째, 신앙의 기사: 만일 아브라함이 이삭을 데리고 모리아 산으로 갔던 여정이 두렵고 떨리고 가슴이 찢어질 정도로 아픈 일이었지만 여호와의 명이니까, 기꺼이 자신의 내면에서 파도치는 부정적인 생각을 잠재우고 '12년 동안 이삭을 기르면서 느끼게 해준 기쁨을 감사하면서, 그리고 비록 이삭이 자신의 아들로 태어났다고 해도, 이삭은 자신의 소유물이 아니며 그 생명

철학 핸드북 (지성인, 교사, 신학생, 목회자를 위한 가이드)

의 주권이 여호와께 있다는 것을 인정'하고 두렵고, 떨리고, 아프고, 쓰라린 기쁨과 감사로 그 길을 간 것이라면 이는 신앙의 시가가 되는 것이다.

아브라함이 이삭을 죽이는 일은 보편적이지도 윤리적이지도 않은 것이었다. 아브라함의 모든 행위는 보편적인 것과는 아무런 관계가 없고, 순전히 사적인 일이었다. 비극적인 영웅은 그의 인륜적인 덕 때문에 위대하지만, 아브라함은 순전히 개인적인 덕 때문에 위대했다.

비극적인 영웅은 신과의 사사로운 관계에 들어가지 않는다. 그에게는 윤리적인 것들이 신적인 것이고, 따라서 거기에 있는 역설적인 것은 보편적인 것 안에서 매개된다.

하지만 모리아 산으로 가던 아브라함은 어떠한 매개도 거부한다. 신앙은 직접적인 것이다. 키에르케고어는 신앙은 매개가 아니고 주어지는 것이라고 했다. 이성을 매개(이성적으로 사유된 것)하여 어떤 것을 만들어내지 않고, 무조건 매개 없이, 즉 이성작용 없이(계산) 따르는 것이 신앙이라고 했다. 아케다 이야기에 등장하는 아브라함이 그 예다.

그렇다면 의란 무엇일까?

의는 일종의 의지다. 의지는 표상을 가지고 있다. 아브라함의 아이콘은 순종이다. 그를 의롭게 만든 것도 순종이었다. 그렇다면 순종의 의지는 무엇일까?

순종의 본질은 무엇일까?

순종의 본질은 사랑이다. 아브라함의 순종은 여호와를 향한 두렵고 떨리는 사랑의 구현이었다는 것이 키에르케고어의 생각이었다. 그러므로 그는 그리스도 안에서 의를 행할 때 항상 두렵고 떨림으로 행해야 한다고 말한다. 아브라함의 모리아 산의 3일 길처럼 진지하게 집중하여 신실하게 한다면 못할 것이 없을 것이라고 말한다. 그는 의와 사랑은 이렇듯 두렵고 떨림으로 구현되어야 한다고 말한다.

사랑을 실천하라는 그 명령 앞에서 그리고 세상 적인 가치 아래서는 "저런 사랑을 비효율적이거나, 반이성적이거나, 아니면 자기의 이익과 충돌하는 것으로 고개를 저을 수 있다. 사랑하라는 그 명령 앞에서 당당히 서서 세상의 모든 가치를 버리고라도 그 명령에 따르는 삶, 그것이야말로 모리아 산의 3일의 여정처럼 진정한 의로움의 여정이라고 키에르케고어는 말한다.

의를 행하는 것도, 사랑한다는 것도 쉽지 않다. 이로움과 의로움은 늘 충돌 상태에 있기 때문이다. 우리는 이로움에 매여서 의로움을 포기할 때가 많다. 이것이 세상의 삶이다. 우리의 사사로운 이로움 때문에 신의 의로움을 저버릴 때도 많고 우리가 이웃을 사랑하고 동정해야 한다는 것을 알면서도 나의 어떤 이득, 그리고 나의 어떤 성공을 위해 그런 것들을 외면하고 살아갈 때도 많다. 그러나 모리아산을 오르는 아브라함의 심정으로 사랑을 한다면 결코 어렵지 않을 것이라는 것이 키에르케고의 말이다.

(3) 무신론적 실존주의

'무신론적 실존주의는 개인의 주체성'을 축으로 삼는 철학이다. 실존주의에서 개인은 단순히 생각하는 주체가 아니라 행동하고 느끼며 살아가는 삶의 주체다. 심지어 사르트르는 실존이 본질을 만들어 나가야 한다고까지 했다.

무실론적 실존주의에서도 인간의 삶을 3단계로 나눈다. 첫째, 즉자적 존재 단계, 둘째, 대작존재 단계, 셋째, 즉자대자 존재단계이다.

A. 즉자존재

즉자존재란 헤겔이 도입한 '무' 개념적인 존재를 지칭하는 용어다. 아무런 생각 없이 살아가는 존재라는 의미다. 훗날 사르트르는 사물의 삶을 바로 이런 즉자존재에 해당한다고 했다. 키에르케고어의 심미적 실존에 해당한다고도 할 수도 있다.

개념 없는 삶이란 보편이 없는 삶이라는 말이다. 그러므로 "무 개념적인 삶" 그리고 세상의 명리와 성공과 명예, 이런 것들만을 위해 사는 삶이라고 할 수 있다. "너"에 대해서도 "그"에 대해서도 아무런 생각이 없이 돈이나 인기에 선동되고, 남의 말이나 글이나 설교에 선동되어서 살아간다. 개체적 판단이 없다.

자기성찰이나 반성 없이 산다는 말이다. 비유하면 거울을 쳐다보지 않고 사는 사람이다. 여자들이 아침에 거울을 보는 것은 고치기 위해서다. 즉자존재란 인생에 대한 성찰이 없이 "자기 안에 머물러 있는 단계" 라는 의미다.

B. 대자존재

대자존재란 즉자존재보다 한 단계 높은 단계다. 삶의 목표가 있는 단계다. 그러나 이는 '자기 자신을 위한 목표' 즉 방향이 자기 자신에게 향해있는 상태를 말한다. 내가 나만을 위해 산다는 의미다. 철학적으로 내가 나를 돌아보고, 사유하고, 있다는 의미까지는 유추할 수 있다. 거울을 보고 있다는 의미로도 풀이할 수 있다.

거울을 보면 거울에 있는 나와 마주하게 된다. 여기서 거울은 과거의 집약이다. 밤하늘에 뜬 달을 바라보면서 어린 시절 친구들과 뛰어놀던 일을 생각하고, 밤하늘에 별을 바라보면서 어린 시절 밤하늘에 뜬 별을 쳐다 보면서 꿈을 만들던 일을 추억하고,,, 생각하고, 성찰하고, 반성하면서 살아가는 것이 대자존재로 사는 것이다.

일기를 쓰면서, 책을 읽으면서, 음악을 들으면서, 기도를 하면서, 여행을 하면서, 빗소리를 들으면서, 눈길을 걸으면서, 내가 나를 바라보게 되면 어떻게 될까? 자신의 초라한 모습이 비쳐질 것이다.

이기적이고 자기 자신만을 위해 살던 그러니까 즉자적인 자신이 보일 것이다. 그동안 존엄한 자신의 self로 산 것이 아니라 비존엄적인 이기심과 탐욕으로 살고 있는 자신이 보일 것이다.

C. 즉자대자존재

즉자대자존재란 즉자존재 보다는 두 단계, 대자존재보다 한 단계 높은 단계다. 내 안에서 나를 위해 내가 생각도 하고, 결정도 한다는 의미다. 개념을 가지고, 개념을 위해 움직이는 존재, 즉 스스로 생각하고, 스스로 결정한 대로 존재하는 단계다.

그저 세상에 이끌려서 살아가는 것이 아니라 독립적으로 생각하는 개체가 되어 스스로 생각하고 결정하여 그 결정대로 존재하는 단계다.

존재한다는 것은 무엇인가? 그것은 즉자적인 삶, 즉 일반적인 것이고, 보편적인 틀로부터 해방되어 진정으로 내가 원하고 바라는 나 자신을 살아가는 것, 이것이야 말로 참으로 존재하는 실존이다. 이렇게 살아가기를 꿈꾼 것이 바로 실존주의자들이다.

독일의 실존주의 철학자 하이데거는 인간을 '버려서 던져진 존재' ("피투")라고 했다. '피투'라는 개념은 내 던져있다는 뜻이다. 우리가 바라고 원해서 온 것도 아니고 우리가 원하는 자리에 온 것도 아니다. 우리는 각자가 서로 다른 삶의 자리에 내 동댕이쳐져 있다는 것이다. '피투'란 운명 지어져 있다는 말이기도 하다. 부자유하다는 의미가 함축되어 있다. 그러나 우리는 어떤 세력에 지배되는 개체들은 아니니까 그런 '피투'된 우리는 그런 기획안에서 기획투사라고 이야기한다. 그러나 피투된 인간이 어떻게 살아야 할지는 피투의 몫이라는 것이 그의 견해다.

하이데거는 피투는 어떻게 살아갈 것인가를 스스로 설계하고 살아갈 기획투사의 능력을 가지고 있다고 했다. 주어진 상황에서 자기가 추구할 수 있는 것을 추구하고, 이루고 싶은 꿈들을 자유롭게 추구할 수 있는 존재라는 의미에서 기획투사 즉 기투라고 했던 것이다. 기투와 피투, 피투와 기투는 어떤 한계 안에서의 자유를 표현하는 단어다.

그러나 그는 타인이 나를 어떻게 볼 것인가? 타인과의 비교 속에서 살아가는 삶은 그 자체가 바로 비극이라고 했다.

철학 핸드북 (지성인, 교사, 신학생, 목회자를 위한 가이드)

그는 '실존의 본질은 자유고, 따라서 자유가 없는 삶은 미생(un-perfect)'이라고 했다.

그들의 입장에서 보면, 많은 사람들은 생존에 매달려서 어쩔 수 없이 살아간다. 자기가 원하는 삶을 버리고 양심적인 선택 없이 살아간다. 기계가, 아니면 상사가, 아니면 직장이 정해준 선택 안에서 살아간다.

이는 자유를 잃은 삶이다. 그런 삶이 비록 경제적으로는 안정적이다고 할지라도 자기를 살아가지 않으니 그것은 온전하지 않을 것이다. 외면적으로 화려한 삶은 살아갈 수 있다고 할지 모르나 그 내면에 있어서는 언제나 어둑할 것이다. 그래서 실존주의에서는 '우월감'이라는 것은 뭔가 슬픈 생각이 아니라 '주의식적인 대상의 상실감'에서 비롯된다고 말한다.

평생 가족과 직장을 위해 바쳤던 사람이 어느 황혼에 이르러서는 난 어디에 서 있는가? 라는 물음을 던질 때 우울에 빠진다고 한다.

사회적으로 많은 명예를 누려 왔지만 자기를 살았던 적이 단 한 번도 없었던 것을 발견한 것이다. 그들은 그것을 '우울한 행복'이라고 한다.

그들이 말하는 실존의 본질은 자유다. 물론 진정한 자유의 개념은 각자가 다를 수가 있다.

우울함이란 자기를 살아보지 못한 자기 상실의 고통이라고 한다. 실존주의에서는 자기가 원하고 바라는 삶을 선택하고 추구하는 삶이 실존적 삶이라고 한다. 보편적인 인재가 되기 위해 살아왔는데 그런 삶은 자유가 아니고 노예화된 삶이라는 것이다. 물론 보편의 방식에 머물러 있는 삶, 타율적인 삶, 여기에는 자유가 없다. 자기 자신이 길을 만들어가는 삶이 아니어서다. 원하는 길을 스스로 개척해가는 삶, 그것이 실존주의고 진정한 자유인이다.

사르트르는 '타인도 지옥'이라는 말을 남겼다.

1940년대 '출구 없는 밤'은 타인들이 우리를 판단하는 잣대로 우리 자신을 판단하고 세상에는 수 많은 사람들이 지옥에 살고 있음을 말한다. 그 이유는 그들이 타인들의 평가와 판단에 지나치게 의존하기 때문이라고 했다.

우리가 다른 사람과 더불어 살게 되면 나 자신이 그들과 동화되어가는 것을 느낀다. 그 이유는 그들이 타인들의 평가와 판단에 지나치게 의존하기 때문이다. 그것을 수평화 된 삶이라고 말한다. 평균화된 삶이라고 하기도 한다. 그 말은 우리는 타인과 함께함으로써 그들이 욕망하는 것들을 나 또한 욕망하게 된다는 뜻이다. 그들이 목표하는 것을 나 또한 목표하면서 또한 서로가 서로를 비교하면서 살아가기도 한다. 서로를 비교하면서 살아가는 삶은 불행할 수밖에 없다. 그리고 남과 동일한 것을 욕망한다는 것은, 남보다 좀 더 높은 지위에, 그들이 바라는 것을 내가 가짐으로서 그들의 존경을 받고 싶어 하는 욕구로 표출되어 나타난다. 이것이 헤겔의 말이다.

헤겔은 사람은 타인의 욕구를 욕망한다고 했다. 네가 욕망하는 것, 그가 욕망하는 것, 그것들을 나도 욕망하는 것도 되지만 타인이 욕망하는 것을 욕망함으로써 타인의 관심, 즉 타인의 인정을 받으려 한다는 의미도 있다. 우리가 욕망하는 것들을 통해 타인으로부터 인정을 받고 싶은 욕구를 헤겔은 '인정욕구'라고 말했다.

서로가 서로에게 인정받기 위해서 싸우는 삶, 이것을 헤겔은 '인정투쟁' 이라고 했다. 그리고 인정 투쟁에 빠져있는 이 세계를 헤겔은 아주 저급한 단계의 사회라고 비판했다. 우리는 타인과 살아가면서 '나'를 잃고, 그들을 사는 그런 존재를 자신을 잃어버린 '공동 현존재' 라고 말했다.

우리 모두가 각자 자신으로 존재하는 것이 아니라 공동체 안에서 공동현존재로 자기의 색깔을 잃어버린 핵일 화의 삶을 살아가는데 이것은 지옥이라고 비판했다.

정리하면 실존주의(무신론적)는 우리가 신을 직접 대면하지 않고도 신 앞에 우리가 고독하게 홀로서지 않더라도 '죽음을 미리 예상 한다.'던가, 죽음을 예상함으로써 진정한 삶의 방향과 목적을 스스로 설정할 수 있다는 주장이다. 아니면 죽음을 생각하지 않더라도 내가 끊임없이 대자 존재, 혹은 즉자대자 존재로 살아감으로써, 끊임없이 자각적으로 (그저 아무 생각 없이 이끌려 살아가는 것이 아니라) 내 삶을 늘 반성하고 성찰하면서 살아감으로써 진정한 주체성을 회복할 수 있다는 주장이다. 이렇게 무신론적 실존주의는 죽음을 긍정적으로 사용한다. 이것이 '죽음 이용론'이다.

B. 니체 (1844-1900)

무신론의 아이콘으로 알려진 니체는 목사 아버지와 목사 외할아버지를 둔 모태신앙을 가진 사람이다. 그는 어릴 적 친구들

철학 핸드북 (지성인, 교사, 신학생, 목회자를 위한 가이드)

로부터 꼬마 목사라는 별명을 얻을 만큼 교회와 깊은 인연이 있는 사람이었다. 그러나 그는 청소년기를 거치면서 그가 속한 기독교에 적대적인 사람으로 변했다. 목사의 아들인 그가 왜, 무엇 때문에 하나님과 적대적이게 되었는지 자세하게 알려진 것은 없다. 다만 그는 어릴 적부터 가족력인 정신병을 앓고 있었다는 것이 유일한 단서다. 그가 어릴 적부터 극심한 신병을 앓고 있었다는 것은 무엇을 의미할까?

그는 어릴 적부터 남에게 인정을 받고자 하는 욕구가 강했다고 전해진다. 그가 청소년기를 지나 청년기에 접어들면서 그 인정받고 싶은 욕구는 거의 병적인 것이 되었다고 한다. 그것이 그가 어릴 적 좋아했던 여인들에게 아무런 관심을 받지 못한데서 비롯되었을 것이라는 견해도 있다. 그러나 그는 천재였다. 그는 대학도 졸업하지 않은 상태에서 한 교수의 강력한 추천으로 교수가 될 정도였다. 그러나 그는 극심한 정신질환의 후유증으로 그 생활을 이어갈 수 없게 된다.

정신질환 외에도 그가 앓고 있던 시력장애 또한 정신질환 못지않게 그를 괴롭혔다. 그것이 그가 신을 대적하게 된 원인인지, 아니면 그가 신을 대적한 대가로 겪은 결과인지는 알 수가 없다. 다만 그가 신을 대적한 이유가 둘 중 하나임에는 틀림이 없을 것이라는 추론이다. 특히 그는 여느 정신질환자들처럼 아주 고통스럽게 그리고 불행하게 죽었을 뿐 아니라 그가 남긴 책 역시 인류의 정신세계에 많은 해를 입혔다.

니체는 기독교와의 대결을 통해 모든 기존 가치에 대한 거부를 선언했다. 니체는 천박하고, 병들고, 약한 자만을 위하는 기

철학 핸드북 (지성인, 교사, 신학생, 목회자를 위한 가이드)

독교 도덕은 노예 도덕으로서 마땅히 파기되어야 하며, 대신에 고귀하고, 건강하고, 힘센 자들을 위한 군주 도덕이 세워져야 한다고 주장했다.

여기서 말한 군주는 루시퍼의 상징이다. 절대자를 거부할 수 있는 루시퍼의 외화가 초인이다. 그는 그리스도가 가르친 고귀한 덕목을 노예 도덕으로 비하했다. 그는 그동안 모든 철학의 중심이 되어왔던 신에게 죽음을 선고하고, 새로운 개념으로서의 초인(사탄)사상을 피력했다.

그의 대표적인 책 "차라투스트라는 이렇게 말했다"를 보라. 흐르는 물처럼 부드럽고, 은은하게 전개된 문장 속에 들어있는 음산함을.

차라투스트라는 조로아스터교 교주의 이름이다. 그렇다고 그의 이름을 사용하여 조로아스터교의 종교사상을 전하려는 것도 아니었다. 그의 철학은 조로아스터교의 교리와도 큰 차이가 난다.

그가 말한 초인이란 첫째, 대지(땅)의 의미라고 한다. 대지란 땅의 상징이다. 땅의 상징은 육적인 본성, 즉 쾌락과 향락의 상징이다. 따라서 초인이란 이 땅에 충실할 뿐, 하늘나라의 희망을 말하는 자들을 믿지 않는 자다. 육체를 위해서만 사는 자들을 상징했다.

둘째, 신의 죽음을 확신하는 자라고 한다. 신의 존재를 확신한다는 것은 무슨 의미일까? 오직 이 세상의 것들만을 위해 살아가는 자들이라는 의미다. 그래야 무엇이든지 할 수 있다는 것이었다. 사람이 윤리나 도덕에 얽매이면 양심의 감시나 검증을

철학 핸드북 (지성인, 교사, 신학생, 목회자를 위한 가이드)

받아야 하는데, 대지란 그런 것들이 죽었다는 것을 확신하는 자들이다. 사탄의 상징이다.

셋째, 그러나 초인이란 영겁회귀의 사상마저 깨달은 수 있는 자라고 한다. '영겁회귀'란 존재의 수레바퀴다. 영원한 윤회를 말한다. "모든 것은 이미 여러 차례 되풀이해서 성취되었다"는 사실을 깨달은 자라는 의미다. 여기에는 여러 가지 의미가 있다.

그가 등장시킨, 그리하여 이상의 꼭대기에 올려놓고 바라보게 한 '초인'은 보암직도 하고 먹음직도 한 선악과와 흡사하다. 그의 소리 또한 달콤한 뱀의 소리와 흡사하다. 그래서 초인을 루시퍼의 상징으로 보는 것이다.

니체는 불과 10여 일 만에 '차라투스트라는 이렇게 말했다'의 1, 2, 3부를 완성했다고 한다. 예술가들은 종종 창작의 영(?)으로부터 예술적 영감을 받을 때가 있다. 창작물에 대한 신적 계시를 받는다는 의미다.

시인도, 음악가도 그리고 다른 예술가들도 가끔 씩 이런 영감을 받을 때가 있다. 실제, 이 세상에는 망자의 영감으로 탄생한 창작물들이 많다. 단테의 신곡을 비롯하여 현재 예일대도서관에 보관되어 있는 '셋스가 말하다'라는 책도 그중의 하나다. 그 창작물을 통해 그 실체를 탐구하다 보면 그 영의 본질을 알 수 있고, 그 열매를 탐구해도 그 본질을 알 수 있다.

니체가 10일 동안에 책 3권을 완성했다는 것은 영감을 받았다는 증거다. 순수 창작으로는 거의 불가능하기 때문이다. 그래서 그도 자신이 영감을 받아 쓴 것이라고 고백했다.

사실 그 책의 문장을 읽다 보면 음산한 기운이 물씬 풍긴다. 화려한 문장과 아름다운 표현, 그러나 음산한 안개 속에 몸을 감추고 있는 것 그 '무엇', 그리고 거기에 등장하는 비현실적인 비유와 내용도 그렇다. 사람의 이성이 쓴 책이 아니라 어떤 어두운 영이 니체를 도구로 사용하여 쓴 것으로 보여 진다.

쇼펜하우어는 모든 표상의 본질을 의지라고 했다. 니체의 책은 표상이다. 표상은 반드시 본질을 가지고 있다. 그렇다면 그 표상의 본질은 무엇일까?

그것을 쇼펜하우어는 의지라고 했다. 영감은 그 의지의 구현일 뿐이라는 의미다. 그렇다면 니체, 그에게 영감을 준 그 영의 실체는 어떤 것일까?

니체 철학의 초인의 실체는 악령일까? 그것을 알기 위해 우리는 다음과 같은 질문을 던질 수 있다.

첫째 그 나무가 건강한 나무였는가?

둘째 그 나무에서 열린 열매가 존재 목적을 가졌는가?

그 열매가 남에게 해를 주고 있는가? 이다.

니체는 무아지경의 상태로 영감과 계시를 받아 열흘 만에 이 책을 쓴 것 같다. 원고 겉면에는 '다섯 번째 복음서'라고 쓴 것은 어떤 어두운 영의 복음이라는 암시다. '루시퍼의 복음', '사망의 복음', '불행의 복음' '악의 복음', 혹은 '망자의 복음' 이라는 의미이다.

그는 연이어 2부, 3부를 집필했지만, 출판업자는 니체의 책이 '다섯 번째 복음서'라고 불릴 정도의 책이 아니라고 생각했고 인쇄를 계속해서 미뤘다고 한다. 겨우 출판한 책마저도 거

철학 핸드북 (지성인, 교사, 신학생, 목회자를 위한 가이드)

의 팔리지 않았다는 것이다. 심지어 4부는 소규모로 해서 자비로 출간했다고 한다.

니체의 건강은 급격히 나빠졌다. 그는 눈 때문에 몹시 고통스러워했고, 며칠씩 이어지는 구토와 설사로 괴로워했다. 시야는 늘 흐릿했고, 밝은 빛은 항상 찌르는 듯한 통증을 일으켰다. 이제 니체 스스로 판단하기로 자신은 거의 8분의 7정도의 맹인이 되었다. 그 후 그가 영감을 받아 쓴 책은 1년 동안 겨우 60부가 팔려 나갔을 뿐이었다. 그나마 제4부는 출판사를 구하지 못해 자비로 출판해야 했다. 그는 40부를 인쇄하여 친구 7명에게 증정했다.

무엇보다 니체는 사람들에게 '자신의 천재성을 인정받지 못하고 있다'는 생각 때문에 외로워했고, 그리하여 어떤 때는 자기 책을 들여다보며 몇 시간씩 울기도 했다. 그는 그때의 상황을 이렇게 고백했다. 하지만 더 괴로운 것이 있었다. '차라투스트라는 이렇게 말했다'가 제대로 된 인정을 받지 못한다는 것이었다.

어두운 속성 가운데 하나가 사람의 관심을 끌어모으는 것이다. 무당이 작두를 타는 것이 그 예다.

니체는 자신이 이 책의 핵심사상을 성경 패러디로 감추거나 영웅의 서사적 전설로 포장을 했기 때문에 사람들이 이해하지 못한다고 생각했다고 한다. 니체는 자신에게 인류를 위해 받아들여야만 하는 운명 같은 막중한 책임감이 있음을 느꼈다고 한다. 정신질환자에게 주어진 책임감이란 무엇일까?

전통 기독교의 진리를 무너뜨리고 어두운 영의 새로운 뜻을 심는 것이 아니었겠는가? 그는 이제 기독교의 체계 일부가 아

철학 핸드북 (지성인, 교사, 신학생, 목회자를 위한 가이드)

니라 정신 체계 전체를 무너뜨릴 계획을 세워야 한다고 생각했던 것 같다.

인정이란 무엇일까?

인정을 받고 싶은 욕망은 어디에 속한 것일까?

맞다. 쇼펜하우어에 따르면 이는 육적인 쾌락이다. 그는 육적 쾌락에 대한 집착에 중독된 상태였다. 그의 모든 창작의 목적이 육적인 쾌락이었다.

44세 되던 해에 이탈리아의 토리노로 이사한 뒤, 니체는 점점 더 극도의 정신착란 증세를 보이기 시작했다. 그는 고독한 상태에서 급기야는 시력마저도 거의 잃고 만다. 그런 의미에서 말년에 쓴 그의 저작들은 악화되어가기만 하는 그의 신체적 조건을 이겨내는 처절한 몸부림 속에서 이루어진 것이라고 말한다. 니체는 친구 프란츠 오버베크(Franz Overbeck)에게 '위대한 재평가의 책 네 권이 곧 나올 것' 이며, "내가 인류의 역사를 두 동강 내는 것이 아닌가 하는 두려운 마음이 든다" 고 말했다고 한다. 하지만 니체의 정신은 점차 붕괴되고 있었고 그 계획은 영원히 실행되지 못했다. 적어도 그해 12월 크리스마스 무렵에는 극도의 광증에 진입했고 니체가 지인들에게 보낸 크리스마스 안부 편지에는 정신 이상 증세로 판단될 수 있는 기괴한 내용들이 쓰러져 있었다고 한다.

어찌되었든 하숙집 주인은 니체의 광증을 확인한 뒤 니체의 친구 오버베크에게 연락했고, 오버베크는 정확한 진단을 위하여 니체를 스위스로 데려왔다. 그러던 1900년 8월 25일, 니체는 그렇게 세상을 떠났다. 장례식은 아이러니하게도 기독교식으로 치러졌다.

13) 칼 융 (1875-1961)

"Called or Uncalled, God is present =신은 네가 찾든지, 찾지 않든지 계신다." 라는 말을 남겼던 칼 융은 정신분석학의 선구자다. 정신분석학, 분석심리학 같은 분야는 인간의 정신을 다루는 학문이기 때문에 그 주체인 학자의 정신형성 과정을 먼저 이해하는 것이 중요하다.

칼 융은 언어학자이자 목사의 아들로 태어났다. 그러나 불행하게도 그가 어렸을 적 그의 어머니는 정신병을 앓고 있었고, 그 때문에 그는 홀로 자폐아처럼 밀폐된 공간(다락방)에서 자신이 깎아 만든 나무 인형과 대화를 하며 지냈다.

부정적으로 해석하면 어머니의 정신병의 DNA(영)를 전이 받은 꼬마 정신병자로도 해석할 수 있다. 그러나 그는 그 모든 부정적인 에너지를 외부 도움 없이 스스로 극복해냈을 뿐만 아니라 그 치료방법까지 찾아낸 정신의학 분야에서 위대한 업적을 남겼다.

그는 어릴 때부터 부모와 교사의 행동을 유심히 살피고 분석하려 했던 것으로 알려지고 있다. 소년 시절 융은 비정상적일 정도로 강렬한 꿈을 꾸고 여러 가지 환상도 많이 경험했던 것으로 전해진다.

그는 목사인 아버지가 종교적 믿음을 잃어가는 것을 걱정하여 자신이 경험한 신을 아버지에게 간증하려고 애썼다는 기록도 있다. 그의 아버지는 융의 가족들 중에는 성직자가 많았기 때문에 그 역시 목사가 되기를 바랐다. 그러나 융은 10대에 접한 철학, 폭넓은 독서, 소년 시절에 느낀 교회에 대한 실망 등으로 인해 가문의 전통을 버리고 의학을 공부하여 정신과 의사가 되었다.

그는 바젤대학교(1895~1900)와 취리히대학교(1902 의학박사)에서 공부했다. 1900년 융은 취리히대학교 부설 부르크횔츨리 정신병원에서 일했다. 아마도 그가 정신세계에 대한 관심을 갖게 된 것도 정신병을 앓고 있던 그의 엄마 때문이 아니었나 하는 생각이 든다. 지금도 그렇지만 당시 정신병은 쉽게 고칠 수 없는 병이었다.

칼 융은 환자의 독특하고 비논리적인 행동을 집중적으로 연구하였다. 그러한 자극적인 특정 언어에 대한 돌발적인 반응이 어떤 연상(상상) 때문에 일어난다는 사실을 발견했다. 이 연상들은 불쾌하고, 비도덕적이며, 성적 내용을 담고 있는 경우가 많다는 것과, 따라서 그것은 의식에서 억제(억눌림 당하는 것)되는 거라 생각했다. 칼 융은 이 상태를 설명하기 위해 지금은 유명해진 콤플렉스라는 용어를 사용했다.

(1) 프로이트와의 관계

정신병이란 심리학적 용어다. 종교적인 용어로 귀신이 들렸다고도 한다. 누군가가 알아 들 수 없는 말을 하면 "너 미쳤냐?"라는 말을 할 때가 있다. 상식에 부합하지 않고, 합리적이지도,

이성적이지도 않을 때 던지는 말이다.

칼 융이 막 정신연구에 집중할 당시 프로이트는 그 분야의 선구적인 지위에 올라있는 상태였다. 당시 프로이트는 인간의 정신을 3개의 층으로 구분했는데 그것은 무의식, 전의식, 의식이었다. 의식은 사고하거나 지각하거나 개념화하는 것(?)을 말하고, 전의식은 의식의 바로 안에 있는 것(?)라고 생각했다. 어떤 기억이나 저장된 지식과 같은 것들이다. 그리고 전 이식 안에 있는 무의식은 성적 욕망, 폭력적 갈등, 이기적 욕구, 수치심 등이 있는 곳(site)이라고 했다.

당시는 의학에서 정신분야에 대한 연구가 많지 않은 시대였다. 누가 정신질환에 대해 잘못된 이론을 제시하더라도 그것이 오류인지 아닌지를 검증할 수 없는 환경이었다. 이 틈에 프로이트는 자신의 위치를 굳혀버렸다. 그리하여 정신세계에 대한 그의 말은 곧 진리가 되었다. 시대를 잘 만났다고도 할 수 있다.

이때 칼 융은 취히리 의과대학 교수였는데, 프로이트의 '무의식'에 대한 이런 주장을 듣고 감명을 받았다고 한다. 얼마 동안 프로이트와 서신을 주고받은 후, 칼 융은 스위스에서 오스트리아 빈까지 프로이트를 만나러 갔다고 한다. 당시 프로이트의 나이는 51살이었고 융의 나이는 32살이었다. 그때부터 융은 프로이트와 함께 연구를 시작했다.

칼 융은 곧 정신분석 운동에서 중요한 위치를 차지했다. 모두 프로이트의 덕분이었다. 많은 사람들은 그가 정신분석을 창시한 프로이트의 후계자가 될 것라고 생각했다. 그러나 이러한 기대는 그들의 관계가 틀어짐에 따라 무산되었다. 성격과 견해

차이 때문에 그들의 공동연구는 5년 만에 끝났다.

칼 융은 프로이트와는 달리 인간의 정신세계를 두 개의 층으로 구분했다. 의식과 무의식이다. 그럼에도 불구하고 칼 융은 프로이트의 의식 아래 전의식, 그리고 전의식 아래에 커다란 무의식이 있다는 프로이트의 주장에는 동의했다. 그리고 히스테리나, 강박증, 신경증 같은 것은 성적 에너지와 관련이 있을 수 있다는 점에도 동의했다. 그러나 그것들이 전적으로 성적 욕구에 근거한다는 프로이트 견해에는 동의하지 않았다. 인간의 모든 정신적 질환이 성적욕구에 기인한다는 프로이트의 주장을 거부한 것이다.

프로이트는 인간의 모든 행동의 기재에는 성적 충동, 즉 성적 본능이 있다고 봤다. 그것을 '리비도'라고 이름했다. '리비도'는 태어날 때부터 서서히 발달한다고 보았다. 이것을 그는 '유아성욕론' 이라고 대칭했다. 유아에게 '성욕'이 있다는 것이다. 프로이트는 4-6세 사이의 남자 아이는 엄마에 대한 '성적욕구'을 가지게 된다고 말했다. 이것이 프로이트의 '오디오푸스 콤플렉스'다.

칼 융은 프로이드의 '유아 성욕론'이니, '오디오푸스 콤플렉스' 같은 논리는 학자 양심상 받아들여서는 안 된다고 생각했다. 그래서 융은 프로이트한테 '유아 성욕론'과 '오디오푸스 콤플렉스'를 그들의 연구 이론에서 빼자고 제안하면서 성적인 부분을 탈색해서 무의식 이론을 좀 더 넓은 의미로 해석하자고 제안했다. 그러나 프로이트는 '유아 성욕론'이나 '오디오푸스콤플렉스' 없는 정신분석은 없다고 거절한다.

전해진 일화에 의하면 프로이트의 성격은 괴팍하고 변태적이었다고 한다. 그중 한 가지만 소개하면 어느 날 칼 융은 프로이트와 초심리학에 관한 논쟁을 펼쳤다고 한다. 그때 공교롭게 기숙사 전체가 울릴 정도로 큰 소리가 났다고 한다. 그러자 칼 융이 "잠시 후 또 폭음이 나리라는 것을 지금 예고합니다."라고 말했고 몇 초 후 실제 엄청난 폭음이 방 안에서 울렸다고 한다.

융은 자서전에서 프로이트와 결별이 얼마 남지 않았다고 직감했을 때 프로이트의 깊은 통찰과 폭넓은 경험을 공유하고 싶어서 많은 갈등했다고 한다. 칼 융은 프로이트를 놓치고 싶지는 않았지만 다른 한편으론 칼 융의 성격상(극단적인 과학적 조화에 대한 혐오, 지적 반항기질 등) 권력을 부리려는 연장자를 더 이상 따른다는 것은 비겁하고 양심적이지 않아 헤어질 결심을 굳혔다고 했다. 이러한 갈등은 1912년 칼 융이 프로이트의 의견과 크게 다른 내용의 '무의식의 심리학'을 출판함으로써 심각해졌다고 한다. 칼 융은 1911년 국제정신분석학회 회장에 선출되었으나, 1914년 이 프로이트가 중심에 있는 학회에서 탈퇴했다. 그리고 그는 심리학회를 만든다.

그렇다면 프로이드트 왜 '유아성욕론'이나 '오디오푸스 콤플렉스' 같은 성적인 것에 집착했을까? 그것은 그의 성장 배경과 무관하지 않다는 것이 일반적인 견해다. 프로이트는 아주 불행한 어린 시절을 살아왔다. 프로이트의 아버지와 어머니의 나이 차이는 20살이었다. 그의 아버지는 성적으로 강한 에너지를 가진 사람이었던 것으로 전해진다. 프로이트의 피에도 성에 대한 아버지의 강한 성적 에너지가 흐르고 있었을 것으로 추론된다.

그의 어머니와의 결혼도 3번째였다. 프로이트의 어머니와 결혼하기 전에 이미 전처들 사이에서 태어난 아들이 둘이나 있었다. 두 사람이 결혼할 때 그 아들의 나이가 21살이었다. 프로이트의 엄마보다 한 살이 더 많은 나이었다. 프로이트의 아버지는 프로이트 엄마와 결혼하고 나서 전처소생 아들들을 영국으로 강제 이민을 보내버린다. 자신의 어린 부인과 아들 사이에 무슨 일이 일어날 수 있다는 불안감 때문에 아들들의 영국 이민을 적극적으로 추진했다고 한다.

두 사람이 결혼한 이듬해 프로이트가 태어났다. 다음해 둘째 아들도 태어났다. 그러나 프로이트의 동생은 1년 만에 죽는다. 그리고 내리 딸 5명을 낳았다. 그리고 10년 후에 막내아들이 태어난다. 그래서 프로이트와 막내 동생 하고는 10살 차이가 났다. 그러다 보니 그의 어머니는 아들 프로이트에게 강한 애착심을 가졌을 것이다. 이런 성장환경 때문에 프로이트가 '오디오푸스 콤플렉스'를 생각해 냈을 것이라는 추측이다. 그의 아버지의 음란한 DNA를 몸에 지닌 그가 엄마 품속에 있던 시절부터 어떤 생각을 했을 것인지가 어렵지 않게 추론된다.

그는 어쩌면 자신에게 나타난 현상이 다른 사람들에게도 나타나는 보편적인 현상으로 오해했을 수도 있다. 머리가 좋은 애일수록 집착과 고집이 강하기 때문이다. 그리고 정말 그는 어린 시절 자신의 엄마의 젖을 빨면서 성적 충동을 느꼈을 수도 있다. 그것은 오직 그만이 아는 지극히 드문 개체적이고 변이 적인 일이다. 그가 자신을 정당화하기 위해 그런 개인적 경험을 반영시켜 '유아성욕론' 혹은 '오디오푸스 콤플렉스'로 보편화를 시도했을 것라는 것은 지극히 합리적인 추론이다.

반대로 융의 아버지는 목사였다. 융은 장남이었다. 융의 어머니는 정신질환을 앓고 있었다. 융이 어렸을 때 정신병원에 수용되어 있었다. 그래서 융은 오디오푸스 콤플렉스가 생긴다는 유아기 때 어머니랑 같이 지낸 적이 거의 없다.

어머니 품속에서 어머니를 대상으로 성적 충동을 느껴보지 않았을 뿐만 아니라 한 번도 유아기의 남자아이가 엄마로부터 성적 충동을 느꼈다는 것을 들어본 적이 없었다. 그래서 융은 프로이드의 '오디오푸스 콤플렉스'를 이해할 수 없었다. 따라서 융은 프로이드의 유아성욕론이나 오디오푸스 콤플렉스는 큰 오류라고 생각했다.

(2) 칼 융의 분석심리학

다른 견해가 있을 수 있지만 칼 융의 철학은 앎으로 교양이 되고, 신앙이 되고, 덕이 되는 철학이라는 평이 있다. 학자들은 칼 융의 분석심리학을 요약하여 '잃어버린 자기를 찾아가는 여정'에 비유한다. 종교인이든 비 종교인이든 일단 인간은 철이 조금이라도 들었다고 생각하는 순간부터 자기 안에 여러 개의 자기가 있음을 발견하게 된다. 그것을 칼 융은 여러 개의 가면을 쓴 여러 개의 '인격체'라고 말한다.

칼 융은 그 여러 개들 속에서 참 인격체를 찾는 작업이 생의 여정이라고 말한다. 그는 다중을 하나(singularity)로 일체화한다는 의미에서 그것을 '통합'이라는 말로 표현한다. 인격체들

철학 핸드북 (지성인, 교사, 신학생, 목회자를 위한 가이드)

의 통합이다.

그렇다면 내 안에 있는 각각 다른 인격체들, 그것들은 언제, 어떻게 해서 생겨났으며, 그것을 없애거나 그것들을 하나로 통합했을 때 과연 나는 어떻게 되는 것일까? 그것에 대한 철학이 칼 융의 분석심리학이다.

융의 분석심리학은 페르소나(Persona)와 그림자(Shadow), 아니마(Anima)와 아니무스(Animus) 그리고 자기 및 개성화(Individuation)라는 관념들을 통해 학문적으로 정립되었다. 그러므로 칼 융을 이해하기 위해서는 먼저 그의 사상에 등장하는 이런 용어들을 이해해 나갈 필요가 있다.

A. 페르소나(자아)

칼 융이 사용하고 있는 페르소나는 자아 속에 있는 또 다른 자아다. 자기가 모르는 자아를 의미한다. 여기서 자아를 인격으로도 대신할 수 있다. 이해를 위해 다음의 질문과 답을 사용해보도록 하겠다.

'지금 내가 의식적으로 무언가를 생각하면서 누군가와 의식적으로 뭔가를 말하고 있을 때,' 이것은 진짜 나일까? 라는 질문을 가졌다고 한다면 어떤 답이 나올 수 있을까? 당연히 나다? 이다. 그러나 융의 철학을 도입하면 그것은 알 수가 없는 일이다. 아닐 수 있다는 말이다. 우리는 너무 많은 나를 가지고 있기 때문이다. 그 많은 내가 모르는 나, 그것이 페르소나다.

우리는 항상 어떤 인격체의 가면을 쓴다. 어떤 때는 아이의

철학 핸드북 (지성인, 교사, 신학생, 목회자를 위한 가이드)

가면, 어떤 때는 짐승의 가면, 어떤 때는 신사의 가면, 상황에 맞춰서 이런 가면, 저런 가면을 쓰는데 그 가면을 '페르소나' 라고 한다. 이런 가면을 벗으면 또 다른 내가 나온다. 어떤 때는 '개' 어떤 때는 '돼지' 어떤 때는 '광대' 같은 내가 나온다. 여러 개의 내가 들어있는 곳, 이것이 나의 의식의 세계다. 그러니까 페르소나는 "나라고 하고 싶지 않은 나" 혹은 "내가 인정할 수 없는 추하고 부끄러운 나" "일그러지고 찌그러진 거짓된 나"일 수도 있다.

B. 그림자

그림자란 자아에 억압된 '분노', '미움', '탐욕' 그리고 선행과 억압되어 응축된 충동의 원인 등, 숨기고 싶은 자신의 성격이다. 남모르는 '한'도 그 중 하나다. 그래서 그것들을 무의식 안에 깊이 숨어버린 그림자라고 한다. 물론 그것은 짐승이거나 괴물의 성질일 수도 있다.

칼 융은 자아는 보통 인식하지는 못하지만, 자아에 의해서 거절된 것들이 억압되어 무의식적인 요소로 남아 형성되는 것이 그림자라고 했다. 그러므로 페르소나와 그림자는 서로 정신세계의 대극을 이루게 된다. 이러한 대극의 에너지 흐름을 통합하면서 자기에 이르는 과정을 융은 '개성화'라고 불렀다.

사람에게서는 가끔씩 자기도 모르는 짐승 같은 행동이 튀쳐나올 때가 있다. 아니면 짐승처럼 되어버린 경우도 있다. 그래서 항상 페르소나와 그림자는 대립각을 세운다. 그림자를 페르소나가 받아주지 않고, 인정해주지 않기 때문이다. 그래서 그것이 육체적 정신적 질병을 일으키기도 한다.

"너는 누구냐? 너는 나가 아니다. 나는 너를 인정해줄 수 없다."

이것이 그림자와 페르소나와의 대화다. 선의 가면은 악의 그림자를, 악의 가면은 선의 그림자를 밀어낸다. 그러나 둘 다가 참 나는 아니다. 그래서 참 나를 찾는 과정을 개성화라고 부른다.

예를 하나 들어 보겠다. 대부분의 사람들은 어렸을 때부터 억울한 일을 당하며 성장한다. 어리다는 이유로, 약하다는 이유로, 아니면 상대가 어른이라는 이유로, 혹은 부모나 형제라는 이유로, 남편이라는 이유로 억눌림을 당한다.

이해와 용서가 아니라 그냥 차오르는 분노와 미움을 억누르면서 참아야 한다. 그때 풀어내지 못한 억울함과 분노 그리고 미움이, 소나무의 송진처럼 응어리가 되고 심한 경우 한이 되어 우리의 무의식의 세계 어딘가로 숨어 들어가게 된다. 그리고 거기 숨어서 그야말로 괴물같이 찌그러지고 오그라진 개체(성격)가 된다. 그것이 그림자다.

그러나 우리는 그런 추한 오물 같은 것이 내 안에 있는지 알지를 못한다. 안다고 해도 그것은 일그러지고 찌그러진 아름답지 못한 괴물 같은 인격체이기 때문에, 그것이 나의 인격의 일부라고 인정할 수 없다. 그 수치스런 것이 나의 인격이 일부라고도 인정을 할 수 없어서 다시 그것을 억누르고 억압해버린다.

"너 왜 화를 내?"라는 질문을 받았을 때 "내가 언제 화를 냈다고 그래?"라고 말하는 것과 같다. 속에는 화가 이글거리고, 질투가 이글거려도, 시기 질투는 추한 것이라고 배워왔기 때문에

철학 핸드북 (지성인, 교사, 신학생, 목회자를 위한 가이드)

그것이 나에게서 일고 있다는 것을 인정하기가 싫다. 절대 누구에게 들키고 싶지 않다. 그래서 억눌러버린다.

이렇게 나에게 부정되고 억압된 성정, 이런 억압된 분노나 미움, 시기, 질투는 갈 곳을 잃는다. 밖으로 빠져나가지를 못해서다. 그래서 나의 의식 속 어딘가에 숨어있게 된다. 그러나 일단 내 속에 있기 때문에 나다. 나의 인격체다. 그것이 내가 인정하고 싶지 않은 나의 그림자라는 것이다.

칼융은 우리 무의식 속에 숨어있는 모든 것은 정한 시간이 되면 내가 원하지 않을 때, 원하지 않는 방법으로, 마치 나에게 복수라도 하는 것처럼 불쑥 튀어나온다고 했다.

육체적, 정신적 병을 통해서라도 자신의 모습을 보인다고 했다. 그래서 그는 우리는 지금의 나를 들여다봐야 한다고 했다. 그리고 그것을 치유해야 한다고 했다. 그렇지 않으면 그 못된 그림자가 갑자기 튀어나올 것이라고 했다.

칼 융은 그림자는 내 무의식의 영역에서 살고 있는 참 나, 스스로의 모습과 대비되는, 내 자아의 어둡고 inferior 한 ego를 대변한다고 했다. 그러므로 그림자는 개인이 의식적으로 인정하거나 표현하기를 원치 않는, '나'의 어두운 측면(성격)이라는 것이다.

'자아'는 이 그림자라는 열등한 성격(character)을 가장 싫어하는데, 자아의식이 한쪽, 밝은 면만을 강조하면 그림자는 반대편에서 극단을 나타낸다고 했다. 그러나 인간의 무의식에는 의식과 무의식을 하나로 통합하고자 하는 '자기원형' (Archetype)을 가지고 있다고 했다. 이러한 원형은 우리의 무의식 속에서 작용하여, 우리가 세계와 자기 자신을 인식하고 해석하는 방식에 영향을 미친다고 했다.

칼 융은 사람마다 각자 다른 자기 원형을 가지고 태어난다고 했다. 마치 사상 의학에서 인간의 체질을 4체질 혹은 8 체질로 나누는 것처럼 자기 원형도 사람마다 다르다는 것이다. MBTI도 그 예다. 그러나 보편적으로 '나'는 부정적인 인격을 부인하고 숨기고자 하는데, 자기 원형은 나의 어두운 그런 면과 통합(Integration)을 요구한다는 것이다.

C. Shadow Work

그렇다면 그런 의식의 깊은 곳에 숨어있는 이 그림자를 처리할 방법은 없을까? 칼 융은 그 그림자를 처리하는 작업을 Shadow Work이라고 했다. 내면의 한을 풀어내는 해체시키는 혹은 풀어내는 작업이라는 말로도 대신할 수 있다. 내 속에서 나를 다중 인격자로 만드는 그림자들. 어쩔 때는 귀신같이 신묘하기도 하고, 천고의 "한" 같기도 하는 그 그림자를 없애기 위해 첫째, 자신을 지배하고 있는, 혹은 자신에게 나타나고 있는, 아니면 자신을 대변하고 있는 분노, 미움, 시기, 질투, 등의 뿌리를 들여다보라고 조언한다. 괴물 같은 자신을 만드는 그 원인이, 언제, 어디서, 어떻게 해서 생겼는지, 어떻게 시작되었는지, 그것들이 처음 잉태되었던 순간 어떤 일이 벌어졌었는지를 찾아보라고 조언한다. 그것을 칼 융은 '성찰'이라고 불렀다.

둘째는 기억 속에 혹은 무의식에 꽁꽁 숨어있는 분노 장애의 원인, 미움 장애의 원인, 인격 장애의 원인, 질투 장애의 원인, 그것들을 찾아가 보면 어릴 적, 아니면 언제가 기억 속에 묻혀 졌던 과거의 어떤 이벤트를 만나게 될 것이라고 했다. 그것은 아주 수치스럽고 부끄러운 일일 수도 있고, 아주 고통스럽고, 슬픈 일일 수도 있다고 했다. 그러나 그것이 어떻든, 일단 그것 들과 대면하라고 조언한다.

세 번째는, 그것들로부터 형성된 응어리 즉 '한'이나 '흉측한 scar'를 나의 일부라고 인정하라고 조언한다. 그것이 나였다는 것을, 내가 지금껏 그런 나를 억누르고 있었다는 것을, 혹은 내 가 그런 쓰레기를 담고 있었다는 것을 인정하라고 조언한다.

네 번째, 모두 용서해야 한다고 했다. 나를 용서하고, 나에게 한을 잉태케한 남을 용서하라고 조언한다. 분노 장애의 원인, 미움, 시기, 질투, 탐욕의 장애를 만들었던 모든 시작을 용서하 고, 이런 과정을 통해 내면의 상처를 치유해야 한다고 했다. 그 러면 그림자는 하나씩 녹아 사라지게 되거나. 힘을 잃게 된다 고 했다. 그러면 그것으로부터 시작된 모든 질병도 치유될 것이 라고 했다. 기독교의 회개와 용서의 과정으로 비유할 수 있다.

칼 융은 자기를 찾는 것이 삶의 목표라고 했다. 자기 자신을 정화하는 일, 수많은 가면을 쓰고 나를 흉내 내고 있는 나를 통 일하고, 그리고 아직도 나의 의식의 귀퉁이에 숨어있는 그림자 를 정결하게 하면서 참 자아에 편입시켜야 한다고 했다. 칼 융 은 이런 행위를 참 자기, 참 자기 self를 찾아 떠나는 여행이고,

그것이 바로 인생이라고 했다. 자기를 찾아 떠나는 여정, 그것이 우리 모두의 삶이라고 했다.

D. 아니마

아니마는 남성 속에 있는 여성성이다. 모든 남성은 여성성을 가지고 있다. 예를 들어 아주 남자다웠던 사람이 나이가 들어 갑자기 여성처럼 변했다는 이야기를 들을 때가 있는데 그것은 바로 남자 안에 들어있던 여성성이 활동했다는 증표라고 했다. 비록 남성 속에 갇혀있었지만, 이 여성성도 항상 개체적 의식으로서 활동하고자 한 충동 아래 있었다는 것이다.

E. 아니무스

아니무스는 여성 속에 있는 남성성이다. 모든 여성을 남성성을 가지고 있다. 마찬가지로 여성들이 나이가 들면 남성화된다는 것이 예다. 그런데 이 아니마와 아니무스는 집단 무의식 속에 있다.

F. 진정한 자아 (True Self)

여기서 말한 자기(self)는 집단 무의식에 걸쳐 있다. '자기'는 'self'다. 그것이 바로 참 나다. 의식의 세계는 가면의 세계고, 나의 진짜 모습은 무의식에 깊이 들어가 있다. 그리고 안에 있는 그 나가 진짜 "나"라고 했다. 나의 참 self라는 것이다. 그리고 그 self가 나의 정신 전체의 중심이라고 했다. 그리고 이 참 나를 찾아가는 길이 인생이라고 했다.

G. 개성화

개성화는 자기실현이라고도 하고 개별화라고도 한다. 나의 전체 정신은 참 자기를 중심으로 통합을 한다. 나의 의식이, 나의 전체의 중심인 참 자기를 향해 가는 것, 이것을 '개별화', '개성화'라고 한다. 이것이 바로 자기실현의 과정이다. 그래서 자기실현의 과정은 참 나를 찾아 떠나는 여행이다.

H. 내향성 vs 외향성

능동적인 태도를 외향성이라고 하며 수동적인 태도를 내향성이라고 한다. 외향성은 의식을 외부, 즉 타인에게 향하는 성격 태도이며 내향성은 의식이 자신의 내면 즉 주관적 세계로 향하게 하는 태도다. 사람들은 이런 두 가지 성격 태도를 다 가지고 있다.

이것도 사람이 가진 이중성이다. 칼 융은 각자는 지배적인 성격을 가지고 있는데 어떤 사람에게는 내향성이 더 강할 수가 있고 어떤 사람에게는 외향성이 더 강할 수 있다고 했다.

I. 전체성의 분화

칼 융은 인간의 정신은 전체적인 성격을 가지고 태어났고, 평생 동안 그 전체성을 쪼개거나(분화) 다시 합치며(통합) 살아간다고 믿었다. 그는 이를 더 잘 이해하기 위해 '전체성의 분화'라는 개념을 만들어 전체와 부분을 구분하고 이전에 무의식적으로 연결되었던 것을 풀고 구별하기 위해 이 개념을 사용하였다.

J. 무의식

칼 융이 의미한 무의식이란 의식이 없다는 것이 아니라 '의식되지 않은 것'을 의미한다. 우리가 가지고 있고, 시시각각 의식 생활에 영향을 주고 있으면서도 우리가 모르고 있는 마음의 세계는 모두 무의식의 세계라는 것이다. 실제 칼 융에게 무의식은 어떤 새로운 것을 할 수 있는 창조적인 잠재력이었다. 프로이트와는 반대로 의식이 무의식 속에 억압된 것이 아니라 오히려 꿈을 통해 자신을 나타내기 위해 꿈틀거리는 힘이라고 했다. 우리가 꿈을 이해할 수 없는 것은 꿈이 위장되었기 때문이 아니라 단지 의식의 언어와 무의식의 언어가 다르기 때문이라고 했다. 의식의 중요한 기능은 태도와 기능을 이해하는 것이라고 했다. 태도는 자아가 갖는 정신적 에너지의 방향이다. 사물에 대해, 세상에 대해 어떠한 태도를 가질지 결정해 준다. 그래서 이 자아가 외부에 대해 수동적인가 능동적인가에 따라 태도(안경)가 결정된다.

K. 개인적 무의식

개인적 무의식이란, 망각된 개인적인 경험이나, 감각, 경험으로 구성된다. 의식되었으나 그다지 중요하지 않거나, 너무나 고통스러워 망각 된 기억이 머무는 장소이다.

L. 집단 무의식

개인 무의식 아래 있는 또 다른 무의식이다. 집단 무의식은 아담의 죄가 전이된 죄업이라는 말로 비유할 수 있다. 따라서 집단 무의식은 인류 전체가 영속하면서 겪은 과거의 경험이 누적된 무의식이다. 집단 무의식은 의식화되어 있지 않으나 역사 속 신화, 예술 등이 지니고 있는 공유된 자료들을 통해서 간접적으로 관찰할 수 있다.

융은 조상으로부터 물려받은 우리의 행동에 영향을 주는 정신적인 소인인 수많은 원형으로 구성되어 있다고 한다. 가장 쉬운 예로 타락의 전이다. 기억의 업, 혹은 과거의 흔적 같은 것이다. 뱀이나 어둠을 우리가 무서워한 이유는 우리 조상인 원시인들이 뱀이나 어둠 때문에 위험한 경험을 한 것이 누적되었기 때문이라는 것이다. 이런 것들은 인간의 꿈, 환상, 신화, 예술 속에서 반복적으로 나타난다. 이러한 정신적 이미지를 '원형'이라고 했다.

그렇다면 4가지 기능이란 무엇일까? 융이 제안한 4가지 기능은 사고와 감정, 직관과 감각이다. 이 4가지 기능은 합리적 차원(사고, 직관)과 비합리적 차원(감정, 감각)으로 분류된다. 이 기능 또한 마찬가지로 어느 기능이 더 지배적이냐에 따라 기본적인 성격이 결정된다.

프로이트는 주로 정신질환자들을 상대로 정신분석에 초점을 맞추었다. 그래서 프로이드의 관점은 이 환자가 과거에 어떤 경험을 했길 래 지금의 이런 증상을 가지게 되었을까? 하는 것이었다. '현재의 증상을 일으킨 과거의 원인'을 찾아 내는데 관심을 가졌다. 그래서 이 환자가 과거에 어떤 경험을 했길래 지금의 이런 증상을 가지게 되었을까?

그래서 프로이트의 정신분석은 과거 지향적이라고 한다.

하지만 칼 융은 보통 사람의 정신분석에 초점을 맞추었다. 융의 관심은 어떻게 현재의 이 사람의 잠재성을 발견하고 미래에 새로운 사람이 되게 할 수 있을까? 였다. 그래서 융의 분석심리학은 미래 지향적이었다. 프로이트는 미래의 '리비도'를 성적, 본능적, 에너지로만 봤다. 하지만 융은 리비도 개념을 좀 더 넓게 해석했는데 융에게 '리비도'는 일상적이고 창의적인 에너지(기운 혹은 동의)였던 것이다.

쇼펜하우어는 '의지의 표상으로서의 세계'에서 세상을 의지와 표상으로 구분하고 인간의 활동 및 사유의 근원적 동기부여 요인이 '의지'라고 했다. 반면에 프로이트는 이러한 것들을 "리비도(Libido)"라는 개념으로 정립하고, 인간 본성에는 감각적이고 쾌락을 추구하는 요소가 있다는 점을 강조했다. 정신은 본질적으로 '성적 에너지' 와 맥이 닿아있다는 것이 프로이트의 생각이었다. 프로이트는 이러한 리비도가 정신적 삶의 토대를 이루고, 정신 활동의 주요 원천이라고 확신했다.

긍정의 심리학으로 우리에게 매우 친숙한 아틀러(Alfred Adler)는 개인 심리학을 주창했는데, 그의 이론적 기초는 리비도보다 자아(Ego)를 강조했다. 아틀러는 인간 삶의 본질적 동기부여 요인인 리비도를 프로이트처럼 성적 에너지로만 생각하지 않고, 니체 철학의 근본 개념인 '권력의 의지'라고 생각했다.

그러나 칼 융은 프로이트와 아틀러의 이론들이 양극단에 치우쳐 있다고 비판하였다. 그러면서 인간 정신활동의 근원적 동기를 리비도, 즉 성(性)에만 국한시키지 않고 앞에서 언급했던 것처럼 여러 가지 보편적 욕구로부터 발현되는 것이라고 확대

철학 핸드북 (지성인, 교사, 신학생, 목회자를 위한 가이드)

했다.

융은 인간 삶의 동기를 유발시키는 모든 욕망을 '정신 에너지'라는 이름을 붙여서 일반성을 부여하였다. 프로이트의 정신 에너지를 의미하는 '리비도'가 대부분 성과 관련된 충동에 근거해 있는 것이었다면, 융은 이를 넘어 '포괄적인 정신 에너지'로 확대시킨 것이었다. 또한 융의 특징적인 것은 무의식 세계를 원형이론과 동시성이라는 개념을 통하여 종교적 심성과도 관련지어 규명하고자 했다.

인간의 성격은 단순하지 않고 복잡 미묘하다. 어떤 상태에서는 나뉘고 파편화되며, 정상적인 인간 정신에 수많은 잠재적 인격들이 내재해 있다. 자아는 심각한 스트레스를 받으면 분열되고, 그것으로 인하여 원시적인 방어기제에 의존해 외부와 담을 쌓고 침입과 손상에서 정신을 보호하려는 경향성을 보인다.

현대 심리학 이론에 의하면, 그러한 정신 붕괴 현상을 트라우마(Trauma)라고도 한다. 또한, 물리학에 있어서 에너지 보존 법칙이 성립하는 것처럼, 정신세계에 있어서도 의식과 무의식 사이에 이와 유사한 법칙이 존재한다. 의식이 이끌어가는 자아가 양(+)의 영역이라고 한다면, 자아가 받아들이지 않아 무의식으로 억압된 콤플렉스는 음(-)의 영역에 속한다.

M. 융의 동시성(同時性)이라는 것은 무엇일까?

우주론적인 관점으로, 좁은 의미에서는 꿈, 텔레파시와 같은 정신적인 논제와 실제 발생되는 비정신적인 사건 사이의 의미 있는 일치와 같은 것을 말한다. 또 다른 한편으로 융의 광의적

철학 핸드북 (지성인, 교사, 신학생, 목회자를 위한 가이드)

인 해석에 따르자면, 인간의 정신과 특별한 연관이 없어도 세계에는 비인과적 질서가 존재한다는 것이다. 융은 이러한 동시성 또는 비인과적 질서를 우주적 법칙을 지배하는 근본적 원리로 생각했다.

융의 후기 분석심리학은 정신과 그 경계의 탐험을 넘어서 통상적인 우주론자, 철학자, 신학자의 영역까지 들어가고자 했던 것으로 보여진다. 인간은 모두 다르게 태어난다. 그러므로 모두 각자 다른 개성을 가지고 있다. 따라서 인간은 다른 너를 나른 나가 비판할 수 없다. 각자 다르기 때문이다.

11. 현대철학

철학사에서는 20세기 이후 철학을 현대 철학기로 취급한다. 그러나 20세기에 등장하는 철학자들 역시 근대철학자로 간주될 때가 많다. 시기적으로 맞물려 있어서다. 그러나 그중 누가 현대철학의 대표주자인지는 아직 제대로 결정된 바가 없다.

철학사에서는 현대철학의 선구자들로 무신론자 니체, 유물론과 공산주의의 조상 마르크스, 프로이트 등을 들고 있다. 그러나 현대철학은 이것이 전부가 아니다. 여기서 분화되고 있는 철학만도 무수해서다. 그 중에 주목할 만한 것이 분석철학과 실증주의다.

분석철학은 20세기 중반 영미에서 시작되었다. 실증주의 운동은 유럽에서는 고틀로프 프레게, 버트런드 러셀, 루트비히 비트겐슈타 인등에 의해 시작되었다

논리 실증주의에 따르면 논리학과 수학의 진리는 동의어의 반복 (항상 진이 되는 논리 명제)이며, 과학의 진리는 실험적으로 검증할 수 있으나 윤리학, 미학, 신학, 형이상학 및 존재론의 주장을 포함해 다른 주장은 어느 것도 의미가 없다고 했다. 이 이론은 검증 이론으로 불러졌다.

히틀러와 나치스당의 발흥에 의해, 많은 실증주의자가 독일로부터 영국이나 미국으로 피신해 갔고, 따라서 미국에서는 분석 철학을 보강하게 되었다.

1) 실증주의(Positivism)

실증주의도 계몽주의에서 분화되었다. 뿌리가 계몽주의라는 말이다. 9세기 후반 실증주의는 콩트(Comte, 1798-1857)를 중심으로 서유럽에서 나타난 철학의 한 경향이다.

실증주의도 칸트처럼 신의 섭리, 뜻, 영혼, 같은 신학적이며 초월적이고 형이상학적인 것들을 배격하고 관찰이나 실험 등으로 검증 가능한 지식만을 인정하였다. 일반적으로 실증주의는 두 가지로 요약된다.

첫째, 합리적으로 정당화할 수 있는 모든 철학적 주장은 과학적으로 검증되거나 논리적 또는 수학적 증명이 가능하여야 하며, 따라서 형이상학과 유신론을 거부한다.

두 번째, 실증법은 권력에 의해 제정되거나, 이상적인 기존 다수의 결정에서 파생되었고, 사회적 규범으로 이해되기 때문에 어떤 경우에도 유효하여야 한다. 그리고 그것은 이상적, 도덕적 고려 사항 (예: 불의한 규칙)이기 때문에 그 어떤 법보다 우위에 있으며 따라서 그 적용 범위를 제한해서는 안 된다.

2) 이상주의(Idealism)

이상주의는 현실주의와 사실주의의 반대다. 이상주의도 계몽주의에서 분화했다. 사전에서는 이상주의의 뜻을 두 가지로 요약한다.

첫째, 이상, 즉 사회적 이상의 실현에만 삶의 의미를 두는 태도. 두 번째, 현실적인 가능성을 무시하는 공상적이거나 광신적인 태도다.

겉으로 보면 계몽주의의 반대같이 느껴질 수 있다. 그러나 그렇지 않다. 이상주의는 정신적, 주관적 가치를 중요시하는 반면 현실주의는 구체적이고 객관적인 가치를 중요시한다.

공산주의, 박애주의, 공리주의, 전통주의, 평등주의가 이상주의에 속한 대표적인 사상이다.

진보주의와 전통주의, 개인주의와 공동체주의와 같은 대부분의 부정적 (반대) 이데올로기가 모두 이상주의적 경향을 나타내는 예라고 할 수 있다.

3) 실용주의 (Pragmatism)

실용주의도 계몽운동의 한 파편이다. 실용주의는 19세기 후반 미국 북동부에서 시작된 독특한 사상이다.

"사상은 실천을 위한 수단일 뿐이므로 어떤 철학적 사상의 가치도 그 사상이 실행에 옮겨질 때 나타나는 결과의 유용성에 의해 판단되어야 한다."

이것이 실용주의의 요지다.

실용주의라는 말은 '행동' · '사건' 등을 뜻하는 그리스어 프라그마(pragma)에서 유래했다. 실용주의는 법, 교육, 정치, 사회이론, 더 나아가 예술, 종교에까지 막대한 영향을 미쳤다. 백과사전에서

철학 핸드북 (지성인, 교사, 신학생, 목회자를 위한 가이드)

는 이 철학의 기본 논점을 다음 6가지로 요약하고 있다.

첫째, 실재의 가변적 성질을 강조하고 인간 지식을 이러한 실재에 적용하고 그것을 통제하는 도구로 본다.

둘째, 비판적 경험론을 계승하여 연구 활동에서 고정된 원칙이나 선천적 추론보다는 현실 경험을 더 중시한다(선험적 지식).

셋째, 어떤 생각이나 명제가 지닌 실용적 의미는 그 생각을 현실에 적용할 때 생겨나는 실제 결과 속에 들어있다.

넷째, 진리는 검증과정에 의해 결정된다. 어떤 관념이나 생각이 성공적으로 작용한다는 사실이 곧 그것의 진리를 입증한다.

다섯째, 관념은 외부 대상의 반영이나 모사가 아니라 행위의 도구로 보아야 한다. 즉 관념은 행동에서 생겨날 결과에 대한 가설이자 예측이며 세계 속에서 행위를 조직 · 규제하는 방편이다.

여섯째, 방법론의 측면에서 볼 때 실재에 관한 인간의 사고는 인간 자신의 이해관계와 필요에 의해 생겨나며 효율성, 효용성 여부에 의해 정당화된다.

4) 포스트 모던이즘

포스트모던이즘(Postmodernism)이란 "탈 근대주의"다. 근대주의를 이성주의라고 한다면 이성으로부터 벗어나자는 것이 포스트모던이즘이다. 그렇다면 이성주의에서 벗어나 어디로 가자는 것일까?

바로 감성이다. 근대주의로부터 벗어나서 감성중심으로 가자는 서양의 사회, 문화, 예술의 총체적 운동을 일컫는 것으로 이해하면 될 것 같다.

본래 이 감성주의 운동은 2차 세계대전 및 여성운동, 학생운동, 흑인민권운동과 구조주의 이후 발생한 해체(dismantle) 사상의 영향을 받아 60-70년대 프랑스를 중심으로 일어났다. 탈-근대주의의 철학적 기반이라고 할 수 있는 자크 데리다의 탈 구축(해체주의) 사상은 "탈 중심적", 즉 다원적(Pluralism)이고, 탈 이성적인 사고가 가장 큰 특징으로 되어 있다. 데리다를 비롯하여 장 프랑수아 리오타르, 보드리야르 등이 대표적인 탈 근대주의 철학자이다.

데리다의 사상은 서양철학이 대부분 궁극적인 형이상학적 확실성과 근원을 모색해온 것에 대한 비판을 토대로 삼고 있다. 데리다는 어떤 확립된 철학이론을 갖는 것을 피하고, 그 대신 언어를 분석함으로써 어떤 철학적 테제(a thesis)의 기본개념을 문제(이슈)로 만드는 근본적인 대안을 제시하려고 했다.

철학 핸드북 (지성인, 교사, 신학생, 목회자를 위한 가이드)

맺는말

철학이란 한 권의 책에 묶어질 수 없는 거대한 역사를 지녔다. 현자들의 지혜와 정신이 담겨져 있어서다. 그중 한 분의 철학 세계를 탐구 목표로 하고, 한 사람의 일평생을 연구 기간으로 삼아도 결코 충분하다고 말할 수 있는 분은 많지 않을 것이다. 바로 그것이 학문의 세계다. 그러나 이런 고귀한 분들의 정신세계를 요약, 쉽게, 더 쉽게 설명하려다 보니 다른 학자들의 연구 자료들도 참고 해야 했고, 다른 학자들의 강의도 경청해야 했다. 물론 견해차이 때문일 수도 있겠지만 그중에는 몇가지 오류가 있는 것도 있었다. 그 오류를 확인하기 위해 더 많은 연구 자료들을 확인해야 했고, 그래서 계획보다 많은 시간이 소요 되었다.

끝으로, 이 책을 마무리하면서 철학에서 간과된 아주-아주 중요한 사실 하나를 언급하고자 한다. 고대부터 그리스도의 철학이 창도 될 때까지 신은 인간의 존엄성 즉, 영혼 세계, 양심 세계, 정신세계를 철학을 통해 관리하셨다. 철학이 인간의 정신세계를 지켰다는 의미다. 물론 그 와중에는 프로타고라스 같은 철학의 이단아도 있었지만 종교를 떠나 서양철학이 닫지 않는 지역에서는 베다 사상, 바라문, 석가모니, 조로아스터 등도 인간의 정신세계의 지키는데 일조한 사실을 발견했다.

그러나 그리스도 탄생 이후, 고대로 부터 전승된 모든 철학은 신부가 신랑의 품에 안기 듯이 그리스도의 진리로 흘러들어와 고대철학의 바톤을 이어받게 했다. 일단 그것을 "철학 신앙"이

철학 핸드북 (지성인, 교사, 신학생, 목회자를 위한 가이드)

라고 해보자. 그러나 그리스도의 가르침(성경)이 감금되고 교회가 타락하여 빛을 내지 못할 때 인간의 정신세계를 지켜낸 것은 신학이었다. 그것을 철학이라고도 부를 수 있다.

그러나 중세를 지나 신학이 찢어지고 변질되어 정신세계의 축이 되지 못하고 르네상스라는 인간중심의 시대를 불러들였을 때 인간의 정신세계를 지켜냈던 것은 예술 (문학, 음악, 미술)이었다. 신이 예술을 통해 인간의 고유한 정신을 관리했다는 의미다. 단테의 신곡, 다빈치의 최후의 만찬, 미켈란젤로, 바하와 하이든 등이 아주 쉬운 예다. 인간 정신을 밝히는 횃불이 꺼져갈 때 미술과 음악과 문학이 일어나 신학과 철학의 기능을 대신했다는 의미이다. 모짤트, 베토벤, 도스토예프스키의 죄와 벌, 죤 번연의 천로 역정 등도 좋은 예다. 그 후기에도 레프 톨스토이의 전쟁과 평화 그리고 성지순례를 떠나는 두 노인, 사랑이 있는 곳에 신이 있다, 운명, 촛불, 등과 같은 그의 주옥같은 단편들이 인간의 정신세계를 지켰다.

그런데 지금은 신학에서도 철학에서도 미술에서도 음악에서도 문학에서도 신정신을 몰아내기 위해 몸부림치는 시대다. 그 선두주자가 포스트모던이즘이다. 그런데 인간의 정신세계의 지주가 될 신학도, 철학도, 미술도, 음악도, 문학도, 보이지가 않는 것은 무슨 까닭일까?

이것이 바로 이 시대를 살아가는 사람들의 비극이 아닐까 한다. 그동안 이 책이 나오도록 조언과 격려를 아끼지 아니하신 이 교수님, 그리고 귀한 시간을 아끼지 아니하고, 세심하게 교정을 봐주신 남철희 기자님께 심심한 고마움을 전한다.

저자 프로필

교육학 박사
법학 박사 (J.D.)
목회학 박사 (M.Div.)

하와이 에반젤 신학교 기독교 사회복지대학 원장
세계 기독교 철학 연구학회 상임 연구위원
사랑과 평화 선교회 이사장

저서
「예수님 수난가」
「 The Poems of New Revelation」(영시)
다수의 노숙자 관련 연구논문(미 정부 노숙자 정책 기초자료)
그 외 15권 이상의 종교비판 및 문학관련 저서.

저자 연락처
E-mail: harbingerdhs@gmail.com

철학 핸드북

@ Joseph Kim, 2025

초판 1쇄 발행 2025년 4월 10일

지은이   Joseph Kim
펴낸이   이기봉
편집   좋은땅 편집팀
펴낸곳   도서출판 좋은땅
주소   서울특별시 마포구 양화로12길 26 지월드빌딩 (서교동 395-7)
전화   02)374-8616~71
팩스   02)374-8614
이메일   gworldbook@naver.com
홈페이지   www.g-world.co.kr

ISBN   979-11- 388-4145-0 (03160)